▲ 李玲璞先生在古文字诂林编纂室

▲ 李玲璞先生的父亲李公叙谟（1904—1967）

▲ 李玲璞先生的母亲李邢氏希敏（1904—1972）

▶ 李玲璞先生在胶东参加革命工作时留影

▲ 李玲璞先生大学期间留影

▶ 李玲璞先生（前排右二）任教县点校汪疃完全小学时与同事合影

▲ 李玲璞先生（前排左三）与上海市大学生手球队队友合影

▶ 李玲璞先生青年教师时期的留影

▲ 李玲璞先生（右二）1960 年在球场上的英姿

▲ 李玲璞先生（后排中间）1962 年与华东师范大学中文系领导及同事们的合影

▲ 李玲璞先生（前排中）七十年代任教期间与华东师大中文系古文字兴趣小组成员合影，按前后左右序列依次为：何峭、王荣峰、王元鹿、王延林、王世伟、姚平

▲ 李玲璞先生（后排中间）七十年代末与中文系董立甫老师及函授学员们的留影

▲ 八十年代初《甲骨文选读》与《文言文阅读初阶》相继出版后，李玲璞先生在家中翻阅作品

▲ 八十年代初李玲璞先生师从广州中山大学容庚先生（中）、商承祚先生（右）时合影

◀ 八十年代李玲璞先生（右）与胡厚宣先生的合影

▼ 1984 年，李玲璞先生（中排右五）参加全国高等教育自学考试委员会中文专业委员会第一次全体会议时留影

▲ 全国高教自学考试命题大纲审定会合影，李玲璞先生（前排左六）

▲ 八十年代李玲璞先生（右）与郭锡良先生的合影

▲ 1989年李玲璞先生于安阳参加“纪念殷虚甲骨文出土九十周年国际讨论会”时留影，李先生的参会论文题为《甲骨文造字八法论》

▲ 九十年代初李玲璞先生（右三）与中文系老同事及老校友于文科大楼前合影：马鼎三老师（右四）、陈启正老师（左二）、范可育老师（左四）、汪祥云老师（左五）、林常臻老师（右二）等

◀ 九十年代李玲璞先生（左）与教研室同事为前辈语言学专家史存直先生（左二）庆贺九十寿诞时合影

▼ 1994 年李玲璞先生（左二）与学林出版社社长雷群明先生（右二）探望《金文大字典》主编戴家祥先生（中）时合影

▼ 1993 年古文字诂林编纂工作论证会留影

前排左起：李学勤、汤一介、王元化、许嘉璐、周一良、任继愈、张政烺、顾廷龙、张岱年、管燮初

后排左起：董琨、傅璇琮、刘坚、安平秋、傅永和、钱伯城、李玲璞、魏同贤、傅杰、钟沛璋、王世伟

▲ 九十年代初李玲璞先生（右二）、常青老师（中）与90级研究生的合影：黄奇志（左一）、戴娟（左二）、郭苏华（右一）

▲ 1999年李玲璞先生（中）与96级博士研究生臧克和（左）、刘志基（右）在博士论文答辩会后的合影

▼ 李玲璞先生、许嘉璐先生（中）与庄辉明副校长（左）会议期间合影

▲ 李玲璞先生（前排中）与《古文字诂林》编纂委员会全体在沪编委合影

▲ 李玲璞先生（右）2004年在法国巴黎参加国际学术研讨会期间与女儿李笑虹的合影

▲ 2003年，李玲璞先生（前排右五）参加“中国历史汉字整理与研究第三次国际学术研讨会”时的合影

◀ 2004年，校友四川大学教授何崝老师回母校探望李先生时师生合影，李玲璞先生（右四）。左起依次为徐莉莉老师、刘志基老师、周斌老师、郑明老师、何崝老师；右起依次为詹鄞鑫老师、王世伟老师、王元鹿老师

◀ 2006年博士论文答辩会时合影：李玲璞先生（前排右二）、吴金华先生（前排右三）、许嘉璐先生（前排左三），后排从左至右依次为夏军、李艺海、张玉梅、李春晓

◀ 2007年秋，李玲璞先生（前排左六）与夫人常青女士应邀赴南通参加华东师大中文系六七届三班校友会时合影。二排左三为洪本健老师、二排右一为丰坤武老师、二排右二为后志民老师

▶ 2005年李玲璞先生在《古文字诂林》全套出版后的工作留影

▶ 2006年秋李玲璞先生（后排左一）偕夫人常青回家乡山东文登探亲时与亲属的合影，前排中间为二姐李玲雪、前排左二为三姐李玲占、后排左二为三姐夫邓炳德

▶ 2006年秋李玲璞先生偕夫人参观家乡文登学博物馆时留影

▶ 2004年夏李玲璞先生（左）与学生华学诚（右）在全国百篇优秀博士学位论文颁奖会上获奖时的合影

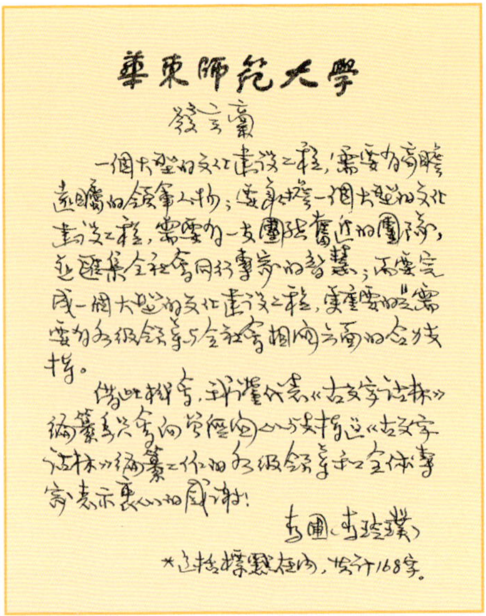
華東師範大學

發言稿

一個大型的文化建設工程，需要有高瞻遠矚的領軍人物；要完成一個大型的文化建設工程，需要有一支團結奮進的團隊，並匯集全社會同行專家的智慧；而要完成一個大型的文化建設工程，更重要的是需要有各級領導與全社會相關方面的全力支持。

借此機會，我謹代表《古文字詁林》編纂委員會向曾經關心與支持過《古文字詁林》編纂工作的各級領導和全體專家表示衷心的感謝！

李圃（李玲璞）

*連標點符號在內，共計168字。

▲ 李玲璞先生在上海市哲学社会科学优秀成果著作一等奖颁奖仪式上致获奖感言时留影。右图为获奖感言发言稿手迹

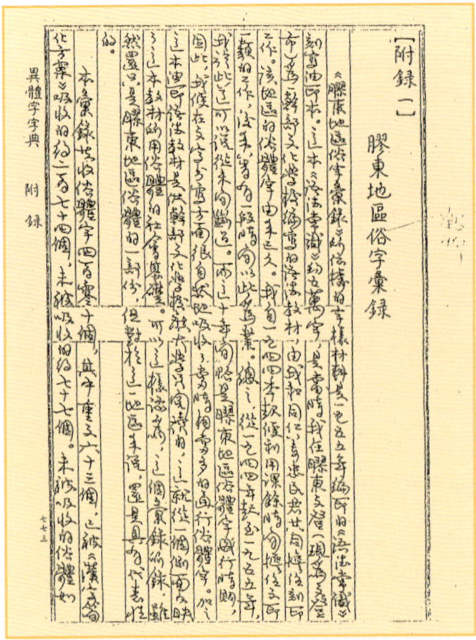


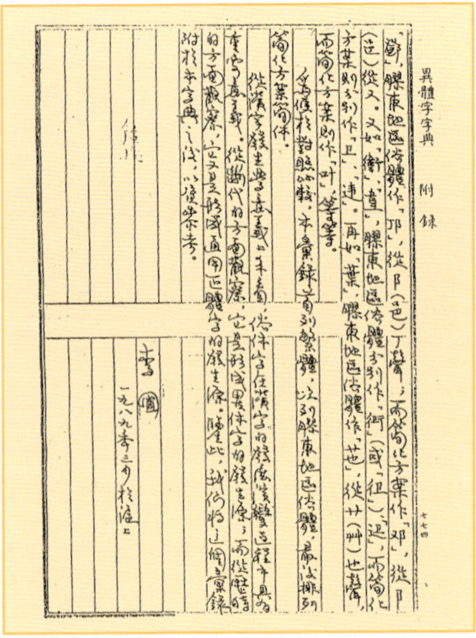


▲《胶东地区俗字汇录》手迹

▲ 李玲璞先生论文手迹

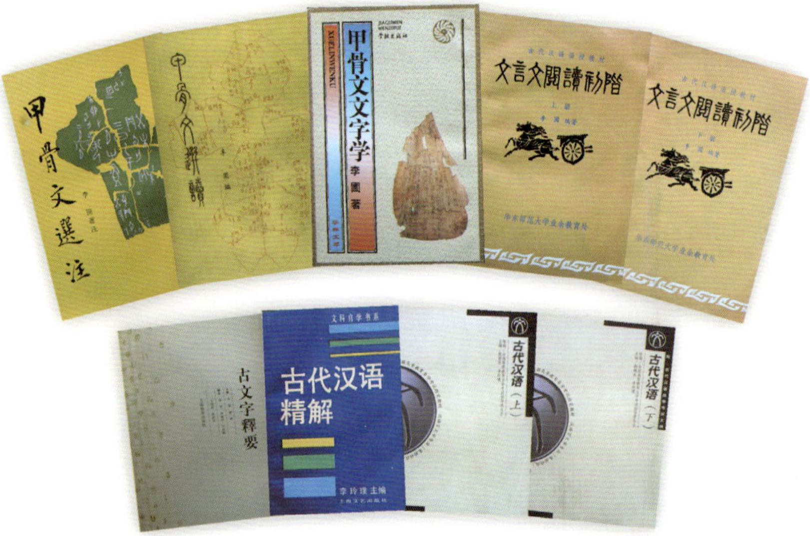


▲ 李玲璞先生部分著作书影

▲《古文字诂林》书影

LI LINGPU XIANSHENG BASHI DANCHEN JINIAN WENJI

# 李玲璞先生

## 八十诞辰纪念文集


顾　问　巢宗祺

主　编　刘堂江　华学诚

副主编　丰坤武　李春晓　李笑虹



语文出版社

·北京·

**图书在版编目（CIP）数据**

李玲璞先生八十诞辰纪念文集 / 刘堂江，华学诚主编. -- 北京 : 语文出版社，2013.12
ISBN 978-7-80241-889-9

Ⅰ. ①李… Ⅱ. ①刘… ②华… Ⅲ. ①李玲璞（1934～2012）－纪念文集 Ⅳ. ①K825.5-53

中国版本图书馆CIP数据核字(2013)第248869号

---

**责任编辑** 慈　舒
**装帧设计** 刘姗姗
**出　　版** 语文出版社
**地　　址** 北京市东城区朝阳门内南小街51号　100010
**电子信箱** ywcbsywp@163.com
**排　　版** 河北华尚制版有限责任公司
**印刷装订** 北京市兆成印刷有限责任公司
**发　　行** 语文出版社　新华书店经销
**规　　格** 787mm×1092mm
**开　　本** 1 / 16
**印　　张** 26.75　　插页 14
**字　　数** 398千字
**版　　次** 2013年12月第1版
**印　　次** 2013年12月第1次印刷
**印　　数** 1-1,500
**定　　价** 65.00元

---

010-65253954(咨询) 010-65251033(购书) 010-65250075(印装质量)

# 目　　录

## 下编　馨德永怀

# 杏坛泰斗　学界楷模

——《李玲璞先生八十诞辰纪念文集》序

刘堂江

恩师李玲璞先生去冬驾鹤西行，吾辈肝肠寸断，悲泪长流，追思无尽……

在先生八十华诞的日子，大家以美好的记忆、真挚的情思和由衷的景仰，凝就了这部《李玲璞先生八十诞辰纪念文集》。这是一座由情感结晶而成的金字塔。

在学子们的心目中，先生是一座山，高山仰止。

站在时代的地平线上看，先生是一座高峰，岱宗泰岳；站在时代的顶峰上看，先生是一个巨人，山高人为峰！

先生教书育人的业绩和学术成就，如同江河气势；先生的人格魅力和学识魅力，堪比日月同辉！

作为师者，先生是一位杰出的教育家。

先生的从教经历极为特殊，从“小先生”到小学代课教师，从初级小学教师到高级小学教师，从中等学校教师到职工大学教师，从全日制大学本专科教师到夜大学、函授大学、自学考试本专科教师，从硕士研究生导师到博士研究生导师，几乎遍及各种层次规格的教学工作，这在我国教育界实属罕见，堪称“传奇教师”。

先生是真师者，具有高尚的教育家情怀。

对教育情有独钟到白头的情感。先生从孩童到垂暮，坚守教坛68载，毕生教书育人，矢志不渝。

愿天下学子人人成才的教育理想。先生既有“欲栽大木拄长天”的气概，更有愿学生人人成才的梦想。他不仅关注每位学子的学生时代，而且牵挂学生的终身发展。有一名学生刚走上工作岗位时，先生给予悉心指导，25年后学生已成为司局级干部了，先生仍在关心他的成长进步，为他的工作运筹帷幄。

爱学生胜亲人的爱心师道。学生是先生心尖尖上的肉，对每位学生的思想、学习、生活，先生都关怀备至，体察入微。那考场外焦急等待学生考试消息的慈父般的眼神，那每年中秋为外地研究生举行的家庭团圆会，那为激励一个学生而三次飘出的“醉人的蟹香”……都是先生爱心师道的自然而然的流露。“爱自己的孩子是本能，爱别人的孩子是神圣”，这不正是对先生的褒奖吗！

为每一个学生负责的良心师德。先生对工作具有惊人的负责精神，从不简单敷衍学生。他对教学全情投入，激情澎湃，对每一堂课、每一次辅导、每一篇作业批改，都精益求精，一丝不苟。在此仅举一例。上世纪七十年代末至八十年代初，先生只身承担了上海市内10个区20个函授点和郊县10个函授点的古代汉语课程的函授任务，顶着严寒酷暑、风霜雨雪，于30个函授点之间来回奔波，每到一处，都是白天面授讲课，夜晚辅导答疑。期末临考前，他还每天下到一个函授点，为学生面对面辅导。1982年夏，先生在接连完成上海郊区七个县的复习迎考指导后，因劳累过度，导致支气管破裂而大量吐血，但他躺在病榻上，还念念不忘崇明地区的考生正在等他去当面辅导。

有教无类、海纳百川的胸襟。在先生心里，所有学生都是学生。不分民族，不分区域，不分贫富，不分类型，均一视同仁，平等相待。无论是博士生、硕士生，还是本专科生、工农兵学员；无论是全日制学生，还是函授生、夜大生、自考生，先生都是“动之以情，晓之以理”，愿得天下英才而教之。

潜力钻研教学业务、“语不惊人死不休”的韧劲。先生十分注重教学方法的改革探索，不断提升教学艺术。他不管是给本科生上“语言学概论”“古代汉语”“文学评论”等基础课和“甲骨文选读”等选修课，还是为研究生开设“甲骨文文字学”“汉字发生学”等专业课，都能使授课既有学术深度，又深入浅出，绘声绘色，从而风生水起，获得学生的满堂喝彩。

虚怀若谷、教学相长的平和心态。先生历来尊重学生，总是与学生保持一种平等的、亦师亦友的和谐关系。从不以权威自居，从不自视高明，从不以势压人。润物无声地施以启迪，惠风和畅地探讨问题。

淡泊名利、无私奉献的精神。先生心中装的是国家和民族的未来，把国家和民族的希望寄托在学生身上，一门心思培育学生成才，把学生视为自己生命价值的体现和延续。先生从不计较个人得失，从无物质享受要求，看到他居所的狭小、陈旧和简陋，会让人心酸得直想落泪。

作为学者，先生是一位卓越的学人典范。

先生从事汉语言文字教学研究60余载，其学术成就令世人瞩目。归纳起来，大致表现在五个方面：

1. 汉语文字教学研究。先生始终坚持把教书育人放在首位，突出理论思辨和思路方法的教学，倡导求实创新，注重科学研究和教学实践的有机结合，从而创编了《古代汉语精解》等一批在社会上具有持久影响力的权威教材教辅。

2. 古文字释读和考释研究集成。先生的古文字研究，以服务社会，面向现实，贯通古今为特色，其成果既有普及性质的《甲骨文选读》等编著，更有《古文字诂林》这样划时代的集大成巨制。

3. 中国文字本体理论。先生创立了一整套中国文字学三维系统理论，即取象发生系统、本体结构系统和心理认知系统；创立了一整套字素分析法，即静态的字素本体系统和动态的字素功能系统；给中国文字以科学的定位，总结出中国文字的八种造字法。以上创新理论和方法已成功地运用于殷商甲骨文、西周金文、战国秦文字和秦汉篆书等各类出土古文字的分析以及魏晋以后的楷书分析。代表作有《甲骨文文字学》等。

4. 中国文字发展理论。在汉字三维系统理论和字素分析方法的指导下，先生提出了中国文字发展的三条线索，即中国正统文字发展史、中国方域文字发展史和中国书体演变史。这一科学的论断，改变了长期以来误把中国文字的书体演变史当成中国文字发展史的错误认识。代表作有《汉字三维系统与汉字文化学》等。

5. 出土古文字现代信息技术处理和字样学创新。以先生为第一发明人的《古文字字形库与电脑排版系统》已成功地运用于大型科研工具书《古文字诂林》排版印刷，在中国印刷史上首次突破了甲骨文、金文、匋文、货币文、玺印文、简牍文、帛书和石刻文八大类出土古文字的排版印刷问题。与此同时，先生又根据秦汉篆书厘定了一万多个篆书古楷定字，填补了中国正统文字发展史上的一段空白。

2006年，由先生主编的《古文字诂林》荣获上海市第八届哲学社会科学优秀成果一等奖。颁奖词中写道："将千百年来历代学者的古文字研究成果荟萃一起，这在中国学术史上是第一次；将甲骨文、金文等8大类15种文字收于一册，这在中国出版史上是第一次。百余名专家，历时14年，构起了一座中国语言文字学长城。"

先生是真学者，具有高贵的学人品质。

心底无私天地宽。“子曰：古之学者为己。今知其真义且能行之者盖寡，而璞兄有焉！”这是全国人大原副委员长许嘉璐对先生的高度评价。为己者，出于己心，迫于己任也！支撑先生整个学术生涯的是崇高的学术理想和学术担当；是国家利益和民族尊严；是面向现实和服务社会。在先生个人学术道德的词典里，“一己之利”“掠人之美”之类的条目绝对是空白。

学术不着一字空。著名教育记者陈亦冰在漏夜读完追忆先生的长篇通讯后，由衷地发出感叹：“他坚守真实的学术。一部《古文字诂林》，光搜集资料，整个团队四处奔波，就花了四年半的时间；而将 1000 多万字的原始资料通读一遍，分门别类装入一万多个相关字头的材料袋，有序放进 20 多个橱柜，又需要多少耐得寂寞的日日夜夜。第一次将千百年来历代学者的古文字研究成果荟萃一起，第一次将甲骨文、金文、货币文等八大类十五种古文字收于一册，这中国学术史和中国出版史上的两个第一次，更需要做多少去伪存真，去芜存菁的功夫。”这段话，正是对先生严谨的治学精神和治学态度最好的写照。

板凳甘坐十年冷。古文字学领域是一个清冷的世界，生涩烦琐，乏人问津。一部《古文字诂林》就花了先生整整 14 年的光阴，人生有多少个 14 年？尤其是在利欲横流的现代社会，没有坚如磐石般的学术信念，岂能熬过“十年窗下无人问”的漫长而艰辛的岁月？

敢立潮头唱大风。做真学术，做大学术，需要胆识，需要勇气，需要“力拔山兮气盖世”的英雄气概！先生是具有这种气概的。1991 年春，著名学者王元化先生出于对古代文化研究整理式微的焦虑，倡导编撰一部《古文字诂林》，顾廷龙先生举荐先生出任主编。先生明知担子很重，困难很多，但还是毅然决然地担当了重任。“明知山有虎，偏向虎山行”，敢于创新，敢破禁区，这是先生的性格。

为伊消得人憔悴。当《古文字诂林》这部鸿篇巨制终于完成，在一次会上，王元化先生躬身行礼，并深情地说：“真不容易啊！你看李圃（注：先生的笔名），我第一次见他时还壮壮实实的，现在瘦成这个样子，一下子从中年到了老年。我从心底里感到他们不容易，我要向他们鞠躬致谢！”想当年，先生是响当当的蓝球、手球运动健将，他的确是将一副好身板全部透支给了学术研究。科学就需要这种献身精神！

甘为人梯托俊彦。先生一向低调，一般不说自我肯定的话，但他曾自豪地说：“《古文字诂林》从立项到全书出版，不仅完成了一个项目，还培养了一支队伍。”培养了一批人，这是先生最心爱的“得意之作”。先生作为汉语言文字学学科带头人，深感自己肩负培养造就学科梯队的光荣使命，他特别注重通过经常性的传、帮、带，尤其是科研项目，来凝聚人才，培养人才。他不仅带出了一支队伍，还带强了一个学科，使上海成为全国文字学学术研究的重镇，使华东师大“中国文字研究与应用中心”成为教育部人文社科重点研究基地。

先生的八大教育家情怀和六大学人品质凝聚成了李玲璞精神，简而言之，那就是三句话：“为师坚守真挚的爱心，为学坚守真实的学术，为人坚守真诚的品格”。(新闻记者语)

全国人大原副委员长许嘉璐指出：李玲璞先生“黾勉勤劳一生，所奉献于世者，学林将永铭之”。“逝者已矣，其精神、其学术已灌注于学生之心，此岂非其生命之延续与？所谓‘不朽’者，是矣”。

先生的精神，先生的教育家情怀和学人品质，是我们这个时代弥足珍贵的精神财富。其价值之重大，其意义之深远，不可估量。

当今中国，教育是强国之基，是民生之首。教育家群起，是时代梦想；教育家办学，是时代命题。国家要优先发展教育，要建设高等教育强国。强教必先强师，强师必先强德。教师是兴教之本，职业道德是立师之本。

教师职业是一种特殊的神圣的职业，谁选择了当教师，谁就选择了崇高。教师一句话，影响人一生。教师的一言一行都关乎青少年一代的健康成长，关乎着国家民族的前途命运。

然而遗憾的是，正是在这个至关重要的问题上，我们还存在着严重的缺失。君不见，学术作假，学历造假，屡屡曝光？论文剽窃，欺世盗名，司空见惯？人心浮躁，急功近利，习以为常？君不见，教师的责任心，使命感，渐渐滑坡？师生之间的真情感，真友爱，悄悄淡化？校园温暖的热度，慢慢下降？

所以，教育部尤为重视进一步贯彻落实《国务院关于加强教师队伍建设的意见》，要探索建立国家教师荣誉制度，要继续推选全国教书育人楷模，深化对重大先进教师典型的宣传。

先生就是中国当代人民教师和知识分子的优秀代表，其精神就是我们加强教师队伍建设的正能量！

先生这样的人师楷模、学者典范越多，中国的教育、中国的学术就越有希望！

在《李玲璞先生八十诞辰纪念文集》即将付梓之际，遵恩师母和同门学友的嘱托，写了以上一些肺腑之言，谨作一瓣心香，敬献恩师，岂敢为序?!

2013 年 8 月 11 日
落笔于豫章故郡

（作者为中国教育学会常务副会长、《未来教育家》杂志总编辑、二级编审）

# 上编　璞玉丰碑

# 深情缅怀李玲璞先生[①]

中国共产党党员、著名语言文字学家、华东师范大学教授李玲璞同志，因病医治无效，于2012年11月17日22时39分在上海市第六人民医院逝世，享年78岁。

李玲璞同志1934年1月6日出生于山东省文登县泽头集，青少年时期就在胶东解放区边读书边参加革命工作：自1944年小学四年级至1946年小学六年级被遴选为“小先生”，课余时间负责教妇女扫盲识字班，并承担中共虎山区区委的文字工作；1947年初担任泽头集小学代课教师，同年5月，奉调赴昆嵛县人民武装部负责机关报《战报》的编印工作，10月又辗转到虎山区从事宣传工作，并参加土改复查运动，12月加入新民主主义青年团（后改名为共产主义青年团）。1948年秋末，因党组织推荐进入东海区举办的第一所中学师范部二级深造。1950年参加东海区结束土改工作队。1951年至1956年，先后任昆嵛县刘家上口初小校长，县点校汪疃完全小学教师，文登专区第六速成师范语文教师，文登专署干部文化学校及其分校语法修辞课教师，从此走上了中国语言文字学的教学和研究道路。1956年秋李玲璞同志考入华东师范大学中国语言文学系，享受调干待遇。1960年大学毕业留校任教，1982年4月加入中国共产党，1981年晋升为副教授，1986年10月被聘为教授，历任中国古代史、汉语言文字学博士生导师，中国文字研究与应用中心名誉主任，享受国务院特殊津贴。社会兼职方面，曾担任上海市第一届学位评定委员会学科评议组成员、上海市高等学校职务评审委员会学科组成员、上海市哲学社会科学研究基金评审委员会学科组成员，上海市哲学社会科学优秀成果评定委员会学科组成员，全国高等教育自学考试中文专业委员会第一任秘书长，国家一级学会中国文字学会发起人之一并先后任学会常务理事、学术委员会委员。

李玲璞教授是汉语言文字学界著名专家。在数十年科研生涯中，始

---

① 编者注：本文是华东师范大学中文系主任谭帆同志在李玲璞先生追悼会上所致的悼词，题目系编者所加。

终注重文字学理论的创新，他的“字素”理论，文字学三维系统（即取象发生系统、本体结构系统和心理认知系统）理论在学界产生了巨大影响，为中国文字学理论体系的构建，添加了浓墨重彩的一笔。他所主编的皇皇十二册巨作《古文字诂林》，为古文字考释集大成之作，“集万卷于一册，汇众说于一编”，被上海市领导誉为“上海市精神文明建设标志性工程”，获得上海市哲学社会科学优秀成果一等奖、上海市新闻出版特等奖、首届中华优秀出版物（图书）奖、第一届中国出版政府奖图书奖。李玲璞教授近百种论、著、编的学术创建，大大提升了华东师大汉语言文字学的学术影响力，直接推动华东师大中国文字研究进入海内外公认的“重镇”之列。

半个世纪以来，李玲璞教授始终坚持把教书育人放在首位，他的学生遍布全国数十家高校和研究单位，成为学术骨干，其中不乏学科带头人和院系领导。因教学成绩突出，李玲璞教授也屡获殊荣：1986 年获“全国职工教育先进教师”奖；1998 年获“全国高等学校优秀教师”奖；2003 年获“全国优秀博士学位论文指导教师”荣誉等。

李玲璞同志一生忠于职守，教书育人，孜孜以求，鞠躬尽瘁，为汉语言文字研究事业生命不息，奉献不止。

李玲璞同志为人襟怀坦荡，从不计较个人得失，谦虚谨慎，平易近人，热心助人，生活节俭，艰苦朴素，给晚辈和同事做出良好表率。

李玲璞同志将永远值得我们尊敬和怀念。

李玲璞同志安息吧！

# 著名语言文字学家李玲璞教授简介①

**李玲璞** 原名李令璞，笔名李圃，1934年1月生，山东省文登市泽头镇人，中共党员，华东师范大学教授，博士生导师，教育部人文社会科学重点研究基地中国文字研究与应用中心名誉主任，是获国务院特殊津贴的著名语言文字学专家。

**主要社会兼职** 南开大学中国文字学研究中心学术顾问、美国密西根大学甲骨文教材编写顾问，上海师范大学语言研究所和福建师范大学等校兼职教授；曾担任上海市第一届学位评定委员会学科评议组成员、上海市高等学校职务评审委员会学科组成员、上海市哲学社会科学研究基金评审委员会学科组成员，上海市哲学社会科学优秀成果评定委员会学科组成员，全国高等教育自学考试中文专业委员会第一任秘书长，中国文字学会发起人之一并先后任学会常务理事、学术委员会委员等。

**主要工作经历** 李玲璞教授自幼生活在胶东解放区，自1944年小学四年级至1946年小学六年级被遴选为“小先生”，课余时间负责教妇女扫盲识字班，并承担虎山区区委上呈下达文件报告的缮写工作、虎山区区报的缮写出版工作和宣传标语的书写工作等。小学毕业后，于1947年初担任泽头集小学代课教师，同年5月，党组织调他赴昆嵛县（当时县人民政府驻米山）人民武装部负责机关报《战报》的编辑、刻写和印刷工作。同年10月，由于战争形势的需要，部队穿插西行，党组织考虑到他年龄较小，随军行动不便，指示他转移到虎山区继续从事宣传工作，如书写华东野战军司令员陈毅和副司令员粟裕的《告蒋军官兵书》，慰问北撤的新四军伤病员，参加土改复查运动等，同年12月加入新民主主义青年团（全国解放后改名为共产主义青年团）。同年秋，整个胶东解放区教育停办，干部和教师全部到农业第一线，生产自救。翌年秋，党组织推荐他进东海区举办的第一所中学师范部二级深造。1950年参加东海区结束土改工作队。1951年至1956年，先后任昆嵛县刘家上口初小校长，县点校汪疃完全小学教师，文登专区第六速成师范

① 编者注：本文系李玲璞先生故乡山东省文登市“文登学博物馆”布展用稿。

语文教师，文登专署干部文化学校及其分校语法修辞课教师，从此走上了中国语言文字学的教学和研究道路。1956年秋考入华东师范大学中国语言文学系。1959年起，作为大学高年级优秀生提前登上大学讲台为低年级大学生授课，并在体育方面获国家一级运动员称号。与此同时，他从事《中学语文教师手册》的编写工作，为语言学、汉语言文字学学科召集人。1960年大学毕业留校任教，1981年始先后晋升为副教授、教授，并先后担任硕士生导师、中国古代史专业博士点博士生导师和汉语言文字学专业博士点博士生导师。李玲璞教授的从教经历极为特殊，从"小先生"到小学代课教师，从初级小学教师到高级小学教师，从中等学校教师到职工大学教师和全日制大学本专科教师、夜大学和函授大学及自学考试本专科教师，从硕士研究生导师到博士研究生导师，几乎遍及各种层次规格的教学工作，这在我国教育界也是十分罕见的。

**主要学术著作** 专著有：《甲骨文选读》（华东师范大学出版社，1981，台湾大通书局翻印，1982）、《甲骨文选注》（上海古籍出版社，1989）、《甲骨文文字学》（学林出版社，1995）、《文言文阅读初阶》（上下册，华东师范大学出版社，1983）；主编有：大学文科自学丛书《古代汉语精解》（上海文艺出版社，1990）、全国高等教育自学考试统编教材《古代汉语》（上下册，语文出版社，1992）、全国高等教育自学考试统编辅导书《古代汉语自学辅导》（辽宁大学出版社，2003）、工具书《异体字字典》（学林出版社，1997）、《中国文字研究》（第一辑，广西教育出版社，1998）、大型古文字科研工具书《古文字诂林》（12卷，上海教育出版社，1999—2004）；合著有：《古汉字与中国文化源》（贵州人民出版社，1997）、《古文字字形库及电脑排版系统》（合作开发，第一发明人，已通过上海市科委鉴定，1999）；论文有：《造字法与表词法》(1988)、《汉字的发生与汉字的文化蕴含》(1990)、《说字素》(1993)、《语素物化与汉字分析问题》(1998)、《字素理论及其在汉字分析中的应用》(2000)、《字形结构与字本义辨析》(2003)、《正本清源说异体》(2003) 等；国际国内学术会议提交的论文有：《汉字美学散论》(上海，1978)、《略论同形字》(上海，1978)、《甲骨文造字八法论》(安阳，1989)、《关于汉字学宏观系统的思考》(上海，1993)、《汉字文化学阐释论略》（北京，1999）、《汉字分析的理论与方法》（香港，1999）、《汉字学三维系统与汉字文化学》（天津，2001）、《加强汉字学理论建设 迎接本世纪汉字信息化处理的突破性变革》(上海，2001)、

《正统文字与方域文字及相关问题》（上海，2002）、《中国正统文字的发端——殷商甲骨文字在中国文字发展史上的地位》（巴黎，2003）、《汉字学元点理论及相关问题——兼谈汉字认知的若干误区》（巴黎，2004）、《汉字教学三题》（上海，2006）等。此外，为一些专著所撰写的序言以及在报刊上发表的文章数十篇。其中，他所主编的《古文字诂林》被认定为上海文化建设新的标志性工程，于2006年获上海市哲学社会科学优秀成果一等奖、全国首届中华优秀出版物（图书）奖。

**教学工作业绩** 半个世纪以来，李玲璞教授始终坚持把教书育人放在首位，突出理论思辨和思路方法的教学，以身作则，倡导求实创新，受到历届学生的高度评价。他招收并培养了硕士生、博士生和国内访问学者30余人，其中已有七人成为博士生导师，一位博士生的学位论文被评为2003年度全国百篇优秀博士论文，他因此获得教育部、国务院学位委员会颁发的署他个人姓名的“全国优秀博士学位论文指导教师”奖杯。

**社会工作业绩** 二十世纪八十年代初期，李玲璞教授四度参加国家教育委员会专家调查组工作，并执笔为国家起草了四个全国性管理条例。

第一个条例是《普通高等学校夜大学管理条例》，（一人执笔）由国家教育委员会颁布；

第二个条例是《普通高等学校函授大学暂行条例》，（一人执笔）由国家教育委员会颁布；

第三个条例是《高等教育自学考试工作暂行条例》，（二人合作执笔）由国务院颁布；

第四个条例是《社会力量办学暂行条例》，（一人执笔）由国务院颁布。

**学科建设业绩** 李玲璞教授曾长年担任汉语言文字学研究室主任，汉语言文字学学科带头人，始终坚持高等学校科研教学两个中心的指导思想，积极响应国家教育部和上海市委市府领导关于“握紧一个拳头，完成一个项目，培养一支队伍”的号召，自1991年起，主持大型古文字科研工具书《古文字诂林》的编纂工作，遴选了近二十名高等学校科研骨干，经过十余年的艰苦工作，完成了多卷本一千多万字的《古文字诂林》编纂任务，培养了一支令学界瞩目的学术研究梯队，并于世纪之交获准建立国家教育部人文社会科学重点研究基地“中国文字研究与应用中心”，还带动了博士点汉语言文字学学科的建设，被评定为上海市重点学科。在华东师范大学50周年校庆之际，李玲璞教授以“为我校学科建设和发展作出重大贡献”而受到了校党委表彰。

**荣誉称号** 1986年获全国总工会与全国职业教育委员会联合颁发的“全国职工教育先进教师”奖章和荣誉证书；1996年获全国高等教育自学考试指导委员会颁发的“全国高等教育自学考试先进工作者”荣誉证书；1998年获宝钢教育发展委员会颁发的“全国高等学校优秀教师”奖章和荣誉证书。李玲璞教授的个人传记已收入《世界名人录》、《英国剑桥名人录》、美国《who's who（1994）》，并受聘为英国剑桥名人传记协会顾问委员。

**发现发明与创造** 主要有下列三个方面。

（一）中国文字本体理论方面：二十世纪八十年代以来，李玲璞教授创立了汉字学元点理论，科学地解释了汉字与汉语的辩证统一关系，首次提出了一整套中国文字学三维系统理论，即取象发生系统、本体结构系统和心理认知系统；创立了一整套字素分析法，即静态的字素本体系统和动态的字素功能系统；给中国文字以科学的定位，严格区分了汉字的造字法与汉字的表示法，首次提出中国文字的八种造字法。以上创新理论和方法已成功地运用于殷商甲骨文、西周金文、战国秦文字和秦汉篆书等各类出土古文字的分析以及魏晋以后的楷书分析。

（二）中国文字发展理论方面：本世纪初，李玲璞教授在他提出的汉字学元点理论指导下，运用汉字学三维系统理论和字素分析方法首次提出了中国文字发展的三条线索，即中国正统文字发展史、中国方域文字变迁史和中国书体艺术演变史。这一科学的论断，改变了长期以来把中国文字的书体演变史当成中国文字发展史的误解。

（三）出土古文字现代信息技术处理和字样学创新方面：以李玲璞教授为第一发明人的《古文字字形库与电脑排版系统》已成功地运用于大型科研工具书《古文字诂林》的排版印刷，在中国印刷史上首次突破了甲骨文、金文、匋文、货币文、玺印文、简牍文、帛书和石刻文八大类出土古文字的排版印刷问题。与此同时，李玲璞教授又根据秦汉篆书厘定了一万多个篆书古楷定字，在篆书至后世通用楷书之间架起了一座桥梁，理清了中国正统文字的历史发展面貌。

**晚年从事的创新研究工作** 主要有下列几个方面：（一）中华文字学分析理论。（二）中国文字发展史系列。（三）二十世纪中国方域文字研究。（四）中华字样谱系。（五）中华文字认知丛书。

# 李玲璞先生教书育人实绩与学术成果综述①

## 教书育人实绩

李玲璞教授早在上世纪四十年代就献身教育战线，还在就读小学四年级的十岁起，李先生就因成绩优异被家乡（胶东老解放区）的教育主管部门遴选为“小先生”，课余时间任教于妇女扫盲识字班。在1956年考入华东师大前，在家乡历任小学代课教师（十三岁），初级小学校长、县完全小学教师、专区师范学校语文教师、专署干部文化学校语法修辞课教师。1960年留校任华东师大中文系教职后直至生命终点，没有一天离开过教书育人的第一线，积累起来，已是整整六十八载。他对党的教育事业无比忠诚，数十年如一日，以高度的责任感、使命感和非凡的爱心，兢兢业业，精益求精，在教书育人方面做出了杰出的成绩。

李玲璞教授自六十年代起就开始承担函授面授、夜大学教学管理和授课等工作。粉碎“四人帮”以后的十年间，他更是全身心地投入成人教育工作。当时正是教育事业百废待兴、社会人才大量匮乏之际，为了帮助已被耽误十年青春的广大中小学教师尽快充实知识，提升能力，李玲璞教授只身承担了上海市内10区20个函授点和郊县10个函授点的古代汉语课程的函授任务。从此不管严寒酷暑，还是下雨下雪，李玲璞教授都充满激情，在30个函授点之间来回奔波。每到一处就从早到晚忙个不停，白天是一整天的面授讲课，夜晚则是辅导答疑。期末临考前，他还每天下到一个函授点，为学生当面辅导迎考。1982年夏，李玲璞教授在接连完成上海郊区七个县的复习迎考指导后，因劳累过度，导致支气管破裂而大量吐血。但他躺在病榻上，还念念不忘崇明地区的考生正在等待他辅导之事。当时，经他亲自面授的学生人数达五千余

① 编者注：本文选自《著名语言文字学家李玲璞教授追思集》，由华东师范大学中国文字研究与应用中心副主任刘志基教授根据有关材料整理而成。本书选用后在内容编排方面有所调整，题目系编者所加。

名。他也因忘我的工作态度和杰出的教学成果在广大学员中享有盛名。在为三千名首届函授生举行的毕业典礼大会上，李玲璞教授作为教师代表上台发言，短短的四百字发言，竟被学员的掌声打断了八次。

李玲璞教授还经常到华东师大在外省市的函授点面授讲课，并曾亲自率领研究生在毕业前后到滁州、青州、烟台等地函授点进行教学实习指导。他所教授的学生遍布十几个省市，可谓“桃李满天下”。为配合社会助学需要，李玲璞教授撰写了《文言文阅读初阶》，主编了《古代汉语精解》等著作。这些著作，对社会助学起到了积极促进作用。

八十年代初，自学考试作为一种新型的教育考试制度诞生以后，李玲璞教授又为自学考试工作做出了大量贡献。他参与制定的《中文专业自学考试计划》，是全国首创的第一份自学考试计划，为其他各专业提供了专业考试计划的模式。他还主持制定了《中文专业自学考试大纲》以及《古代汉语课程自学考试大纲》等自学考试的纲领性文件，主持和参与了古代汉语课程全国统考题库的制定工作，主编了古代汉语全国统考使用的统编教材《古代汉语》。全国自学考试中文专业委员会成立后，李玲璞教授任委员和首届秘书长，在中文专业各课程考试大纲的制定，教材的编纂和命题工作方面，都发挥了重要的作用，表现了非凡的组织才能和奉献精神。

鉴于李玲璞教授在成人教育工作方面的突出成绩，1986 年他被授予“全国职工教育先进教师”称号，1996 年，又被评为“全国高等教育自学考试工作先进工作者”。

李玲璞教授先后为本科学生开设“语言学概论”“古代汉语”等基础课和“甲骨文选读”等选修课，为研究生开设了“甲骨文文字学”“汉字发生学”等专业课。为了上好这些艰深的语言学课程，他十分注重教学法的钻研，使自己讲授的课程既有学术深度，又能深入浅出，受到学生的一致欢迎。“甲骨文选读”常常成为选读人数最多的课程之一。

李玲璞教授在研究生培养工作上也倾注了大量心血。他对所带的研究生从思想品格的成长，到业务水平的提高，乃至对学生的身体健康、生活困难诸方面都倍加关心。每年中秋，他都请家在外地的研究生到自己家中吃月饼，话团圆，同时又在师生团聚之融和气氛中，对学生悉心指导。在李玲璞教授言传身教辛勤培养下，所带研究生政治思想、人品学风、业务能力等方面都迅速成长起来。这些研究生毕业走上工作岗位后，都承继了兢兢业业、勤奋努力的作风。他们中的绝大多数人都已成为所在单位的业务骨干，遍布海内外数十家高校和研究单位，其中不乏学科带头人和院系领导。在学术研究上也取得突出成就，出版的专著、发表的论文，可以百、千计数，在科研评奖中也屡获殊荣，还有不少人先后获得省部级优秀教学类奖项。其中博士研究生华学诚的学位论文被评为2003年度全国优秀博士论文，除北京大学之外，这在全国各高等学校汉语言文字学专业博士点中尚属首例。

李玲璞教授对于汉语言文字学学科的发展建设富有广阔的学术视野和精准的远见卓识，并深深意识到了自己作为学科带头人所肩负的培养造就学术梯队的光荣使命。他注重通过经常性的传、帮、带，尤其是以科研项目的运作，来带动和促进人才的成长。他主持进行的大型科研项目《古文字诂林》，其编纂成员就汇集了二十余名学有专长的中青年学者。除了中文系古汉语教研室的主体外，还吸收了华东师大对外汉语系、古籍研究所、史学研究所和图书馆古籍部以及四川大学、复旦大学、上海师范大学、汉语大词典出版社等相关单位的近十名中青年学者参加。编纂工作塑造了一支力量雄厚而又充满朝气的学术队伍。这些中青年学者通过几年的磨砺锻炼，在学术追求和业务水平方面都获得了长足的进步，并在学术界产生了一定影响，为华东师大汉语言文字学科跨上新台阶以及学术梯队的形成都奠定了坚实的基础。

## 学术成果综述

在长达六十余年的汉语言文字教学研究生涯中，李玲璞教授始终保持着不满足于现状、不轻信成说的科学精神，担当起与时俱进、不断创新的学者天职，在汉语言文字教学、汉语史、古文字研究、文字学理论研究等诸多领域里贡献了丰硕的研究成果，创立了独树一帜的品牌，在海内外产生巨大影响，给学界留下了弥足珍贵的学术遗产。

想要全面完整地反映李玲璞教授的学术贡献，任何归纳分类都会显得力不从心。这里谨在前文《著名语言文字学家李玲璞教授简介》的基础上，再作一些简要分类。需要说明的是，李玲璞教授在上个世纪六七十年代，根据学校的工作安排，曾经从事过“文学评论”等方面的研究，同样取得过令人瞩目的成绩。这方面的成果，因为不属于“语言文字研究”范畴，就不包含在以下的分类中了。大体来说，李玲璞教授汉语言文字教学研究的著述可析为如下几个大的方面：

（一）汉语言文字教学研究方面：半个世纪以来，李玲璞教授始终坚持把教书育人放在首位，突出理论思辨和思路方法的教学，倡导求实创新，注重科学研究和教学实践的有机结合，从而创编了不少在社会上具有持久影响力的权威教材教辅。代表作主要有大学文科自学丛书《古代汉语精解》（上海文艺出版社，1990）、全国高等教育自学考试统编教材《古代汉语》（上下册，语文出版社，1992）。特别是后者，不但自创编至今依然是全国自考指定教材，而且被很多高校采用为全日制本科的“古代汉语”基础课教材。

（二）古文字释读和考释研究集成方面：李玲璞教授的古文字研究，以服务社会、面向现实、贯通古今为特色。他的《甲骨文选读》（华东师范大学出版社，1981，1982 年台湾大通书局翻印）、《甲骨文选注》（上海古籍出版社，1989），都成为甲骨文研习者的案头常备书；他所主编的大型古文字考释工具书《古文字诂林》（12 卷，上海教育出版社，1999～2004 年）更是一部划时代的集大成之作。

（三）中国文字本体理论方面：二十世纪八十年代以来，李玲璞教授创立了一整套中国文字学三维系统理论，即取象发生系统、本体结构系统和心理认知系统；创立了一整套字素分析法，即静态的字素本体系统和动态的字素功能系统；给中国文字以科学的定位，总结出中国文字的八种造字法。这些创新理论和方法已成功地运用于殷商甲骨文、西周金文、战国秦文字和秦汉篆书等各类出土古文字的分析以及魏晋以后的楷书分析。这方面的代表作有专著《甲骨文文字学》（学林出版社，1995），论文则有《说字素》（1993）、《语素物化与汉字分析问题》（1998）、《字素理论及其在汉字分析中的应用》（2000）等。

（四）中国文字发展理论方面：本世纪初在汉字学三维系统理论和字素分析方法的指导下，李玲璞教授提出了中国文字发展的三条线索，即中国正统文字发展史、中国方域文字发展史和中国书体演变史。这一科学的论断，改变了长期以来误把中国文字的书体演变史当成中国文字发展史的错误认识。这方面的代表作有论文：《汉字学三维系统与汉字文化学》（天津，2001）、《正统文字与方域文字及相关问题》（上海，2002）、《中国正统文字的发端——殷商甲骨文字在中国文字发展史上的地位》（巴黎，2003）等。

（五）出土古文字现代信息处理技术处理和字样学创新方面：以李玲璞教授为第一发明人的《古文字字形库与电脑排版系统》已成功地运用于大型科研工具书《古文字诂林》的排版印刷，在中国印刷史上首次解决了甲骨文、金文、匋文、货币文、玺印文、简牍文、帛书和石刻文八大类出土古文字的排版印刷问题。与此同时，李玲璞教授又根据秦汉篆书厘定了一万多个篆书的古楷定字，在隶书与后世通用楷书之间架起了一座桥梁，填补了中国正统文字发展史上的一段空白。

## 附录：李玲璞教授论著目录（部分）

一、著作

1. 《甲骨文选读》，华东师范大学出版社，1981 年（1982 年台湾大通书局翻印）。

2. 《文言文阅读初阶》（上下册），华东师范大学出版社，1983 年（1991 年华东师范大学出版社再版）。

3. 《甲骨文选注》，上海古籍出版社，1989 年。

4. 《甲骨文文字学》，学林出版社，1995 年（2002 年学林出版社再版）。

5. 大学文科自学丛书《古代汉语精解》（主编），上海文艺出版社，1990 年。

6. 全国高等教育自学考试统编教材《古代汉语》（上下册），郭锡良、李玲璞主编，语文出版社，1992 年（2000 年语文出版社再版）。

7. 全国高等教育自学考试统编辅导书《古代汉语自学辅导》（主编），辽宁大学出版社，2003 年。

8. 《异体字字典》（主编），学林出版社，1997 年。

9. 《中国文字研究》第一辑（主编），广西教育出版社，1998 年。

10. 《古文字诂林》12 卷（主编），上海教育出版社，1999 ~ 2004 年。

11. 《古文字释要》（主编），上海教育出版社，2010 年。

12. 《古汉字与中国文化源》，李玲璞、臧克和、刘志基著，贵州人民出版社，1997 年。

13. 《古文字字形库及电脑排版系统》，李玲璞、沈康年、郑明合作开发，李玲璞为第一发明人，已通过上海市科委鉴定，1999 年。

二、论文

14. 《汉字美学散论》（上海，1978）。

15. 《略论同形字》（上海，1978）。

16. 《说“也”》，《电大语文》1983 年第 11 期。

17.《加强师资培训　提高教学质量》,《上海教育》(工农教育版)1986年第3期。

18.《甲骨文造字八法论》(安阳,1989)。

19.《殷墟卜辞与史前民族文化心态》,李玲璞、臧克和、刘志基,《中国文化源》(陈秋祥等主编),百家出版社,1991年。

20.《说字素》,《语文研究》1993年第1期。

21.《造字法与表词法——兼谈安子介先生的〈解开汉字之谜〉》,《安子介语文学术思想研讨会文集》,山西教育出版社,1993年。

22.《关于汉字宏观系统的思考》(上海,1993)。

23.《汉字的发生与汉字的蕴含》,《语文学习》1994年第4期。

24.《咬住语素细细嚼》,《咬文嚼字》1995年第9期。

25.《学术书摘·甲骨文字字素》,《中文自学指导》1997年第5期。

26.《语素物化与汉字分析问题》,《语言文字学刊》,汉语大词典出版社,1998年。

27.《汉字文化学阐释论略》(北京,1999)。

28.《汉字分析的理论与方法》(香港,1999)。

29.《字素理论及其在汉字分析中的应用》,《学术研究》2000年第4期。

30.《字素理论与汉字分析问题》,《中国文字研究》第二辑,广西教育出版社,2001年。

31.《汉字学三维系统与汉字文化学》,中国文字学国际学术研讨会论文(天津,2001)。

32.《加强汉字学理论建设,迎接本世纪汉字信息处理的突破性变革》(上海,2001)。

33.《正统文字与方域文字及相关问题》,中国文字研究与应用中心年会报告(上海,2002)。

34.《正本清源说异体》,《语言研究》2003年第1期。

35.《中国正统文字的发端——殷商甲骨文字在中国文字发展史上的地位》,《中国文字研究》第四辑,广西教育出版社,2003年。

36.《汉字学元点理论及其相关问题——兼谈汉字认知的若干误区》,《中国文字研究》第五辑,广西教育出版社,2004年。

37.《从汉字的正俗消长看汉字的本体功能》,《民俗典籍文字研究》第四辑,北京师范大学民俗典籍文字研究中心编,商务印书馆,

2007年。

38.《汉字教学三题》，《中国文字研究》第八辑，大象出版社，2007年。

39.《节律性、自足性与相似性——谈谈汉语的特点和汉字的特点》，《中国文字研究》第十辑，大象出版社，2008年。

40.《漫谈自修》，《人民教育》1977年第3期。

三、序

41. 王元鹿《汉古文字与纳西东巴文字比较研究》李玲璞序，华东师范大学出版社，1988年。

42. 臧克和《汉语文字与审美心理》李圃序，学林出版社，1990年。

43. 詹鄞鑫《汉字说略》李玲璞序，辽宁教育出版社，1991年。

44. 李万春《汉字与民俗》李圃序，云南教育出版社，1992年。

45. 王群主编《常用字引申义辞典》李玲璞序，吉林人民出版社，1992年。

46. 臧克和《汉字取象论》李圃序，圣环图书有限公司，1995年。

47. 周斌《中国文字与书体艺术》李玲璞序，百家出版社，1998年。

48. 阚景忠《汉文文言教学艺术论》李圃序，吉林人民出版社，2000年。

49. 郝茂《秦简文字系统之研究》李圃序，新疆大学出版社，2001年。

50. 华学诚《汉语方言学史研究》李圃序，艺文印书馆，2001年。

51. 黄建荣《楚辞古代注释论纲》李圃序，中国文联出版社，2003年。

52. 华学诚《周秦汉晋方言研究史》李圃序，复旦大学出版社，2003年。

53. 潘玉坤《西周金文语序研究》李圃序，华东师范大学出版社，2005年。

54. 程邦雄《文字训诂论集》李圃序，华中科技大学出版社，2009年。

55. 黄建荣主编《古代汉语学习与辅导》李玲璞序，天津科学技术出版社，2009年。

56. 何峭《中国文字起源研究》李圃序，巴蜀书社，2011年。

**编者按：**自上世纪七十年代起，李玲璞先生就致力于文字学理论系统的探究工作，他所创立的三维系统理论和字素分析法为宏观文字学理论系统的创建奠定了坚实的基础。九十年代初开始的《古文字诂林》的编纂则全程贯彻了先生"荟萃以百家，考镜流变；讨原沿众波，辨章学术"的文字学理念。先生毕生致力于文字学理论的建树，为构建文字学理论体系而锲而不舍，殚精竭虑。先生的研究成果丰硕无比，限于篇幅，仅选编了六篇论文，以管窥先生文字学理论的精髓。

# 甲骨文造字八法论[①]

李　圃

本文着重探讨殷商时期甲骨文字的造字方法。

众所周知，汉字的造字方法是汉字学研究领域的重要课题。我们所说的造字法，指的是创造新字的方法。换言之，造字法所回答的是新的汉字是怎样创造出来的。

汉字的造字方法是创造汉字诸规则的总结。甲骨文造字方法是建立在字的结构要素——字素[②]的性质及其组合关系的基础之上，对由字素构成的新字的质变过程进行描写的，因而是一种动态描写。这种动态描写同汉字的表词方式（象形、指事、会意、形声等）的分析正相反，汉字的表词方式是通过对已有汉字内部结构关系的分析，指出其表词方式的类别，因而只是一种静态的描写。二者的区别与联系如下图（见下页）：

殷商甲骨文的造字方法，约略说来，可以分为八种，即独素造字法、合素造字法、加素造字法、更素造字法、移位造字法、省变造字法、缀加造字法和借形造字法。

下面各节将分别加以讨论。

---

① 编者注：本文是"纪念殷虚甲骨文出土九十周年国际讨论会"会议论文（安阳，1989年9月）。原作标题后有注释，内容为"本文是《甲骨文文字学》书稿中的'造字法'部分，因受全书章节的限制，有些问题未能展开讨论"。

② 关于字素的性质及其分类，已在《甲骨文文字学》书稿列有专章讨论。

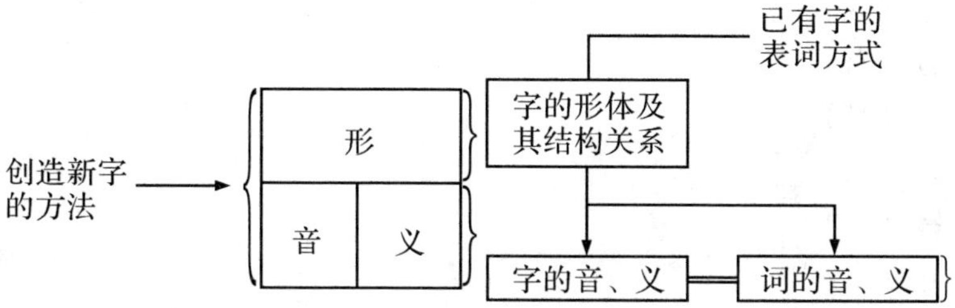


## 一、独素造字法

独素造字法指以单个的基本字素独立创造新字的方法。

独素造字法是造字表词过程中人们对客观事物形象的描摹。例如：

（耳）

（目）

（口）

（自，鼻子）

以上这些字都是由一个基本的构字要素——基本字素构成的。换言之，以上这些字中每一个字的内部只包含一个基本字素。因而，这类用单个基本字素构成的字，管它叫“独素字”。

以独素造字法创造出来的独素字，多为事物直觉形象的线条化，或以线条化了的形象**直接表词**（音和义），或以线条化了的形象**间接表词**（音和义）。前者如：

（田）

（禾）

（木）

（人）

（牛）

（羊）

后者如：

（夭，“走”的初文）

（大）

从静态的表词方式方面观察，独素造字法所造的字，大都是些象形字或独体形意字。

属于象形表词方式的所代表的词大都是些表事物的名词。例如：

（人）
（首）
（耳）
（目）
（口）
（自）①
（舌）
（止，“趾”的初文）
（牛）
（羊）
（马）
（豕）
（犬）
（虎）
（鹿）
（象）
（鱼）
（龟）
（车）
（舟）
（朋）
（貝）
（田）
（禾）
（戊）
（戉，“钺”的初文）
（刀）

属于形意表词方式的，则不限于代表名词，也可以代表动词、形容词。例如：

表示名词的

（王）

---

① “自”的本义为“鼻子”，是名词。如甲骨文“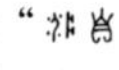”（疒自），即鼻子患了病。详见拙作《甲骨文选注》“疒自”篇，上海古籍出版社。

（臣）

（水）

（齿）

（火）

（巳）

表示动词的

（夭，"走"的初文）

（用）

（丩）

（"弹"的初文）

（冓，"遘"的初文）

（丑，"扭"的初文）

（卯）

（亥，"刻"的初文）

表示形容词的

（大）

（白）

（永）

从甲骨文的用字方面观察，独素字中的一部分常用为假借字。例如：

十天榦（干）字

（甲）

（乙）

（丙）

（丁）

（戊）

（己）

（庚）

（辛）

（壬）

（癸）

十二地枝（支）字

（子）

（丑）

（寅）
（卯）
（辰）
（巳）
（午）
（未）
（申）
（酉）
（戌）
（亥）

以上所列十天幹（干）、十二地枝（支）用字全部都是假借字。此外，又如：

（甘，“箕”的初文），甲骨文中借用作语气助词。

（东），甲骨文中借用作方位词。

（西），甲骨文中借用作方位词。

（南），甲骨文中借用作方位词。

（不），甲骨文中借用作否定副词。

## 二、合素造字法

合素造字法指由两个或两个以上的基本字素合成一个新字的造字方法。

合素造字法是造字表词过程中人们对既有汉字所表示的相关事物之间可能发生的内在联系的沟通与合成。例如：

 －  ：贝又，“得”的初文，以手持贝，表示“获得”义；

 －  ：户攴，以手开门户，表示“开启”义；

 －  －  ：劦，多力相合，表示“协和”义。

以上字例中的 、 、 、 在甲骨文中都是基本字素，都具有独立造字的功能。它们在合素创造新字的过程中都是**在同一个层次上一次性合成**的。 、 都是由两个基本字素合成的， 是由三个基本字素合成的。这些用两个或两个以上的基本字素一次性合成的方法创造出来的字，管它叫“合素字”。

合素字中的基本字素虽然仍旧或多或少、或隐或显地保留着直觉形象和所表示的事物的内涵，但是，**一旦合成一个新字，它们就在一个新**

的结构层次上表示着一种全新的关系意义。也就是说，合素字的字义并不等于两个或两个以上的基本字素意义的简单相加，而是在两个或两个以上的基本字素自身的原有的意义的基础上的质变飞跃。仍以、、为例加以说明。

－：即贝，贝是蚌壳的象形，古代用为货币，即又，又即右手的侧面形象。以手持贝，并非“得”字的本义，“得”字的本义是通过“手”与“贝”所提供的物象显示一种抽象的关系意义，即通过以手持贝，表示“拥有，获得”义。

－：即户，门户的象形，即又，又即右手的侧面形象。以手致户，并非“户攴”字的本义，“户攴”字的本义是通过“手”与“户”所提供的物象显示一种抽象的关系意义，即通过以手致户表示“开启”义。

－－：即力，是古代农具耒的象形，又以施耒于农耕象施力意。三力示多数，多力合而为一，表示“协和”。

以上各例的合素字均通过两个或两个以上的字素的组合以显示字素之间的关系意义。推而广之，凡合素字都在不同程度上具有这种表词的特点。

从静态的表词方式方面观察，合素造字法所造的字非属于会意即属于形声。

（一）合素会意

1. 会意表名词①

（－：孙）

（－：埜）

（－：男）

（－：邑）

（－：旅）

（－：族）

（－：家）

（－：宗）

（－：門）

（－：尧，即“光”）

（－：雀）

① 本节合素会意、形声所表示的语法类别均以字本义为依据。

（ － ：林）
（ － ：兵）
（ － ：先）
（ － ：夊，“後”的初文）
（ － ：莫，“暮”的初文）
（ － － ：𡁠，战俘的专用字，“讯”的古字）

2. 会意表动词

（ － ：采）
（ － ：伐）
（ － ：集）
（ － ：毓）
（ － ：印）
（ － ：疒）
（ － ：竝，即“並”）
（ － ：见）
（ － ：为）
（ － ：即）
（ － ：既）
（ － ：初）
（ － ：死）
（ － ：逐）
（ － ：秉）
（ － ：析）
（ － ：獸，甲骨文用为动词“狩”）
（ － ：赤，甲骨文用为动词“火烧”义）
（ － ：隻，“获”的初文）
（ － ：贝又，“得”的初文）
（ － － ：雥，“集”的异构）
（ － － － ：解）

3. 会意表形容词

（ － ：多）
（ － ：安）
（ － ：美）

□（□－□：瞋）
□（□－□－□：彝）
□（□－□－□：劦）
（二）合素形声
1. 形声表名词
□（□－□：唐，今写作唐，从□得声）
□（□－□：萅，今写作春，从□得声）
□（□－□：汅，“河”的初文，从□得声）
□（□－□：湄，从□得声）
□（□－□：戋，从□得声）
□（□－□：成，今写作成，从□得声）
□（□－□：早，今写作旦，从□声）
□（□－□：沚，从□得声）
□（□－□：宫，从□得声）
□（□－□：膏，从□得声）
□（□－□：龍，从□得声）①
□（□－□：鹏，从□得声）②
□（□－□：天，从□得声）
□（□－□：犷，甲骨文用同“狐”，从□得声）
□（□－□：帛，从□得声）
□（□－□：羏，甲骨文牲、羏同用，从□得声）
□（□－□：召，从□得声）
2. 形声表动词
□（□－□：正，“征”的初文，从□得声）
□（□－□：皀，“追”的初文，从□得声）
□（□－□：[illegible]，“歸”的初文，从□得声）
□（□－□：卸，“御”的初文，从□得声）
□（□－□：㪅，今作受，从□得声）
□（□－□：彿，“通”的初文，从□得声）
□（□－□：戒，“搏”的古字，从□得声）
□（□－□：宣，从□得声）

① 详见拙作《甲骨文选注》“出虹”篇和“东方曰析”篇。上海古籍出版社。
② 同上。

（ - ：雇，甲骨文用为地名，从得声）

（ - ：丂，今作可，从得声）

（ - ：生，“往”的初文，从得声）

3. 形声表形容词

甲骨文中的形容词数量较少，象声表形容词的合素字亦不多见，例如：

（ - ：新，“新”的初文，从得声）

从甲骨文的用字情况来看，合素字基本上各司专责，少有假借。

## 三、加素造字法

加素造字法指以原字为造字字素而另加字素创造新字的造字方法。

加素造字法是造字表词过程中人们对既有汉字表词内涵的补充和限定。例如：

→ （春）

（萅，即春），加作，加作，加作，均以草木繁茂来丰富“春”的内涵。

又如：

→ （祐）

（又，以右手的侧视形象作为左右的右的象意），甲骨文中左右的“右”，可用作有无的“有”，也可用作保佑的“佑”，也可用作福祐的“祐”，还可以用在十进位整数与个位数之间。（又）同时代表几个音义不同的词，这自然是一种同形假借了，即几个词同用一个形体，这就形成了一组同形字①。为了区分同形假借，于是在旁增加标志祭祀类的字素（示）作（祐），使之从（又）中分化出来，成为祭祀的专字。②

由而而而，是对“春”字内涵的补充，而由而，则是对同形字的分化，它们都明显地表现出加素造字的过程和特点。

这些以原字为字素而另加字素创造出来的新字，管叫“加素字”。

---

① 同形字指书面语言中同一个字形代表着几个不同的词的一组字。

② 后世在（又）下加口，成为左右的“右”，在（又）下加肉，成为有无的“有”。使原来的这一组同形字得到进一步的分化。

甲骨文中的加素字所增加之字素都为义素，也有少数的声素。不论增加义素还是增加声素，都是为了从不同方面（音或义）**不断揭示词的内涵，不断完善表词（音和义的统一体）的明确性**。

用加素造字法创造出来的新字同原来未加素的字保持着明显的渊源关系：同源关系，这种同源关系在甲骨文中则表现为同源异体关系和同源古今关系。从共时的角度看这些具有异体关系的字，管叫异体字；从历时的角度看，[①] 这些具有古今关系的字，管叫古今字。如果将二者合二而一，即异体古今字，亦即狭义的古今字。[②] 例如：

1. 加义素的古今字

（冎，“祸”的初文）+（犬）：（猧）

（且，“祖”的初文）+（示）：（祖）

（又，“右”的初文）+（示）：（祐）

（帰，“歸”的初文）+（止）：（歸）

（彿，“通”的初文）+（止）：（逋，即通）

（仗，“达”的初文）+（止）：（达）

（贝又，“得”的初文）+（彳）：（衜，即得）

（卬，“御”的初文）+（彳）：（御）

（爻，“學”的初文）+（□）：（學，即學）

（斩，“新”的初文）+（木）：（新）

（屰，“逆”的初文）+（彳）：（㣬）+（止）：（逆）

（冓，“遘”的初文）+（彳）：（㣯）+（止）：（遘）

以上所列甲骨文中的古今字，大部分后起字都经受了历史的筛选，并一直保留至今，其中一部分经过后世的加素造字，逐渐完善，并形成了现代的通用字。如（御）加（示）作“禦”，（學）加（子）讹变作“學”。[③] 又如（衜），后世在（又）下缀加指事符号作（寸），篆书作，后字素贝发生讹变，形成了通用字“得”。

（㞷，“往”的初文）+（犬）：（㹱）

（“出”的异构）+（彳）：（䖏）+（亍）：（衐）

---

① 殷墟甲骨文上自盘庚迁殷，下迄帝辛（受）灭国，前后历二百七十三年。虽然时间不足三百年，但仍可以对这一历史时期的甲骨文进行历时的分析。

② 本书所称古今字是严格意义上的古今字，指同一个字（形声义的统一体）的古今不同书写形式。

③ “學”的初文为六爻之象，古习六爻为蒙学之始。

（徝，“德”的初文）+（亍）：（衜）

（牧）+（彳）：（𢕒）+（止）：（遨）

（菉）+（艸）：（莽）

（旾，即春）+（艸）：（萅）

以上加义素的字在后世的造字筛选中，有的被淘汰，有的以更素造字法[①]更替字素之后形成了以迄今日的通行字。前者如“衜”中的（行）、“遨”中的（辶）、“莽”中的（艸）、“萅”中的（艸）均被淘汰，仍然保持甲骨文初文的形貌，分别作出、牧、菉、旾；后者如更替“𤜣”中的（犬）为（彳），更替“衜”中的（彳）和（亍）为（心）[②]，分别作（往）、悳。

2. 加声素的古今字

（“龍”的初文）加声素（朋）作（后世讹变为龍）

（鹏）加声素（凡）作

（方）加声素（凡）作

当然，加素字中有一部分加义素字是为了分化因假借而形成的同形字，而这种分化的结果是创造了新字，使得形与音、义保持着一定的对应关系。例如：

在甲骨文中可用作纪时名词“正月”的“正”，殷商前期（武丁时期）也常借作“征伐”的“征”。“正月”的“正”与“征伐”的“征”二词二义而用字相同，为了分化这一对同形字，殷商后期便在（正）的左边加上了义素（彳），成为（征），让它成为“征伐”的“征”的专字。

又如前面提到的（又）加（示）成为祭祀祈福的专字（祐）等。

加素造字除了创造大量的异体字（历时的古今字）和分化同形所创造的部分新字以外，还创造出了一些语言中原本有词无字的新字。例如：

（步）+（彳）：（徏）

（宁）+（止）：（㝎）

从结构方式方面观察，甲骨文中的加素字大致有四种情况。

第一，原为独素象形、形意字，加义素后多数原字素变为声素，整个字的结构方式由原来的象形、形意转变为形声。例如：

---

① 详见本文第四部分。

② 战国文字德作，后世又加素作德。

+ ：（姘，以井为声素）

+ ：（熯，以萛为声素）

第二，原为独素象形、形意字，加声素后使新的结构方式变为形声。例如：

+ ：（龍，以朋为声素）

+ ：（方，以凡为声素）

第三，原为形声的合素字，加义素后，原相合的字素往往作为一个活性字素①充当新字的声素。例如：

+ ：（㞢犬，以㞢为声素）

+ ：（萅，以旾为声素）

第四，加素造字法除了创造了大量的形声字以外，也创造了一些新的会意字。例如：

（贝攵，会意）＋ ：（衠，即得，会意）

（奴，会意）＋ ：（祭，会意）

加素造字法的能产性，在甲骨文的造字过程中已初见端倪，而通过这种造字法创造大量的新字，那还是后世的事情。

## 四、更素造字法

更素造字法指更换原字中某一字素而创造新字的造字方法。更素造字法是造字表词过程中人们对汉字表词内涵的调整和完善。例如：

（队，《说文解字》作隊，"从高隊也"。按，队是"坠"的初文），本象古代穴居时洞穴上下通道的阶梯，后世引申指山丘陡坡，篆作，隶定作𠂤，楷化作阝（用于字左），是倒人形，表示人头足倒置从陡峭处落下的关系意义。用这样的字形结构表示"从高隊（坠）也"。甲骨文"队"还可以写作，是把倒人更换为倒子。甲骨文"子"作等，象幼儿形。从造字的心理方面说，以幼儿"从高隊（坠）"更加醒豁；从词义的概括性方面看，以"人"概称任何人"从高隊（坠）"，则更加符合要求。中的更换作，属于更义素造字。

又如：

（雉），从隹，矢声。甲骨文还可以写作（雉），从隹，夷

① 活性字素指由两个或两个以上的静态字素进入造字过程中而临时组合成的一个字素。

声。古音“矢”“夷”同在脂部，音相近。“矢”“夷”古代都是战争工具和狩猎工具，义相通。□更换作□，属于更声素造字。

凡是通过更换原字中的字素创造新字的方法创造出来的字，管叫“更素字”。

甲骨文中的更素字大多数是异体字，属于从无到有的新字还比较少。更素字根据更义素和更声素的差别，可以分为两类，即更义素字和更声素字。

1. 更义素字

□→□（队，“坠”的初文）更□（倒人）为□（倒子）

□→□（“蓺”的初文）更□（屮）为□（□）

□→□（柏）更□（屮）为□（□）

□→□（梳）更□（屮）为□（木）

□→□（春）更□（屮）为□（木）

□→□（春）更□（艸）为□（木）

□→□（農）更□（艸）为□（林）

□→□（莯）更□（艸）为□（林）

□→□（莯）更□（茻）为□（林林）

□→□（莫）更□（茻）为□（林林）

□→□→□（逐）更□（豕）为□（鹿）、□（兔）

□→□→□→□→□（埋的古字）更□（牛）为□（犬）、□（豕）、□（麋）、□（鹿）

2. 更声素字

□→□（雉）更□（矢）为□（夷）

□→□（河）更□（丂）为□（何）

□→□（麓）更□（彔）为□（鹿）

以上两类更素造字法所创造出来的字都是异体字。

甲骨文中还有一种以声素替换义素创造有词无字的新字的现象。例如：

□（家）和□（冢）。家，从宀，从豕，会意。冢，从冖，豖声，形声。可以看作将“家”中的“豕（□）”更换成“豖（□）”①，创造

---

① 豖，《说文解字》：“豕绊足行豖豖也。”段玉裁注曰：“豖豖，行艰皃。”甲骨文□与□有别，□𤞤作“绊足行豖豖皃”。

的新字。

以更素造字法创造出来的字，其表词特点同合素字、加素字的表词特点基本相同，所代表的词义也是**通过字素之间的特定关系意义**显示出来的。一般说来，更素造字所更替的字素及其与原字内部原有的字素之间所显示的关系意义更能反映它的动性载体的文化内涵，因为这种字素更替的调整，必然受着一定历史时期或不同方域人们对汉字的要求，即形与音、义的契合美，而这种要求又在不同程度上传载了一定历史时期人们的思想观念、审美心态和社会习俗等。自然，随着历时的沿革，在后世汉字的演变过程中这类动性载体的文化内涵则更加丰富多彩。

从更素造字的结构方式即作为静性载体来观察，更素字非属会意即属形声。例如：

1. 会意字的更素

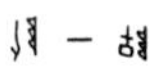（从自，从倒人；从自，从倒子）

（从豕，从止；从鹿，从止）

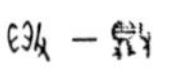（从贝，从攴；从鼎，从攴）①

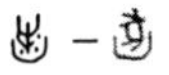（从牛，从凵；从豕，从凵）②

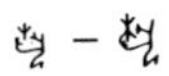（从中，从丮；从木，从丮）

（从艸，从辰；从林，从辰）

2. 形声字的更素

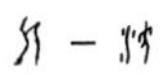（从水，丂声；从水，何声。更声素）

（从隹，矢声；从隹，夷声。更声素）

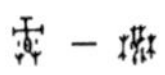（从艸，录声；从林，鹿声。更声素）

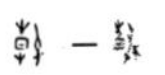（从日从艸，屯声；从日从林，屯声。更义素）

（从中，臼声；从木，臼声。更义素）

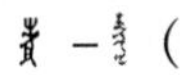（从中，虎声；从木，虎声。更义素）

从字与字之间的关系方面加以考察，殷商甲骨文时代的更素造字法所创造出来的字，绝大部分属于异体字。

## 五、移位造字法

移位造字法指在字的内部变换字素的位置以创造新字的造字方法。

---

① 甲骨文“败”字或从鼎从攴。

② 凵是“坎”的古字。

汉字属于典型的块体文字，这就为移位造字法提供了客观上的可行性，而汉民族关于相反相成、相辅相成的辩证思维则给予这一造字法以无穷的推动力，使得这种造字法自古迄今久盛不衰。例如：

□－□（替）①

□（竝、並）甲骨文□以二人相并立于地，象“併”意。《说文解字》：“併也，从二人。”说的正是这个意思。如果把□的位置移动一下，使两个□（立）变成一高一低的□，则为“替”。《说文解字》：“废一偏下也。”② 甲骨文立、位同形，均写作□，盖古喻、来可通，③甲骨文正是通过二□（相当于今之“位”）的高下移位创造了新字“替”表示“废位”的词义。

又如：

□－□（臣）

□（目）甲骨文□是人的眼睛的象形。□也可以反写作□。尽管左右方向不同，但表示眼睛的“目”字仍代表着同一个事物，只是互为异体罢了。这是通过左右方向的移位创造的异体字。如果把甲骨文的□竖写作□，情形就不同了。□竖写成□则为“臣”。《说文解字》：“牵也。事君也。象屈服之形。”人俯首则目竖。这是通过移位造字法创造出来的与“目”完全不同的一个独素象意字：以竖目示俯首，又以俯首象下事上的名位关系。甲骨文□又可以反写作□，也是“臣”字，这同甲骨文□可反写作□一样，也是通过左右方向的移位创造的异体字。

以上各例甲骨文字都是通过变换字素位置创造的新字。这种以移位造字法创造出来的字，管叫“移位字”。④

从以上移位字的分析中我们不难看出，以移位造字法创造出来的字，其表词特点既具有独素字具体的直觉形象的特点，又具有合素字、加素字和更素字内部字素之间抽象的关系意义的特点。

移位造字法创造出来的字大致不外乎两类：一类是创造出有词无字的新字，一类是创造固有字的异体。

1. 移位创造有词无字的新字

□（大）→□（屰，“逆”的初文）

---

① 释□为“替”，为张政烺先生揭发。

② 段玉裁《说文解字注》在“废”下加“也”断句，使成“废也。一偏下也”。

③ 参见戴家祥《甲骨文选读》“戴序”。华东师范大学出版社。

④ 这类字前人亦称“分别文”或“区别字”。

（上）→（下）

（示）→（土，“社”的初文）

（並）→（替）

（一）→（十）①

（皿）→（凡，“盘”的初文）

（目）→（臣）

（刀）→（匕）

（父）→（尹）

（陟）→（降）

（从）→（北，“背”的初文）

（友）→（収，“共”的初文）

2. 移位创造异体字

→（孙）

→（姜）

→（得）

→（圹）

→（家）

→（安）

→（帚，“寝”的初文）

→（宿）

→（嬉）

→（侢）

→（保）

→（伐）

→（戒，“搏”的初文）

→（雉）

→（昷，“鑑”的初文）

→（寶）

甲骨文运用移位造字法所创造出来的异体字的数量远远超过上面所列举的那些。可以说，殷商甲骨文时代是汉字异体最多的时代。同一个字，只要不发生歧义，左右上下的部位是极其灵活的，尤其是正写与反

① 甲骨文数字“一”横书，“十”竖书，绝无例外。

写的字在甲骨文中是大量存在的。这除了受到占卜的制约因素影响外，也可以从一个侧面反映出甲骨文确是成体系的文字的初期阶段。

从结构方式方面观察，移位字可以只是单个字素构成的象形和形意，也可以是两个或两个以上的字素构成的会意和形声。

## 六、省变造字法

省变造字法指多素字嫁接造字过程中省去某一字素形体的一部分或让单素字的形体发生区别性变化的造字方法。

省变造字大致可分为省素嫁接和变换字素形体两类。

（一）省变嫁接造字

省变嫁接造字适应了块体汉字规整美的审美心理需要，同时，也从块体结构上强调了多素字字素之间的密合状态。甲骨文字两个字素上下组合时，往往省上面一个字素的下部，以与下面的字素密合嫁接成为一个整体，而两个字素左右组合时则往往不省。例如：

（姜）《说文解字》："神农居姜水以为姓。从女，羊声。"甲骨文"羊"作。当它作为造字的字素居于另一字素之上进行组合时，往往省掉的下部，作。如与组合成"姜"时，则作，姜作，而甲骨文另有一"姜"字作，由于两个字素属左右组合，故不省。

又如：

（告）《说文解字》："牛触人，角箸横木，所以告人也。从口，从牛。《易》曰：'僮牛之告。'"段玉裁曰："告字当入口部，从口，牛声。牛可入声读玉也。"甲骨文"牛"作。当它作为造字字素居于另一字素之上进行组合时，往往省掉的下部，作。甲骨文"告"作或。

运用省素造字法创造出来的字，管叫"省素字"。如为省声素字，管叫"省声素字"；① 如果是省义素的字，则管叫"省义素字"。②

---

① 许慎《说文解字》中所说的"省声"（"某省声"）、"省"（"从某省"）相当于我们所说的省素字中的"省声素"和"省义素"。但许氏具体分析的许多字却是不可靠的。如监，甲骨文作，以人俯视鉴盆表示以鉴鉴影。从皿，见声。见亦兼意。离析为，又在中缀加指事符号－，成为，楷作监。而许氏却说"监"字"从卧，衉省声。"这是没有根据的。

② 同上。

1. 省声素的字

（羌）

从人，羊省声。省为。

（姜）

从女，羊省声。省为。甲骨文或作，不省。

（膏）

从肉（楷作月），高省声。省为。甲骨文或作，不省。

（告）

从口，牛省声。省为。甲骨文或作，不省。

（眚，甲骨文“省”）

从目，生省声。省为。

（熹）

从火，喜省声。省为。

（鹏）

从鸟，朋省声。省为。

（，“搏”的初文）

从戈，不省声。省为。

（，今作娀）

从女，鬼省声。省为。

（龗，靈的异构）

从龜，需省声。省为。

2. 省义素的字

（美）

从羊省，从大。省为。

（義）

从羊省，我声。省为。

（㞷，“往”的初文）

从之（）省，王（）声。省为。

（先）

从人（），从之（）省。省为。甲骨文“先”或不省，作。

（臸，即晉，今作晋）

从日，从臸省。省为。

（𩞁，即厤、麓，今作部）

从𨍮省，来声。省为。

（亳）

从高省，乇声。省为。

（靃，今作霍）

从雨省，雔声。省为。

以上各例都是运用省素造字法在双素字的嫁接组合过程中省去某声素或义素形体的一部分而创造出来的字。

省素字在表词特点上同合素字、加素字或更素字等由两个或两个以上的字素构成的字一样，所不同的是，省素字只是在形体方面为适应块体汉字的规整性和上下部位字素插接的需要而省减了字素的某一部分形体而已。甲骨文时代尚属成体系的汉字的初期阶段，省素造字法虽已运用，但所创造出来的省素字在数量上还不够多。到了秦汉时期，这一造字法则充分显示了它的造字功能。成书于东汉时期的《说文解字》共收有九千三百五十三字，重文一千一百六十三个。其中“从某省”和“某省声”屡见，可知战国以迄秦汉省素造字之多了。

一般来说，省素字是两个字素的组合，其表词方式不外乎会意或形声。甲骨文还有个别独素字也运用了省素造字的方法创造出来的。例如：

（亥）亥当为“刻”的初文。该字是在（方）的基础上通过省减字素的某一部分造字表词的。为以刀分物，省为，以示“刻削”义。由于这类字数量极少，所以赘笔附此。

（二）变换原字素的形体造字

先民在创造新字的过程中，以原有的字素为基础，在形体上加以变化，使变化了的字素形体具有明显的区别性特征，从而创造新字。例如：

（人，是人行走时的侧面形象），以的形体为基础加以变化，使它作仰卧状即成。即“尸位素餐”的“尸”。《说文解字》：“陈也。象卧之形。”说的正是这个意思。与有着明显的区别，一为仰天静卧，一为直立行走。于是，便以它的区别性特征同区别开来，成为一个新字。

又如：

（大，是人的直立正面形象），以的形体为基础加以变化，使它作挥臂奔跑状即成。即夭，是“走”的初文，后世加作，楷作走。《说文解字》："趋也。"即今跑步的"跑"义。与有着明显的区别，一为静态直立，一为动态迅跑。于是，便以它的区别性特征进入新造字的行列。

运用变换字素形体的方法创造出来的字，管叫"变素字"。一般地说，变素字都带有明显的区别性特征。例如：

（戊）⟷（戉，"钺"的初文）

（弓）⟷（弹）

（大）⟷（夭，"走"的初文）

（人）⟷（尸）

（豕）⟷（豖）

## 七、缀加造字法

缀加造字法指以原字为造字字素加添字缀（字素缀加成分）或直接用两个以上的字缀创造新字的造字方法。

（一）以原字为造字字素加添字缀的。例如：

（亦，"腋"的初文）

在"亦"字中，是个造字的字素，象人的正面形；两边的两个点，是加添的字缀。加作，指称人体的腋下。

又如：

（尤，"疣"的初文）

在"尤"字中，是个造字的字素，象人的右手侧面形；的指上所加短画，是加添的字缀。加添作，表示手指上生出的瘤状物。

（二）由两个以上的字缀缀合而成的。例如：

（雨）

—指天空，指雨幕，—与都是字缀，合之则为。

又如：

（下）

中的分别为字缀。指天似穹庐，指称方位，合之则为。①

---

① 甲骨文"下"作，"上"作。"天圆地方"是远古先民的一种宇宙观念。甲骨文的与的造字反映了先民相反相成的文化观念，（上）中的圆弧形并非指称椭圆形的地球。

另如（小）、（少）等均属此类。不一一列举。

按照字缀的形体类比可将甲骨文的字缀分为三十种，分别举例如下。

（1）一

+ 一：（日）

+ 一：（豆）

+ 一：（曰）

+ 一：（甘）

+ 一：（尤）

（2）=

+ =：（次）

+ =：（“岁”的初文）

（3）

+ ：（勿）

（4）一

+ 一：（之）

+ 一：（生）

+ 一：（至）

+ 一：（立）

+ 一：（才）

+ 一：（夫）

+ 一：（冓）

（5）丿

+ 丿：（屯）

+ 丿：（九）

（6）丶

+ 丶：（斤）

+ 丶：（力）

（7）丨

+ 丨：（月）

（8）丨

+ 丨：（父）

+ 丨：（尹）

+ 丨：（考）

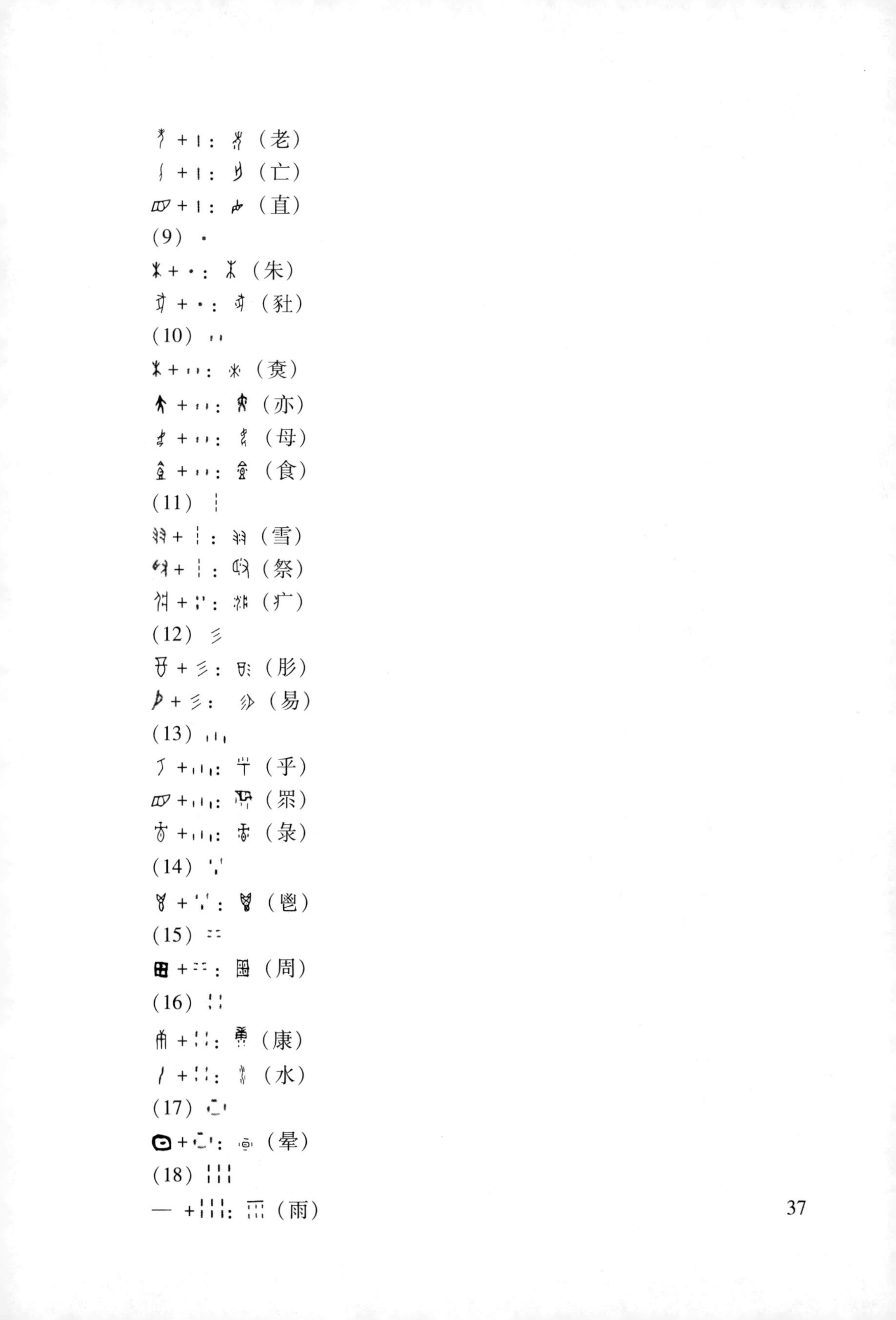

+丨：（老）

+丨：（亡）

+丨：（直）

(9) ·

+ ·：（朱）

+ ·：（豼）

(10) ··

+ ··：（㚇）

+ ··：（亦）

+ ··：（母）

+ ··：（食）

(11) ¦

+ ¦：（雪）

+ ¦：（祭）

+ ¦：（疒）

(12) 彡

+ 彡：（肜）

+ 彡：（易）

(13)

+：（乎）

+：（罘）

+：（彔）

(14)

+：（鬯）

(15)

+：（周）

(16)

+：（康）

+：（水）

(17)

+：（晕）

(18)

— +：（雨）

— + ：（米）

（19）

\+ ：（戠）

（20）

\+ ：（血）

（21）

\+ ：（雷）

（22）

\+ ：（束）

（23）°

\+ °：（员）

（24）

\+ ：（雷）

（25）

\+ ：（寅）

（26）

\+ ：（西）

（27）

\+ ：（爰）

（28）

\+ ：（争，“筝”的初文）①

（29）

\+ ：（方）

\+ ：（索）

（30）

\+ ：（膝）

\+ ：（臀）

以上各例，或者通过在原有的字素上加添字缀创造新字，或者直接通过两个以上字缀的缀合创造新字，都属于缀加造字。这些以缀加造字的方法创造出来的字，管叫“缀加字”。

---

① 甲骨文（争）是“筝”的初文。和是左右手之象，与甲骨文（埋）中之（凵，“坎”的初文）不同，中之是古筝仙人肩之象。为两手弹筝的俯视形，字横看，则弹筝之象豁然。

缀加字的表词特点是，突出事物的特征，多以抽象的符号区别词义。这类字的最大特点是，方位性很强，一般情况下，字缀不得任意移位。

从结构方式方面观察，缀加造字法所创造出来的字大都带有较大程度的象意性。

## 八、借形造字法

借形造字法指甲骨文辞中本无其字而以音近或音同为媒介借用固有字的字形创造新字的方法。

借形造字由于是借形，所以其形体同它所代表的词义是毫无关系的，而纯属于记号性质的字。①

甲骨文中以借形造字法所造的字，从记词的角度说，大致可以分为两类，第一类是借原来表名词的字形记名词、动词、代词、副词、介词、助词；第二类是借原来表动词的字形记名词、动词、副词。下面分别举例加以说明。

（一）借原来表名词的字形

1. 记名词。例如：

（乙，水流）借形记十天幹（干）之二。

（丙，器物底座）借形记十天幹之三。

（丁，“钉”的初文）借形记十天幹之四。

（戊，古代兵器，钺戚之属）借形记十天幹之五。

（己，古代矫箭桿之器，檃栝之类）借形记十天幹之六。

（庚，古筛米去糠之器）借形记十天幹之七。

（辛，“铣”的初文）借形记十天幹之八。

（壬，古縢字）借形记十天幹之九。

（癸，“戣”的初文）借形记十天幹之十。

（子，幼儿之象形）借形记十二地枝（支）之一。

（寅，古檃字）借形记十二地枝之三。

（辰，“蜃”的初文）借形记十二地枝之五。

（巳，胎的古字，字又作，象子未成形）借形记十二地枝之六。

① 关于“记号字”，参看裘锡圭《文字学概要》，商务印书馆。

（午，“杵”的初文）借形记十二地枝之七。

（未，树木的上端，象树木垂枝叶）借形记十二地枝之八。

（申，“电”的初文）借形记十二地枝之九。

（酉，象酒尊形）借形记十二地枝之十。

（戌，古代兵器，与戉同类）借形记十二地枝之十一。

（东，橐的古字）借形记方位名词。

（南，古代一种瓦制乐器）借形记方位名词。

2. 记动词。例如：

（鼎，鼎的象形）借形记贞问之贞。

（来，来麦之来本字）借形记行来之来。

3. 记代词。例如：

（我，古代一种多铦锋的兵器）借形记第一人称代词。

4. 记副词。例如：

（不，柎的本字）借形记否定副词。

（弗，古代檃栝箭桿的工具）借形记否定副词。

（亦，“腋”的初文）借形记表频率的副词。

5. 记介词。例如：

（于，“竽”的初文）借形记介词。

6. 记助词。例如：

（甘，即其，“箕”的初文）借形记表揣度语气的助词。

（隹，一类短尾鸟）借形记表强调语气的助词。

（二）借原来表动词的字形

1. 记名词。例如：

（七，“切”的初文）借形记十天幹之一“甲”。①

（丑，“扭”的初文）借形记十二地枝之二。

（卯，“刘”的初文）借形记十二地枝之四。

（亥，“刻”的初文）借形记十二地枝之十二。

（西，“栖”的初文）借形记方位名词。

2. 记动词。例如：

（才，示草木破土乍出）借形记存在动词。

3. 记副词。例如：

（弜，“弼”的初文）借形记否定副词。

---

① 甲骨文“七”“甲”同形，均作十。

凡以借形造字法创造的字，管叫“借形字”。借形字与“通假字”是根本不同的。从造字的角度说，借形字也不得称为“假借字”。因为字是形与音、义的统一体。我们通常所说的“假借”，究其实，也不过是借形而已。假与借互训，借什么？借字形。至于借字形的词（音义的结合体），它的音只在音同音近这一媒介上同借形发生着联系，而它的义则同借形了无牵涉。

用借形造字法创造出来的新字与原来的固有字之间所构成的关系是同形关系。或同形同音异义，或同形异音异义，而字形却总是相同的。因此，我们可以说，借形造字法是创造同形字的加工厂。

## 结 束 语

一、甲骨文的造字方法是甲骨文字构成的动性载体，它所回答的是新的甲骨文字是怎样创造出来的；甲骨文字的表词方式，例如象形、指事、会意、形声、形意，是甲骨文字结构的静性载体，它所回答的是已经创造出来的甲骨文字的表词方式。作为动性载体的造字方法诸条例适用于古代一切汉字的分析。

二、造字方法与表词方式不属于同一个平面，因而不能相提并论。以汉字的造字法而论，运用某一造字法所创造的众多的字，可以包含几种不同表词方式的字，反之，某种表词方式的字又可能是由几种不同的造字方法创造出来的。

三、甲骨文字的造字方法共有八种，即独素造字法、合素造字法、加素造字法、更素造字法、移位造字法、省变造字法、缀加造字法和借形造字法。这八种创造新字的方法是根据甲骨文字造字表词的实际情况总结出来的，它是古代社会存在与先民意识心态的结合，因而，运用这八种造字法可以解释所有的已被确识了的甲骨文字。

四、甲骨文字作为殷商时代及其以前的文化载体，离我们今天已经数千年了。要了解先民古代文化，只限于结构方式的分析是解决不了问题的；要从根本上解决汉字的造字表词问题，就必须对文化载体甲骨文字的造字方法作深入的探究，因为各种造字方法都从不同侧面或直接或间接地沟通着先民的思想观念、心理特征、社会习俗等一系列社会文化内涵。远古的历史文化内涵正是通过动性载体——汉字及其造字法流传至今的。可以这样说，离开了古代文化层面和造字方法的研究，就无法正确地了解古代汉字。

五、甲骨文字尚属成体系的文字的初期阶段，有些造字方法的能产性体现得尚不够充分，如省变造字法，直至秦汉时期，方显示出它的能产性。当然，也有些造字方法在殷商甲骨文时代就已基本定型化，如独素造字法和缀加造字法，古今变化不大。

六、甲骨文字的造字方法基本上可以概括汉字隶变以前的古文字的造字方法。

# 字素理论及其在汉字分析中的应用[①]

李　圃

## 一、关于字素理论的说明

字素问题不是一个简单的名称问题，而是基于汉字与汉语语素之间的关系提出来的。[②] 我们所以把构成汉字的结构要素称为字素，主要是从名与实的关系方面考虑的。我们对字素的称名主要考虑的是下面两点：第一点，在语言学领域中，我们称说语言的最小单位是语素，语言有语素，语音有音素，那么，构成汉字的结构要素称为字素就是顺理成章的事了。而且，字素这样的称说也比较统一。这可以说是字素命名的语言学依据。第二点，根本的问题还是名实一体，名要副其实。这就是我们给字素所下的定义：构成汉字的形与音义相统一的最小的结构要素。

（一）字素的性质与范围

我们字素定义包含两个方面的含义，一是就动态的造字而言，一是就静态的析字而言。前者回答字素在进入造字过程中的性质，后者回答字素在已经成字的结构中的性质。尽管前者与表示语素音义为出发点的取象造字直接发生联系，后者与成字后如何表示语素音义为归着点的表示法发生直接联系，但它们的共同点是一样的，都是构成汉字形与音义相统一的结构要素。

---

① 编者注：本文原刊于《学术研究》2000 年第 4 期。原文有摘要："字素是汉字的形与音义相统一的最小的结构要素，它们在造字的动态系统和析字的静态系统中有不同的特性。造字过程包括取象造字的发生阶段和借成字向语素回归的表示阶段，造字为中间环节。字素系统则包括基本字素和准字素，合体字结构中更分为稳性字素和活性字素。本文概述了以全汉字分析为基础的字素理论，并运用这一理论对古文字作了举例性的分析。"

② 笔者曾于 20 世纪 90 年代初期撰文提出过字素问题，对字素作了粗略的论述，见《说字素》，载《语文研究》1993 年第 1 期。这一问题是在对殷商甲骨文进行了全面调查分析的基础上提出的，详见《甲骨文文字学》（1995 年出版）。

概括字素性质的规定性，我们可以使用字素的结构功能标准来界定字素与非字素的界限，那就是，在任何一个字的字形结构中，凡处于直接显示语素音义层面上的构字单位均为字素，凡不具有这种功能的都不是字素。为了称述方便，我们把直接显示语素音义的层面称为“上位层面”，简称“上位”。

具体来说，凡由一个字素构成的独体字，这个字素总是处于“上位”，直接显示语素音义。这时，从字的角度来说，这个字是由一个字素构成的独体字，亦称独素字；而从字素的角度来说，这个独体字是由一个字素构成的。由两个以上的字素构成的合体字，也要根据字素是否同处于“上位”共同直接显示语素音义的原则来加以确定。合体字一般是由两个字素构成的，极少数合体字是由三个以上字素构成的。要对合体字中的字素有一个全面的了解，还必须根据字素参与造字过程的实际情况加以分析。

（二）字素的类别

根据字素在参与构字过程中的功能差异，可以对字素作多层面的分类。

第一，根据字素是否具有独立构字功能把字素分为基本字素和准字素。

基本字素指具有独立构字功能的字素。独体字大多数是由这类基本字素构成的。据粗略统计，已考释的殷商甲骨文基本字素约有 238 个，加上带字缀的字素 86 个，共有 324 个。[①] 到了东汉成书的《说文解字》篆书中，基本字素 404 个。下文将要说到的 112 个“活性字素”如果不计算在内，独体的基本字素只有 292 个。这大致上可以看出，自殷商经两周六国至秦汉，具有独立造字功能的基本字素也只有 400 个左右。

准字素指本身虽然不具备独立造字功能，但又总是以一个相对独立的单位参与合体字的造字。这个相对独立的结构单位，就其参与合体字的造字功能来看，与基本字素的地位相当，只是它必须依附基本字素才能参与合体字的造字，具有依附造字功能。这类字素以形系义，它的音并不是语言中的语素固有的音，而是后世人们为称说之便而赋予的。鉴于上述差异，我们把这类字素称作准字素。殷商甲骨文中这类准字素数量较少，仅 24 个。到了秦汉时期的篆书，这类准字素增加至 127 个。

上面关于基本字素和准字素的状况，基本上可以代表古文字阶段的



① 见《甲骨文文字学》中的统计。

实际情况。

在构成汉字的结构成分中，除了基本字素和准字素之外，还有一种仅有简单的形体如丶丨丿之类毫无意义可言的成分，在参与造字时缀加在字素中具有别音别义的功能。这种仅具有别音别义功能的结构成分称作字缀。通常把这类缀加成分称作指事符号，这种称说是就汉字的表示法而言的，仅仅适用于指事表示法那类字的分析。如果把这种称说置于汉字的结构成分之中加以考察，我们找不出与之相对应的称说，所以说，这种称说同我们所说的结构成分不在同一个平面。字缀是一种灵活多变的结构成分。比方说，甲骨文的“王”作太，后加字缀一于太上作王，又因为契刻技术的原因将王刻成王，这就与取象于玉串的王容易相混。篆书阶段是以中横划的间距来加以区分的，前者作王，后者作王。到了楷书阶段，以笔画间距难以区分，故前者作王，而后者王旁缀加字缀作玉，将两个形体区分了开来。

第二，汉字的造字过程经历两个阶段一个中间环节：① 第一阶段是以语素（音义的结合体）为出发点去取象造字，即汉字的发生阶段；第二阶段是以语素（音义的结合体）为归着点凭借成字向语素回归。前一阶段是造字阶段，由于取象造字方式方法的不同，形成多种造字方法；后一阶段是表示阶段，由于表示语素的方式的差异，形成多种表示法。在这两个阶段中间有一个中间环节，这就是成字。整个过程可以用起、承、转、合四个环节加以概括，即以语素为出发点的造字取象（起），所取之象的成字本身造意（承），取象造意不等于所要表示的语素音义，因而必须从取象造意向升华了的表词造意转化（转），最终达到表词之造意同所要表示的语素（音义）的契合（合）。人们往往忽视这个中间环节与前后两个阶段的关系，离开字形结构与语素的关系孤立地分析字形，甚而至于不顾字形结构理据去支离字形。这个中间环节同前后两个阶段有着十分密切的关系，它们之间构成了这样的公式（见下页）：

这个公式所表示的整个过程完全是一个动态的过程。在认识字素系统的过程中，应特别重视字素在这种动态过程中的动态功能。这种动态功能往往表现在合体字的结构之中。

---

① 笔者曾于1993年向第一届宏观语言学学术研讨会提交了题为《关于汉字学宏观系统的思考》的论文；1996年向首届中国文字学术研讨会提交了题为《语素物化与汉字分析问题》的论文，后收在《语言文字学刊》第一辑（1998年）。这两篇论文均有论及。

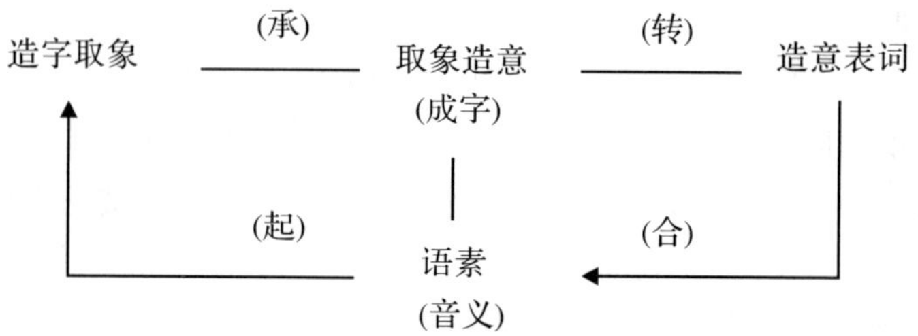


根据参与合体字造字过程中的动态功能，我们可以把整个字素分成稳性字素与活性字素两类。稳性字素指参与合体字的造字过程中，始终以相对独立的单一结构形式居于直接显示语素音或义的上位层面的字素。汉字中的大多数合体字都是由两个稳性字素构成的。

我们知道，一个尚未进入造字过程的静态字素一旦进入参与造字过程，它必然严格地接受新造字结构的制约，这个制约的关键是显示语素音义的上位层次。字素在参与合体字的造字过程中，居于直接显示语素音或义的上位层面的字素并非相对独立的单一结构形式，而是由原来的两个或两个以上的静态字素临时组合而成的。其造字功能与一个相对独立的单一的结构形式相同，这就是我们所说的“活性字素”。

例如，彳、目、目、隹、亍，在静态的状态下分别是五个字素，而且都具有独立造字的功能；但是，一旦进入参与造“衢”字的动态过程中，它们却分别组成“行”与“瞿”两个同处于上位层次的结构单位，即活性字素，表示语素的意义“大路”，而且“瞿”又兼表语素的音。“行”与“瞿”的地位与功能同合体字中单一结构的稳性字素的地位与功能是一样的，只不过“行”和“瞿”分别由“彳、亍”和“目、目、隹”临时组合成两个动态的活性字素罢了。“行”与“瞿”一旦进入表示“衢”这个语素的造字过程，其结构就要受到这个语素的制约，不再是五个互不相干的静态字素了。原来的五个静态字素这时已分别退居到比字素低一级的临时构成活性字素的结构成分（或称作构素成分）了。可见，在参与造字的动态过程中，把稳性字素与活性字素严格区分开来，可以大大加强汉字分析的理据性。

（三）字素的取象及其变化

要对汉字结构中的字素作准确的分析判断，从而对字素功能作出合理解释，还须重视字素形态及其变化状况。

1. 字素的取象发生

字素的取象，可以用“近取诸身，远取诸物”① 来加以概括。具体地说，字素所取之象，可以是人或物的局部，也可以是人或物的整体。前者如㇏（又，取象于人体之右手侧视形），后者如夭（夭，即后世加止之“走”，取象于人奔跑时的侧视形）。至于字素取象发生的文化理据、原则和类型等，需要另以专论讨论。

2. 字素的分化与合并

在汉字历时发展演进过程中，作为汉字结构要素的字素也同汉字一样发生了许多变化，有的发生了分化，有的合二为一。如殷商时代的广（庐），至后世分化成了冖、宀、广，变成了三个各不相同的字素。殷商时代的非（非），本为从北从 非（攀），是两个字素构成的合体字，均取相背意，北亦兼表声；后世“北”“ 非 ”上下相合，变成了现在的一个字素“非”。

3. 字素的变体与混同

字素变体的原因是多方面的。矦矦（𠂊－⺈；厂－厂；矢－矢），把三个变化了的字素形体组合起来，就成了今天的“侯”。还有一些变体如“手”，在合体字中作“扌”（居左）、作“又”（居右）、作ㄖ或彐（居两边）、𠂇（居上，如“有”“左”“右”，又作𠂉，如“失”）、“手”或“𡗗”（居下）等。又如心－⺗－忄是由于字素在汉字结体中所处的部位不同而发生的变化。这方面的变化在现代语文工具书检字表中均可检得，兹不赘述。由于字素的变体，便形成了字素形体混同的现象。如軍（軍、军）——由勹而匀而冖，与原有的冖（mì，如“幂”中的“冖”）混同；旬（旬、旬）、包（包）、句（句，从口从丩，丩亦声）中的勹、勹、丩本为三个不同的字素，经过变体混合，今天已类化成了“勹”。这三个原本不同的字素音义各别而形体相同，这类仅形体相同的字素，可以称作同形字素。这种现象在汉字结构分析中必须严加区分。

4. 字素的省减

字素在参与造字的过程中，由于受块状结体形体的制约，往往省减字素形体的某一部分。《说文解字》中凡言“从某省”或“某省声”均属此例。为了显示区别以创制新字，往往也省减字素形体的某一部分。如角，本有角、录两个读音，为了造字分音，各司专责，于是省“角”

① 《说文解字·叙》。

为“角”。在方言用字中也有类似情形，“有”之反为“没有”即“无”，于是省“有”中的“月（肉）”为“冂”，构成“冇”字以别音意。从造字法来说，“角”之于“角”，“有”之于“冇”，均属于省素造字。现代简化字中有相当一部分可以归入这类省素的造字法。

5. 字素的类与位及其交变

字素的类是通过单一的字素所构成的独体字来体现的。独体字以单一的字形与所表示的语素（音义结合体）统一在一起。又由于这个独体字是由一个单一的字素构成的，所以在形与音义关系上便保持了一致性。这些与独体字保持一致性的单一的字素便是构成成千上万个汉字的最重要的基础。这就意味着，一个具有独立构字功能的字素必然是意音兼容，而在参与构造合体字的过程中，根据显示语素音或义的需要，既可用以表音又可用以表意。在参与造字过程中，不管它们分布在哪里，原来所表示的音义便有可能分布到哪里，这有几种情况。一是义类之间的分合，如艸—木，豸—犭（犬），有时可以在更大的义类上通用。一是义与音的交叉分工，如同为“木”，在“休”中表义，而在“沐”中却又表声。可以这样说，大多数字素在构字的分布中具有这样的特点。

字素的位，包括上位和下位两个层次。独体字，由于是单一的字素构成的，只有一个上位而不可能有下位。具有上位和下位这两个层次的是字素参与合体字造字过程中表现出来的。处于上位的字素，或是稳性字素，或是活性字素，总之，均具有直接显示语素音义的字素资格。而处于下位的则失去了字素的资格，只退居到构成活性字素的构素成分了，所以，处于下位的结构成分都属于活性字素内部的结构层次，它们与所表示的语素音义没有直接的关系。从合体字的结构层次来看，处于上位层次的类型大致是“稳性字素/稳性字素、稳性字素/活性字素、活性字素/稳性字素、活性字素/活性字素”。这四种类型基本上可以涵盖全部由两个字素构成的合体字。

上面说的类与位之间的关系可以作这样的表述：类位交变、类随位变。比方说“崔”，分别以“山”与“隹”两个不同的类处于显示语素的上位。如果是“催”，则又分别以“亻”与“崔”两个不同的类处于显示语素的上位。这时，“催”中的“崔”只是一个活性字素，而“山”与“隹”则退居到了字素的构成成分的下位了。可见，静态的字素一旦进入造字过程，它的类就有可能随着层次的变化而变化。原本的“山”“隹”进入“崔”这个字的结构中，一个以义为主，一个以音为主，合成一个“崔”，既表语素的义，又表语素的音。而“山”“隹”

到了“催”这个字的结构中，原有的类及其表音功能尽失，仅以“崔”这个活性字素参与“催”字的表音了。可以这样说，数百个静态字素，在各自参与构字的过程中，绝大多数都存在着类位交变、类随位变的现象。

（四）字素系统

字素作为构成的结构要素是自成系统的。这个系统是由静态的系统和动态的系统共同构成的。

1. 字素的静态系统

字素的静态系统指字素进入造字过程以前的字素系统。构成这个系统的是静态字素，也就是我们从全汉字中离析出来的形与音义相统一的最小的构字要素。这种静态的字素包括两种：一是基本字素，一是准字素。

一提到这些字素是从成字中离析出来的，是静态的，人们可能会立时想到“部首”这个概念。诚然，部首的离析方法与静态字素的离析方法形式上大致相同；但是我们所说的静态的字素却与“部首”在性质和功能上是完全不同的两个概念。字素的功能是构字，而部首的功能是检字。部首不是作为构字的要素提出来的，而是在同一类字中寻绎出一个共同的表意单位以统辖同部首字的全体。首出“部首”的是《说文解字》。它共有部首 540 个。其中，有 100 多个分属于我们所说的动态的活性字素和构字的缀加成分字缀。至于后世的《字汇》和《康熙字典》中的部首，则已是《说文解字》部首的大改良，已经从以义类相从过渡到义类相从和同形笔画相从相混杂的阶段。至于现代字典、辞典的部首，则又向同形笔画相从大大迈出了一步，同我们所说的静态字素已相去甚远了。

2. 字素的动态系统

字素的动态系统指字素进入构字过程的字素系统。构成这个系统的是动态字素，它的动态性是通过直接显示语素音义的上位体现出来的。这种动态的字素包括稳性字素和活性字素两种。

稳性字素，涵盖着静态字素中的基本字素和准字素，它们之间是静态与动态的转化关系。活性字素则复杂一些，构成活性字素的构素成分都是原来属于静态的基本字素或准字素，只是这时，它们已丧失静态字素的性质和地位，退居到构成活性字素的构素成分了。

静态系统的基本字素一旦进入构字的动态系统，必然出现两种情况和结果，在参与构造独体字时，原来的基本字素均转化为稳性字素，与独体字形成一对一的关系。而静态系统的基本字素与准字素一旦进入构造合体字的动态系统中，则以稳性字素与活性字素相对待的形式出现，而且大多数情况下是由两个处于上位层次的稳性字素或活性字素的形式出现。也正因如此，人们在分析合体字结构时，常常使用“偏旁”的概念，不论两个处于上位层次的字素的方位属左右还是上下抑或内外，均被称为“偏旁”。由此而来的是偏旁的下位概念，即意符（或称形旁）、声符（或称声旁）。“偏旁”（包括其下位概念的“形旁”和“声旁”），只适用于合体字结构的分析，不适用于独体字结构的分析。因此，“偏旁”的称说与我们所说的“字素”不属于同一个平面上的问题。

字素系统及其内部交变关系图：

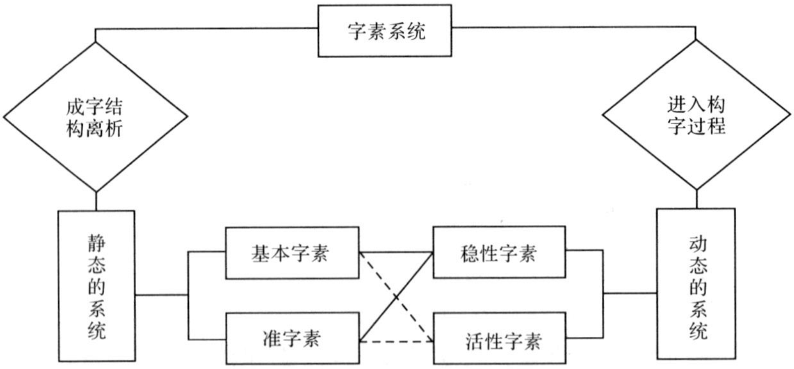


注：基本字素和准字素一旦进入活性字素内部就失去了作为字素的独立性，成为构成活性字素的构成成分，所以用虚线表示。

（五）字素的分布及其动态功能

现有的古今汉字，如果也包括历代的异体字在内，不下数十万个。如果我们对这些汉字的结构加以分析就会发现，其构字基本成分——字素也只不过数百个。可是，这数百个字素在参与造字的过程中却表现出了无限的组合功能，这可以说明，汉字的能产性是同字素的广泛分布功能分不开的。

我们所归纳的数百个字素，无论是断代汉字的字素还是历时汉字的字素，都是从数以十万计的汉字结构中离析出来的。前文说过，字素是形与音义的统一体。字素的形是具象的，是视而可见的。其具象的形体不是任意确定的，也不是随意拼拆出来的，而是根据它诉诸听觉的音与诉诸大脑认知的义相结合的原则划分出来的。一般来说，绝大部分的字素是从它们独立构成独体字中获取的音义。只有少数不能独立构造独体字的准字素是秦汉时期的学者为称说之便而据形体涉义确定的拟音。上述情况说明了这样一个问题，字素音义的来源取向是独体字原本的音义。在独体字中，独体字的音义同构成这个独体字的字素音义是一样的，而其本质差异只表现在位的不同，前者属字的位层面，后者属构成字的结构成分的位层面。

字素这个形与音义的统一体一旦进入合体字的造字过程中，其形与音义则必然受到所创造的合体字的制约，其具体表现是，字素原有的音义的隐与显。这有三种情形，一是义显而音隐，一是义隐而音显，一是音义俱显。例如，“刀”这个字素，本来音义俱全，一旦进入合体字的造字过程，其音与义则可能发生变化。“刀”参与造合体字“切”，“刀”则义显而音隐；而参与造合体字“到”，则义隐而音显。

## 二、字素理论在汉字分析中的应用

（一）字素理论与合体字结构类型的确定

合体字结构类型的确定是以字素（包括稳性字素和活性字素）为单位的。一个合体字结构中通常包含着两个字素，少数合体字结构中包含两个以上的字素。合体字结构中不论包含两个或两个以上的字素，这些字素都是处于显示语素（音或义）的上位层面，或者通过字素与字素之间所构成的关系意义显示语素的意义，或者通过字素与字素之间相互依存的关系分别显示语素的义和音。可见，一个合体字结构类型的分析要以语素的音义为出发点和归着点去确定字素及其组合的上位层次，即直接显示语素的音或义的层位。根据上述原则去分析归纳合体字的结构类型，大致可以把两个字素构成的合体字的结构类型归纳为七组相对称的 14 个类型，即左右分置、上下叠置；竖式插入、横式插入；左下填入、右下填入；左上填入、右上填入；上部嵌入、下部嵌入；左部嵌入、右部嵌入；中间嵌入、中间穿合。除此而外，还有几种较特殊的类型。①

这里应特别指出的是，合体字结构部位的划分不能使用静态系统的字素理论，也不能把静态系统和动态系统混杂起来使用，而只能使用动态系统的字素理论。因为只有动态系统的字素理论才能正确地指明整个字形结构同所表示的语素的关系。这一点，参阅前述“衢”构造的分

---

① 均可参阅拙著《甲骨文文字学》中对甲骨文合体字结构类型的归纳。

析即明。

（二）字素理论与合体字结构层次的分析

合体字结构层次的分析，首先要寻找定位的标准，这就要求我们依据动态系统字素所处的位（上位和下位）来划分结构的层次。

字素（稳性字素或活性字素）总是处于上位的层面，同所表示的语素发生直接的音义关系。凡活性字素内部的结构层次均属于下位的层面。这样一来，我们就可以比较明晰地判断字素与非字素同所表示的语素之间的音义关系，避免脱离语素（音与义）去错误地平面肢解汉字结构。比方说，“声”，甲骨文作。如果用字素的静态分析系统去分析，则可平面离析出（即“生”之省）、（石）、（支或殳）、（耳）四个字素，然而用所要表示的语素加以检查，、却与语素的音义无涉。这就告诉我们，这样的结构分析是不正确的。如果我们使用字素的动态系统去加以分析，则可得一个活性字素和一个稳性字素“殸”与“耳”。“殸”是古磬字，磬声清纯悦耳，故以名之。古人运用的是“殸”与“耳”之间的关系意义来表示“声”这个语素的意义，而“殸”中的“士”（生）、“尸”（石）和“殳”只是构成“殸”这个活性字素内部的结构成分而已，已失去了字素的地位而处于下位层面。如果对处于下位层面的“生、石、殳”作结构层次分析，所得结果是：

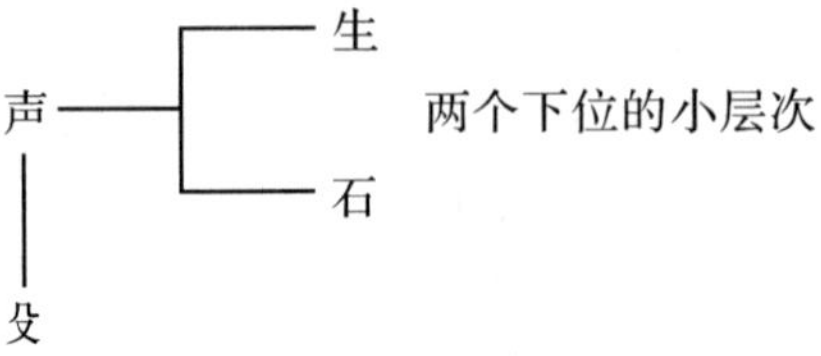


只要坚持字素的动态系统分析，不论合体字的结构有多么复杂，其结构层次均可各就其位、各得其所。

（三）字素理论与形声字分析

字素作为形与音义相统一的构字要素，其音义从何而来？回答是，从字素所构成的单素字（习称独体字）中获得。一个单一的字素一旦构成了一个单素字，这个单素字便与它所表示的语素（音义的结合体）相结合，成为形与音义相统一的字，形与义相连，音是语素本身固有的音的转嫁。① 严格地说，义也是语素固有的义，绝大多数字的字形结构

① 见朱德熙《在第一次汉字问题讨论会开幕式上的讲话》，载《汉字问题学术讨论会论文集》，1991 年。

与所表示的语素意义不能直接画等号，字形与语素义之间的关系也只是一种导引的关系。

前文说过，静态的字素是从构成单素字（习称独体字）中获取音义的，而作为动态的字素是连同音义一起进入合体字的造字之中的。当它以稳性字素的资格处于显示语素音义的上位担负表意职能时，它的义是显性的，而它的音则处于隐性状态；只有称说时才由隐而显，回复原来的音义状态。如果它处于上位而担负表音职能时，它的音是显性的，而它的义则处于隐性状态。应注意的是，这种隐性状态往往被人们忽视了，尤其是在形声字的分析中，导致以“形旁表意，声旁表音”将原本形声间相互依存的一个整体给割裂了开来，对立了起来，使形声字的分析陷入了死胡同。

两个以上的字素在参与合体字造字的过程中，不仅具有相互联系的依存性，而且具有区别性与自足性。区别性与自足性的关系是，通过字素的区别性去实现整个合体字的自足性。

一个由两个以上字素参与构成的合体字，它不论以何种方式显示语素意义，即不论会意还是形声，两个以上的字素之间的关系总是表现为相互依存、缺一不可。如果缺少了任何一个字素，均不可能新造成一个以表示语素意义为造字的出发点又反转来向语素意义回归（归着点）的新字。也就是说，这个专表某一个语素的汉字是不可能出现的。所有的合体字的每一个个体，均不例外。

字素的这种相互依存性在一个字的结构中又同时具备着明显的区别性，如休、沐、贱、盏。这四个字中，前两个字均由两个稳性字素构成，亻—木，氵（水）—木。尽管其中均有“木”，但由于分别与“人”“水”组合，便产生了明显的区别性。后两个字均由一个稳性字素和一个活性字素构成，贝—戋、戋—皿，其中尽管均有“戋（戔）”，但由于分别与“贝”“皿”组合，使产生了明显的区别性。

由于字素在参与合体字的造字过程中表现为上述的依存性和区别性，它便以这种既对立又统一的关系赋予一个合体字整体上的自足性。这个自足性的突出表现是，它足以凭借一种与语素音或义相契合的方式显示语素的音或义，最终实现字形结构与语素音义的契合。会意方式（如“休”）是如此，意音（包括形声）方式（如“沐”）也不例外。

（四）字素理论与造字法和表示法

汉字的造字法属于汉字发生学所要研究的问题，汉字的造字法回答的是一个一个的汉字是怎样从无到有发生的，而不是对既有汉字的结构分析。虽然汉字发生的研究以汉字结构分析为基础，但二者是有着质的差别的。这一点，我们将在汉字的表示法中论及。

全汉字中的每一个字，不论独体之文还是合体之字，均由构成汉字的结构要素字素构成的。根据汉字中所包含的字素的多寡和历时与共时的差异，我们可以把古文字的造字法归纳为八种。

第一种是独素造字。这类独素字的取象是事物的具象，或取象于事物的全体，如（鱼）；或取象于局部，如（牛）；或取象于事物之侧面，如（人），等等。

第二种是合素造字。这类合素字是指在同一个时代层面上已有的两个以上字素的一次性合成。如殷商甲骨文时代的已有字素（贝）、（又，取象于右手），合之则创造了新字（贝又，䙷，后世“得”的初文）；（𠂤），（止，后世“趾”的初文），合之则创造了新字（𨑒，后世“追”的初文），等等。

第三种是加素造字。这类加素字是指以原有的独素字为基础，加添新的字素而构成的。从时间上看，原有的字素与加添的字素有先后之分，所加添的字素在殷商甲骨文时代大都是共时已有的字素。从所构新的合体字与原来的独体字来看，有的是狭义的古今字，有的则属于分化构新字，如（又，在甲骨文中可作“右、祐、有”等），加素（示）作（祐），则成为祭祀祈福的“祐”的专用字。当然，这类字还有文字学意义上的字素类化原则的制约。

第四种是更素造字。更素造字是合体字中某一个字素的替换。这种替换往往出于造字者对如何取象造意来更好地适应语素内涵（包括义或音）的调整和补充。如（队，“坠”的初文）的（倒人形）可更换成（倒子形），使“从高队”的语素意义更加显豁。在殷商甲骨文时代，这种更素造字法往往创造出异体字。

第五种是移位造字。这类移位造字往往把取象相同的字素方位加以变动，使之与原字形成明显的区别性，以位置的变化创造一个新字。如（臣）是（目）的移位造字，人俯首则目呈竖形，同“目”区分开来而成为新造字“臣”。

第六种是省变造字。这类通过省去字素的某一部分与字素形体发生某些区别性变化而创造新字的方法，从殷商甲骨文到秦汉文字均为常见的一种造字方法。《说文解字》中所称说的从某省、某省声等，均属此类。至于字素之变体造字，数量虽然不多，但也值得引起重视。如甲骨文的“人”，直写作；变换体位作便成了“尸”。

第七种是缀加造字。这类造字法是在字素中加添字素的缀加成分（字缀）或直接用两个以上的字缀创造新字的方法，如（次）（亦）（小）之类。据粗略统计，甲骨文的字缀按形体划分，共有30个。

第八种是借形造字。这类借形的方法仍然称其为造字法，是出于这样的考虑，这些被借的字形自古迄今借而不还，本来应该表示的语素已另有专字表示，而借来的字形所对应的语素（如表示干支序数的用字）又始终没有自己的专字，不妨把这类现象也作为一种造字法看待。只是，这是一种十分特殊的方法，因为，其他七种造字方法所创造的“成字”同所要表示的语素音义均发生着一定的对应关系，而借形仅仅是借形，从本质上来说，同所表示的语素本来的音义了无牵涉。

以上的造字八法是属于汉字发生过程中的第一个阶段的问题，即以语素音义为出发点去取象造意阶段，也就是某一个语素从无字到成字的阶段。对于语素来说，只具备了起、承的过程是远远不够的，因为“成字”同语素（音义）之间是不能画等号的，还必须以“成字”为依托去寻绎“成字”用什么样的方式表示语素，同语素之间发生着怎样的联系。这就是我们要说明的表示法，即成字表示语素的方式方法，以完成起承在前、转合在后的全过程。

汉字的表示法大致可以分为六类。除了人们通常所说的象形、指事、会意、形声之外，还应该把假借也包含在内，因为假借这种表示法，字形结构同所表示的语素无关，如果说还有某种联系的话，那就是语素的音同被借字原来所表示的音有相同相近的关系。把假借也列为表示法之一，还因为，汉语中名词、动词、形容词少假借，而代词、副词、连词等则多假借，而且往往是借而不还，久而久之，人们乃至习焉不察。对它们加以区分，无论对汉语汉字的学习和使用都是有必要的。还有一种较特殊的表示法，这些字大都是一个字素构成的独体字，它们既不属于象形、指事，也不属于假借，如（大），是个成年人形象，与幼儿（子）相对待，从这种成人与幼儿的对比中表示形容语素“大”这个概念。又如（夭，“走”的初文），突出人的两臂上下摆动，表示奔跑。诸如此类的字还有不少。

成字与语素之间的表示与被表示的关系似乎同字素理论无关。其实不然。要分析成字的表示法，仍然离不开字素系统和字素分析。

# 正本清源说异体[①]

李　圃

在讨论这个问题之前，必须明确下面几个基本观点：第一，汉字是汉语单音语素的物化[②]，也就是说，汉语的单音语素有音有义，如果把它转变成书面语言，就必须根据一个个特定的单音语素创制出一个个特定的与语素意义（有的也包括音）直接发生联系的字形。第二，物化了的字形具有直观具体性，而它们所代表的单音语素却具有义理概括性[③]，这就构成了具体性与概括性之间的矛盾，因而为了谋求表达同一单音语素而采用多种取象造字即创制异体字提供了可能性。第三，异体的异与正体的正是相互对待的两端，如果离开了正体这个参照系，所谓异体的异也就无从谈起。这样一来，认识上必须有这样的共识：正体的勘定要同异体的规范同步进行。

基于前面三点认识，我们把解决异体问题的步骤分成定位、选正、辨异三个阶段作一些简要说明。

## 一、定　位

专为表示某一个单音语素（音义的结合体）而创制的两个或两个以上的字形结构不同的字就构成了一个群体。这个群体中的每一个字对于所表示的某一个单音语素来说，都处于同一个表示与被表示的平面上，我们就把这些处于同一个平面上的几个形体不同的字称作字群。

---

① 编者注：本文原刊于《语言研究》2003 年第 1 期。原文有摘要：“本文旨在阐明辨别异体字的理论、方法和步骤。本文首先强调单个汉字与单音语素之间的关系，以‘定位’理论廓清异体字的界限；其次，以汉字的优化选择理论对处于表示同一个单音语素平面上的字群进行‘选正’；再次，在选定通用正体的基础上对今楷文字系统中的异体字进行多维立体的‘辨异’。鉴于目前海内外汉字使用的实际情况，余论部分提出了‘繁简共存，繁简并正’，给海内外使用汉字的人们进行优化选择留下一个更大的时空，以期条件成熟时实现汉字的大一统。”

② 参见《语素物化与汉字分析问题》（李玲璞），《语言文字学刊》（1998）。

③ 参见《甲骨文文字学》（李圃，1995）。

所谓定位，就是以汉字学的三维系统理论为指导①，对这个字群中的每一个字进行全方位的考察甄别，排除不属于专为某一单音语素所创制的字，把专为某一单音语素创制的字确定下来，把它们归到所表示的那个单音语素的平面位置上。这就是所谓定位。

下面试举“天”字字群为例加以说明。

◂天▸②这个语素的语素义为“颠也，至高无上”③。古人环绕这一语素义创制了若干个“天”字，如古文字中甲骨文的“天”作、、，金文作，古玺作，简文作，秦汉篆书作等④。仅以楷书而言，就有天、兲、宎、靝等⑤。“天”承篆书而来，取象人的头顶以上的部位象意：颠也，至高无上。“兲”则保留了“颠也”的象意取象而加用声素，形与音义结合。“宎”则在原“天”之上虚拟天似穹庐之象补充表示“颠也”所指。“靝”则从天空为气体构成且高远呈青色取象，表示“颠也”的意义。以上诸字的取象造字均不无理据。从本体结构的表示方式方面加以考察，也同样是不无理据的。古文字阶段的殷商甲骨文“”从大从丁（），丁亦兼声；两周金文“”将甲骨文之演化为填实的，表示法不变；秦汉篆书的“”将金文之演化为一横，由于是一横，后世多以缀加的字缀指事。楷书阶段的“天”，人们多以指事表示法论之；“兲”，从一（一横）先声，横指天，先表声，是一个形声表示方式；“宎”，从冖从天，天亦兼表声，这是会意兼形声的表示法；靝，从青、气会意，这是会意表示法。以上诸字虽表示法不尽相同，但都符合造字表词理据，可以证明它们都是为◂天▸这个单音语素的意义（有的也考虑到音）来取象造字的。

我们再来考察一下这四个楷体结构的异同状况。结构包括构字的结构成分字素、字缀，结构成分的组合部位和结构关系。这四个字的结构成分包括：一、大、冖，这是稳性字素；天、先、青、气，这是活性字

---

① 参见《语素物化与汉字分析问题》（李玲璞，1998）和《秦简文字系统之研究》序（李圃，2001）。

② ◂▸作为语素的标记，使之与字区分开来。

③ 引自《说文解字》。

④ 引自《异体字字典》（李圃主编，刘志基、臧克和副主编，1997）；《古文字诂林》第一册（李圃主编，1999）。

⑤ 引自《异体字字典》。

素①。“天”与“兲”，“一”相同而“大”“先”不同；“天”与“兲”“宊”，“大”“先”“宀”“天”不同；而“青”“氣”则与“天”“兲”“宊”完全不同。分析结果表明，几个字相互之间没有一个字的结构成分是同另外的字的结构成分完全相同的。这就足以说明，同处于表示◂天▸这个语素平面位置的“天”“兲”“宊”“靝”是四个各不同形体的字。当然，有的字群中的字可能所用参构的字素完全相同，这时就要着重考察参构字素在各字中所处的结构部位了。如“我”与“鸟”这两个字素在构成鹅鸭的“鹅”时，除了作“鹅”外，还可以作“䳘”，作“鵞”，作“䳗”②，两个字素在字的结构部位的分布方面可以说上下左右俱全，这就足以把它们区分开来，认定为四个不同形体的字。

如前所述，不难看出，前面所列举的楷书诸“天”字，无论取象发生还是本体结构表词都是具有相当充分的理据的。正因为如此，从心理认知方面加以考察，也都在人们的意料之中，因而被人们所理解并接受，并由此帮助人们从不同的侧面去理解◂天▸这个语素所蕴涵的意义。

前面根据汉字学三维系统的初步考察，我们可以给这四个不同形体的“天”字定位：所列举的四个楷体“天”字不分伯仲，都是专为◂天▸这个单音语素所创制的字，都处于表示◂天▸这个单音语素的同一个平面位置上，都是◂天▸这个单音语素的本字。这就是我们所说的定位，即给表示某一单音语素的本字定位，从而实现所谓正本清源。

要做到正本清源，还必须排除下面若干种有可能干扰“定位”的文字现象。

首先，要区分归并字与排除替代字。这个问题涉及的方面广，问题也比较复杂。下面仅从《二十世纪中国方域文字谱》③中选取数例加以分析。

“叶”与“葉”归并，以“叶”替代“葉”。据汉代的《说文解字》，“叶”为“協”的或体，即异体。“協，众之同和也。”可见，“叶”具协和义。“叶”之取象为声从口出，故取“口”；声看不见摸不着，只能诉诸听觉，是一种虚象，故取上下垂直左右平衡的两条线相

① 参见《说字素》（李玲璞），《语文研究》（1993）；《甲骨文文字学》。

② 引自《异体字字典》。

③ 笔者已在进行的一个研究项目。

交，犹“協”中之“十”，以示中正协和义。《说文解字》把“十”解说为“一为东西，丨为南北，则四方中央备矣”，不无道理。“口”“十”相合，表示语素◀叶▶的“众之同和”义。再来看被替代的“葉”。今楷“艹”取象植物的叶子，篆书作“艸”，古楷作艸，甲骨文作“”更为形象；“枼”取象于“木”与“世”。段玉裁引《说文解字》“枼，薄也”下注曰：“枼上当有‘一曰’。凡木片之薄者谓之枼。故枼、牒、鍱、箼、偞等字皆用以会意。”实际上，这些字当以会意兼声的方式表示语素。“枼”这个活性字素是由“世”和“木”合成。“世”，《玉篇》：“尸制切。父子相继也。三十年曰世。”这正与金文“世”作“”相合，春秋晚期“世”仍作①，从止（）加缀，徐中舒以为绳结加于止（趾），尚留上古结绳记事之记忆。此说亦合《玉篇》“父子相继”之说。一个完整的“葉”，近取诸身（），远取诸物（草、木），其取象正合先民树神崇拜—生育崇拜意识，也完全符合汉字学三维系统理论的优化选择标准，加之“枼”在今楷文字系统中总是以一个独立的字素（活性字素）的类别居于参与创制合体字中的一方或显义或显音，所创制的众多的字已形成了一个不可动摇的字系。这是千百年来经过心理认知和社会应用不断检验的结果，“葉”字理应独立存在，给予重新归位，即字复原位。很明显，“叶”与“葉”是两个完全不同的字分别表示两个完全不同的语素，根本不能同处于表示同一个语素的位置平面。

“尸”与“屍”归并，以“尸”代“屍”。《说文解字》单为“尸”立部，下辖二十几个从“尸”的字，“屍”也在其中。“尸”指活生生的人，取象人体仰卧状，如“尸位素餐”的“尸”。“屍”是指生命终结了的人，在生与死这对概念中，“尸”与“屍”恰恰是相反相对的。这同“化”的造字取象同致，“化”甲骨文作，左边的指活着的人，右边的倒人形，意指死了的人，合之作，以人之生与死的转化表示语素◀化▶的变易义。在二十世纪五十年代，我国方域文字中已有以“尸”代“屍”的社会用字例。我们在考虑异体规范问题中，就不能不注意到，如果把“尸”作为“屍”的正体，那就意味着，从“尸”的众多合体字都同死人有关，而“居”“屋”等字又恰恰相反，它们都是活人居住的场所。其结果，必然导致自乱其例，这是今楷文字

① 参见《秦简文字系统之研究》（郝茂，2001）。

系统所必然排斥的，因为“尸”与“屍”所表示的是两个完全不同的单音语素，既然语素不同，“尸”与“屍”不可能同处于专为某一个单音语素所创制的字的平面位置。

其次，要排除古今字中久借不还的古字。从汉字发生的角度加以观察，古今字中的古字多为后起字的初文，这类初文一旦被另一单音语素借用且久借不还，这个被借字初始发生时所表示的语素便与之脱离了表示与被表示的关系，既已脱离了关系，它就失去了与“后起字”同处于同一个平面位置去表示原初单音语素的资格；它一旦被另一单音语素所借用，便应看成另一单音语素所借的字形，称作借形字。从表示与被表示的关系来看，是通过原初文所表示的原单音语素的音与借形所表示的另一单音语素的音相同或相近这个中介来实现的，而字形与另一单音语素的意义是了无牵涉的。为此，可以看作另一单音语素的专用字。

“自”之于“鼻”就属于这类情况。“自”与“鼻”本都是为表达嗅觉器官的语素创制的字。初文“自”只有殷商甲骨文中用来表示嗅觉器官鼻子的文例（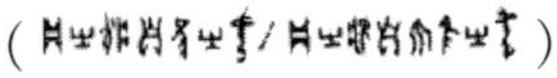）①，但同时又被借作代词和介词这类虚语素的用字，可能那时已出现了“自”的后起字“鼻”（作）。后世文献中表示嗅觉器官的语素用字均用“鼻”而不用“自”，今楷中更是如此。可见“自”与“鼻”在今楷文字系统中已不能处于表示同一个语素的位置平面。

再次，要摒除错字。错字与正字的界限历来十分模糊，实际操作起来也十分困难。在讨论这个问题的过程中，不宜首先考虑“习非为是”与“将错就错”，而应加强规范意识，努力探索出切实可行的原则和措施。有鉴于此，我们认为，应以今楷文字系统为基本原则，其中还包括构字成分字素系统和汉字学三维系统。凡是不符合上面这个总原则的，应视为错字。

“恥”错为“耻”②。“恥”，从心耳声，是个形声字。“恥”所表示的是心理活动的语素，所以从“心”。中国文字的发生历史表明，从殷商甲骨文以迄于今，凡是两个字素嫁接的合体字，有一个通例，那就是允许两个字素中的一个省去一部分，以便嫁接，适应方块形体的布局。这种省素嫁接的现象多见于上下叠置的合体字，但也可能出现于左右分置的合体字。“恥”就是一例。“恥”中的“心”可以省去左边的一点

① 参见《甲骨文选读》（李圃，1981）和《甲骨文选注》（李圃，1989）。

② 字例取自《二十世纪中国方域文字谱》（未刊稿）。

作“⺗”，合之作“恥”，汉代已见此形体。是个从心省耳声的形声字。“恥”之所以讹变作“耻”，问题出在草书楷化上。中国的方域文字中使用草书楷化的方域字相当多，草书的“止”可以写作“⺗”，书写中，草书的“⺗”与省去左边一点的心（⺗）混同，随着“⺗”（止）的楷化，从“心”省的“恥”也便因混同而误作了“止”，于是出现了“恥”的错误形体“耻”。“耳”与“止”的组合毫无理据可言，同表示思想心理活动的◀恥▶这个语素并无意义上的任何联系，因此，我们可以肯定地说，“耻”是个错字，应该把它排除到表示◀恥▶这个单音语素的位置平面之外。

又如误“灰”为“灰”。一些语言文字方面的工具书，往往把“灰”中的“𠂇”与“炭”的“厂”作为新旧字形示例，其实这是一种误解。表示◀灰▶这个语素义的只有一个“灰”字。《说文解字》的说解是：“死火余烬也。从火从又，又，手也。火既灭可以执持。”请注意“火既灭可以执持”一语。从造字取象来看，手（又）加于火上，很容易被理解为烤火的“烤”，手加于火上，非烤而何？为了避免这种曲解，许慎特意解说取象造意之意图，这是很必要的。“灰”何以误为“灰”呢？这是因为“炭”字的负迁移所致。“炭”从火岸省声。“炭”字去掉“山”，余下一个“灰”，这就很容易与“灰”混同，误以为“山”下之“灰”与“灰”同，因而将“灰”迁移为“灰”。定位时，应将“灰”排除在◀灰▶这个单音语素的位置平面之外。现行汉字“灰”是正确的，可是由于把“灰”看成旧字形，因而误“炭”为“炭”。如前所述，“炭”是由两个字素构成的合体字，从火岸省声，其实“岸”的初文即作“厂”。“火”与“屵”同处于表示语素◀炭▶的上位层面，共同参与表义表声。现行汉字误“炭”为“炭”，变成了“山”与“灰”两个字素的组合，与语素◀炭▶的音义不发生表示与被表示的关系。定位时，同样应将负迁移形成的错字“炭”排除在◀炭▶这个单音语素的平面之外。

定位这一点还仅仅是给确定异体字划定一个范围，即把专表某一个单音语素创制的两个或两个以上的形体结构不同的字归到同一个位置平面，为下一步的选正准备必要的字样。

## 二、选　正

选正是在正本清源的“定位”前提下要进行的第二个步骤。

选正指从表示同一个单音语素而处于同一个位置平面的字群中选择并确定其中一个作为表示该语素的唯一的通用正体。

我们所面临的不是古今各种书体的全汉字的规范，而是楷书文字系统中的异体规范。这就要求我们必须做好一个前期准备工作。这个前期准备工作就是楷书文字系统的全面考察。

历史的经验告诉我们，要解决汉字中任何一种文字现象，如果离开了文字系统的全面考察就断言如何如何，那只能是脱离实际，纸上谈兵；如果用以解决实际问题，就难免顾此失彼，结果事与愿违，轻则造成不必要的混乱，重则造成理论上和实践上的重大失误。解决异体字规范问题也是如此。这也就是我们为什么要强调正本清源的根本原因。

要对楷书文字系统进行饶有成效的考察，就要求我们去努力探索切合汉语文字实际的文字学理论和行之有效的汉字分析方法。我们经过近二十年的实践所总结的汉字学三维系统理论和字素系统的分析方法①，先后用于殷商甲骨文字、两周青铜器铭文、战国秦文字和秦汉篆书以及在秦汉篆书基础上所厘定的篆书古楷定，均取得了预期的效果。就文字学三维系统理论而言，它们主要的调查内容是：取象发生系统主要调查的是单音语素“物化”成字过程的动因，本体结构系统主要调查的是单音语素“物化”成字之后的字形结构向语素（音/义）回归的方式，心理认知系统主要调查的是前面两个系统全过程中人脑“中介思维”的内容、特点和规律。上述三个系统的调查都离不开“字素分析法”的支持。

汉字的字素也是成系统的。字素系统的调查包括下面几个子系统：

一是静态系统的调查。其调查结果应回答的是：字素、准字素的本体取象和字缀的形态以及字素、准字素和字缀的数量。

二是动态系统的调查。其调查结果应回答的是：稳性字素和活性字素的形态和数量。

三是在静态和动态基础上的构字功能的调查。其调查的结果应回答

---

① 参见《甲骨文字素理论及其在汉字分析中的应用》（李圃），《学术研究》（2000）；《字素理论与汉字分析问题》（李圃），《中国文字研究》第二辑，2001年。

的是：字素形体的变体、省简类型规则和讹变类化类型规则，字素的类与位及其交变关系的类型与规则，字素的音与义及其隐与显的类型与规则等。

上述诸端如能进行认真调查，今楷这个文字系统便凸现出来，我们就有可能凭借这个系统去考察异体字问题，从而为异体的规范问题正本清源。

当然，是正是异，还必须参考用字的调查。汉字毕竟是供人们扩大汉语时空的必要手段。站在群众前面指手画脚，或是站在群众后面随波逐流，都是片面的，只有充分调查研究之后才能站在社会用字乃至识字教育的前面去正确地引导他们，这正是我们规范汉字的目的所在。

选正可以设置许多条标准，但不论多少，核心标准只有一个，那就是坚持质的规定性，参考社会用字的量化统计，将二者有机地统一起来，形成一个完整的优化选择标准。

质的规定性指对同一位置平面上的字群进行字形结构与单音语素声义之间相互联系的全面考察，寻绎形与声义间的契合关系，做到好中选优，为实现优化选择的目标提供充分的文字理据。

用字的量化统计是观察已被定位的字群中每一个字的使用频率，为实现优化选择通用正体字提供参数。所谓参数，指处于同一个单音语素位置平面上的字样，分别都具备字形与音义的契合理据的情况下，亦即在质的规定性方面均符合要求的情况下，则运用用字量化统计的方式加以确定。

如“天”字在楷书文字系统中出现了多个形体，除掉一些明显的讹变错字以外，我们共选择了四个。正如前文所述，这四个形体同它们所表示的语素之间均具备契合关系，可以说难分伯仲，都具备“质的规定性”。在这样的情况下，我们选择了“天”，因为“天”这个形体经过量化统计，我们发现，自殷商甲骨文至今，从  到“大”，一脉相承，使用频率最高，所以我们把“天”字确定为今楷通用正体字。

又如今楷“鹅”字共有四个形体，参构四个形体的字素均相同，都是声素“我”义素“鸟”，只是结构部位不同，或声左义右，或声右义左，或声上义下，或声下义上。“鸟”部字左右结构部位变化的趋势是左声右义，《说文解字》中左义右声仅占20%左右，但到了《玉篇》中，左义右声的字只占6%左右。“鹅”在《说文解字》中正体作“鵝”，左义素右声素；至《玉篇》，“鹅”的正体则作“𪁉”，上声素下义素，其“亦作”则为“鹅”；至后世，《玉篇》之“亦作”反而被扶正作“鹅”，这同《说文解字》中的“鸛”“鷗”后世作“鹳”“鸥”的演变轨迹是相同的。各历史时期和各类不同文字系统表明，绝大部分左右分置的合体形声字，大都是义素在左而声素在右，《说文解字》篆书阶段力求维持这一格局，到了《玉篇》中以上声素下义素布局，更加贴近竖书的书写要求。上述变化均符合取象发生理据和本体结构理据。而只有当心理认知系统提出自身的特殊要求时，如出于对称平衡、左轻右重以求平衡稳定的审美心理，后世才在整个楷书文字系统中改变左义素右声素的例程而另辟蹊径，形成左声素右义素的“鸟”部字特殊的变式。这从千百年来该字使用情况的量化统计中也可以得到印证。

上述两例均符合通用正体字的优化选择标准①。这也说明，选正这一步，必须坚持以今楷文字系统的体系性为参照②，以优化选择标准为依据，以用字的量化统计为佐证，才能全面实现好中选优的目标。

在汉字的历时演进过程中，所谓正体与俗体之间始终保持着一种互动互变的关系，并以这种互动互变关系，共同参与推动汉字的发展演进，尤其是二十世纪中国方域文字，其数量之多，使用地域之广，都是史无前例的。因此，选正这一步，优化选择的视野所及，应包括通用正体字与俗体方域字两大系列的文字。下面仅举数例加以说明。

灘—灘　《说文解字》通用正体字作“灘”，而“灘”则列为俗体。后世则将俗体“灘”扶正，反而以“灘”为异体。

蜨—蝶　《说文解字》以“蜨”为正体。至清段玉裁注《说文解字》时，则以“蝶”为“蜨”之俗体，今将俗体“蝶”扶正，反而以“蜨”为异体。

优化选择始终贯穿于汉字的整个发展演变过程。在汉字的历时选择过程中，正体与异体也同样存在着互动交变关系，而这种互动交变关系又无不跟字形结构表示语素的优化选择有着密切的联系。例如：

鱷——鲸　《说文解字》时代以“鱷”为正体而以“鲸”为异体，后世则将原来的异体“鲸”扶正。

上述这种正与俗的交变现象和古今正与异的交变现象给了我们这样一个启示，在归纳通用正体字的优化选择标准时，必须重视今楷文字系

① 这个问题及下文所及今楷文字系统的体系性问题，当以专题形式加以报告。此处从略。

② 见上。

统的制约作用。这从前面列举的字例便可窥见一斑。“鸟”可类化为“隹”，“鶙”亦随之类化为“䳇”，而“鸂”亦随之类化为“灘”。“蝶”之由俗体而扶正，与声近今音有关。而“鲸”之由异体扶正，则不仅声近今音，义亦切合，“京”有大义，海中动物莫大于鲸者，因而其结构分析可以认定为从鱼从京，京亦声。“鲸”的选正，可以说是最优化的通用正体选正。

## 三、辨 异

经过“定位”和“选正”两个阶段的清源正本工作，我们已经弄清了下述两端，一是表示某一单音语素的众多不同形体结构的字已被确认为处于同一个位置平面，二是已优选了其中某一字形结构的字作为正选字居于正体的位置。清源正本之后所余下来的，不论多寡，都称为异体。

所谓“辨异”，是指辨正体与异体之间在结构成分、结构部位和结构成分的笔画笔形方面的差异。我们目前所面临的是今楷文字系统，这个系统下辖两个平行的系统：一个是适应机器用字的文字系统，也就是书籍报刊及公文等今楷印刷文字系统；一个是日常手写的今楷手写体文字系统。本文着重要辨的是今楷印刷体文字系统。印刷体文字系统不需要书写，不存在书写是否便捷的问题，因而有条件充分地展示汉字的语言文化理据，包括取象发生理据、本体结构理据和心理认知理据等。

下面从结构成分、结构部位以及笔画笔形三方面谈谈今楷印刷体文字系统的辨异问题。

（一）今楷印刷体文字系统结构成分的差异

我们把汉字的结构成分分为两种：一是构成汉字的基本成分，称作字素，包括形与声义相统一的字素和形与义相联系而音是后世给予称说的准字素；一是仅有形体而具有区别音或义或形以及美饰功能①的附加成分，称作字缀，也就是通常所说的指事符号。

1. 结构成分字素的辨异

例如“天”字群。

“天”已经被确定为正体，这就要观察“兲”“宎”“靝”同“天”

① 参见《古文字中的羡符》（张振林），《中国文字研究》第二辑，2001年；《西周金文字素功能研究》（张再兴博士学位论文，2000）。

在结构成分方面的差异。“兲”中的“一”与“天”中“一”相同，指称的是“顶”，而“先”与“大”却不大一样，“大”是个人体的全体正面象形，而“先”却是个活性字素（由表示脚的“止”与侧面人形两个构素成分组合，甲骨文作或可证）。因而，可以认定“兲”为“天”的异体。“宊”中的“天”与正体的“天”相同，但却多出一个字素“宀”，表示天似穹庐。因而，可认定“宊”为“天”的异体。“靝”中的“青”和“氣”分别是两个活性字素（“青”是“生”的省形与“丹”的异写两个构素成分的组合，“氣”是“气”与“米”两个构素成分的组合），跟“天”中的“一”“大”完全不同，因此可以认定“靝”为“天”之异体。

2. 缀加成分字缀的辨异

例如“刃”字群。

“刃”有两种形体，一是“刃”，一是“刄”。

“刃”已被确定为正体，而另一种写法的“刄”就视为“刃”的异体。与此相应的，如“剑”已确定为正体，那么另一个更素造字的“劒”（更“刂”即“刀”为“刃”）也应视为“剑”的异体。

（二）今楷文字系统结构部位的辨异

结构部位不同是指合体字中两个或两个以上的字素在参构的字中所处的上下左右等方位的差异。

例如，“我”与“鸟”两个字素在参构“鹅”字的过程中，字素所处的左右上下的方位不同，如果我们已选定了左“我”右“鸟”的“鹅”字作为正体，那么左“鸟”右“我”、上“我”下“鸟”、上“鸟”下“我”的“䳘”“鵞”“䳗”均作异体论。

又如，“折”与“口”两个字素参构“哲”字的过程中，一个活性字素“折”和一个稳性字素“口”所处的部位不同，如果我们已选定了上下叠置的上“折”下“口”的“哲”作为正体，那么“口”右下填入的“悊”则作异体论。“哲”的古今异体较多，《说文解字》以“哲”为正体，以“悊”为异体，以“嚞”为古文。《玉篇》以“哲”为正体，以“喆”为异体。“悊”中之“心”与“口”有别，二“吉”三“吉”合成之“喆”“嚞”则字素与“折”“口”完全不同。目下通行的人名用字“喆”，与“悊”，同为“哲”的异体。

（三）今楷印刷体文字系统笔画笔形的辨异

笔画笔形的异同问题主要表现在字素形体的例程变式以及变异等方面。

字素的例程与变式严格地接受今楷文字系统的制约。

例如字素“手”在参构合体字的过程中，由于所居结构部位的不同而形体相应地发生变化。“手”以单素的资格所造的单素字（也称独体字），则仍为“手”。例如“手足”的“手”。还有一个与“手”同义的字素“又”，只是取象略有差异：“手”为手的正面全体取象，篆书作𠂿可证；“又”为手的侧面取象，甲骨文作𠂇可证。“又”以单素的身份创制的单素字，其形体“又”已被久借不还作表频率的副词，而在参构合体字中，它仍然表示的是手的意思，不过它置于上部位置时则多变体作“𠂇”（古楷作𠂇，基本保持原样）如“右”“有”“灰”中的“𠂇”。

现在单说“手”。

双“手”居两侧，中间嵌入其他字素时，“手”的形体不变。例如：㮛、掰。

“手”居左位则变体作“扌”。例如：投、提。

“手”居右位则加字缀作龵。例如：拜。另有一字“𤕱”中之“手”不加字缀，“𤕱”已被“将”所替代。

双“手”居上位，左右两手作两手捧物状，变体作𦥑，例如：“學”中之𦥑。

双手相向居中腰或下位，变体作“大”或“六”或“廾”。例如：两手相向的，“與”下之“六”，“弄”中之“廾”；两手居中腰的，“譽”中的“六”。

“手”居下位则多不变。例如：“舉”下部之“手”。按：此字下部之“手”至迟于唐代已变作龵，可能是行草的龵楷化作“扌”所致。与此相类似的还有“奉”字中的龵。又如“摩”“摹”亦与“舉”同，下部仍作“手”。

双手相背居下部或中腰，与两手相向的变体类化，作“大”。

例如：“樊”“攀”。“樊”原为“攀”之初文，古楷据篆书𠬜作“𣏟”，不变，而今楷已与相向之两手作“大”类比。

有些字中原为两脚相背，后迁移为两手相背，情况比较特殊。例如：“發”“登”中的“癶”。古文字形体均作两只脚形，作𣥠，篆书作癶，与古文字形体两手相背作𠬜混同，古楷据之作“癶”，今楷承古楷作“癶”。

以上示例，在今楷印刷体文字系统中均有规则可循。可以这样说，凡是违反了今楷印刷体文字系统规则的，均作异体论。比方说，“人”与“刀”。字素在参构合体字过程中，其笔画笔形将随着字的方形体布局需要而有所变化，这是整个今楷印刷体文字系统中的共同现象。“人”居左则作“亻”，“刀”居右则作“刂”，一般不易混同，而居于方块形的右上角却容易混淆，这是因为，居于右上方时，“人”可以有两种形体，一是“𠂉”（将“人”的第二笔作横折处理，这是符合书写习惯的，尤其是软笔书法更是出乎自然），一是“⺈”（将“人”的第二笔作上包第一笔的横折处理）。单看“人”的两种状态都是符合理据的，“𠂉”是直接承楷书“人”而来，“⺈”是承古楷“⺈”而来，而古楷又是承古文字来。在古文字阶段，“人”与“刀”本来的区别度就不大，前者作，后者作。新旧字形表把“人”确定为“𠂉”，而“刀”则原形不改。这一规则强化了“人”与“刀”的区别性，无疑是积极有效的规范，可惜并未彻底贯彻。曾经有位正在进修的语文教师拿着一张试题问笔者：“赖”字无论如何找不到“束”与“負”跟语素〈赖〉之间的音义关系，它的结构方式，即表示语素〈赖〉的音义的方式是什么？当然，读过《说文解字》的人应该知道，从贝剌声，是个形声表示法。可是，一位大学毕业多年的语文教师为什么如此困惑不解呢？原因出在自乱其例。新旧字形表与方域文字正通化之间发生了矛盾，新旧字形表把旧字形“⺈”排除在外，仅保留“𠂉”形，使“⺈”专伺“刀”职，可是所吸收的方域文字“赖”却恰恰又把专司“刀”职的“⺈”硬是改为“人”形的笔形“𠂉”，这就难怪造成误解，将“赖”字的结构⿸（剌/貝）误为⿰（束/負），变成了一个“束”与负载的“負”的组合了。又比方说“聚”。“聚”是个从㐺（㐺、众）取声的形声字，其取象以衆人集结为义，表示一切事物的聚合。这个字宋刻本就已经错成了“聚”。如果把“聚”写成了“聚”，就破坏了“眾”（㐺）的取象，让人不知豕为何物，加之“豕”形近“豕”，又很容易将“豕”误“豕”，本来取象为人，竟成了取象于猪，不仅破坏了取象造字理据，而且也容易造成书写上的错字。

看来，笔画笔形的变异，重点在于字素变体，字素变体形态的统一，又是异体规范的关键。

## 四、赘　语

前面就字群定位、优化选正和辨别异体三个方面谈了一些粗浅的看法。我们今天来讨论异体的规范问题，不可避免地要牵涉到繁简字的归属。这是一个相当敏感的问题。是以繁为正还是以简为正？反过来说，是以繁为异还是以简为异？这将是个长时期讨论下去的话题。

我们认为汉字问题首先是个学术问题，尽管它同政治问题、经济问题乃至人口问题等都有某种联系，但却不能同学术问题等同起来。我们应该以科学的态度更多地关注汉字作为中华民族传统文化的承载者的属性并加以正确地对待。看起来一个字要这样写或那样写无关紧要，但是如果把它置于今楷文字系统、文字与语言系统、文字与传统的民族文化系统中去加以考察，就会发现，一个个的汉字构成的整个文字系统，确确实实地根生于中华民族那深厚的文化土壤之中。你想来一番人工干预吗？那还得先看一看民族的文化心理是否给你开绿灯。历史的经验告诉我们，一个民族的文化传统，其感召力与凝聚力是无敌的，其生命力是同这个民族相始终的。汉字自身的发展规律告诉我们，它既具有广大的包容性，又具有严格的排他性，它总是以它自身的体系性和内部的规律性不断调整完善其表示单音语素的功能的。

目前，对今楷全汉字的异体规范，条件并不成熟，如果圈定一个局部的字量范围进行这一工作，除了要重视汉字的理据（表示单音语素的理据）以外，还要考虑这一工作的现实可行性和具体的可操作性。我们认为，繁简字的问题可能对这一工作形成较大的干扰。为使这一工作能够顺利地进行，应该充分考虑迁移认知对繁简字对应关系的重要作用，在“定位”之后的“选正”过程中，应该以“繁简共存，繁简并正”为原则，处理好局部字量范围内的异体规范问题。

# 中国正统文字的发端①

## ——殷商甲骨文字在中国文字发展史上的地位

李　圃

中国文字包含着两大文字系统，一是以记录通语雅言为其职能的正统文字系统，一是以记录方域语言为其职能的方域文字系统。②

正统文字之“正”指的是雅正，正统文字之“统”指的是统继，合之，即历代传承的记录通语雅言的文字。一般地说，历朝历代的正统文字总是居于政治、经济、文化统治地位的国家用字系统，从殷商时期的商王朝始，历经两周战国秦汉唐宋元明清至今，概莫能外。从使用正统文字的人群来看，历史上多集中于有一定文化水平的官吏群体和知识分子群体；从正统文字使用的地域来看，两汉以前多集中在黄河中下游、长江以北地区，这从历史地图中就可以清楚地看到。如果把上自商代下至两周的主要活动地域图重合起来，我们便会更加清晰地看到以中原为核心东西狭长的活动区域。③

战国时期，语言异声、文字异形的现象十分突出，秦始皇统一六国，在很短的时间之内居然可以罢其不与己合者，统一了文字，建立了不朽的历史业绩。这不是偶然的。其一，原有的秦文字具有汉字的理据性。这从汉代成书的《说文解字》就可以得到证明。许慎所处的时代是东汉，那时的通行文字并非篆书，何以选择篆书作为字头字来加以说解呢？这正是许慎的慧眼独具，因为他至少已发现了秦汉篆书的字理具有充分的理据性。④ 其二，秦汉篆书是自商代以降历代记录通语雅言的

① 编者注：本文原刊于《中国文字研究》第四辑，广西教育出版社，2003 年。

② 笔者曾于中国文字研究与应用中心 2002 年会期间以《正统文字与方域文字及相关问题》为题报告了正统文字界说，方域文字界说，正统文字与方域文字的相互关系，正统文字与现代中文信息化处理等问题。

③ 本文所采用的历史地图为《中国历史地图集》，谭其骧主编，地图出版社，1982 年。

④ 这里所说的理据性主要指的是汉字学三维系统中的取象发生理据、成字表词的本体结构理据和心理认知理据，并非通常所说的书体。如“天”，甲骨文作或，金文填实作，篆书将金文之均变成一横作，楷书又将人体的两臂拉直成一横作天。这只是书体的不同。汉字学的三维系统理据都是一致的。

传承文字，是经过历代知识分子千锤百炼的民族文化结晶。其三，由于前两个方面的原因，使得这些文字具有很强的包容性。它不单具有记录通语雅言的职能，同时也可以在很大程度上具有记录语言异声的方域俗语的职能。以上三点也可以回答这样的问题：汉字为什么从远古到近现代经久不衰，成为世界上独一无二的成体系的万岁文字。而这个成体系的万岁文字正是发端于殷商时期的甲骨文字。

与正统文字系统相对待的是方域文字系统。方域文字是指在正统文字覆盖之下的方域语言使用的文字。出于整个社会交际交流思想的需要，通语雅言与正统文字总是覆盖着整个社会，而方域文字则具有一定的区域性，字的理据与正统文字基本上保持一致，通行于某特定的区域，而且多出现并运用于民间。

从字样学的角度来观察，正统文字系统与方域文字系统所使用的文字绝大部分是重合的。表面来看，这种大部分重合所用字样相同，似乎没有什么区别，可是作为形与音义相统一的文字，它们从整体上都分别记录着通语雅言系统和与通语雅言有区别的方域语言系统，尤其是语音系统方面有着明显的差异。例如“首”，《说文解字》“首”同“百”。“百，头也。”“头，首也。”一些方言土语中仍保留着古音。如山西介休方言中“首”缓读为“得老”，以此推知，“首”古读犹今之“祷”音。①“首”即“头”，而“头”在山东胶东方言土语中读如“豆”，音亦近“祷”。由于通语与方言的语音差异，往往带来了文字的造字差异和用字的差异。如“角落”，是现代普通话的记词用字，胶辽方言则用“旮旯”记这个词，而吴方言则读如“各洛”，其方言本字当为“角角”，均读为入声。《广韵》“角”下收有两个读音，一为“角”，一为“录”，急言为“角”，缓言为“角录”，可是书面语言用“角录”则不辞，于是就地取材，以“角”字为依托，采用省素造字法创制“角”字作为“角角”之专用字，犹今“乒乓”，以声音近似为认知迁移依据，采用省素造字法将“兵”拆分为二，一为“乒”，一为“乓”。

当然，这种重合用字现象随着不同历史时期的不同社会情况而重合量也会发生相应的变化。例如战国时期，诸侯割据，战争频仍，重合量的差异就比较明显。如秦文字承继的是正统文字，而齐楚燕赵韩魏等诸侯国所使用的文字，即所谓六国文字则多有差异，尤以楚文字为甚。其实，只要细心观察，这些差异主要表现在书体上的差异，而本体结构

① 参见张颔《谈山西方言字音的缓读和急读》，《语文研究》2003 年第 1 期。

（包括构字的结构成分、复素字内部的结构关系等）却大同小异。也正因如此，历史上为楚越文化沿着长江中下游化及北至鲁南西到陕南的广大地域提供了条件。而商代则以其正统文字经七迁其都，文化广布于河南河北山东等地，又经西周到东周的京都两迁，更加扩大了文化传播区域；及至秦统一六国，正统文字恰恰已全部覆盖了战国时期的六国，那时的正统文字无论造字表词理据还是社会用字认同均呈水到渠成之势，秦则顺应历史潮流，一举实现了正统文字的大一统。至于少部分不同的用字，字样①已有明显的区别：就正统文字系统而言，其少部分不同的字，多吸收的是方域文字，所谓扶俗为正，作为正统文字的补充；就方域文字系统而言，其少部分不同的字，多来自正统文字的迁移省变或为适应记录方域语言而创制的方域俗字。

正统文字系统与方域文字系统总是相伴而行。例如殷商时期的方域文字周原甲骨文。周方伯所辖方域是众多方国中最为突出的一个。周方的方域文字除了绝大多数用字与殷商甲骨文字重合之外，也有少部分具有方域色彩的文字。如吉祥的“吉”字，殷商甲骨文的取象反映的是上古的弓箭崇拜意识，从（矢），作，后期或作；周方之方域文字的“吉”则反映了古代象征权力的斧钺取象，从作。被后来的周金文吸收，中填实作，并一直延续到后世。又如贞问的“贞”字。殷商甲骨文字本来是两个字，（卜）、（鼎），分别表示占卜、贞问。及至周方的周方域文字，则合一，作（贞）②，后世亦被扶正延续至今。当然，方域文字中或多或少还始终存在一些不入正统的民间俗字。知今以推古，现代方域俗字多为省变造字，即以正统文字为依据，以字素省变为造字方法形成的方俗字。如夺（奪），从寸从奞省，奞亦声。其实，字的声源仍来自“大”，今之吴方言仍读“大”近“奞”近“奪”。也有少数字使用了更素造字法。如胶东地区在原字“鄧”“葉”的基础上更素造字作“邛”（从邑，丁声）、“芇”

---

① 这里所说的字样指文字学意义上的字样，具体指字的结构成分、字的内部结构成分的部位及结构成分之间的关系等，与书体艺术方面所称字样不是一回事。

② 后世讹变类化为“贝”，与原有的“贝”形体混同，如“败”，殷商甲骨文作，从，西周金文仍之作，战国时已讹作，秦汉篆书直作从支从贝的。楷书承篆书作败。古时鼎是国家的象征，如“问鼎”即灭国取而代之，其造字取象之心理盖本于此。

（从艹，也声）。① 还有一部分属于一些特殊思想体系或某些行业范围的文字处理也应纳入方域文字的范围之内。比方说，佛教用字。从心理认知方面看，有些特定含义的语词，往往特为之造字，以示与通语用字之区别。如佛教用“⿰𠂤来”与“皈”，自殷商以迄于今，正统文字系统一直用的是“歸”字。《说文解字》对“歸”的说解是“女嫁”，上古女子的归着点不在自家而在夫家，此习一直沿用数千年，如果回归自家，其妇道颜面尽无，是不光彩的事。可是佛家的教义却与此完全不同，强调的是生死轮回。于是，以佛家心理创制专字“⿰𠂤来”表示来（生）去（死）为归。此字至今未被正统文字吸收。可是“皈”却不然。“皈”字所用的两个字素比较特殊，“白”不是白色的“白”，而是自己的“自”，《说文解字》收录了两个“自”，一作𦣹，一作𦣹，皆取象于鼻子。“習”“皆”等字所从均为中间一横的𦣹，楷书为了同“白”区别开来，往往把𦣹写成细长形，作𦣻，但在合体字中难于区分。“反”即后世的“返”。合之，从𦣻从反（返），以自返会意，表示人生轮回为“归”。恒语“皈依佛门”已作为语言进入通语之中，所以“皈”字也随之而进入正统文字系统。上述所举，无不表明，正统文字系统与方域文字系统之间存在着密切的联系。

综观中国文字发展演进的历史，我们不难发现，自殷商甲骨文字始，中经西周春秋战国以至秦汉，清楚地表现出中国文字由初成期发展到鼎盛期的轨迹，战国后期至汉代先后出现了《尔雅》《方言》和《说文解字》三部经典性著作，从文字的角度来看，《说文解字》正是正统文字发展到鼎盛时期的代表作。此后的延续期只是书体的变易定型和字量的增加。无论初成期、鼎盛期还是延续期，正统文字系统与方域文字系统总是相伴而行，互补共进，不断完善着记录整个汉语的功能。

殷商甲骨文字所以被认定为殷商正统文字系统，理由是多方面的。

第一，从甲骨文字所记录的语言性质来看，殷商甲骨文字能够胜任记录殷商时期的通语雅言。虽然所记录的是宫廷档案语言，多少带有文体上的程序化，但也有不少卜辞表现出散文化的语言特点。

例如：

癸巳卜，殸贞：勹（旬）亡囚（祸）？王𡆥（占）曰：乃𢆶（兹）

① 见《异体字字典·附录一〈胶东地区俗字汇録〉》，李圃主编，刘志基、臧克和副主编，学林出版社，1997 年。草木叶子的“叶”，胶东方言读如上声。

亦㞢（有）𡆥（祟）！若偁。甲午王𨑒（往）𢓊（逐）兕，小臣𤰈（载）车，马硪，𨡚王车，子央亦队（坠）。（《合集》10405，牛胛骨刻辞正面中段卜辞）

这篇卜辞如果译成现代语，当为：

癸巳日占卜，𣪊问道：以后的十天内有没有灾祸出现？时王武丁占卜认为：这一旬有灾祸出现！神的意旨与卜兆的兆象是一致的。甲午日（指前文“以后的十天”中的第一天）时王外出打猎捉犀牛，小臣驾驭马车，马撞到山崖上，撞毁了时王所乘的车子，子央也栽下了马车。①

殷商甲骨文中这类散文化的卜辞还有多篇，这足以说明，殷商甲骨文字是能够胜任记录殷商时期的通语雅言的。

又如：

戊子卜，𣪊贞：帝及四夕令（命）雨？贞：帝弗𠀠（其）及今四夕令（命）雨？王𡆥（占）曰：丁雨，不𠦪辛。旬丁酉，允雨。（《合集》141438，全腹甲刻辞。）

译成现代语，当为：

戊子这天占卜，𣪊问道：上帝到第四天晚上允许下雨吗？时王武丁占视兆象认为：丁酉这天下雨，辛卯（指戊子日以后的第四天）不下雨。丁酉日，果然下雨了。

这篇卜雨的卜辞是一篇殷人卜雨过程的完整的记录。时间：戊子、丁、辛、四夕等；人物：𣪊、王；事件：帝是否命雨；经过：𣪊贞、王占；结果：旬丁酉允雨；地点：因于殷之国都内占卜，例省而不书。除地点省略外，记叙文的几个要素具备，可以说是一篇中国最早出现的典型的记叙文。②

第二，从甲骨文字所记录语言内部结构来看，除了一般的语言结构之外，还可以记录属于复杂谓语的连动式、兼语式、肯定否定相对待的问句，甚至在一个介宾短语中的介词所带宾语是主谓词组，等等。

例如：

乙酉卜，宾（宾）贞：使人于河沜（沉）三羊𠕋三牛？三月。

己卯卜，宾（宾）贞：取（槱）岳？（《合集》5522 正。）

其中“使人于河沜（沉）三羊𠕋（砍）三牛”是一句典型的兼

---

① 见《甲骨文选注》，李圃编，上海古籍出版社，1989 年。

② 见《甲骨文选注》。

语套连动句式。①

又如：

贞：㞢（有）疒自，隹（唯）㞢（有）蚩？

贞：㞢（有）疒自，不隹（唯）㞢（有）蚩？（《合集》11506 版）

译成现代语，当为：

卜问道：鼻子患了病，该是降下了灾祸吧？

又卜问道：鼻子患了病，该不是降下了灾祸吧？

这种肯定与否定相对待的问句可以说是殷商甲骨卜辞的通例。现代语除了继承这种句式之外，还在此基础上形成了一种更加凝练的肯定否定相迭的格式。②

再如这样一条卜辞：

於月出迺往，亡灾？（见李圃《甲骨文选读》）

该句的谓语中心语“往”之前除有副词作状语修饰“往”以外，还有个介宾短语充当的修饰语“於月出”，而这个介宾短语中充当宾语的不是一般的词语，而是一个主谓词组。这种语言结构竟出自殷商甲骨卜辞，足以说明，甲骨文字也是能够记录较为细密而复杂的殷商时代通语雅言的。③

前面两点是就殷商甲骨文字的功能来说的，下面就殷商甲骨文字的本体谈几点认识。

第三，从甲骨文字的本体结构来看，甲骨文字的本体结构已具备了一整套完整的取象造字法和成字表示法，特别是它的形与音义相结合的构字字素已成系统，为表意体系的语素文字确定了质的规定性。

我们曾把甲骨文字的取象造字法归纳为八种。（一）独素造字：一个单个的字素所造的字，如；（二）合素造字：共时的两个字素合成一个字，如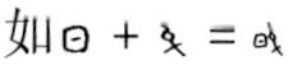；（三）加素造字：以一个字素为基础添加另一个字素所造的字，如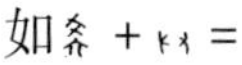；（四）更素造字：用另一个字素替换掉原复素字中一个字素所造的字，如中的倒人形替换为倒子形，作；（五）移位造字：改变原字的位置或方向所造的字，如横书为“目”，竖书为“臣”；（六）省变造字：如“膏”，甲骨文不省作，省素作，省为；“大”作，是静态的正面人形，“夭”作，即后世的

① 见《甲骨文选注》

② 见《甲骨文选注》。

③ 见《甲骨文选读》，李圃编，华东师范大学出版社，1981 年。

，今字作“走”，是动态的侧面人形；（七）缀加造字：在字素上添加缀加成分所造的字，如为盛器，上加一短横作，以示盛器具有盛物的功能；（八）借形造字：仅借意义毫不相干的另外一个字的字形来表示一个原本毫不相干的语素，借字与被借字之间形成字形上的同形关系，所谓貌合神离，如本为“橐”的初文，借记方位名词东西南北的东。①

我们再来观察一下甲骨文字的表示法。我们曾把甲骨文字的表示法归纳为六种。（一）象形表词：如均以突出事物之特征取象表词；（二）指事表词：如均以加缀的方式导引人们去感知这类事物如光体等物象；（三）形意表词：如，前者以一个成年人形象导引人们模拟迁移同幼儿比较以领会“大”之含义，后者以形置于限定性的形体之上导引人们领会上之为眉毛之“眉”，这类表示法均依据一个具象去领会一种关系意义；（四）会意表词：如，前者以人就食会“接近”意，后者以人依树下，会“歇息”意，均非两个字素的1 + 1 =2，而是1 + 1 =1，表示的是一个新的特定的意义。又如，前者从林从鹿，鹿亦兼声；后者从皿从见，见亦兼声，后世緟益为監、鑑。这类字首先是会意，其中某个字素兼表字音，理应归为会意表词，因为会意兼表声字既表单音语素的义又表单音语素的音，是复素字中最为优化的组合，最能够体现汉字作为表意体系的语素文字的性质特点。当然亦可在会意与形声之外另立一类“意音表示法”②；（五）形声表词：如，前者从皿于声，后者从戈才声，形声是一种看似简单实则复杂的表示法，当以专题论列；（六）借形表词：如甲骨卜辞中十天干十二地支的用字全都是借其他字形来表这些具有特殊意义的序数的。

综上所述，殷商甲骨文字所表现出来的八种造字法和六种表示法，经过近些年来的文字分析表明，无论运用于古文字阶段的殷商、西周、春秋、战国文字，还是秦汉文字及其后的今文字，无论中华正统文字还是方域俗字，均取得了满意的效果。

如果说甲骨文字的造字八法旨在解释汉字从无到有是如何取象发生

---

① 参见《甲骨文文字学》，李圃著，学林出版社，1995 年。

② 参见《甲骨文文字学》。“形意表词”是我们根据表示法中的特殊情况而单独分出的一个类别。我们又立了一类“意音表词法”。下辖两类现象，一是“从某从某，某亦声”的会意兼声字，一是“从某某声”的单纯形声字。这实际上是一种过渡的做法，待社会认同方面有了一定程度的发展，在可接受性有条件的情况下，应把会意兼声这类字单独立类。我们常说汉字的优化选择，其实复素中的会意兼声字是造字表词的最为优化的选择。

的，而表词六法旨在解释汉字字形结构与所表单音语素之间发生的是什么关系的话，那么，甲骨文字字素系统却是贯穿整个汉字分析始终的分析方法。

殷商甲骨文字字素的系统已基本形成。就已考释的近千字的甲骨文字分析的结果，所获字素约三百四十八个，其中包括具有独立造字功能的基本字素三百二十四个，具有依附造字功能的准字素二十四个。由上述这几百个字素构成了一个完整的甲骨文字静态的字素系统。这个静态的字素系统中所辖字素，都是从甲骨文字作为字的层面中离析出来的。其中，基本字素的音与义是通过它们独立造字时所表单音语素的音与义获得的，因而这些基本字素是以独立的形体与单音语素的音义结合一体的最小的造字结构成分；其中的准字素的义是以复素字（合体字）的结构形式与所表单音语素中某一部分的义相联系的，而音则是后世根据它们在构字中的功能给予人为的称名，犹如楷书中“提手旁”“走之底”，具有这种形义联系又人工加上读音称名的字素，虽无独立造字功能但具有依附另一基本字素创制复素字的功能，所以也属于字素范围。①

我们要特别重视这个字素的静态系统。这个静态系统一旦进入造字过程，它便同时成为一个动态功能系统。这个动态的功能系统中的字素均以各自的构字功能分属于稳性字素和活性字素两类。一个单个的字素（也包括加缀的单个字素）具有独立造字功能时，它便是稳性字素，如全部独素创制的单素字，都是由一个稳性字素构成的；在复素字中，由静态系统中原来两个或两个以上的字素临时组合成一个字素与另一个字素共同构成一个字时，这个临时组合成的字素就其功能来说，便是一个活性字素，而复素字中的另一个相对独立的原静态系统中的字素则成为动态系统中的稳性字素。例如：[丁]（丁）、[止]（止）、[彳]（彳）；[正]（正）、[征]（征。）如果[丁]、[止]、[彳]各自处于字的平面，那么，它们分别是由三个稳性字素构成的三个不同的字；如果[丁]与[止]进入到一个复素字的造字过程，作[正]，使[正]进入到字的层面，那么，[正]则是由[丁]与[止]两个稳性字素构成的复素字，从[止]从[丁]，[丁]亦兼声；如果[丁]、[止]与[彳]共同进入到一个复素字的造字过程，它们却不在同一个平面上，其中[丁]与[止]必须临时组合成活性字素[正]之后方才同[彳]进行组合，作[征]，其中的[彳]仍是一

① 参见《甲骨文文字学》。另见《字素理论及其在汉字分析中的应用》，李圃，《学术研究》2000年第4期。

个稳性字素，而却是一个活性字素，这时与已失去了字素的地位，变成了构成一个活性字素的构素成分了。是一个由稳性字素与另一个活性字素构成的从（彳）从（正），亦兼声的复素字。上述情况用图表示，则为：

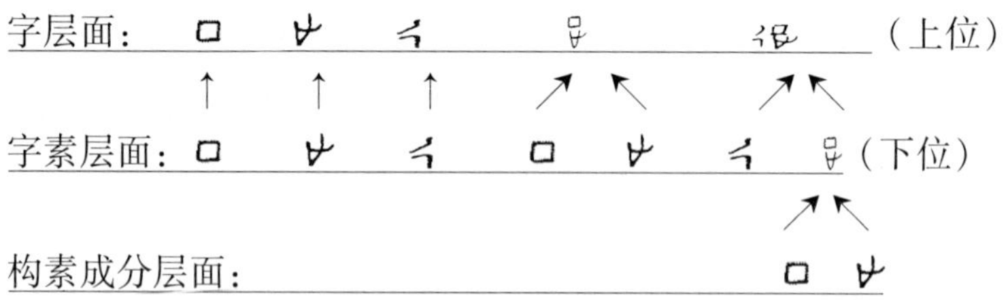


经过我们近些年来的分析实践表明，甲骨文字字素系统可以用来分析全部已考释的甲骨文字，同时也可以分析已释的西周与春秋青铜器铭文文字、[①] 战国秦竹简木牍文字，[②] 同样也可以用来分析正统文字鼎盛期的全部秦汉文字以及后世漫长的延续期的全部文字。作为汉字的分析理论，从殷商甲骨文字时期形成的字素系统不仅对全部正统文字的分析具有穿透力，而且，对历代方域文字的分析也同样具有穿透力。[③] 殷商甲骨文字字素系统不仅能够解决汉字的分析问题，同时也为汉字性质的确定提供了质的规定性。关于汉字的性质问题，历来众说纷纭。所以出现这样的现象，一个根本问题是，对确定汉字性质的质的规定性缺乏全面准确的认识。字素系统恰恰能够从汉字本体结构与汉字字形—单音语素（音义的结合体）的关系上证明，汉语文字确确实实地属于表意体系的语素文字。[④] 我们可以设定这样三层答问：

一问：汉字中绝大部分是复素字（合体字），这些复素中的构字成分有的是稳性字素，有的是活性字素，还有一些缀加成分，它们是从哪里来的？

答曰：它们都是从基本字素、准字素以及字缀所构成的静态字素系统中来的。

二问：静态字素系统中的基本字素、准字素以及字缀等是从哪里

---

① 参见《西周金文字素功能研究》，张再兴，华东师范大学 2000 年博士学位论文。

② 参见《秦简文字系统之研究》，郝茂著，新疆大学出版社，2001 年。

③ 《二十世纪中国方域文字谱》，未刊稿。

④ 参见《在第一次汉字问题讨论会开幕式上的讲话》，载《汉字问题学术讨论会论文集》，朱德熙，1991 年。另见《说字素》，李玲璞，《语文研究》1993 年第 1 期。

来的？

答曰：基本字素是从它以独立的身份所构成的单素字（独体字）中离析出来的；准字素是从它参与构成的复素字（合体字）中离析出来的；而字缀则是在构字的另一个层面上离析出来的。

三问：既然基本字素与单素字形与音义呈重合现象，字是形与音义的统一体，那么，这些基本字素的音义又是从哪里来的呢？

答曰：这一问问到了问题的关键。我们说，它们是从所构造的单素字中获得的。在单素字中，基本字素的形与义始终保持着特定的联系，① 而音则是单素字的音的转嫁。这样一来，它仍然是形与音义的统一体。所不同的是，单素字居于书面语言中能够独立表示单音语素的文字层面，而基本字素则居于构成单素字的构字层面罢了。

现在我们再来三个假定：

假定一：假定这数百个基本字素不具备形与音义相统一的条件，它们能否进入动态的功能系统参与造合体字？结论：不能。

假定二：假定汉字中不存在这为数不多的数百个基本字素，那么，复素字中的稳性字素和活性字素构成的动态的功能系统能否存在？结论：不能。

假定三：假定这数百个基本字素不存在，那么，能否出现数万个汉字正体和数十万个异体？② 结论：不能。

前面的三问三假定，集中到一点，无非是说明，以独素造字法构成的单素字也好，以两个以上的字素构成的复素字也罢，它们的共同点都是以各自的形体同所表示的单音语素的音义发生联系。就甲骨文字的性质来说，正是语素文字的性质，又由于字音是语素音的转嫁，从甲骨文字的体系性来看，这正是表意的系统。这就不难看出，甲骨文字作为表意体系的语素文字的基石，正是那数百个基本字素。

第四，从后世正统文字的传承情况来看，已考释的近千个甲骨文字

---

① “特定的联系”指的是成字与所表语素的义核之间的联系。即使语素义有了多层次的引申，其义核总是或隐或显存在于这个语义场之中。如（雇），以鸟回头的取象表示语素义的义核“回头看”。后加素造字作顾，从页从雇，雇亦兼声，以人与动物回头的取象表示了语素义“回头看”。如瞻前顾后之顾，回顾的顾已不明显，而同时具备了抽象的关系意义，此时，这种抽象的转折关系意义，仍隐含着回头/转头的意义。

② 为解决《古文字诂林》的计算机排版问题，由华东师范大学古文字诂林编委会与上海杰申计算机排版有限公司合作开发制作古文字字形库及其排版系统，共收有八大类古文字十六万多个。

几乎都可以从秦汉篆书乃至近代楷书中找到继承发展关系，[1] 有半数以上的甲骨文字历经西周、春秋战国、秦汉乃至近代楷书，除文字发展过程中的字素緟益外，简直如出一辙，这就更加证明了其正统发端的地位。

我们曾在《甲骨文文字学》中单附了一个商周六国秦汉文字形体对照表，收录了历史跨度较大的四百个字，进行了历时的垂直考察，从总体上说明其传承关系。字表所列四百个字，绝大多数字及其构字成分字素古今是一致的，如“姜”：———姜；有少部分字略有差异，或以加素造字法由单素緟益为复素的，如“走”：———走；或以单素造字法更替原复素字中某一个字素，如“闻”：——/——闻；或以缀加造字改变复素字中某一个字素，如“保”：———保；当然，也有一些复素字后世通过两个字素之间的粘合一体而发生讹变，如“非”：————非。上述数例不仅说明了自殷商以降正统文字的传承关系，而且也从一个侧面确立了殷商甲骨文字的正统发端地位。如“走”，单看后世通用字，我们看不出它本来具有的“奔跑”义，如果考察一下此字的发端期的形体，便可清晰地看到，那正是人奔跑时的侧面取象。“闻”，单看后世通用字，我们只知道它是个从耳门声（今之吴方言区仍读问、闻如“门”）的听闻的闻，可是上溯殷商发端期的甲骨文字，始知表听闻义，而则兼表把获取的信息报告给时王听，且已成为殷商时期联系各方国的一种闻报机构，犹今之新闻报道和新闻媒体机构。[2] “保”，单看后世这个通用字容易产生误解；人呆为保，或呆人为保。很明显，这是不合“比类合谊，以见指撝”的原则，如果考察一下正统文字的发端期，我们便可察知，殷商甲骨文字中是幼儿的取象，置之背后，以成人背负幼儿之取象会保养的语素义，有一个形体作，则更加形象。后世为便于分辨起见，在下始加缀造字作，继加缀作。“非”是个后世通用字。是非的“非”何以作“非”，单看这个形体，其取象不知所以，如果运用逆迁移认知方法上溯正统文字的发端期，问题便可迎刃而解。原来，殷商甲骨文中“非”是由（北）与（，“攀”的初文）两个字素运用合素造字法构成的复素字，取象两人相

① 参见《甲骨文文字学·附录（一）》。

② 参见《甲骨文选注·月有食》。

背，□取象两手相背，是个从□从□，□亦兼声的会意兼表声的字。从周青铜器铭文始，□与□已上下粘连作□，故后世习非成是沿用至今。

从以上列举的文字事实可以知道，从历代的传承关系方面也说明了殷商甲骨文字作为正统文字发端的历史地位。

第五，从汉字学三维系统理论来看，就已考订的甲骨文字而言，同后世正统文字一样，符合取象发生理据，本体结构理据和心理认知理据这三维分析汉字的基本理论系统。

汉字的取象发生系统解释的是，汉语单音语素如何“物化”成有形可察的汉字这一过程中的理论与方法，本体结构系统解释的是，“物化”成字之后如何向单音语素回归这一过程的理论与方法，心理认知系统是在前面两维系统的基础上考察人脑“中介思维”的内容、特点和规律，即汉字智慧。① 三维系统的相互关系如下图：

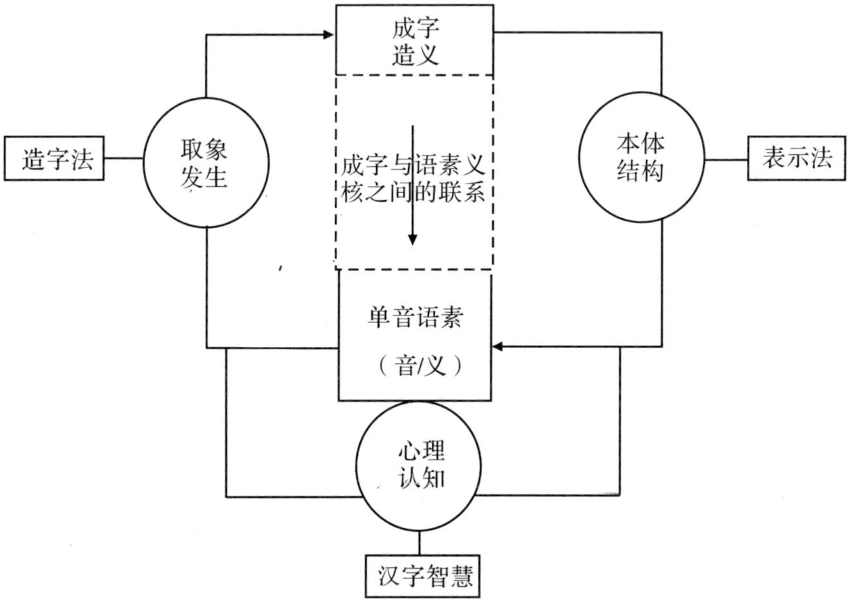


我们从上图的图示路线可以看到，心理认知系统伴随着的是语言中单音语素（音/义）从无字到成字的取象发生过程和从成字的造义到表示单音语素（音/义）的本体结构分析过程。也就是说，心理认知系统

① 参见《古汉字与中国文化源》，李玲璞、臧克和、刘志基著，贵州人民出版社，1997年。

是在前面两个显性系统的基础上的处于人脑驾驭地位的隐性系统。这个隐性系统由于是人脑活动，往往容易被人们忽略。无论从这个系统的重要地位上看，还是从研究的难度上看，都是当前汉字学理论研究的制高点。① 经过这些年来的思考与实践，我们认识到：这个认知系统是有界限的，它是以汉语单音语素为认知起点，经取象认知和成字认知到回归原单音语素的认知为终点，走着的是一条圆通路线。这个从起点到终点的圆通认知路线，我们把它概括为“中介思维”。② 这个“中介思维”的基本思维方式是迁移认知原则。

迁移认知原则贯穿于汉字学三维系统的方方面面，从以人为本，象天法地的迁移取象到取象迁移，从取象迁移到成字之迁移，从成字造义迁移到回归单音语素的迁移，等等，无不全面反映出迁移认知的基本原则。

比方说，连类而及的迁移所构成的字群，是通过迁移认知遴选具有典型的物象作为参照物，把同类字与所表示的同源语素联系起来，形成一个同类同源的字群群体。③ （丁）字字群就是一例。（丁，“顶”的初文），取象于远古穴居之通气孔，通气孔在穴居之顶端，属于穴居之正中最高点，所以所表示的这个单音语素的义核当是正中最高点，正如“一”的义核包含着部分与全体两个方面一样。（天），从从（丁），亦兼声。后世《说文解字》：“天，颠也。”“颠，顶也。”“顶，颠也。”“天”“顶”同训，“颠”“顶”互训，“天”“颠”“顶”递训。取的都是“最高”义。（正），从（止）从（丁），亦兼表声。其后起字作，从从（正），亦兼表声。在殷商甲骨文字中多表征伐义。“征”何以具征伐义？“正”的义核为中正，伐不正使之归于正，即以武力伐离开中正而使之归于中正，取的正是“中正”义。（正）又可用作“足”，取的是达到最高点义，后世同义语素构成的合成词“满足”即其证。表示达到最高点的还有（，今作成），从（戊）从（丁），亦兼表声。《说文解字》：“就也。”“成”的语素义指人或事物达到最高点，如成人、成熟、成就、成功中的“成”。在殷商甲骨文中，商王近祖称之为（“大乙”之合文），史书称“天乙”；称（成），史书称“成汤”；称（，今作“唐”，

① 见《汉字学三维系统与汉字文化学》，《中国文字学国际学术研讨会论文》，李圃，2001年。

② 见《汉字学三维系统与汉字文化学》。

③ 参见《古汉字与中国文化源》。

"唐"有大义)，史书写作"汤"（"汤"亦有大义)。"大乙"即"天乙"，"成"即"成汤"，"唐"即"汤"，我们可以从中领略到殷商甲骨文字取象发生的类聚现象。

又比方说，先民在取象造字过程中，总是选取空间之具象来表示抽象的时间概念，即以空间距离的变化指示时间，这是一种由具象到抽象的迁移。如（日，本指太阳，可迁移指"一天"）、（月，本指月亮的取象，可迁移指"夜晚"）等。这种现象提示我们，古人所取之具象在参与造字过程中往往使用的是迁移认知原则。如"日"与"月"构成"明"。"明"的语素义是"亮"的意思，也许有人会作这样的理解："日"是明亮的，"月"也是明亮的，明亮加明亮不是更加明亮了吗？其实这是一种误解。有点生活观察经验的人都知道，有时早晨的太阳刚刚升起，月亮还挂在天边，所谓日月同现，这时的月亮一点也不亮，这是连古人用肉眼也能观察得到的。那么古人为什么用一个"日"和一个"月"合起来造一个"明"字来表示明亮的意义呢？原来，古人对所取之具象进行了迁移，用夜夕月现的"月"迁移表示夜晚，而用"日"迁移来表示白天，"日"与"月"合在一起，把静态的"日"（太阳）加"月"（月亮）迁移为"有尔无我"，这就突出强调了夜晚转变到白天的临界点。汉语中有"分明"一词，分什么？分黑白，所谓黑白分明，最初的意思仍然是分黑夜与白天，于是又有"明白"一词。白天光线强，于是又有"明亮"一词。这些相关词语无不透露出这方面的造字心理。汉语中还有一个词可以给"明"的造字心理作个注脚，这就是"黎明"。"黎"是黑的意思，还有一个"黎黑"，也写作"黧黑"，都是黑的意思。古时百姓也称"黎民"，这个黎民的"黎"也是黑的意思，不过不是面孔或肤色黑，而是黑发露在外面，因为古时士大夫有身份地位的人都戴着标志着等级身份的帽子，唯独平民百姓没有，黑头发总是裸露在外，所以被称作"黎民"，与古时"黎民"的意思相当的还有"黔首"，就直用黑头来代平民百姓了。"黎明"中的"黎"与"明"正是由黑暗转变为明亮的写照，因此，说"黎明"就等于说"天刚由黑夜转变为天亮。"生活经验告诉我们，黎明前的一段时间是整个夜晚光线最弱最黑暗的一段时间，光线突然变亮，这由暗转明的一刹那，给人们的视觉感官以强烈的刺激，因而取象也特别典型。古人取象造字就是这样，表示具体的客观事物，总是选择客观事物特别突出的特征或特点取象造字。如"象"，突出其长鼻子作，"马"则突出其奔跑时颈项上竖起的鬃毛作；而"羊"则突出其弯角作。"明"

的取象迁移也说明了这一点。

从殷商甲骨文字中所总结出的汉字学三维系统理论，验诸后世文字，无不势如破竹。如中医的“医”。这是个由活性字素“殹”与一个稳性字素“酉”组合而成的复素字，其结构部位作⿱，上下叠置。上部的“殹”可以单独作为字素造字，《说文解字》说它是“击中声也。从殳从医”。“读如傒同。胡礼切。”“殹”中的“医”也可以独立造字，《说文解字》说它是“盛弓弩矢器也。从匚从矢”。又举证说：“《国语》曰：‘兵不解医。’”“殹”中的“殳”当是“杸”的初文，《说文解字》：“以杸殊人也。”下部的“酉”，《说文解字》：“就也。八月黍成，可以酎酒。”是古代的盛酒器。现在我们可以从字素到成字对“医”字来一番全面考察了。“殹”中的“医”由盛战争工具之器模拟迁移为盛中医针灸工具之器，“殳”由战争工具模拟迁移为中医的推拿敲击器，合之，概括了中医针灸敲击按摩推拿诸医疗行为于一体；而“酉”，本来就可以“酉”代“酒”，这里模拟迁移为中草药药用酒引。总之是一个从酉从殹，殹亦兼声字。《说文解字》又载：“古者巫彭初作医。”古代巫与医往往是一身二任，故有巫医之称。如唐刘道祺墓志中的“医”就是用更素造字法以“巫”替换了“酉”。在今天看来，更“酉”为“巫”，反倒从另一个侧面透露了一定程度的心理治疗因素。①迁移认知至此，我们对中华医学的“医”字大致上可以说认识清楚了。从这个意义上说，中华文字学离开了“中介思维”，离开了迁移认知原则就不可能全面正确地认知汉字。

汉字学三维系统是分析汉字的基本理论系统。上述所举，无不表明，殷商甲骨文字不仅证明了汉字学三维系统理论的客观存在，而且昭示我们，殷商甲骨文字确系中国正统文字的发端。

在中国文字发展的历史长河中，甲骨文字占据着十分重要的地位。可以这样说，甲骨文字发端于前，秦汉文字鼎盛于后，为中国文字发展史的建构提供了两个参照系：以殷商甲骨文字为参照系，着重解释古文字阶段汉字在历时传承中的发展面貌和演进规律；以秦汉篆书为参照系，上承古文字下启楷书，② 全面总结中国文字的发展面貌和演进规律。

---

① 《二十世纪中国方域文字谱》（未刊稿）“医”字条。

② 参见《古文字诂林》全部篆书古楷定。

# 汉字学元点理论及其相关问题①

——兼谈汉字认知的若干误区

李玲璞

## 关于汉字学元点理论的考察

汉语的特点之一是以单音节语素（音与义的结合体）为其基本语言单位。如何把一个个单音节语素变成具象的可视的汉字，让有声语言跨越时空，扩大其交际交流思想的功能，先民们根据汉语自身的特点，② 并没有采取通过字形记音，又通过记音达义的两步方式，而是采取了单音节语素物化的方式，③ 把汉语变成了具象的可视语言，一步到位，直奔达义，与此同时，音由原语素的音转嫁给字形。④ 这种特殊的物化方式，便决定了汉字既非音位文字，亦非音节文字，而是一种特有的音义一步到位的语素文字，并从总体上决定了汉字的表义系统，这就是我们常说的汉字是表意体系的语素文字。

汉字的物化问题可以分成两个阶段，一是以单音节语素为出发点物化成具象的可视形体，即成字，属单音节语素物化阶段；一是以所表单

---

① 编者注：本文原刊于《中国文字研究》第五辑，广西教育出版社，2004年；亦收入中国人民大学书报资料中心《语言文字学》2005年第2期。原文有摘要："本文首次提出汉字学元点理论。汉字学元点的理论基础是汉语单音节语素与汉字成字的对应关系。汉字学元点理论概括的是，以汉语单音节语素为出发点的造字取象、成字造义的'物化'过程与以单音节语素为归着点的'物化回归'过程，包括在这个全过程中人脑的'中介思维'规律及其'迁移认知'原则。本文指出，汉字学元点在汉字学内部的各级各类系统中始终处于轴心的地位。以汉字学元点为轴心，能够有效地分析验证和评价汉字本体功能及相关问题，并能有效地辨识汉字认知方面的诸多误区。"

② 阚景忠《汉文文言教学艺术论》之李圃序，吉林人民出版社，2000年。

③ 李玲璞《语素物化与汉字分析问题》，《语言文字学刊》第一辑，汉语大词典出版社，1998年。

④ 朱德熙《在第一次汉字问题讨论会开幕式上的讲话》，《汉字问题学术讨论会论文集》，语文出版社，1991年。

音节语素为归着点，由成字转而回归到原来的单音节语素，属单音节语素物化回归阶段。前一个阶段，即物化阶段，包含着以人为本，象天法地，以各种造字方法取象造字的过程；后一阶段，即物化回归过程，包含着揭示成字与所表单音节语素之间的关系。成字不单单是个字形空壳，它具有自身的造义，叫作成字造义。成字的造义与所要表示的语素义并不完全相等，它只是导引人们与语素的核心义发生迁移联系，这个核心义也叫作义核。① 例如，“奪”的义核是“失”，段玉裁注为“失去物”，则更加显豁。成字由两个字素②构成。一个是“奞”，由“大”與“隹”组合而成，在这里是个活性字素③，《说文解字》的说解是“鸟张毛羽自奋飞”。一个是稳性字素④“寸”，《说文解字》篆书从“又”（手），“寸”与“又”在古文字中往往可通用。把“寸”与“奞”组合起来，就形成了这样一种取象造字指向：“隹”从“手”中“张毛羽自奋飞”飞走了。故《说文解字》云：“手持隹失之也。”这个造字指向还并不等于语素的核心意义，而只是运用这样的成字造义来导引人们进行类比迁移认知：凡是原来有的或应该有的而现在没有了，都叫作“失去”,⑤ 如“夺字”“夺权”中的“夺”，“掠夺”“剥夺”的“夺”，等等，其义核均为“失去”。又如，“刀”，甲骨文作，篆书作。这是以线条勾勒的刀形，上为刀柄，右为刀背，左为刀刃。其义核当为具有砍杀切削功能的一面刃工具，包括一切具有此类功能的工具均可称为“刀”，即使并非刀形的伽马射线，也可凭借其功能而以伽马

---

① 王群主编《常用字引申义辞典》李玲璞序，吉林人民出版社，1992 年。

② 字素是形与音义相统一的构成汉字的结构要素。字素包含两个系统，一是静态的分析系统，包括基本字素和准字素；一是动态的功能系统，包括稳性字素与活性字素。详见李玲璞《说字素》，载《语文研究》1993 年第 1 期。又见李圃 1999 年向法国巴黎社会科学高等研究院东亚语言研究中心举办的“纪念甲骨文发现 100 周年”国际学术研讨会所提交的论文。其中一部分发表于《学术研究》2000 年第 1 期；全文以《字素理论与汉字分析问题》为题发表于《中国文字研究》第二辑，广西教育出版社，2001 年。

③ 活性字素是根据动态的功能系统划分出来的，即静态系统中的字素在参与构造合体字的过程中，由原来的两个各不相干的静态字素临时组合成形音义相统一的一个字素，如“大”与“隹”在静态字素系统中分别是两个独立存在的字素，而在参与造合体“奪”字中却是由“大”和“隹”临时组合成的一个动态的活性字素“奞”。

④ 稳性字素也是根据动态的功能系统划分出来的。这类字素指静态系统中的基本字素或准字素在参与造合体字中仍然保持原来相对独立的形态，如篆书中的“又”、楷书“奪”中的“寸”。

⑤ 此处采用段玉裁《说文解字注》“夺”字条下注语：“引申为凡失去物之偁。”此处之“引申”应看成是成字造义向所表语素义核的迁移联系。

刀称之。仅从上面两例就可以看出，无论是合体字还是独体字，其成字造义均同所表单音节语素的核心义相联系。

前面只谈了成字与语素义的关系，至于成字与语素音的关系则比较特殊。其特殊之处在于，成字的音从本质上来说是语素音的转嫁。汉字与单音节语素之间的关系就是这样，语素的音既然转嫁，就是语素音的完整的转嫁，到了成字中，也是整个字的读音，独体字是如此，合体字也是这样，即使合体字中的某一个字素，只表读音，或者表义兼表音，也只是发挥对被转嫁来的语素音的一种导引，同样是从整体上表示整个汉字的读音。从汉字的应用方面看，则更加显现出上述的特点，同样一个成字，表示通语雅言中的单音节语素时的读音与表示方言土语中的同一个单音节语素时的读音差异很大，这就更加证明了上述的这一特点。

成字与所表单音节语素义核的联系究竟是通过什么样的方式表现出来的？这就要考察成字如何向所表语素回归的物化回归过程了。从认知方面来说，要求我们首先弄清汉语中被表示的语素意义，从整个义项群的义项系统中去寻绎语素的核心意义，然后观察成字及其造义用什么样的方式表示语素的核心意义，即观察成字（包括独体字与合体字）内部稳性字素或活性字素如何在语素核心意义这个层面上参与表义的。由于方式的差异，可以把表示法分为六种。约略说来，大要不外象形表示法、指事表示法、形意表示法、会意（包括会意兼声）表示法、形声表示法和借形表示法。①

经过前面的分析，我们大致可以看到，以单音节语素为出发点造字取象（造字法）到成字造义，又从成字造义到造义表语素（表示法），即以语素为出发点，物化语素为字，又以物化了的字回归到归着点语素，恰恰走了一个完整的全过程。图示如下（见下页）：

由于汉字的本体功能是表示汉语单音节语素的，因而在认知方面就向人们提出了特定的要求，这就是，语素的物化和物化回归的全过程中人脑活动的内容、特点和规律，由此便形成了一个心理认知系统。这个人脑活动的全过程并非文章的谋篇布局，也不是诗词所追求的万千意象，而是沿着充分理解语素音义为出发点的路线，把隐性的概括的语素义和一发即逝的语素音转换成直观具体的物象，并通过物象的导引回归到语素，构成“形→ 义 · 音→ 形”这种你中有我、我中有你的字形与

---

① 参见李圃《甲骨文文字学》第七章和第八章“甲骨文字的表词方式”，学林出版社，1995 年。

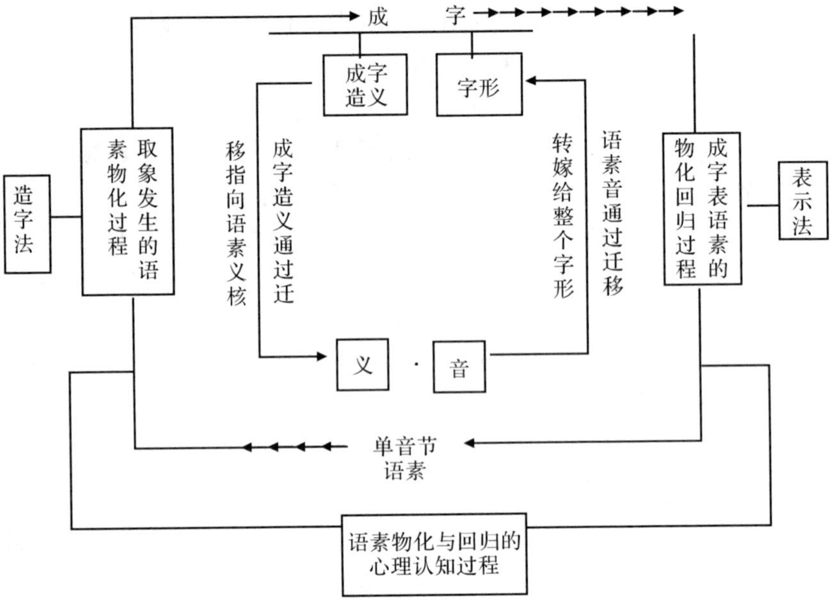


字义字音三位一体的“字”。这个物化与物化回归的全过程，即以显示语素为出发点，又以显示语素为归着点的思维全过程，我们把它称为“中介思维”。归纳起来，如下图所示：

**单音节语素物化与物化回归的心理认知过程①**

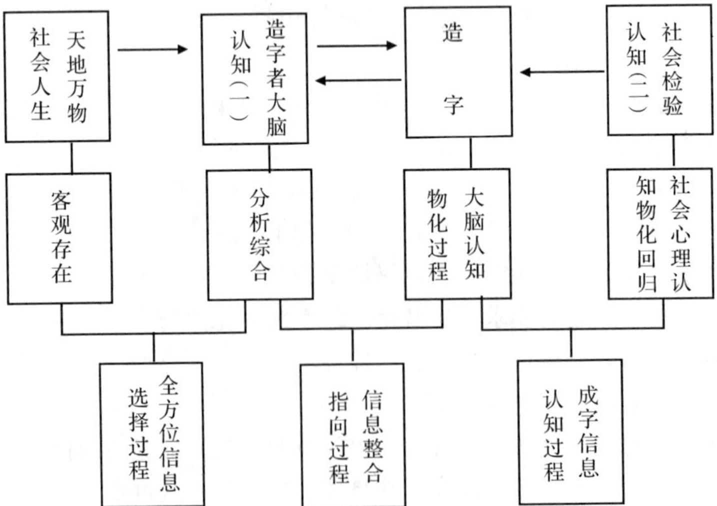


① 汉字的心理认知问题是汉字文化学十分关注的问题，详可参见李玲璞、臧克和、刘志基《古汉字与中国文化源》，贵州人民出版社，1997 年。

这个“中介思维”所使用的主要是“迁移认知”原则。从以单音节语素为依据去迁移取象，到取象迁移造字，从成字迁移造义，到造义迁移表示语素，全过程无不贯穿着迁移认知原则的运用。

综上所述，不难发现，要了解口耳相传的有声汉语如何成为可视性的汉语书面语，就必须考察单音节语素物化与物化回归这个从语素中来又回到语素中去的全过程，这是我们认识汉字本体功能的出发点，是汉字学领域诸多问题认知的出发点，也是汉字学理论系统构建的出发点。基于这种认识，我们有理由把上述这个出发点称作“汉字学元点”。

## 汉字学元点与汉字学领域诸问题

由于汉语是以单音节语素为其基本语言单位的，因而表示汉语的汉字便也相应地以一个独立的个体同汉语中的单音节语素相对应，以实现其表示汉语的本体功能，这就从汉字与汉语的关系上为汉字学元点理论提供了坚实的客观根据。如果从这个元点理论的功能方面来看，在纵横交错的汉字学领域诸多方面，元点总是处于观察、分析、解说和评价的轴心地位。

元点的轴心地位在汉字学系统方面大致表现为：以元点为轴心，区分表示通语雅言的正统文字系统和表示方言俗语的方域文字系统；以元点为轴心，形成汉字学宏观系统中的三维子系统，即取象发生系统、本体结构系统和心理认知（亦称文化积淀）系统；以元点为轴心，与汉字学宏观系统相伴的是字素分析方法及其子系统，即字素的静态分析系统与字素的动态功能系统，等等。元点的轴心地位在汉字历时的演进方面则表现为：以元点为轴心，穿透历时的汉字分析，构建汉字发展史，包括汉语正统文字发展史和汉语方域文字发展史以及与前二者相伴而行的书体艺术演变史；以元点为轴心，构建历时的汉字字样系统，包括汉语正统文字字样系统和方域文字字样系统以及与前二者相伴而行的书体艺术字样系统。

元点的轴心地位在字义系统的分析中则表现为：从考察单音节语素如何“物化”的过程入手，包括为造字而迁移取象，又从迁移取象到成字造义，形成特有的造字法，① 接着考察物化的成字所造之义如何向

---

① 参见李圃《甲骨文文字学》第三章和第四章“甲骨文字的造字法”，学林出版社，1995 年。

语素回归的过程，即成字造义用什么样的方式同语素的核心义相关联，形成特有的表示法。由于核心义始终居于字义系统的核心，所以有必要作简要的说明。如“顧”，《说文解字》：“还视也。”甲骨文作，以鸟转头看的（隹）与（户）取象，即“雇”；后世加“页”作“顧”，从頁（）从雇，雇亦兼声，以人回头联系语素核心义“转头看”。瞻前顾后，左顾右盼用的就是此义，及至三顾茅庐、奋不顾身、不顾廉耻中的“顾”俱为引申义探望、拜访、照看、照管，甚至虚化为转折语气“反而，却；不过，只是；难道，竟然”义的“顾”，也存在着还转义的影子。可见，核心义总是或显或隐存在于各个义项之中。又如“乍”。“乍”之取象当为古时祭祀求福所用的牺牲腿肉中最为结实的那束纤维粗壮之精肉的纵剖形，甲骨文作或，尚存初形。《说文解字》收有“胙”字，云“祭福肉也”。殷商甲骨文文例作：（庚申卜，争贞：乍〔胙〕太丁?）① 由于这块肌肉结实而爆发力强，可以使肌肉迅速隆起，故而以实象之迅速隆起比况语素义核义。肌肉发达而隆起可称“乍”，如“腰圆膀乍”的“乍”指肩膀三角肌之隆起。突然受到惊吓而汗毛竖起，可以说成“汗毛乍”。迁移引申之，凡兴起可称“乍”，如殷商甲骨文中常见的“乍祸”，后世加素造字作“作”，如“兴风作浪”的“作”，所谓造字分词，让“作”所表示的语素义分离出去成为独立的语素。伴随着隆起的是时间短暂，故由空间迁移指时间短暂，如“乍行乍止”，指忽然、骤然；“初来乍到”，指刚，初。以◂乍▸②为语源，加素造字分词的“炸”，则兼有空间的扩大时间的短暂，这已是另外一个字所代表的另外一个语素了。

汉语词义有同步引申，③ 字的核心义往往也不是单一的，“乍”明指空间密度大和空间距离大而隐含时间短。有些字则在义核同一个平面上充分体现了所表语素的一分为二，合二而一，对立统一，相辅相成的核心义。如“一”。《说文解字》：“一，唯初太始，道立于一，造分天地，化成万物。”后世多认为许慎以阴阳五行观念说解汉字而不予采信。其实，许慎整句的释语却道出了“一”与“万物”的关系，隐含着全体与部分的核心义。我们以汉字学元点理论加以考察，“一”字义项群

① 见李圃《甲骨文选注》二十二《王作邑》，上海古籍出版社，1989 年。

② 本文以◂ ▸ 符号标示语素。

③ 见许嘉璐《论同步引申》，《未辍集——许嘉璐古代汉语论文集》，中国社会科学出版社，2000 年。

从整体上显示出，其核心意义为“全体”与“部分”的合成。现就“一”字义项群中的主要义项摘录于下：①

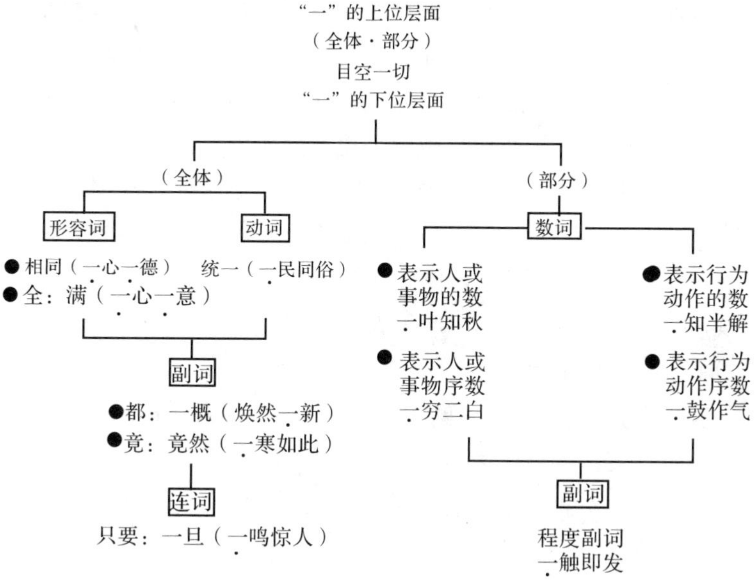


汉字学元点理论不仅在汉字学理论系统方面表现出它的轴心地位，在记录汉语表情达意的用字方面也同样处于不可或缺的轴心地位。

表示同一个语素，可能使用着数个为这同一个语素所创制的字形形体，这无疑属于异体的选正与辨异问题。人们往往把这种异体现象归纳为：意义相同，读音相同，任何场合都可以互换。如果我们运用元点理论来加以考察，就可以知道，这种表述必须有一个大前提，即“意义相同，读音相同”必须是同一个语素（音义的结合体），而不是几个语素相同，如此才“可以互换”。此其一。其二，相异之由来，即辨其相异及其由来。这仍然强调它们所表示的是同一个语素，由于在“物化”过程中造字取象的差异，取象成字的差异而创制了几个不同的形体，有些异体在“物化回归”过程中所使用的表示法也可能有差异，故而对已优化选择并确定了的正体而言称其他形体为异体。浑言之，统称异体字。还有一种社会用字现象，被称作繁简字，即同一个语素所使用的字形有繁体与简体之别。这种现象也同样应接受元点理论的考察与验证。一些寻绎简体字形源的著述，只寻绎到了历史上何时何载体上出现了某个简体字的字形，以说明现行的简体字形其来有自。其实，这还只是文

① 摘自常青《说一——兼谈“一”字义项群的排列》，《辞书研究》1989年第2期。

字演变过程中的流而不是源，它的源除少数例外，大都是在正统文字结体的基础上的省减变化。如简体字“龙”。① 现在我们用元点理论来加以考察，在取象发生的“物化”阶段上发现，龍、凰、鹏同出于一源。② 这三个字都源自人们头脑中想象的一种神物，即把我们今天仍称作“龙卷风”的自然现象当成了神物。这种“神物”因水而起，所到之处，拔树倒屋，人死畜亡，威力无比，因而由敬畏迁移为崇拜，又由祈求化凶为吉的崇拜，迁移而为吉祥物，进而把这种吉祥物迁移为民族精神的象征，并以“龙”的传人引为自豪。“龍”字，殷商甲骨文作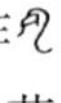或作，龙首加玉串“朋”；周金文作，更“朋”爲“亊”，表示花纹光彩；战国秦文字作，加彡表花纹文采；秦汉篆书又加占卜的“卜”而成；楷书据篆书厘定为龍，一脉相承，以迄于今。草书写意，作。《说文解字》：“鳞虫之长，能幽能明，能细能巨，能短能长；春分而登天，秋分而潜渊。”“凰”字即古“鹏”字。殷商甲骨文作或作，可分别厘定作鹏、，方域文字周原甲骨文中已出现了“鹏”，鳥在上，朋在下，作。这也就是见于《庄子》的鲲鹏之“鹏”。《说文解字》未收“鹏”字，而包容在“凰”字条内，从所收古文形体便可窥见同源之端倪。许慎对“凰”的说解是：“神鸟也。天老曰：凤之象也，鸿前麐后，蛇颈鱼尾，鹳颡鸳思，龙纹虎背，燕颔鸡喙，五色备举。出于东方君子之国，翱翔四海之外，过昆仑，饮砥柱，濯羽弱水，莫宿风穴，见则天下大安宁。”可以看出，许慎的说解已继承了龙凤呈祥这种传统文化观念了。问题再回到简体“龙”这个方域俗字上来。“龙”这个形体甚明，是截取了草书的右半楷化成字的，殊不知，这恰恰是把龙头斩掉而只保留了一条龙尾巴！显然，此举不符合汉字取象发生的物化规则和成字造义的造义理据，破坏了成字造义同语素义核之间的联系，违背了汉民族龙的传人的审美心理，一言以蔽之曰：全面背离了汉字学元点理论。

同一个语素所“物化”的成字时分古今，这就是我们常说的文字学意义上的古今字。如“”“”（其）。训诂学上常用的古今字术语，多为两个不同的字分别代表着两个不同的语素，它们之间仍保留着渊源关系，如“其”与“箕”。这类字的初文形体往往通过语素之间音

① 字样采自《二十世纪中国方域文字谱》（未刊稿）。

② 见李圃《甲骨文选注》二《出虹》篇“出虹”条注释。

的相近相同而被虚语素（多为表语法关系意义）久借不还，于是后起字便专事发挥表示原语素的功能。这已属于形声义相统一的字与字之间的关系了。凡是字与字的关系之分析，也不能或离汉字学元点理论的考察，否则我们就不可能分清字的本体功能与应用功能的差异，因为前者认知的是汉字的本质，而后者认知的是汉字的现象。假借字、通假字，或混言假借而析言假借、通假，乃至同源字、同形字、同音字、同义字，等等，这些文字现象的认知，都必须接受元点理论的考察与验证，才能弄清上述各类文字现象质的规定性。

个体汉字与群体汉字这些局部的文字现象乃至文字学领域内部各系统都离不开元点的考察，即使总结汉字的规范标准，汉字的优化选择标准，等等，也都必须重视元点理论的轴心地位。

从以上举例性的说明中，可以清晰地看到，汉字学元点理论确实像一个中轴一样，维系着整个汉字学领域中的诸多问题。

## 把握汉字学元点理论，走出汉字认知误区

汉字认知误区多多。笔者从事汉语文字学教学与研究数十年，常有蓦然回首，原来走在误区中之叹。形成误区多多的原因主要有两个方面：第一，客观上，汉字具有很强的包容性，历经数千年，汉语正统的和方域的语音语义多有变化，而汉字却始终与它们相伴而行，这就同时带来了它的模糊性。要对具有包容性和模糊性特点的汉字作全面而准确的理解，便成了摆在人们面前的一大难题。第二，学术界对汉字学理论的关注不够，千百年来让六书条例唱了主角戏，而在一定程度上忽视了对许慎文字学思想的深层探究，加之后世西学东渐之后的套用搬用领了风气之先，使得汉字学这类实证性学科的研究受到了一定程度的冲击。前一个世纪虽然出现了不少颇有价值的文字学著作，但其主体仍属于汉字解读性的论著，尚缺乏系统性体系性的理论构建。鉴于上述原因，符合汉语汉字实际的汉字学理论系统始终没有面世。这就在很大程度上影响了人们及早走出汉字认知的若干误区。

择其要者，汉字认知误区有如下数端：汉字起源，多歧亡羊；六书条例，张冠李戴；拘泥字形，曲解字义；任意析形，南辕北辙；主从颠倒，舍本逐末；混淆性质，鸠占鹊巢；两“脑”不分，以桃代李；不明系统，名实错位。

误区之一：忽视汉字取象发生的理论研究，割裂文字与语言的关

系，误以自然界物种起源的理念说解汉字的起源，把汉字发生研究引向歧途，结绳说、八卦说、契刻说、图画说，不一而足，形成多歧亡羊局面，把汉字取象发生研究引向歧途。

误区之二：忽视汉字造字取象——成字造义——造义与语素意义相关联的理论研究，造成张冠李戴，倒果为因，误把成字的表示法当成汉字的造字法，致使长期以来汉字造字法处于研究的空白状态。

误区之三：不明成字与所表示的单音节语素义核之间的关系，误把显在的具有直观具体性的字形与隐在的具有概括性的语素义等同起来，拘泥字形，曲解字义，给汉字的认知带来负面影响。

误区之四：不明汉语节律性与汉字节律性的特点，脱离汉语对汉字的制约作用，忽视了汉字结构成分的动态功能系统，任意析形，南辕北辙，把立体的汉字平面化，破坏了汉字表示法的理据性。

误区之五：缺乏汉字本体功能的认知研究，误以书写上的笔画多寡为评价汉字的主要理据，颠倒了汉字本体功能与社会用字的主从关系，破坏了汉字的本体功能及其优化原则。

误区之六：混淆汉字本体结构与书体艺术的差别，长期以来，误把书体演变史当成了整个汉字的发展史，影响了中国文字发展史的理论探索和发展规律的揭示。

误区之七：混淆了计算机与人脑的根本区别，以目前计算机的单纯汉字复形技术代替人脑的心理认知，破坏了汉字习得的人文性及其认知规律。

误区之八：忽视汉字学系统性体系性的理论建设，长期以来，把属于汉字学局部领域的文字现象当成了具有系统性的汉字学整体，导致了名与实相左，干扰了人们对汉字认知规律的应用。

要指出汉字认知误区之所以为误区，如何走出这些认知误区，并非一篇文章所能承担得了的。现仅就个别问题谈几点粗浅的认识，示例发凡而已。

关于“字典”。

历史上已亡佚的以字典命名的字典不计，产生了广泛社会影响的是清代的《康熙字典》。此后，尤其是二十世纪，涌现出大量各种各样的小型中型大型字典；与此同时，也涌现出大量各种各样小型中型大型词典。顾名思义，词典是解释语词的音义和用法的，因而名副其实。可是，考察一些冠以“字典”名称的工具书，却并不解释字与词之间的关系，而同样是解释词的音义和用法的，与“词典”的差别仅在于前者解释语词，包括单音词、复音词和带有固定词组性质的成语典故等；后者则专事解释单音节语素构成的单音词的音义和用法，这哪里是字典，分明是地地道道的单音词词典。其实，字典蜕变为单音词词典，不自清人始，早在南朝顾野王的《玉篇》就已改变了汉代许慎《说文解字》开创的编纂体例，将许慎说解文字的一整套说解法式一概省去，使“字”仅仅充当了空灵的形体标记，与词的音义完全脱离了关系。时至今日，这种现象仍未改观。汉字学元点理论告诉我们，字典字典，就是说文解字的，既是说文解字的，就必须遵循单音节语素（义与音的结合体）取象物化成字，又由物化成字的造义向所表语素回归的路线，揭示字形结构同语素音义之间的关系。这样才能做到名至实归。这种名为字典实则词典的名实错位现象不仅表现在汉字学领域，也同时反映到了语言学领域。

也还是“字典”这个话题。

什么是真正的字典？我们说，许慎的《说文解字》是真正的字典。这部著作并未以“字典”冠名，而是以字典的释语“说文解字”冠名：字典者，说文解字之“大册”也。《说文解字》历经千年，至今仍为案头必备的语文工具书，可以毫不夸饰地说，时至今日，《说文解字》仍是一部具有里程碑意义的释字“大册”。一些出土古文字分类字典，如徐中舒主编的《甲骨文字典》、戴家祥主编的《金文大字典》等，都是继承了许慎的编纂体例和说解方法编纂而成的。我们在这里特别提到许慎的《说文解字》，还有一层意思，那就是如何继承和发展许慎的文字学思想。人们一提到许慎的文字学思想，往往想到的是他的《说文解字·叙》。其实，更加可贵的倒是他的全书编纂体例背后所表现出的文字学宏观理念的把握和文字分析方法的运用。只要运用汉字学元点理论加以分析验证，就会惊奇地发现，这位五经无双的许圣人，[1] 确实是汉字学千古第一人。

---

① 许嘉璐先生告诉笔者，许慎故里民众称许慎为“许圣人”，代代相传，以至于今。

# 节律性、自足性与相似性①

## ——谈谈汉语的特点和汉字的特点

李　圃

汉字是根生于汉语的，要了解汉字的特点，必须首先要了解汉语的特点。

大家知道，构成汉语的最小单位是语素，所以说，汉语属于单音节语素为主体的语言。其特点是，形式方面具有节律性，内容方面具有自足性，形式与内容相统一，就形成了汉语特有的自相似性。

首先谈谈汉语形式方面的节律性。

汉语节律性表现在音节方面，则是每一个音节都是由声与韵两个部分构成的，即使少部分只有韵母而没有声母的音节，也用“零声母”虚位以待。表现在词的方面，古汉语单音词占优势，汉代以来，尤其是魏晋以来，双音节合成词迅速发展起来，直到近现代双音节合成词取得了优势地位。至于短语、句子则更是节奏鲜明。汉语的这种节律性可以仿用儿歌的节律形式加以概括，即“一而二，二而一；一二三四五六七”。

“一而二，二而一”：一个音节可以一分为二，分为声母与韵母（调附着于韵母之上）；又能合二而一，成为一个完整的音节。推而广之，双音合成词、短语（词组）也同样可以一分为二，合二而一，即分开来都能两分，合起来都是一个语法单位，而且或联合，或偏正，或主谓，或支配，总是两两相对。

---

① 编者注：本文原刊于《中国文字研究》第十辑，大象出版社，2008 年。原文有摘要：“本文从汉语的各类语言结构单位入手，考察了汉语结构在形式方面的节律性与内容方面的自足性，进而指出，这种节律性与自足性是汉语各类语言结构单位共有的自相似性，这就是，一分为二，合二为一，相对相反，相辅相成，从单音节语素的音与义到句子内部各类结构单位，以其对称平衡原则共同承担着汉语的表达功能。根生于汉语的汉字也不例外。汉字本体也同样具备自身的节律性与自足性，并与汉语各类结构单位保持着共有的自相似性。也正因如此，充分体现出汉字的本体功能：把诉诸听觉的有声汉语转换成听觉与视觉同步的具象直观汉语，只要汉语生生不息，汉字就相伴而行，成为世界上独一无二的万岁文字。”

“一二三四五六七”：汉语韵文中的句子可以是由一个单音词或两个单音词构成的句子，也可以是三个单音词构成的句子，这往往要求有上下对句。三字句，如童蒙读物《三字经》；五字句，如五言诗；六字句，如词曲长短句；七字句，如七言诗。这里应特别指出的是，类似的七言绝句诗这种节律，早在殷商甲骨文时代就已经出现了。如《东方曰析》（图版一）：①

东方曰析鹏（风）曰劦（协）

南方曰因鹏（风）曰𡵂（凯）

西方曰𢆶鹏（风）曰彝（夷）

北方曰勹（伏）鹏（风）曰役（冽）

（图版一：东方曰析）

① 四方风名又见于《甲骨文合集》14295版，文辞略有不同，兹节录于后：帝（禘）于东方曰析，风曰劦；帝（禘）于南方曰光，风曰□；帝（禘）于西方曰彝，风曰𢆶；帝于北方曰勹，风曰役。详参见李圃《甲骨文选注》，上海古籍出版社，1989年。

以第一句为例，可将节律图解成下面的格式：

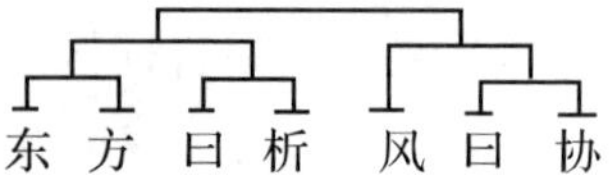


这句话可以说是集文字、训诂（某曰某）、音韵、七字句歌诗节奏于一身。

再谈谈四字句。四字节律是汉语节律的主旋律。最早出现的四字句仍是殷商甲骨文。如《受年》（图版二）①：

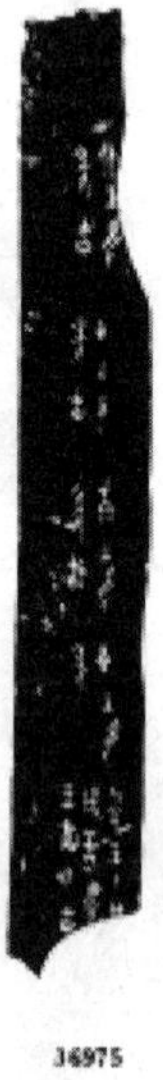


（图版二：受年）

己巳王卜贞：（今）岁商受（年）？王乩曰：吉。

东土受年？［吉］

南土受年？［吉］

西土受年？［吉］

北土受年？［吉］

以“东土受年”为例，可将节律图解成下面的格式：

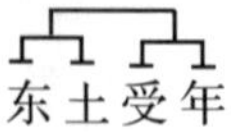




① 《受年》以及《东方曰析》等篇名均为《甲骨文选注》注者所加。

到了西周青铜器铭文中，四字句节律则更为多见。如《虢季子白盘》（图版三）：“……搏伐厰𤞤（玁狁），于洛之阳。折首五百，执𠳋（讯）五十，是以先行。趄趄子白，献戓（馘）于王。……”又如春秋时的《诗经》四字句，后世的童蒙读物《千字文》《百家姓》四字句，现代汉语的成语四字格，乃至先秦以来散文中的四字句，当代传媒语言四字句则更为普遍。

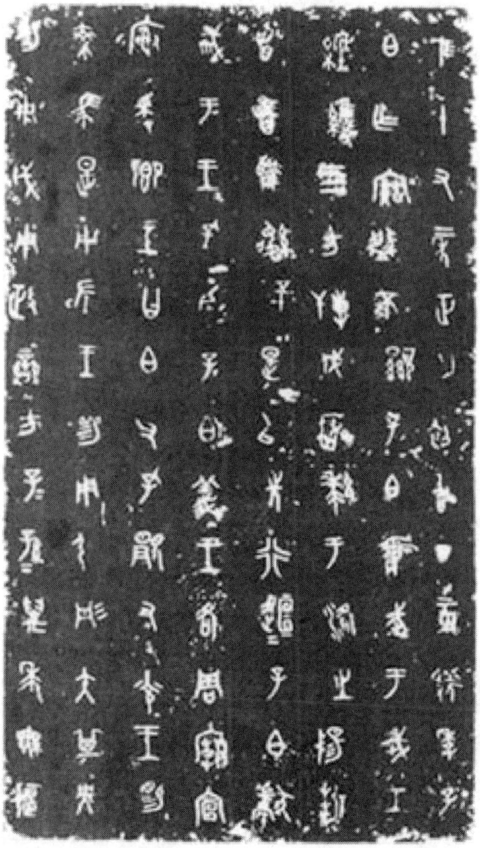

（图版三：虢季子白盘铭文）

其次，谈谈汉语内容方面的自足性。

汉语形式上的节律性与内容方面的自足性紧密配合，相得益彰。汉语组词成句干脆利落，通过语序等语法手段的使用，即可实现准确的表达。以名、动、形为主体的语序排列，其排列本身就是一种特定的语境，在特定的语境中的任何一个词均能明确地表现出它的自足性。“强国富民”有时可说成“国强民富”，我们可以利用语序变换的语境确认前者为支配关系的联合而构成的“使成式”语义，相当于说“使国力强大，使人民富足”；而后者为主谓关系的联合而构成的“状态式”语义，相当于说“国家强大，人民富足”。哪怕新的语言组合形式出现，其自足性也是十分明显的。如上海电视台近来推出的名为“最新闻”栏目。“最新闻”，乍听起来似乎有些陌生，可是仔细一想却又十分贴切。“闻”字殷商时期的甲骨文已经出现，作，是商代的一种闻报机构，类似于后世的情报站。西周金文作，至战国时期出现了从耳门声的闻，一直沿用至今。“闻”本为动语素，而商代已用作闻报机构名，成为名语素。“新闻”的“新”属于形容语素，与“闻”组合成偏正式的合成词，用作名词。在“新闻”前加用程度副词“最”，语词结构便立时自动转换成“最新”修饰“（新）闻”的结构形式，正如该栏目主持人所解说的那样：“最（新）的新闻”“最（快）的新闻”“最（有价值）的新闻”。这一变换便构成了一种“隐括式”的语义。隐括式语义更多的是表现在汉语表达的四音节方面。如“打扫卫生”“恢复疲劳”“绿化环境”等，属于“使成式”语义结构，犹言“打扫使保持卫生状态”“使疲劳恢复到不疲劳状态”“使环境变成符合卫生要求状态”。

汉语这种形式方面的节律性特点与内容方面的自足性特点结合一体，便形成了汉语内部各类语言单位结构上的自相似性特点。从单音节语素到词、短语（词组）、句子乃至句群，结构上均可一分为二，合二为一，就是自相似性的明证。

现在要说到汉字的特点了。

本文的开头就已指出，汉字是根生于汉语的。汉语的上述特点则要求表达它的汉字也必须具有自身的节律性与自足性，从而具备与汉语相适应的自相似性。汉字的个体是对应单音节语素的，汉字的结构与汉语单音节语素的结构之间有着惊人的相似点。汉语单音节除少数有韵母无声母的零声元音节之外，大都是声与韵合成的音节。汉字的结构也是如此，除四百多个独体字（古称为“文”）之外，成千上万的字是合体字（古称为“字”）。韵母中又有单韵母与复韵母之分，而合体字中则有稳性字素与活性字素之别。① 如“声”，殷商甲骨文作，从从，亦

① 字素包含两个系统，一是静态的分析系统，包括基本字素和准字素；一是动态的功能系统，包括稳性字素与活性字素。详见李圃《字素理论与汉字分析问题》，载《中国文字研究》第二辑，广西教育出版社，2001年。

声，其中的，从石、殳、生声，是古“磬”字（后世在“殸”下又加“石”而成“磬”）。（生，或将其视为磬的装饰物）、（石）上下组合，依汉字嫁接规则，可省上之下，与嫁接成。这样一来，（）、、三者各自独立存在时都分别是一个字素，分别构成“生”“石”“殳”三个独体字，可是进入“声”字中的造字过程，、、则合成了一个临时组合成的活性字素。磬声清越，以之况声，与另一个字素“耳”构成了一个从耳从殸，殸亦声的“声”字。再如“德”。“德”可分析成一而二：彳－悳；二而一：德。“德”中的“悳”是一个活性字素。如果“悳”独立存在成为一个字，那么，它又是由“”（，春秋战国时出现了“德”的或体作，上部的是加注的眼袋形，楷化作“直”，后又作“”，其中的“目”横写则作）与“心”两个字素构成的合素字（合体字），即“德”的异体字。

汉字的节律性在合体字的结构类型方面体现得特别突出。笔者曾在《甲骨文文字学》中总结了合体甲骨文的七组十四种类型。如：（一）上下叠置与左右分置：（）（）；（二）竖式插入与横式插入：（）（）；（三）左下填入与右下填入：（）（）；（四）左上填入与右上填入：（）（）；（五）上部填入与下部填入：（）（）；（六）左部嵌入与右部嵌入：（）（）；（七）中间嵌入与中间穿合：（）（）。这两两相对的结构模式给人们留下的是整齐匀称的节律感和先民对称平衡原则的美学追求。

汉字在内容方面的自足性也是与单音节语素意义的自足性相呼应的。众所周知，单音节语素构成的单音节单纯词，在语言使用中，绝大多数不断扩大其词义的细微差异，从而形成一词多义现象，使每一个多义项的单音节单纯词都具有自身的义项群体。这样复杂的内容由一个具象的汉字来表达，无疑是一个难题。我们的先民以其超乎寻常的智慧，让所造的成字专事词义的核心，即同义核发生垂直的隐在的联系，随着语言的发展，不论出现多少派生义，都离不开核心义这个轴心。这正如一个太阳系一样，以太阳为轴心，带动着太阳系中的九大行星的运行。① 一个拥有多个复杂的义项群体的单音节语素，居然只需一个汉字便能解决问题，古今贯通，传承着中华民族灿烂的文明，这不仅体现了汉字的包容性和自足性，也同时闪耀着先民那高超的思辨智慧的光芒。

---

① 报载近期天体研究科学家在太阳系九大行星之外，发现了一个比冥王星大得多的星体。自然科学与社会科学在某些方面确有相通之处。

以上仅就汉语汉字的节律性、自足性与自相似性谈了一些认识，要进一步了解汉字与汉语的关系，还应根据汉字学元点理论的导引，沿着汉字学特有的“中介思维”路线，弄清汉字的本体功能。① 因为，汉字与汉语之间的特殊关系，存在于汉语单音节语素的“物化”（取象成字）与“物化回归”（成字造义表语素核心义，与此同时，语素音转嫁给成字）的全过程之中，② 也就是把有声汉语转换成听觉与视觉同步的具象直观汉语的全过程之中。所以，可以这样说，只要汉语生生不息，汉字就相伴而行，成为当今世界上独一无二的万岁文字。

---

① 参见李玲璞《汉字学元点理论及相关问题——兼谈汉字认知的若干误区》，《中国文字研究》第五辑，广西教育出版社，2004 年。

② 汉字的音是语素音的转嫁说，是朱德熙先生提出来的。这一论断是正确的。其实，这个问题的提出是数十年思考的结果。早在抗日战争时期，朱先生就读西南联大时就已关注这一问题了。陈梦家《中国文字学》中录有朱先生在西南联大求学时的一则读书笔记，是朱先生对于“汉字的音是语素音的转嫁”说的先导。朱先生的“转嫁说”，公开发表于第一次汉字问题讨论会开幕式上的讲话，收入《汉字问题学术讨论会论文集》，语文出版社，1991 年。

# 李玲璞先生文字学理论评述选编

李春晓

**选编者按：**李玲璞先生的文字学理论以及著作，学界多有评述，散见于各种论著报刊，难以尽数搜罗，现就目力所及，摘选部分，以评述著作发表先后为序排列。其后另附《评价与阐述李玲璞先生文字学理论的论著目录（部分）》，以备参考。

近年还出现了从文字学角度研究甲骨文的专著，如赵诚《甲骨文字学纲要》（商务印书馆，1993）和李圃《甲骨文文字学》（学林出版社，1995），这在汉字的断代研究方面是一种有益的尝试。（沈培撰文，裘锡圭审订《80年代以来大陆地区汉字学研究状况调查报告》，许嘉璐、王福祥、刘润清《中国语言学现状与展望》，外语教学与研究出版社，1996年8月，第78页。又见裘锡圭、沈培《二十世纪的汉语文字学》，刘坚《二十世纪的中国语言学》，北京大学出版社，1998年6月，第118页。）

李圃尚有一部新作《甲骨文文字学》，是新型的甲骨文字通论性著作，对于了解甲骨文字的性质、特点、文字字素、造字方法、表词方式等各方面都大有裨益。（殷寄明编著《曲尽物情　存古垂后——中国文字》，沈阳出版社，1997年1月，第18—19页。）

高明著有《古文字类编》（1980年）、《中国古文字通论》（1996年，北京大学出版社）。王宇信著有《建国以来甲骨文研究》（1981年）、《西周甲骨探论》（1985年）、《甲骨学通论》（1989年）、《甲骨文精萃选读》（1996年，与杨升南、聂玉海合作）等。赵诚著有《甲骨文简明词典——卜辞分类读本》（1988年）、《甲骨文字学纲要》（1993年）等。李圃（李玲璞）著有《甲骨文选读》（1981年）、《甲骨文选注》（1989年）、《甲骨文文字学》（1995年）等……李学勤曾经说过，学习甲骨文有“五难”：“第一是书籍的难读，第二是材料的难得，第三是文辞的难解，第四是论点的难于抉择，最后，是进展的难于跟上。”（见为李圃《甲骨文选注》所写的《序言》）上面这些学者所写论著，为初学者解决这“五难”提供了帮助，也推进了甲骨文研究的深入发展。（严修《二十世纪的古汉语研究》，书海出版社，2001 年 4 月，第 350 页。）

赵诚于 1981 年发表《甲骨文字的二重性及其构形关系》（《古文字研究》第六辑）一文，认为甲骨文字“作为有声语言的符号，在本质上是表音的”，又于 1993 年出版《甲骨文字学纲要》（商务印书馆），在支持姚说的同时，对甲骨文字的性质作了详尽分析，并对甲骨文字构成的类型、甲骨文字形符系统与声符系统作了理论的阐述。李圃所著《甲骨文文字学》（1995 年，上海学林出版社）也是一部甲骨文断代文字学，是对甲骨文字另一种形式的理论阐述。此书认为“甲骨文字是表意体系的语素文字”。（陈炜湛《近二十年来的甲骨文研究》，《甲骨文论集》，上海古籍出版社，2003 年 12 月，第 271 页。）

二十世纪九十年代，汉字结构理论又得到发展。主要有字素理论与汉字构形学。

李圃（1995、2000）（编者按：《甲骨文文字学》，学林出版社 1995。《字素理论及其在汉字分析中的应用》，《学术研究》2000 年第 4 期。）阐述了字素理论，并运用这一理论对古文字（主要是甲骨文）进行了分析。他把构成汉字形与音义相统一的最小的结构要素称为字素。字素在造字的动态系统与析字的静态系统中有不同的特性。汉字的造字过程经历两个阶段，一是以语素为出发点去取象造字阶段，二是以语素为归着点凭借成字向语素回归阶段。前一阶段形成多种造字法，后一阶段形成多种表示法。造字法为八种：独素造字、合素造字、加素造字、更素造字、移位造字、省变造字、缀加造字与借形造字。表示法则为六种：象形、指事、会意、形声、假借与特殊造字法。字素理论把汉字结构研究分成造字法与表示法，从而把汉字结构元素与结构元素的功能及结构元素的组合方式区别开来，层次清晰，逻辑合理，既以传统六书为基础，又突破了传统六书的限制，其研究思路是值得肯定的。字素理论在关注字素功能及其组合方式的同时，特别注意了字素的形态及其发展变化状况，说明这种理论对汉字字体形态方面的注重。（张晓明《二十世纪汉字字形结构研究》，《语言教学与研究》2004 年第 5 期。）

赵诚的《甲骨文字学纲要》（商务印书馆，1993）、李圃的《甲骨文文字学》（学林出版社，1995）是两部断代文字学专著，对甲骨文构形系统作了很有意义的探索。（赵平安《现代汉语文字学研究的回顾》，北京市语言学会（编）《中国语言学百年丛论 1900－2000》，北京语言大学出版社，2004 年 11 月，第 23 页。）

李圃的《甲骨文字学》（1995），涉及汉字的发生系统和文化系统，作了有创见的论述。李圃用于分析甲骨文字构形方式的字素论，也可以运用于历代汉字的分析。（潘悟云、邵敬敏主编《二十世纪中国社会科学·语言学卷》，上海人民出版社，2005 年 9 月，第 211 页。）

在汉字结构方面，九十年代还出现一些完全摆脱传统“六书”思维模式的新理论，其代表有华东师范大学李圃的“字素论”和北京师范大学王宁的“形位论”。这两家所采用的术语不同，而思维方式却有相似之处。

李圃在《说字素》（1993）一文中阐述了他的字素理论，后来在《字素理论与汉字分析问题》（2001）一文中又作了进一步的阐述。李圃的“字素”说，是把汉字的基本构形元素分为“字素”和“字缀”两种，字素是形与音义相结合的最小构字单位，其中有的具有独立的造字功能，有的只具有依附造字功能；而字缀是指造字过程中用以分别音义的缀加成分。李氏把字素理论运用于对甲骨文字的分析，反映在李圃的《甲骨文文字学》（1995）书中。按照李氏的分析，甲骨文中具有独立造字功能的字素共有 324 个，其中不带字缀的字素 238 个，带字缀的字素 86 个；甲骨文中的字缀计有 30 种之多。（潘悟云、邵敬敏主编《二十世纪中国社会科学·语言学卷》，上海人民出版社，2005 年 9 月，第 217 页。）

从文字学发展历史来看，理论的更新是非常缓慢的。以汉字的研究而论，虽然在其发展过程中始终伴随着历代学者对汉字的研究，但汉字的理论却始终局限于传统的“六书”之说。而且自许慎的《说文解字》问世以来，历代的文字学研究仍局限在文献文字学的范围。当然“六书”理论为后人理解汉古文字提供了重要依据，……而汉字“字素理论”的出现则是近年汉字研究的重要成果，也是汉字学发展的必然。这一理论的提出为分析和理解汉字提供了最新依据，为从微观描写汉字结构和从宏观把握汉字特征开辟了全新的视角。随着《甲骨文文字学》（李圃1995）、《西周金文字素功能研究》（张再兴，2000）和《秦简文字系统之研究》（郝茂，2001）等专著和论文相继对汉字发展过程中各个层面的文字系统甲骨文字、金文、秦系文字等进行了字素分析，为建立相应的文字系统研究提供方法和依据，字素理论正逐渐走向完善。汉字理论的新进展，大大加快了原本就在中国文字学中占据强势地位的汉字研究的推进速度。（郑飞洲《纳西东巴文字字素研究》，民族出版社，2005年10月，第17页。）

字素研究有助于东巴文字与其他民族文字特别是汉字的比较研究，从而加强对人类文字发展史共同规律的认识。而对东巴文字字素的分析，也将有助于字素理论的发展。这些研究的结果无疑都将为普通文字学和文字史研究提供参证。（郑飞洲《纳西东巴文字字素研究》，民族出版社，2005年10月，第21页。）

本书尝试以字素为基点，围绕动态和静态两条线索对东巴文字各个方面展开描写和论述，为准确认识东巴文字各构成要素的特点、文字内部各字素之间的动态组合过程、结构关系和表词方式奠定了基础。本书关于以下各点的论述在不同程度上揭示了东巴文字的客观规律并为文字发展演变提供了参证：字素变体和同形现象，变形字素、加缀字素等原始生成字素方式；稳性字素和活性字素表示音义特点；合素会意字中方位、色彩、大小等辅助表义手段的运用；加音素和加义素字相当的特点；形声字和会意字意符功能及声符表音特点的归纳；以加素、省素和更素的历时变化分析和对象形字、指事字的发展路线的描述所引发的文字发展规律的讨论，等等。

我们在探究东巴文字自身规律的同时，也对古文字研究理论进行了相应的实践和探索。本书所作尝试及所得结论，一方面可以验证字素理论的可行性和普遍适用性，另一方面也可以补充并丰富以汉古文字为基础建立起来的字素理论，使之不断完善发展以更好地为意音文字乃至人类文字系统的研究服务。虽然目前纳西东巴文字学研究的实践和理论与其他古文字研究相比尚处于年轻学科的阶段，但是，随着民族文字工作者的不懈努力，借助新方法和新成果开展深入细致研究的良好趋势已经形成，而技术和理论的不断完善必将支持这一学科持续成长壮大。（郑飞洲《纳西东巴文字字素研究》，民族出版社，2005年10月，第167—168页。）

上海华东师范大学李玲璞（李圃）教授于1993年率先提出了字素的概念，认为“汉字的字素是构成汉字的结构要素，是形与音义结合的最小的造字单位”。后来陆续撰文著书，对于字素学说加以补充和完善，从而形成了系统的汉字理论体系。字素这一概念是对传统文字学偏旁、字符等概念的进一步概括抽象，从而为汉字结构理论的科学化、现代化，奠定了一个重要的基础；字素理论则是关于汉字结构要素的系统理论。这个理论充分运用了辩证法和系统论的方法，从汉字实际出发，对于字素的性质、类别、功能、取象及其变化，以及字素系统等问题进行了系统的论述，较之以往的汉字结构要素学说，概念更加准确，分析更加细致深刻，逻辑更加严密，体系更加完备，从而成为汉字结构要素的现代科学理论。字素理论是汉字结构理论的重要分支，它对于汉字结构研究具有重要的作用，因而具有广泛的应用价值。然而，字素理论毕竟是一门新创立的理论，一些地方，还不够完善，许多微观上的具体问题，还有待于进一步深化。例如，字素的意义是字素的三要素（形音义）之一，甚至可以说是字素的核心要素，可是目前学术界对字素的意义的研究就远远不够。（连登岗《字素意义简论》，向光忠主编《说文学研究》第二辑，崇文书局，2006年6月，第313—314页。）

语言文字学的独立与汉字研究的本体化是现代科学思想的产物，它改变了传统汉字研究中重视意义轻视形体、重视应用轻视理论、重视个体轻视总体的研究习惯，使20世纪的汉字研究，尤其是汉字结构方面的研究呈现出全新的面貌。……90年代有李圃先生的字素理论与王宁先生的汉字构形学。（张晓明《春秋战国金文字体演变研究》，齐鲁书社，2006年11月，第9—10页。）

李圃阐述了字素理论，并运用这一理论对古文字进行了分析。代表作有《甲骨文文字学》（学林出版社1995）以及论文《字素理论及其在汉字分析中的应用》（《学术研究》2000年第4期）。他把构成汉字形与音义相统一的最小的结构要素称为“字素”。字素在造字的动态系统与析字的静态系统中有不同的特性。汉字的造字过程经历两个阶段，一是以语素为出发点去取象造字阶段，二是以语素为归着点凭借成字向语素回归阶段。前一阶段形成多种造字法，后一阶段形成多种表示法。

造字法为8种，表示法为6种。字素理论把汉字结构研究分成造字法与表示法，从而把汉字结构元素、结构元素的功能、结构元素的组合方式这3个概念区别开来，层次清晰，逻辑合理。（邢福义、汪国胜主编《中国高校哲学社会科学发展报告1978—2008 语言学》，广西师范大学出版社，2008年11月，第240—241页。）

李圃先生提出的字素理论也是关于汉字构形的研究。李先生的专著《甲骨文文字学》就是用字素理论来研究甲骨文的成果。在《说字素》《字素理论及其在汉字分析中的应用》《字素理论与汉字分析问题》《中国正统文字的发端——殷商甲骨文字在中国文字发展史上的地位》等文中他对字素理论作了详细的阐述。他指出：字素问题是基于汉字与汉语语素之间的关系提出来的。字素是构成汉字的形与音义相统一的最小的结构要素。字素的位包括上位和下位两个层次。处于上位的字素，或是稳性字素，或是活性字素，均具有直接显示语素音义的字素资格。而处于下位的则失去了字素的资格，退居到构成活性字素的构素成分了，它们与所表示的语素音义没有直接的关系。字素的类与位之间存在类位交变、类随位变的关系。字素系统由静态系统和动态系统共同构成。字素的静态系统指字素进入造字过程以前的字素系统。这种静态的字素包括基本字素和准字素两种。字素的动态系统指字素进入构字过程之中的字素系统。这种动态的字素包括稳性字素和活性字素。独体字是由一个字素构成的，故又称“独素字”。合体字一般由两个字素或三个以上字素构成。一个合体字结构类型的分析要以语素的音义为出发点和归着点去确定字素及其组合的上位层次，即直接显示语素的音或义的层位。据此可把合体字的结构类型分为七组相对称的十四个类型：左右分置、上下叠置；竖式插入、横式插入；左下填入、右下填入；左上填入、右上填入；上部嵌入、下部嵌入；左部嵌入、右部嵌入；中间嵌入、中间穿合。根据汉字中所包含的字素的多寡和历时与共时的差异，可以把古文字的造字法分为八种：独素造字、合素造字、加素造字、更素造字、移位造字、省变造字、缀加造字和借形造字。① 刘志基先生的《汉字体态

---

① 参看李圃《甲骨文文字学》，学林出版社，1995年；《说字素》，《语文研究》1993年1期；《字素理论及其在汉字分析中的应用》，《学术研究》2004年4期；《字素理论与汉字分析问题》，《中国文字研究》第二辑，广西教育出版社，2001年；《中国正统文字的发端——殷商甲骨文字在中国文字发展史上的地位》，2004年安阳殷商文明国际学术研讨会论文集，社会科学文献出版社，2004年。

论》采用了李圃先生的字素理论。① 张再兴先生则运用字素理论来研究西周金文的文字系统。② （叶玉英《二十世纪以来古文字构形研究概述》，《出土文献与古文字研究》第二辑，2008 年 07 月。）

该书还对甲骨文的字素系统进行了全面细致的研究，对于字素构成整字的规律，进行了科学的归纳。《甲骨文文字学》不仅是字素断代研究的发轫之作，而且是字素理论的奠基之作，在汉字结构理论中独树一帜，影响颇大。（连登岗《研索〈说文解字〉部首与字源之著述》，向光忠主编《说文学研究》第五辑，线装书局，2010 年 6 月，第 222 页。）

汉字结构或构形方式的研究是中国文字学研究的基本问题之一。“六书”作为最早阐释汉字结构原理的理论，在汉字研究史上具有划时代的意义和不可磨灭的功绩；但“六书”本身又存在着很大的局限，现代学者相继提出“三书说”，动摇了“六书”的绝对权威地位。随后，刘钊古文字构形学，黄德宽构建形声谱系，王宁构建汉字构形理论，李圃字素理论使汉字结构理论研究向前推进了一大步。

……

李圃在《甲骨文文字学》中指出：字素问题是基于汉字与汉语语素之间的关系提出来的。字素系统由静态系统和动态系统共同构成。字素的静态系统指字素进入造字过程以前的字素系统，字素的动态系统指字素进入构字过程之中的字素系统。一个合体字结构类型的分析要以语素的音义为出发点和归着点去确定字素及其组合的上位层次，即直接显示语素的音或义的层位。（黄欣《近十年来汉字理论研究的新进展》，《现代语文（学术综合）》2011 年第 11 期。）

李圃《甲骨文文字学》（学林出版社，1995 年），李圃即李玲璞。书前有作者的《前言》，叙述其汉字学理论系统探索工作步骤，并称：“本书所归纳出来的有关条例是在同后世汉字作了比较之后加以介绍的。这样做的目的有二：一是古今推勘，有利于支持殷商甲骨文字理论条例的确立；二是希望所归纳的理论条例对整体汉字学理论系统的建构发挥

① 刘志基《汉字体态论》，广西教育出版社，1999 年。

② 张再兴《西周金文文字系统论》，华东师范大学出版社，2004 年。

先导作用。”而这些条例之得出来自作者对甲骨文字的全面调查，是有学科开拓性质的汉字学断代学，而于汉字起源、发展演进以为超出断代范围，书体属字样学，故书中均不涉及。书凡十章。一章绪论。二章甲骨文字字素，指甲骨文字中形、音、义相统一的最小造字单位，有独立造字功能的字素三百二十四个，其中带字缀的八十六个。另外具有依附造字功能的字素二十四个。将在造字过程中用以别音、别义的缀加成分称为字缀，统计甲骨文中有三十个。三、四章造字方法，有独素、合素、加素、更素、移位、省变、缀加、借形等。五章复素字的结构层次。六章复素字的结构类型，有左右分置、上下叠置、竖式插入、横行插入、左下填入、右下填入等十四种。七、八章甲骨文的表词方式，分象形、指事、形意、会意、意音、假借，其概述与传统六书并不相同，无转注。所谓形意指象形字中字义与字形不直接一致，或为复体象形者，如“大”“眉”之类。九章甲骨文文辞的用字现象。十章甲骨文字的性质与特点。附录共有四：一为甲骨文字例释，一百字，二为甲骨文文辞举例，有影印之拓本及释文，共四十条；三为商周六国秦汉文字对照表，列殷商、两周、六国、秦汉、楷书五格，收字头四百个；四为本书出现的甲骨文字检索表。此书引进了字素等新概念，将造字、结构、表词方式三者区分开，从文字学角度对甲骨文进行了统计式的全新考察，对汉字学理论研究做出了贡献。其框架不落旧套，勇于标新立异，表现了作者可贵的探索精神，这正是新时代中国语言学发展所必需的。（刘志成《汉语文字学研究述论——传统语言学研究导论卷二》，四川出版集团·巴蜀书社2011年12月，第452—453页。）

李圃《甲骨文文字学》，学林出版社1995年版。此书是建构宏观汉字学理论系统的研究成果。作者从甲骨文的实际出发，在大量的调查统计的基础上，以宏观汉字学理论体系为指导统领全书，会通汉字学的三个子系统，即本体系统、发生系统和文化系统于一体，着重描写了殷商甲骨文的本体系统。据作者前言称，本书自初稿写成至出版十年间，数易其稿，并先后用于各类学生的教学实践。此足见其治学的严谨和精审。为此，全书观点鲜明、方法新颖、论析精当。作者不蹈袭旧说，而锐意创新，书中所揭，多发前人所未发。在甲骨文字学和断代汉字学理论体系的建构上具有十分重大的价值。全书内容包括甲骨文字的性质特点、构字要素、造字取象（造字法）、取象造意和造意表词（表示法）、结构类型以及文辞用字等。限于本书题旨，仅采其造字方法和表词方式有关内容分析之。

阐述造字方法理论。……

确立表词方式的概念。……

具体解说六种表词方式。……

据以上所列，李圃《甲骨文文字学》在汉字造字法、字形结构理论和表词方式的研究上是深入的，是对传统六书理论研究的发展和创新。（韩伟《新编六书研究史稿》，线装书局，2012 年 11 月，第 451 页。）

李圃的甲文造字八法和表词六式的亮点很多，我们理解到的，就有以下几个方面：

其一，是从文字本体——字形出发，对甲文的文字内部构成从静态和动态两个角度进行了全面描写。把甲文的字体内部构件解剖成字素与字缀，字素内部又观察其进入造字以后所处的结构层次和具有的结构功能，分为稳性字素与活性字素，再以字素是单一构字，还是双（或多）素构字，双（或多）素构字中又根据处于上位层次的两个或多个字素之间的形体和音义上联系，确定其造字方法和表词方式。这样解读汉字的构造，基础牢固，理论和方法科学，操作规程严谨。规避了以往分析字形的简单化、程式化的倾向。我们认为：汉字是一种表意文字，其内部结构要服从表意的需要，而客观事物又是复杂多样的，人们的认知也是不断深化的，造字者又非一时一人，所以，汉字的结构不可能是一两种类型就能归纳全面彻底的。我们倾向对汉字的结构越细化越好。因为，只有细化，才有可能全面而彻底地总结汉字结构的内部规律，展示汉字结构的复杂多变而又精妙绝伦的特性。粗线条的归纳，往往会出现界线不清，模棱两可的现象。

其二，把造字与表词分开，从动态与静态两个角度考察甲骨文的内部形体结构和外部表词功能，这样既能准确把握汉字本体——字形，同时又能深入探究汉字字形与音、义的联系，使过去一直争论不休的学术问题迎刃而解。比如，传统“六书”中的“指事”，其争论较多，且与象形、会意乃至形声都有纠缠不清的地方，李圃把指事符号看成不能独立造字的字缀，把传统“六书”中的“指事”看成一种静态的表词方法，而从动态角度观察，从取象发生系统来看，则属于“缀加造字法”。这样，就把字形生成的问题归造字，字形与音义联系的问题归表词，使以往争论不休的问题得到明确的解答。这就有利于对汉字结构作系统全面而又准确的归纳。

其三，多角度地考察了甲骨文的合素字，也就是相当于传统“六书说”中的“合体为字”之字。李圃根据甲骨文合素字的内部结构与表词功能把合素字分为合素造字、加素造字、更素造字（部分）和省变造字四种，解决了“合体为字”中的“字”复杂多变的形体拆分与归纳问题。其中合素造字不仅限于“止戈为武”的会意，还包括有合声素的形声，即李圃所说的意音表词之字。而加素造字大多数属于在原字的基础上加声素或义素的字，也就是说，加素造字构成的字，总有那么一个字素是与该字所表意义有直接关系的。合素造字则不同，参与到造字的字素本身的意义与该合素字没有直接的关系，但有间接的关系意义。同时，李圃在对甲文作断代研究时也注意了历时考察，找出了甲文合素字内部结构变化的一些规律，更素造字和省变造字即属此列。这样就把传统“六书说”中的会意和形声两种进一步从文字内部结构加以细分，界线划然，学者操作起来更加容易。

其四，梳理了甲文中的古今字、异体字和假借字（即“三字”）错综复杂的关系，通过加素造字可以看出古今字形成的脉络，通过更素造字、省变造字、移位造字可以看出异体字形成的多种途径，通过借形造字可以看出假借字产生的规律。这就解决了传统“六书说”在解释“三字”问题上的不确定性和众说纷纭的老大难问题。换言之，李圃的甲文造字八法和表词六式确实在“三字”问题上作出了一次理论创新。

其五，首次对甲文（同时也适用于以后的文字）从三维（即立体）的角度进行了描写，揭示了汉字作为块体文字在造字表词上的本质特点。“移位造字法”中的“位”，省变造字法中的省变规律：“两个字上下组合时，往往省上面一个字素的下部，以与下面的字素密合嫁接成为一个整体，而两个字素左右结合时往往不省。”等等的探讨，都是李圃甲骨文文字学中的几大亮点之一。

李圃注意到宏观的建构与微观的剖析相结合，共时的描写与历时的比较相结合，因而总结出来的造字八法和表词六式具有普适性。不仅先秦隶变以前的文字，就是隶变以后的文字同样适用。这一理论已成功地运用于殷商甲骨文、西周金文、战国秦系文字和秦汉篆书等各类出土古文字的分析以及魏晋楷书碑帖文字系统的归纳。（刘兴均：《汉字的构造及其文化研究》，未刊稿。2013 年 8 月 5—8 日，摘编者在青海参加训诂学与民族民俗文化研讨会暨中国训诂学研究会第九届理事会第二次会议，会上刘兴均先生提到他的书稿《汉字的构造及其文化研究》第二章“汉字构造的现代解读”的第二节“李圃的八种构字方法和六种表词方式”专门讨论李先生的文字学理论，并提供书稿电子文本，谨致谢忱!)

宏观汉字学理论是李圃创立的汉字理论①，其中包含着汉字结构理论，这就是字素构字理论。

（一）李圃对汉字结构的研究。李圃先生于20世纪70年代后期，开始着手构建汉字学理论体系，汉字结构是其中的重要内容之一。1993年起，先后发表了《说字素》②、《字素理论及其在汉字分析中的应用》③等论文，出版了《甲骨文文字学》④，提出了字素构字理论，对于汉字的结构作了系统的研究。

1. 对汉字构件的研究。李圃先生认为，汉字是由一些基本构字部件构成的，他把这些基本部件“分为两个类别，凡具备形与音义相结合的，是字素；凡有形而无音义可言的，管叫字缀，即造字过程中的缀加成分”。⑤“从造字结构成分的性质方面来看，造字结构成分可以分为两种，即字素和字缀。”并对字素与字缀进行了界定：“汉字的字素是构成汉字的结构要素，是汉字中形与音、义相统一的最小的造字单位。”“字缀指造字过程中用以别音别义的缀加成分。”⑥

接着，他又从多个角度对字素进行了分类：“从字素的造字功能来考察，字素可以分为两类，即具有独立造字功能的和具有依附造字功能的字素”。⑦“根据字素是否具有独立构字功能把字素分为基本字素与准字素。基本字素指具有独立构字功能的字素。……准字素指本身虽然不具备独立造字功能，但又总是以一个相对独立的单位参与合体字的造

---

① 李圃先生在谈到他构建的汉字理论时说：“汉字学研究不能仅局限于微观系统的描述，而必须建构宏观汉字学理论系统。为此，我们于七十年代后期便着手汉字理论系统的探索工作。”“我们的工作分三个步骤，……第三阶段，进行宏观汉字学理论体系的建构，已以《关于汉字学宏观系统的思考》为题发端于前，目下正着手《汉字学引论》和《汉字学名义》的撰写。”（《甲骨文文字学》）又说《甲骨文文字学》的写作“是在宏观汉字学理论系统的指导下进行的”。（《甲骨文文字学》）

② 《语文研究》1993年第1期。

③ 《学术研究》2000年第4期。

④ 《甲骨文文字学》，学林出版社，1995年1月。

⑤ 李玲璞《说字素》，《语文研究》1993年第1期。

⑥ 散见《甲骨文文字学》第9—24页，学林出版社，1995年1月。

⑦ 《甲骨文文字学》第28页。

字。"① "从字素进入造字过程的结构层次和组合关系方面来看，又可以把字素划分为稳性字素和活性字素两类。"② "稳性字素" 是指静态离析出来的独立存在的字素。③ "活性字素" 是指 "在造字过程中由两个或两个以上的稳性字素组合成的新的字素"。④

关于字素在其所组成的整字中的作用和地位，他又提出了 "类" 与 "位" 的概念："在造字过程中，字素又总是以其形体所涵盖的音义构成的 '类' 进入一定的位层次，根据造字的需要，各得其所。可以这样说，每一个字素都从属着一个 '类'，都有自己的 '位'。在造字过程中，通过 '类' 与 '位' 的交变关系构成各种各样的字。凡处于直接显示词或语素义的上位层面的字素，如果是单个的字素，它则同时取得了字的资格，成为单素字；如果是两个字素，它们则以 '类' 与 '类' 之间的关系意义同时显示词或语素义，成为复素字。以上情形在汉字体系中占据着明显的优势。字素一旦处于间接显示词或语素义的下位层面，则 '类' 随 '位' 变，失去了原有字素的相对独立性，而必须同另外的字素构成一个临时组合成的 '活性字素'，并以这个 '活性字素' 的 '类' 进入上位层面，以承担其直接显示词或语素义的职能。可见，汉字内部的结构分析是不能忽视 '类' 与 '位' 的交变关系的。"⑤

他研究了字素系统。认为 "字素作为构成的结构要素是自成系统的。这个系统是由静态的系统和动态的系统共同构成的。"⑥ "字素的静态系统指字素进人造字过程以前的字素系统。构成这个系统的是静态字素，也就是我们从全汉字中离析出来的形与音义相统一的最小的构字要素。这种静态的字素包括两种：一是基本字素，一是准字素。"⑦ "字素的动态系统指字素进人构字过程的字素系统。构成这个系统的是动态字素，它的动态性是通过直接显示语素音义的上位体现出来的。这种动态的字素包括稳性字素和活性字素两种。"⑧

---

① 李圃《字素理论及其在汉字分析中的应用》，《学术研究》2000 年第 4 期，第 103 页。
② 《甲骨文文字学》第 9 页。
③ 《甲骨文文字学》第 28 页。
④ 同上。
⑤ 李玲璞《说字素》，《语文研究》1993 年第 1 期。
⑥ 李圃《字素理论及其在汉字分析中的应用》，《学术研究》2000 年第 4 期，第 106 页。
⑦ 同上。
⑧ 同上。

他对甲骨文字素系统与《说文解字》所收字的字素系统进行了研究："对已考释的一千多个甲骨文字作了初步的统计，结果表明，具有独立造字功能的字素共有三百二十四个，其中不带字缀的字素约有二百三十八个，带字缀的字素约有八十六个；不具有独立造字功能但具有依附造字功能的字素共有二十四个；字素的总数为三百四十八个。我们又以甲骨文字字素验诸《说文解字》所收录的全部文字，发现秦汉文字的字素仅增加了七十几个，加上构成数字的'一'，总数约四百零三个。而到了近代，据一部汉字信息字典的统计，'独体'总数为三百二十三个，原则上这些独体均为由单个字素构成的单素字。"①

他研究了字素的发生与变化，名之为"字素的取象及其变化"，包括：1. 字素的取象发生，认为"字素的取象，可以用'近取诸身，远取诸物'来概括"。2. 字素的分化与合并。3. 字素的变体与混同。4. 字素的省简。5. 字素的类与位及其交变。②

关于字素的研究意义，他说："加强汉字字素研究的意义是多方面的。要正确地回答汉字的性质特点，不能不研究汉字的字素；要分析汉字的结构，不能不研究汉字的字素；要认知这些汉字的表词（或语素）方式，不能不研究汉字的字素；要制订出汉字整理的优化选择方案，也不能不研究汉字的字素。除此以外，随着字素问题的深入研究，也向现代化的机器翻译提出了独特的编码要求：在平面拼合的基础上，进而研究以字素的'类'的组合关系及其'位'层次为依据的立体建构，将汉字信息的复形、传音、达义完美地统一起来，真正实现汉字机器翻译的电脑—人脑化，这该不是一种空想。"③

2. 对整字结构的研究。李圃把整字分为单素字与复素字。单素字是"由一个字素构成的独素字"④。"复素字是由两个或两个以上的字素按照一定的方式构成的字。"⑤ "确立了字素的观念，明确了'类'与'位'的交变关系，我们就可以对汉字的结构层次和结构部位进行合理的分析和归纳。以结构层次而言，可以根据字素的类、位交变关系对汉字的结构层次进行有效的划分：凡由一个字素构成的单素字，它始终处

---

① 李玲璞《说字素》，《语文研究》1993 年第 1 期。

② 散见李圃《字素理论及其在汉字分析中的应用》，《学术研究》2000 年第 4 期，第 104—105 页。

③ 李玲璞《说字素》，《语文研究》1993 年第 1 期。

④ 李圃《甲骨文文字学》第 11 页。

⑤ 李圃《甲骨文文字学》第 83 页。

于上位层次；凡由两个‘稳性字素’构成的复素字，就其内部的关系意义来说，也处于上位层次；凡复素字中包含有‘活性字素’，‘活性字素’内部的关系意义总是处于下位层次。就汉字的整体考察，只具有上位层次的汉字占汉字总体的绝大多数。以复素字的结构部位来说，我们也可以根据字素的类、位交变关系对复素字的结构部位进行合理的归类。我们曾对甲骨文字复素字进行了统计归类，所得类型为七组十四类。虽然有一些复素字在历史演变中结构部位发生了某些变化，但这七组十四类基本上可以贯通古今。”①

3. 对甲骨全字系统的研究。李圃对于甲骨文全字系统结构特点作了描述。他说：“甲骨文字的结构特点大致包括三个方面：甲骨文字的结构成分，甲骨文字的结构成分的组合序列和甲骨文字的结构层次。第一，甲骨文字的结构成分是形与音、义相统一的字素。甲骨文字同后世的汉字一样，是由形与音、义相统一的字素构成的。据我们初步统计，甲骨文字字素的总数为三百四十八个，其中包括具有独立造字功能的字素三百二十四个，具有依附造字功能的字素二十四个。另外，还有三十个字缀，即字的追加成分。甲骨文字有了这三百四十八个字素和三十个字缀，便可以根据表词的需要创造出满足记录甲骨文文辞所需要的众多的甲骨文字。”②“第二、甲骨文文字字素组合序列是多向纷呈的：由于甲骨文字的字素是形与音义的统一体，所构成的甲骨文字当然也是形与音义的统一体，因此，这就给字素的组合提供了广阔的天地。出于表词的需要，字素在汉字的块状空间上，或左行，或右行，或上行，或下行，或向心，或离心，不一而足，使得结构成分的组合序列多向纷呈，丰富多彩。”③“第三、甲骨文字的结构关系是多层次的立体的：由于甲骨文字字素是形与音、义的统一体，构建甲骨文字的组合序列又是多向序列，所以甲骨文字中复素字没有例外，都具有一个最大层次的表层结构关系，有的在表层结构关系之下，还包含着深层的结构关系，使得复素字成为多层次的立体的结构。”④

《甲骨文文字学》的研究对象是甲骨文，所得出的结论，对于后世的汉字具有一定的适用性。该书研究的汉字系统结构，主要是纵向系统

---

① 李玲璞《说字素》，《语文研究》1993 年第 1 期。

② 李圃《甲骨文文字学》第 194 页。

③ 李圃《甲骨文文字学》第 196 页。

④ 李圃《甲骨文文字学》第 197—198 页。

结构，而对其横向系统结构研究无多。该书研究的重点是字素，而对于全汉字系统的研究则稍显薄弱。

字素构字理论，是运用现代科学方法，综合文字学、语言学、符号学、认知科学等多种学科知识，通过对大量的古文字资料进行分析、归纳、联想，总结出来的现代科学文字理论。与现代汉字学的字形结构理论不同，它是对于形音义的综合体的字的结构的理论，这也是第一个面世的“综合派”汉字理论①的现代科学文字结构理论。该理论构思宏大、创意新奇、体现着辩证法，符合系统论的原则，具有很强的解释力，已经成功地应用于古文字与今文字的结构分析。字素构字理论是目前有代表性的汉字结构理论之一，在文字学界产生了很大的影响。字素构字理论，属于新创理论，一些地方未臻完善，尚有很大的发展空间。

（二）字素构字理论指导下的汉字结构研究

1. 张再兴对西周金文文字结构的研究。张再兴《西周金文文字系统论》② 对金文进行了的研究。该书以《金文编》中的文字为对象，对其进行了穷尽性的分析归纳，研究了其中的整字与字素及其结构。据研究，《金文编》中的独体字共有350个，占字形总量的16%。③

该书还从两个角度对西周金文整字的结构进行了研究。一个是平面结构，一个是层次角度。据他的研究，西周金文的平面结构共有七组十四类；层次结构只限于合体字，在他分析的1839个合体字中，只有一个层次构成的合体字形共1194个，占合体字形总量的64.9%。有两个层次构成的合体字形共636个，占合体字形总量的34.6%。④“由三个以上层次构成的合体字形只有9个，占合体字形总量的0.5%。”

该书研究了西周金文字的字素，他对《金文编》中能够分析的文字，进行了穷尽性的切分，得到404个字素。对于这些字素的取象来源作了介绍；列表对这些字素的构字能力做了介绍；分类逐个对金文字素的表意功能、表声功能、表意兼表声功能、其他功能做了分析。该书对西周金文文字结构的研究，采取了定性与定量相结合的办法，对所

① 黄德宽把近百年来的汉字理论体系分为三类：“一是从字形、字音、字义三方面来构思，综合研究文字形、音、义三端的，可称为‘综合派’；二是从字形和字义两方面来建立系统的，可称为‘形义派’；三是强调汉字形体结构研究的，可称为‘形体派’。”（《汉语文字学史》，安徽教育出版社，2006年8月，第243页。）

② 张再兴《西周金文文字系统论》，华东师范大学出版社，2004年。

③ 张再兴《西周金文文字系统论》，华东师范大学出版社，2004年，第42页。

④ 同上。

选材料进行了穷尽性的研究，方法先进、研究细致、结论可靠，是字素断代研究的力作。

2. 孔祥卿等人对字素结构理论的应用与研究。孔祥卿、史建伟、孙易编著的《汉字学通论》① 第五章《汉字系统的描写与分析》描述了汉字整字的结构。称："文字系统的基本元素可以称之为'字素'；书面上一个个可以独立应用的单位叫做'字'；字素组合成字的方法叫做'成字法'。"② 该书对字素、基本字素给出了定义，同时，依据字素的结构功能，把字素分为形素、义素、声素和字根四类。把字根作为字素的一类，应是本书的独创。该书认为，汉字的结构类型有三类：单素字、派生字、合成字。该书依据字素构字理论，首次对《说文解字》中的小篆的结构进行了分析，研究了小篆基本字素及其构字功能、义素系统及其构字功能、声素系统及其构字功能与小篆文字的系统性。（连登岗《中国汉字结构现代研究概览（一）》，2013 年 8 月 15—16 日香港第四届"汉字与汉字教育"国际研讨会会议论文。承连登岗先生提供电子文本，谨致谢忱！）

## 附录：评价与阐述李玲璞先生文字学理论的论著目录（部分）

刘志基《试论汉字表意字素的意义变异》，《华东师范大学学报》（哲学社会科学版）1995 年第 2 期。

沈培撰文，裘锡圭审订《80 年代以来大陆地区汉字学研究状况调查报告》，许嘉璐、王福祥、刘润清《中国语言学现状与展望》，外语教学与研究出版社，1996 年。又见裘锡圭、沈培《二十世纪的汉语文字学》，刘坚《二十世纪的中国语言学》，北京大学出版社，1998 年。

殷寄明编著《曲尽物情　存古垂后——中国文字》，沈阳出版社，1997 年。

刘志基《汉字体态论》，广西教育出版社，1999 年 7 月。

连登岗《汉字理论与实践》，甘肃教育出版社，2000 年 5 月。

张再兴《西周金文字素功能研究》，华东师范大学 2000 年博士学位论文（指导教师：李玲璞）。

严　修《二十世纪的古汉语研究》，书海出版社，2001 年 4 月。

郝　茂《秦简文字系统之研究》，新疆大学出版社，2001 年 8 月。

---

① 孔祥卿、史建伟、孙易《汉字学通论》，北京大学出版社，2006 年。

② 孔祥卿、史建伟、孙易《汉字学通论》，北京大学出版社，2006 年，第 76 页。

张再兴《论字素功能的断代系统研究》，《中国文字研究》第二辑，广西教育出版社，2001 年 10 月。

郑飞洲《尔苏沙巴文字字素研究》，《中文自学指导》2002 年第 4 期。

戴　娟《从〈说文〉更素造字探求异体字的成因》，《中文自学指导》2002 年第 5 期。

郑飞洲《纳西东巴文字字素研究》，华东师范大学 2003 年博士学位论文（指导教师：王元鹿，民族出版社 2005 年 10 月出版）。

陈炜湛《近二十年来的甲骨文研究》，《汕头大学学报》2001 年第 1 期，又见《甲骨文论集》，上海古籍出版社，2003 年 12 月。

张再兴《西周金文文字系统论》，华东师范大学出版社，2004 年 1 月。

张晓明《二十世纪汉字字形结构研究》，《语言教学与研究》2004 年第 5 期。

赵平安《现代汉语文字学研究的回顾》，北京市语言学会（编）《中国语言学百年丛论 1900—2000》，北京语言大学出版社，2004 年 11 月。

郑飞洲《东巴文字字素的变体和同形现象》，中国民族古文字研究会第七次学术研讨会论文集，2004 年 12 月。

潘悟云、邵敬敏主编《二十世纪中国社会科学·语言学卷》，上海人民出版社，2005 年 9 月。

（台湾）徐富昌：《从甲骨文看汉字构形方式之演化》，《台大文史哲学报》2006 年 5 月（第六十四期）。

毕晓净《周原甲骨文字研究——从字素的角度考察》，新疆师范大学 2006 年硕士学位论文（指导教师：郝茂）。

连登岗《字素意义简论》，向光忠主编《说文学研究》第二辑，崇文书局，2006 年 6 月。

孔祥卿、史建伟、孙易编著《汉字学通论》，北京大学出版社，2006 年 6 月。

张晓明《春秋战国金文字体演变研究》，齐鲁书社，2006 年 11 月。

叶玉英《二十世纪以来古文字构形研究概述》，《出土文献与古文字研究》第二辑，复旦大学出版社，2008 年 8 月。

邢福义、汪国胜主编《中国高校哲学社会科学发展报告 1978—2008 语言学》，广西师范大学出版社，2008 年 11 月。

胡文华《〈说文解字〉中的“亦声字”分析》，《兰州学刊》2009年第10期。

夏　军《〈说文〉会意字研究》，华东师范大学2009年博士学位论文（指导教师：许嘉璐）。

马正腾《甲骨文异体字研究》，广州大学2010年硕士学位论文（指导教师：甘露）。

连登岗《研索〈说文解字〉部首与字源之著述》，向光忠主编《说文学研究》第五辑，线装书局，2010年6月。

陈永生《从字素视角探求汉字性质刍议》，《同济大学学报》（社会科学版）2011年第4期。

黄　欣《近十年来汉字理论研究的新进展》，《现代语文（学术综合）》2011年第11期。

刘志成《汉语文字学述论——传统语言学研究导论卷二》，四川出版集团·巴蜀书社，2011年12月。

韩　伟《新编六书研究史稿》，线装书局，2012年11月。

夏　军《试析〈说文〉表动词会意字的取象—表词模式》，2012年12月追思活动期间为悼念李玲璞先生而撰写的专题论文。

李义海《汉字学元点理论视点下面向汉语国际教育的会意字类别研究——李玲璞先生“元点理论”及其应用研究系列论文之一》，2012年12月追思活动期间为悼念李玲璞先生而撰写的专题论文。

吕　浩《再论传统“六书”——李圃先生“表示法”的推阐》，2012年12月追思活动期间为悼念李玲璞先生而撰写的专题论文。

许　可《文字讹变系统刍议》，2012年12月追思活动期间为悼念李玲璞先生而撰写的专题论文。

刘兴均《汉字的构造及其文化研究》，未刊稿。

连登岗《中国汉字结构现代研究概览（一）》，2013年8月15—16日香港第四届“汉字与汉字教育”国际研讨会会议论文。

# 谈汉字构形的历时传承关系

## ——谨以此文纪念李玲璞先生创编《古文字诂林》的重大贡献

王　宁

我们说不同历史时期的汉字具有传承关系，就等于说它们是不同时期、不同构形系统中的同一个字，因此，我们把确定字与字之间的历史传承关系称作汉字的历时认同。

证明字与字之间有历史传承关系，需要认同它们的记词职能，也就是说，需要证实它们记录的是否是不同时期的同一个词；但是，汉字构形系统与汉语词汇系统虽有关系却并不在一个轨道上发展，不论是它们的演变还是它们在同一时期的实际状况，都不是一一对应的。所以，在不同历史时期、记录不同词汇系统的所谓“同一个字”，在记词职能上并不完全等同。在这里，我们首先要说明历时职能的认同与形体的认同可能会产生矛盾，说明汉字构形演变中音与义变化的多种情况，最后再重点说明形体传承这个主线。本文还要涉及不同字体的转写以及字形的隶定问题。

## 一、汉字构形演变中的职能分合现象

汉字是第二性的符号，它是汉语词汇（语素）的“再编码”，汉字沿着自己的规律，并在语言发展的推动下演变。总体说来，汉字的无限增多是与书面语言词汇不断增长有直接关系的，也就是说，在有了口语词汇之后需要书面表达，才有了汉字造字的需要。问题在于，语言的发展是汉字增长的动力，却不能决定汉字增长的自身规律。这表现在：并不是语言的每一个词的产生都造字，也不是语言的每一个词增加了一种用法、产生了一个义项，都造一个字。语言发展无需也无法节制，而作为第二性的文字，却需要也可以进行调节。“六书”的后二书“转注、假借”，后人对这两个实际上不能分析实际构形的概念众说纷纭，近代章太炎先生对前人的各种说法作了综合，提出了一个十分辩证的解释：

“转注者，繁而不杀，恣文字之孳乳者也。假借者，志而如晦，节文字之孳乳者也。二者消息相殊，正负相待，造字者以为繁省大例。”① 他的意思是说：文字的发展变化有两种法则：一种是由于社会发展和人类认识的发展，需要创造新词来表达新的词义，也就需要循新词的音义，各为制字，这就是“转注”造字的法则。但是由于文字孳乳日繁，字数无限增多会超过人类记忆力所能承担的负荷，所以必须加以节制。新的词义产生了，可以利用旧有的词和字而赋予新的词义，不再制造新字，这就是“假借”的法则。这种认识实际上说明，文字的发展虽然追随词汇，但它也有自己的调节规律，并不完全与语言一致。这种情况有多重表现，这里先讨论早期汉字字用分合的现象。

字用分合是指早期文字不够用的时候，一个字兼记两个词，这其实就是一般所说的“本无其字的假借”；而发展到一定的阶段，两词共用一字易生混淆的情况日渐增多，于是原来并合的字再行分开，而且多半是利用了同一字位中不同的字样也就是异写字来分配不同的语素。例如：

和在甲骨文里本来属于一个字位，相当于后来的“史、吏、事”三个字，在字用上没有明确分工。金文演变为三个异写字，仍无明确的字用分工。在《说文》小篆里，呈以下分工局面：

《一上·一部》：“吏，治人者也。”

《三下·十部》：“史，记事者也，从又持中。中，正也。”

《三下·十部》：“事，职也，从史，之省声。”

这说明，周代典籍里，三字同用不分工的格局已经打破，三个同一字位的异写字不但明确分化成三个字位，而且属于三个字种。如果在甲骨、金文与小篆之间仅仅从字形来认同任何一个字样，即使写法完全相同，意义都是不对应的。

甲骨文的、（凤）是画一个凤凰的形状，再加一个“凡”字示音，不加“凡”。在卜辞里，“風”未专门造字，一般并用“鳳”或“凡”为之。战国秦、楚文字中已经有了从“虫”的“風”字。《说文》解释从“虫”之意说：“风动虫生，故虫八日而化。”“风”的本字产生后，一字兼二用的格局发生了变化，甲骨文与小篆同样是一个“鳳”字，职能不同了，已经不能仅仅从字形上去认同。

---

① 见章炳麟《国故论衡·转注假借说》。

在《说文》小篆里，可以看到另一种字用分合现象：

许慎把互列为笠的重文（《三上·竹部》）。王筠《说文释例》说："互字象形，当是古文，而说曰'笠或省'，倒置矣。笠加竹，非互省竹也。"不论哪一种写法在前，两个异构字曾经是一个字种，都是古代收绳的一种工具，因为使用时两手交互，而发展为"交互"字。两字有了明确的分工。

许慎把作为的重文（《十一下·仌部》），解释说："冰，水坚也。从仌，从水。凝，俗冰从疑。"徐铉说："今作笔陵切，以为冰冻之冰。"段玉裁注："以冰代仌，乃别制凝字。经典凡凝字皆冰之变也。"可知"冰"与"凝"本为同一字种的异构字，既可用作名词，又可用作动词有"结冰"义，例如《礼记·月令》："（孟冬之月）水始冰，地始冻。"后两字分工明确，"凝"用作"结冰""凝结"义，"冰"为"仌"的后出字，仅作名词或"冰冻"义。因此，《说文》小篆的"冰"与后世的"冰"在职能上不能简单认同。

许慎在《说文》"畫"字下列了两个古文重文与，解释说："畫，界也。象田四界，聿所以畫之。畵，古文畫省。劃亦古文畫。"可知"画"的本义是界画，"劃"本为"畵（畫）"的累增字，二字为同一字种的异构字。后世"畫"在"界画"义之外，还可用作"图画""绘画"义，与"劃"已有分工。

以上现象，都符合章太炎先生所说的：转注、假借"二者消息相殊，正负相待，造字者以为繁省大例"的原则。

必须说明的是，这里所说的假借，与文献中的"通假"本质上不是一类现象。通假是在造字之后使用过程中临时应用的现象，是在口语与书面语互相转化过程中采用音化字的用字现象，汉字构形学里暂不讨论。

## 二、汉字构形演变中的同源分化现象

如果后代汉字都是由前代汉字一对一地直接下传使用，汉字构形的历时认同关系就会简单得多，而实际上，随着汉语词汇的发展，汉字在源字基础上孳乳出新字的情况相当普遍。

汉语词汇在两汉以前主要的繁衍方式是单音孳乳造词，汉字直接参与了汉语的构词。在词汇发展过程中，"义自音衍"孳生造词的书面化与孳乳造字是同步发展的。汉字构形的历时发展无处不伴随着词汇的同源分化现象：

1. 广义分化

词有概括性，一个词可以适合多种对象和情况，因而形成自己的义域。词汇使用频繁后，义域也会相对扩大，促使新词从旧词中分化。这种分化的结果是对原有义域的切割，用新的词形来承负分割出的子义域，称为广义分化。广义分化直接表现为字形的分化：

（1）同位分化。不保留上位词，义域的切割是均匀的。如：

“景—影”

《说文》：“景，光也。从日，京声。”段玉裁注：“光所在处，物皆有阴。”“后人名阳曰光，名光中之阴曰影，别制一字，异义异音。”“景”原为光照出的物象，光线照射的正面和反面通称“景”。后分化出“影”，将义域切割为二：光照的正面为“景”，背面为“影”。

“迎—逆”

甲骨文、金文对应后世迎、逆两义。罗振玉《增订殷虚书契考释》以为甲骨文此字“象人自外入，而辵以迎之，或省彳，或省止。”至小篆分化为两字和，《说文》：“逆，迎也。从辵，屰声。关东曰逆，关西曰迎。”《方言·卷一》：“逆，迎也。自关而东曰逆。”可见“迎”与“逆”本为意义相同、方音不同的同一个词，两字属于方言字分化。两人相对而行，先相向，相遇后再行则相背，本为同一过程，二者分化后，将相对而行的义域切割为二：“迎”为相向而行，“逆”为相背而行。

“坐—座”

“坐”最早既表示坐的姿势、动作（动词），又表示坐的地方、位置（名词）。后分化出“座”，将职能切割为二：坐的姿势、动作为“坐”，坐的地方、位置为“座”。

（2）下位全程分化。保留上位词，上位词独用。每一个下位词的意义都包含在上位词内。如：

“正—征—政”

卜辞中（征）与（正）本为一字，（政）已经有分化的趋势，但偶尔使用；金文与为异构字，与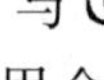已经分化，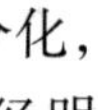与两形为一个字位，但已大量与“正”分化。甲金文中已经明确看到由“正”分化出“征”“政”的趋势。先秦经典中三字明确分化。上位词

“正”保留，分化出“政”，教化以正其民。《周礼·夏官司馬》：“惟王建国，辨方正位，体国经野，设官分职，以为民极。乃立夏官司马，使帅其属而掌邦政，以佐王平邦国。”郑玄注：“政，正也。政，所以正不正者也。《孝经》说曰：‘政者，正也。’正德名以行道。”分化出“征”，征伐以正其国。《孟子·梁惠王上》：“彼陷溺其民，王往而征之，夫谁与王敌？”朱熹注：“陷，陷于阱。溺，溺于水。暴虐之意。征，正也。以彼暴虐其民而率吾尊君亲上之民往正其罪，彼民方怨其上而乐归于我，则谁与我为敌哉？”形成下位分化的历时发展局面。

“支—枝—肢—翅”

人的四肢称作“肢”，鸟翅膀称作“翅”，树木条枚称作“枝”，均取意于从主干歧分而出之意，是保留了上位词“支”而产生的下位分化，同时也造出了相应的三个形义合成字。

其他如：上位词“和”保留，分化出“盉”，指调味和谐；“龢”，指声音和谐，二者都是“和”的下位概念。上位词“反”保留，分化出“返”，反回（平移）；“翻”，反转（180 度）……均属此例。

（3）下位半程分化。保留上位词，上位词同时兼用下位词之一。例如：

小篆 𦽍（落）有草木凋零的意义。唐慧琳《一切经音义》卷六引《说文》作“草木凋衰也”。先秦经典确有“落”作木落解的实例。例如《左传·僖十五年》：“岁云秋矣，我落其实而取其材，所以克也。”注：“周九月夏之七月，孟秋也。艮为山，山有木，今岁已秋风吹落山木之实，则材为人所取，实落材亡，不败何待”等如是。小篆 零（零）与“落”同源，义为“馀雨”，先秦经典也多用于雨露，《诗·郑风·野有蔓草》“零露溥兮”等皆如是，本不是为草木凋零造的本字。然而“零”有“飘散”义，用于草木只适合草本植物。所以徐铉《说文解字》说：“凡艸曰零，木曰落。”但先秦经典已常以“零落”连用。例如《礼记·王制》：“草木零落然后入山林，昆虫未蛰不以火田。”这就形成“对文则异，散文则通”的格局：保留上位词“落”，草落曰“零”，木落兼用“落”，使“落”有泛指与专指两重身份。

2. 引义分化

词的意义是不断增加的，通过联想，引申出新的义项，产生多义词。多义词的义项如果产生新形——也就是为某些义项造了新字，就产生了引义分化。新旧字形将多义词的义项进行再分配。

（1）双向引义分化。多半产生在施受分化、名动分化、名形分化、主动与使动分化等两极的分化。

施受分化。如：“受”分化出“授”，又如：“买”“卖”分形。

名动分化。如：“鱼”分化出“渔”；又如：“断”“段”分形。

名形分化。如：“人”分化出“仁”（名—形）；“疏”分化出“梳”（形—名）。

主动与使动分化。如：“见”分化出“现”；又如：“示”“视”分形。

这些分化造成了未分化时的古文字与分化后的文字形虽相同，意义职能已经不一样。例如：“受”在甲金文里兼有授受二义，而在后世文字里只承担接受之义，二者认同的只是形体而已。

（2）多项引义分化。这种分化常常是由多层与多向引申形成的。

多向引义分化，如：“解”第一个方向分化出“懈”（分解后的状态）；第二个方向分化出“蟹”，需要拆解而食的动物。

多层引义分化，如：“半”，分化出“判”（分开），“判”又分化出“副”（分为二又合为一）。

多向又多层引义分化：以“陽”为例：“阳”从三个方向分化——第一个方向由“高亮”的意义分化出“扬”“颺”，再进一层分化出“翔”字，第二个方向从“给养”的意义分化出“养”，再进一层分化出“氧”，第三个方向从“吉利”的意义分化出“祥”字。

## 三、汉字构形演变中的不同字体转写现象

1. 古文字隶定的转写

汉字进入楷书阶段后，词典字书盛行，正是因为汉字在历时传承过程中，不同形制的汉字在记词职能上难以全然对应，字书在贮存古文字时经常有转写的情况。所谓转写，是指用一种字体刻画另一种字体的字样，较多的是将古文字转写为楷书字体的方法。也叫作隶定或隶古定。由于这种方法，产生了汉字在储存领域里隶定字与传承字并存的现象。例如：

①農—辳 農 蕽　②飲—㱃 酓 氽 飮（金文）　③得—㝵

④星—曐 曐　⑤思—恖 𡇒（楚簡）　⑥塵—麤 𪋻

⑦漁—𣷐 𣸣 𤁓　⑧光—炗 苂（《說文》古文）　⑨昔—㫺

隶定的方法一是按照部件对应转写，另一是按照古文字的线条转写

为笔画。这种方法前人已经大量使用，在现有的楷书字形中，特别是一些古代的字书、韵书中已经死去的楷书字形，很多是从历代古文字隶定而来的。

要想深入了解不同时代字体转写的现象，必须首先理解汉字字体演变的过程和规律。汉字在不同的时代，由于以下六种原因，产生了字体风格的演变："（1）时代；（2）用途，如鼎彝、碑版、书册、信札等；（3）工具，如笔、刀等；（4）方法，如笔写、刀刻、范铸等；（5）写者、刻者；（6）地区。"① 字体的形成是渐变的，一种主流字体发展为另一种主流字体没有绝对的界限，只具有一个模糊的时段，历史上记载的字体名称所指称的对象也有一定的模糊性，在过渡时期，常常是相互交错，你中有我，我中有你，既有同名异实，又有异名同实，名与实并不一一对应。所以，时代相邻的字体不存在转写的问题，只有距离较远，差异已经很明显的不同字体，才有隶定转写的问题。现代所见的古文字之所以需要隶定，除了字典存储的需要外，还有三个很重要的用途：第一，是因为需要为每个古文字字形确定一个可以在楷书层面上的信息代码，以便实现一种不同字体的对应，并进行计算机编码；第二，是因为古文字的字序难以确定，要借助于隶定字样来编排、检索；第三，是为了作释文的时候和引用的时候借助隶定字形书写和释读。

隶定字样与传承字样本质上是不同的。传承字样是在汉字使用过程中随着字体的系统变化而产生的字样自然改变，它是在社会层面上的变化，而且，这种变化的结果是使汉字进入了一个新的构形系统，新的字样要进入这个新的系统，它与其他字样之间有着不同程度的关系。而且这些字样一直处在使用当中，往往会因为社会的选择有一个正字逐步被确定下来。隶定字则不同，它是一种人为的转写，是学术的，拟构的。它的书写方式、风格都改成了后一种字体，但构形却必须按照古文字的原形来表现，它与动态的传承字其实并不在同一个系统中，即使由于隶定字已经是楷书的样子只能用"异体"来沟通它们与传承字的关系，隶定字与传承字与共时的异写字和异构字本质也是不同的。隶定字并没有人使用，只是汉字贮存领域的一种备查的字样。

2. 变异字体草书的楷化

草书属于变异字体，这种字体形成的原因是速写。为了书写的快速和便捷，草书书写的要领是缩短笔程，速写变异字体与主流正体字是同

---

① 启功《古代字体论稿》，文物出版社，1964 年。

时通行的，相互的影响非常直接。行草对楷书笔画形成的影响十分显著，对楷书结构的影响也是较大的。楷书手写字中有不少字是草书楷化形成的。例如：

“承”—— 在甲骨文里，意为“拯救”的字作 ，象两只手将落入陷阱的人拉出的形状。楷书按其字形写作“丞”。“丞”发展为官名后“拯救”一词的写法加“扌”作“拯”，引申有“承担”“承受”义，引义分化出另一个字作“承”。“承”的形成必须通过草书：“拯”为左右结构，“承”为上下结构 。因草书与草书的书写推动，上下插入并合，产生（承）。

大量所谓俗字的产生和粘合零合成字的产生与草书楷化直接相关，一部分丧失理据的记号构件的产生也与此有关，这是汉字自然传承中不可不注意的问题。

## 四、汉字构形演变中的形体传承与变异

我们把汉字发展过程中职能方面的变化情况弄清后，就可以仅就形体的传承来讨论构形的历时演变了。由后世的字形沿着传承关系认同追溯之前的构形以了解其更早的构意，称作复形，复形也是寻求词汇本义必要的手段。汉字构形的传承与变异大约有以下四种情况，也就是说，符合以下四种情况，我们可以认同它们的传承关系。

1. 直接继承

汉字经过发展，因为总的形制变化，因字体不同产生笔法不同，但构形全同。由于构形属性没有发生变化，构意的解释当然也不会发生变化，全然可以断定是同一个字。在古文字阶段，甲骨文、两周金文与小篆的发展具有一定的连续性，都有一些形体具有直接传承的关系。例如：

鼓： — — （《說文》籀文）— 

马： — — 

囿： — （金文—小篆）； — （甲骨文—《說文》籀文）

壶： — — 

见： — — 

2. 变异传承



汉字经过发展，结构要素、结构模式和结构层次与分布都没有发生

变化，只是基础构件或一部分构字能度较大的复合构件的样式发生了变化，笼统地直观看来不像同一个字，但只要通过构形分析，将基础构件认同，很容易分析出它们的形体传承关系。这类传承我们称作形体变异传承，简称变异传承。变异传承最值得注意的是一部分后来变成结构部首的汉字。例如：

启——甲骨文从“又”作，金文已经有从“又”从“攴”两形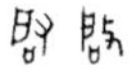，小篆承袭金文从“攴”，楷书“攴”样式改成“攵”（反文）作。

政——甲骨文、金文都从“攴”，小篆也承袭从“攴”，楷书改“攵”。

以“启”“政”为例，小篆形成《攴部》，楷书绝大部分改成“攵”。基础部件样式改变，个别结构做了不影响构意的位置调整，例如：“启—啟”，构形属性与构意都没有变化。以小篆和楷书来说，“—𠂇”“—廾”“—青”“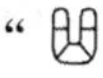—曲”“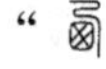—西”……以甲骨文、金文与小篆、楷书来说，甲骨文中一部分俯视的小篆形讹为，楷书从之……这些都属于变异传承。

3. 模式重构

模式重构并不是另外造字，而是在字形传承的过程中，由于语言意义的变化、文化因素的变化、字体风格的变化、书写习惯的变化等多种因素，使构形与构意的结合脱离了原来的状态。前面说过，表意文字的汉字培养了使用者对意义信息的追求，人们在理据不够清晰的情况下寻求新的理据解释，而这种新的解释有时又会带动构形的进一步变化。所以，重构也是一种演变，只要这种演变对新一代的汉字构形系统是符合的，重构字在新的构形系统里可以找到自己的位置，在理论上都不应当以“讹变”来称谓。例如：

甲骨文的“射”作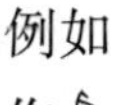，以箭在弓上明射义，金文的“射”，加上一只手，更强调动作，作，到小篆时，弓变成了“身”字，箭义化为“矢”作，另一形体保留了那只手，由于射为“六艺”之一，含有一定的法度规矩，故改为“寸”作。这两个形体，都有明显的传承痕迹，它们变化的原因是为了适应新的系统：在《说文》小篆里，“弓”已经成为表义与示音两种功能的基础构件，以其表义功能构成“引”“發”“弦”“弧”“张”“弛”“弩”“弢”“弹”“弯”等字，以其兼有示源功能的示音功能构成“躬”“穹”“弘”等字，而“射”的

表形构件在这一形声系统中已经没有存在的位置。从构形系统的角度，它的模式重组是合理的。

“黹”在金文里作，象用针线将织物缝在一起，是一个很形象的会形合成字。小篆作，《说文》：“黹，箴缕所紩衣。从㡀，丵省。”徐锴、王筠均以为是针紩、刺绣的形状。《说文系传》：“黹，象刺文也。”《说文句读》：“黹字之形，当以刺绣为专义。”李孝定《甲骨文字集释》按：“栔文、金文黹字，正象所刺圖案之形。”其实，“黹”的小篆形体只要把中间的曲线拉平，完全可以看出古文字会形合成字样的延续。但如此细致的象形构造，不符合小篆的风格体制。在构意上，成为的反义，《說文》：“㡀，敗衣也。从巾，象衣敗之形。”的上半部又与“丵”的上半部吻合。《说文》：“丵，叢生艸也。象丵嶽相竝出也。”针脚与叢草的密集类似，根据《说文》将象形的非字构件义化为成字的潜规则，黹的构形在演变中重构为会义合成字，构意以“㡀”为背景，认为是以针缝衣，而不说刺绣，更为符合古文字的形象，编排放到《㡀部》之后，也很贴切。所从之字均与刺绣有关，恐怕是引申之义了。这样处理，已将它的重构与重释合理化。

甲骨文的“盡”作，从皿从手持涤器，象食毕洗涤器皿的形状。金文承袭之。小篆作，《说文》：“盡，器中空也。从皿，㶳声。”《说文·火部》：“㶳，火馀也。从火，聿声。”小篆首先改造了甲骨文的，将其中以手持棍棒的部分成字義化为“聿”，加上“火”造成另一个表示火的馀燼之字，再将其作声符构成“盡”。其结果是将甲骨文中两个各具不同构意的同义词，合并为在不同构形层次上累加义符的相关形体。这一改造实现了《说文》的两个潜规则：一个是尽量把象形字限制在零合成字（独体字）内，另一个是尽量把平面结构变为层次结构。这两个规则对《说文》小篆构形系统的严密化，都起到了十分重要的作用。

4. 改变轮廓

少部分汉字的构形与构意在发展过程中形体形变较大，影响到整个轮廓，很难看出传承的痕迹，好像做了一次整形。也有些字的一部分形体变化较大，难以进行复形，好像作了一次部分整形。但是只要找到一些过渡的形体，复形的几率还是比较大的。

整体改变轮廓，例如：



小篆的“襄”作，《说文》解作：“襄，汉令：解衣耕谓之襄。

从衣，𤕦声。”整个构形很难理解。作为“襄”的示音构件，给我们一个启示，《说文》：“𤕦，乱也。从爻工交吅。一曰窒𤕦，读若禳。𤕦，籀文𤕦。”从这个基础构件入手，可以知道这是“禳”的象形字。《周礼·大宗伯》：“以疈辜祭四方。”注：“疈，疈牲胸也。疈而磔之，谓磔禳及蜡祭。”《周礼·小司马》：“凡沈辜侯禳，饰其牲。”注：“侯禳者，候四时恶气禳去之也。”《周礼·女祝》：“掌以时招梗禬禳之事，以除疾殃。”注：“梗，御未至也。除灾害曰禬，禬犹刮去也。却变异曰禳，禳，攘也。四礼唯禳其遗象今存。”从《周礼》多处记载，可知“禳”是一种祭祀，主要祭祀四方之土地，以除地候产生的灾害，例如瘴气等，祭祀的方式大概是将祭牲从胸剖为两半煮熟，而在四达之路口祈祷。金文正像祭祀之字。从“土”，说明祭祀的对象和地点，两口实为祭器的两耳，“又”或“攴”象祭祀的动作。加“衣”字解释为“解衣耕”，与禳祭祭土地是有关系的。解衣耕是在干旱时将土地上面板结的一层打碎以保墒，此说唯见于《说文》，但历来考汉制之书都以为确实。《竹书统笺》卷首上引《广川书跋》说：“太公庙碑今在卫州共县，晋太康十年立，碑曰太公望者此县人，太康二年县之西偏有盗冢而得竹策之书，书藏之年当秦坑儒之前八十六岁。其周志曰：‘文王梦天帝服禳以立于令狐之津。’许氏《说文》无此字，惟曰汉令解衣耕谓之襄。而卫宏《字说》与郭昭卿《字指》则有之，知许慎所遗古文众矣。昭卿因宏以有记，非得是碑，岂知宏之为有据哉。”《说文》：“禳，磔禳祀，除疠殃也。古者燧人禜子所造，从示襄声。”不论是本有还是后人所补，其说与历史记载同。许慎将一系列的字形整理为层次结构，也是以禳祭为本义的。

如果我们把一系列的字形做一个整理，可以看到：古文字的会形合成字，与小篆从“示”的音义合成字，记录的是同一个词，它们是构形模式不同但可以历时认同的古今字。但是在小篆构形系统里，直接传承下来的形体是作为声符的基础构件，加义符“衣”，再加义符“示”，到第二层次，才是祭祀的名称“禳”。其曲折复杂的关系见下图所示。

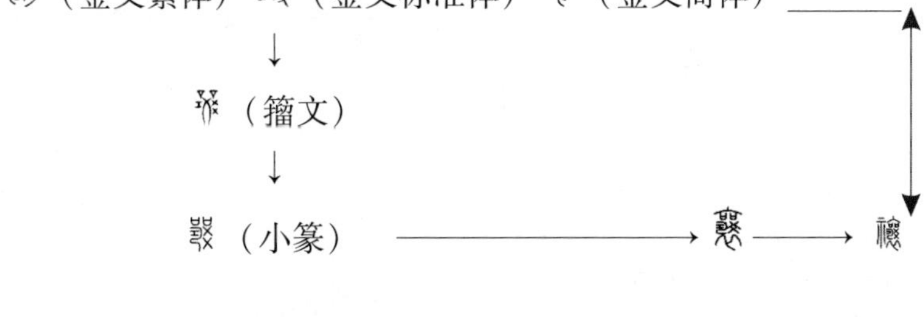

局部改变轮廓的，例如：

楷书的“曹”，上部已经难以看出传承关系。甲骨文、金文和小篆一脉相承，分别作。《說文》解释说：“𣍘，狱之两曹也。在廷东，从棘，治事者，从曰。”《东部》：“棘，二东，曹从此，阙。”《说文》为了建构系统，往往将一些非字构件成字化，先建“棘”，再加义符孳乳出“曹”，是合乎它的规则的。但楷书“曹”的上半部完全失去“棘”的轮廓。要想沟通其间的传承关系，需要参考隶书。

① ② ③ ④ ⑤ ⑥ ⑦

从以上搜集到的7个字样中，可以看出“曹”如何在保持它所记录的词意义特点的基础上，寻找一个简繁适度的构形。“曹”为狱讼的两造，也就是原告和被告，所以需要一个成双的构件来表示这个特点，构件“东”字的意义说“在廷东”有些牵强，所以隶书省简不顾及“东”字的完整，在省其下部与省去其一二者中，宁省其下部，而要保留成双。省去“东”字的下部后，两个部件都已经不成字，进一步粘合在一起，保持两竖，就成为“曹”这样的形状。

历时认同是古文字考据的基本功，也是现代文字溯源的基本功，但是这种认同复形的工作既要考虑文字的职能，又要符合构形的规律；既要联系字位中的各个字样，又要考虑字种中的不同字位；文字在古代典籍中的实际应用更不可忽略；所以，是一件复杂而有难度的工作。本文也只是大概言之而已。

（作者为北京师范大学资深教授、博士生导师，兼任教育部社科委员会委员、学风建设委员会副主任、中国语言学会副会长等）

# 《古文字诂林》与《古文字释要》介绍

李玲璞教授主持编纂的《古文字诂林》(12 册),是我国迄今为止规模最为宏大的古文字汇释类专业工具书。它"集万卷于一册,汇众说于一编",荟萃迄今为止古文字形体与研究考释成果的大型工具书,所收考释资料涵盖出土古文字(包括甲骨文、金文、古陶文、货币文、简牍文、帛书、玺印文和石刻文等八种文字)和传世古文字(包括《说文》篆文、或体、古文、籀文、奇字、《三体石经》古文,《汗简》和《古文四声韵》古文等),几乎囊括了古文字的所有门类。约一万多个字头,考释资料总量约一千万字,是一百年来的古文字考释研究成果的集大成。它的面世,为汉语文字研究、大型辞书编纂、古代典籍整理及相关社会科学研究提供了一部材料翔实的工具书。

《古文字诂林》出版后,获得很好的社会评价,被上海市领导誉为"上海市精神文明建设标志性工程",获得上海市哲学社会科学优秀成果一等奖、上海市新闻出版特等奖、首届中华优秀出版物(图书)奖、第一届中国出版政府奖图书奖。

《古文字释要》是在《古文字诂林》基础上精选考释要点编纂而成的古文字类工具书。由于《古文字诂林》篇幅巨大,对于非专业一般读者来说购买、使用都有所不便。为进一步做好学术普及推广工作,在原上海市古籍整理出版规划领导小组组长王元化先生建议下,李玲璞教授又领衔主编了《古文字释要》,并成为他的绝笔。《释要》在《诂林》的基础上力求精要、易懂,既保留原书精华,又在编纂体例、材料取舍、检索方式等方面推陈出新,做到篇幅小而信息量大,以利于祖国优秀传统文化的普及和传播。

《古文字释要》出版后,荣获华东地区2010年度优秀教育图书一等奖。

附:《古文字诂林》相关新闻报道:

## 上海市第六届邓小平理论研究和宣传优秀成果、第八届哲学社会科学优秀成果[①]

### 《古文字诂林》

作者　华东师范大学　李圃等

【颁奖词】将千百年来历代学者的古文字研究成果荟萃一起，这在中国学术史上是第一次；将甲骨文、金文等 8 大类 15 种古文字收于一册，这在中国出版史上是第一次。百余名专家，历时 14 年，构起了一座中国语言文字学长城。

【获奖感言】（由李圃代表）一个大型的文化建设工程，需要有一位高瞻远瞩的领军人物；要承担一个大型的文化建设工程，需要有一支团结奋进的团队，并汇集全国同行专家的智慧；而要完成一个大型的文化建设工程，更需要各级领导与全社会相关方面的合力支持。借此机会，我谨代表《古文字诂林》编纂委员会，向一切关心支持《古文字诂林》编纂工作的同志表示衷心的感谢！



① 编者注：本文原刊于《解放日报》2006 年 12 月 17 日第 6 版。

# 《古文字诂林》内容简介①

李圃主编，1999～2004年陆续出版。

《古文字诂林》是国家古籍整理出版“十五”（2001～2005）重点规划中的重点项目，是一套古文字类大型科研工具书，共有12卷，被誉为“上海文化软件设施建设的标志性工程”。该套书的出版，标志着上下三千年历史中各类古文字形体的集大成，也标志着千百年来历代学者关于古文字研究成果的集大成。

同其他古文字著作相比，《古文字诂林》在编纂出版中的创新与突破，主要表现在以下几个方面：

首先，此书是我国迄今为止规模最为宏大、搜罗最为齐备的古文字汇释类工具书。该书将甲骨文、金文、古陶文、货币文、简牍文、帛书、玺印文和石刻文等八大类古文字字形和考释资料汇为一编，进行综合整理。它的字形著录堪称详备，考释资料可谓宏富。既有取自文字学专著的，又有采于论文集及报纸、杂志上的单篇论文的；从时间跨度上来说，既有近两千年前东汉许慎的《说文解字》，南宋薛尚功的《历代钟鼎彝器款识法帖》，又有清代、民国直到今天学者的著述。凡有真知灼见、能自成一家之言者悉载靡遗。

其次，在图书出版方面，该书首次将现代信息技术同古老的传统文化进行了完美的结合，开世界上使用电脑技术排印古文字书籍之先河。此前，由于排版印刷条件的限制，古文字类图书的出版大多采用手写影印的方式，因各人书写习惯的差异，楷、行、隶、草诸体均可见到。这种做法既费时费力，又不便阅读，再加上原始资料来源各异，版本情况极为复杂，有石印本、铅印本、蜡刻本甚至手写稿本等，如果采用二十世纪初丁福保编《说文解字诂林》时“剪刀加糨糊”的剪贴做法，既无可能，又不利于编辑加工，出版效果还不好。因此，在出版方面，通过技术攻关，研制了“古文字字形库及电脑排版系统”，利用该系统进行排版，使得《古文字诂林》在古文字的保真度、清晰度以及整体排

---

① 编者注：本文见 http：//www.ewen.cc/books/zt/zt227.asp。

版印刷效果上都远远胜过其原始资料，让这套书带上了鲜明的时代色彩。

再次，该书首次采用了一整套篆书古隶定字作为字头，将出土古文字、篆书到古隶定字、后代楷书的发展脉络清晰地勾勒了出来，使得读者能够更加清楚地了解汉字发展的历史面貌。这一成果解决了古文字形体是如何过渡到今天的文字形体的问题，填补了中国文字发展史上一个重要阶段的空白。

《人民日报》发表评论，称这部书为“集万卷于一册，汇众说于一编”。

著名学者王元化先生认为：“这个工程是弘扬优秀传统文化的一个重要方面，传统国学没有这种工程打基础，等于是空中楼阁。”

获奖：1. 获中华人民共和国新闻出版总署颁发“第一届中国出版政府图书奖”。2. 获中国出版工作者协会颁发“首届中华优秀出版物（图书）奖”。3. 获上海市新闻出版局颁发“2003～2005上海图书奖特等奖”。

# 缘于《古文字诂林》的相识相知

李　圃

我与王元化先生相识是在上世纪九十年代初期，缘于《古文字诂林》。开始时是从上海市古籍整理出版规划领导小组的简报中获取的信息。简报指出，经著名学者顾廷龙先生推荐并由王元化先生决定聘请李玲璞教授任《古文字诂林》编委会主编。王元化先生与顾廷龙先生都是当代知名的学界泰斗人物，可是此前我却与他们从未谋面，对两位前辈的如此推重甚感意外。而面对这样一个宏大的文化建设工程，我对它的立项及制作还存在着认识上的较大差距。为此，我在与先生接触的初期，是循着中华优秀传统文化的继承发展这条主线请教元化先生的。记得多次交谈中，元化先生谈及博士生的入学考试、高校学生所用工具书的极其贫乏、优秀传统文化的沙化倾向、雅正文化的衰落与媚俗文化的膨胀现象，尤其是对京剧在文化传承中的重要功能的评价等，话题广泛，谈锋甚健，让我清晰地感悟到，优秀传统文化的继承与发展对文化方面科学发展观的构建进而对中华民族文化的伟大复兴所发挥的重要作用。元化先生的这些科学求实的论断，为我统领《古文字诂林》编纂工作奠定了坚实的思想基础。我深深感受到元化先生为中华民族的伟大复兴所表现出的深沉的忧患意识和传承中华文明的历史责任感。就在这一次次的交谈中，我们已是从相识到相知。先生的使命感也变成了我们编委会的工作动力，我已抱定决心，不论编纂任务有多么艰难，我将带领编委会全体成员，自始至终坚持迎难而上，求实创新，出色地完成《古文字诂林》这个上海市文化建设新的标志性工程，向国家向人民献一份厚礼。

进入到实际工作阶段，从总体规划到局部实施，要有一个有序的科学安排。这就是，必须在四年半时间内把浩如烟海形态各异的八大类古文字考释资料作穷尽性的收录，并运用现代信息化技术解决古文字排版印刷问题，力争九九年以《古文字诂林》首卷出版为国庆五十周年献礼。此时的元化先生已重病在身，加之年事已高，但他仍然坚持北上，去北京主持召开了老一代著名学者参加的《古文字诂林》编纂论证会，为即将展开全国性古文字考释资料的搜集奠定了基础。与此同时，《人民日报》海外要闻版以《集万卷于一书，汇万卷于一编》为题，首次将上海这一大型文化建设工程的编纂信息推向了国内外。

回顾《古文字诂林》编纂工作的全过程，可以说每一个关键阶段都少不了元化先生的悉心指导。从全书的“前言”到“凡例”，总是先由编委会反复讨论修改，一般要五稿以上，方才交给元化先生过目，而元化先生又往往要修改三稿以上，方才形成最后的定稿。

资料的搜集工作极为庞杂繁重，但编委会成员不辞辛劳带领数十名博士生、硕士生和国内访问学者就地上海，北上京城，南下广州，经过四个寒暑的艰苦努力，古文字考释资料的搜集工作方初步完成，并进入到资料分析阶段，为后期的编纂工作做了充分的准备。然而，编纂工作中所遇到的难题层出不穷。例如，当编纂工作正在沿着有序的部署正常运作的当口，却意外发现项目的注入资金有一个极大的缺口，如果得不到及时的解决，项目将不得不搁浅。元化先生为此焦虑万分。我获知此事后，也是心急如焚，考虑到元化先生的身体状况，我这个书呆子便自告奋勇，试着去做一些调查工作，以寻求解决这个难题的途径。经调查发现，凡适合于承担诂林项目出版的出版社，大都资金匮乏，只能望洋兴叹。几经山重水复，终于出现了转机，上海教育出版社闻讯，委托王为松同志与编委会联系，表示上教社愿意投入五十万资金作为后续编纂经费，并承担高投入的出版成本费。元化先生对这一举措非常重视，表示十分满意，当即要求《古文字诂林》编委会代表市古籍整理出版规划领导小组与上教社签订《古文字诂林》的出版合同。这一举措也大大激发了《古文字诂林》编委会全体成员的工作热情，在短短的时间内，电脑排印技术也得到了有效的开发。由市古籍整理出版规划领导小组出面联系，我校由主编李圃和常务编委郑明与上海杰申电脑排版有限公司合作开发了《古文字字形库及排版印刷系统》，并获得上海市科委的验证通过。为确保古文字形体印刷的保信度、保真度，编委会特别安排常务编委刘志基承担书稿中全部古文字形体的审读和保真度的审查工作。在此基础上，运用新开发的古文字电脑排版新技术排印了若干条《古文字诂林》样稿，并立即赴京召开第三次专家论证会，论证会上，电脑排印的样稿得到与会专家学者的高度评价，认为这一成果，标志着我国首次运用电脑技术排印八大类古文字已获成功。

从1991年至新世纪2008年，前后历时一十八年，我同元化先生缘于《古文字诂林》从相识相知，到亦师亦友，从为人到为学，让我深切地感受到，先生既是严师，又是益友，是一位名副其实的思想界文化界学术泰斗。

2008 年 5 月初，我去瑞金医院看望先生，带给他一帧自己制作的五环寿字迎奥运的贺卡，祝贺他八十八华诞和《清园全集》出版，他看了以后很是高兴，并让他姐姐替他收藏到常用的抽屉之中。那时他的病情已经相当严重了，却仍然微笑着告诉我，他的病灶已转移到了肺部。这是他留给我的最后一句话和最后的一个微笑。

2009. 2

# 一项功德无量的大型文化工程[①]

——《古文字诂林》五人谈

编者：上海教育出版社新近完成出版的《古文字诂林》，是上海标志性的文化工程之一，它架起了字样史上字形隶定的一座桥梁，突破了出版史上的古文字排版印刷的一大难关，建设了学术史上"集万卷为一册，汇众说于一编"的一大工程，弘扬了传承优秀民族文化的伟大精神，是一项对民族文化的传承和创新具有基础性、创新性和带动性的集大成之作。本刊选编了部分学者专家对该书的评述文章，以推介《古文字诂林》这部皇皇巨著。

## 一、清华大学李学勤：不寻常的学术成果

由王元化教授在1991年倡议编纂的《古文字诂林》，经过多位学者专家的集体努力，全书十二大册终于在最近出齐。当我把最后一册插放到书架上时，不禁感慨系之。

我要说的是，编印这样一部大型的专业工具书，实在太不容易了。中国的古文字学源远流长，变化万端，学者加以隶写考订，又各家不同。这十二册书，有多少需要特殊处理的字形？仅此一点，我们就应该向编者和出版社表示敬意和感谢。

大家赞美《古文字诂林》"集万卷于一册，汇众说于一编"，并非夸诞之辞。中国古文字学渊源久远，一般上推到东汉许慎的《说文解字》，实际许氏之学本自《周礼》"六书"，已经是对前贤的总结。甲骨金文研究盛行以后，现代古文字学论著林林总总，如想以一人之力，全部通读，是没有可能的。有了《古文字诂林》，不难对付要了解的字，过去各家有什么成说，也可以尽可能快地检索出来。

这么说，并不是讲像《古文字诂林》这样的工具书，要把以往各家所有的意见，看法统统网罗无遗。好的工具书，不能简单地胪列众



① 编者注：本文原刊于《解放日报》2005年11月9日、15日。

说，更重要的是有所选择和裁断，否则便会对读者造成浪费，甚至误导。心理学家弗洛伊德说过，不是任何学说都是值得考虑的，比如有人说地球中心是人造的果酱，就不值得考虑。这虽然是讲笑话，但表明了一个真理。《古文字诂林》正是在别择之间，下了很大的功夫。

各个学科的不断细化，是近年学术发展的普遍趋势。古文字学也是这样，由于新发现材料越来越多，新发表论作日见丰富，今后再要求古文字的通才是很困难了。一位古文字学者，只能专精于这门学科的一种分支，如甲骨学、简帛学之类。至于古文字的爱好者，也不易涉及全面。在这样的趋势下，大家不得不更多地依赖工具书（当然包括同性质的软件等）。《古文字诂林》的工作，恰好是在世纪交替之际，对前面百年间学者的成果作一概括和小结，为新世纪这一学科的新进展打下良好的基础。

《古文字诂林》编纂出版的十五年，对于学术史来说，为期不算太长，而对于学人来讲，却是不短的时间。这部书的学术顾问8位，朱德熙、胡厚宣、马承源、张政烺、戴家祥、顾廷龙（以姓氏笔画为序）六位都已经过世。抚今追昔，今天在这里纪念他们，我觉得是完全应该的。

## 二、《古文字诂林》主编李圃：迎难而上，求实创新

——《古文字诂林》编纂小记

在接受《古文字诂林》编纂工作之初，我作为主编人，足足用了三个月时间思考着下面几个问题。

第一个问题是这个项目的容量。出土古文字研究成果自汉代以迄现代，上下两千年，如此漫长历史跨度的民族文化要收录到一部书中，容量之大，困难之多是可想而知的。这是第一个难题。第二个问题是这个项目的自身系统。要把如此众多的研究成果汇于一编，必须要有自身的切实可行的系统，而同一个古文字形体，历代研究者的楷书厘定样式却又是多种多样的，如果这部书稿的自身系统得不到妥善的解决，书稿就无从编起。这也是一个难题。第三个问题是书稿编成之后如何运用现代信息技术排版。20世纪90年代初期，国内外出土古文字的电脑排印技术还处于空白状态。如何与时俱进，体现信息时代的新风貌，这又成了一个难题。第四个问题是编纂队伍的聚合与建设。编纂任务下达之初，市领导就提出了“完成一个项目，培养一支队伍，既出成果，又出人

才”的指示，我们深知，能否带出一支队伍，将直接关系到能否优质高效地完成这个重大项目。这还是一个难题。

根据上述实际情况，我们便把这四个方面的难题作为整个编纂工作的四个具体的攻关目标。

我们首先抓了编纂队伍的组建工作。在上海市古籍整理出版规划领导小组组长、著名学者王元化先生的具体指导下，在华东师大领导的大力支持下，我们以华东师大为主体，特邀中国社科院、上海图书馆、复旦大学、吉林大学、四川大学和上海师大等单位的青年学者组成了由20位不脱产人员构成的《古文字诂林》编纂委员会，并于华东师大设立了《古文字诂林》编纂室。编委会以小平同志关于高等学校应成为科研与教学两个中心的思想为指导，抓住机遇，进行了大胆实践，为了加强学术交流，促进学术队伍的发展，在元化先生的倡导下，组建了上海古籍整理出版规划“文字学研究中心”，元化先生亲笔为这个中心题写了标牌。这支编纂队伍敬业刻苦，团结奋进，在近十年的磨炼中，得到了迅速发展，并引起学术界的瞩目。在1999年该中心举办的中国文字学国际学术研讨会上，南方和北方的同行专家异口同声地称赞这支崛起的学术队伍，并称誉上海已成为文字学学术研究重镇。新千年伊始，这支编纂队伍中半数以上的成员已成为博士生导师，并指导各自的博士生、硕士生和国内访问学者近70人参加了《古文字诂林》的编纂工作。在此基础上，经过专家组的评估，国家教育部决定于华东师大设立国家教育部人文社科重点研究基地“中国文字研究与应用中心”，并带动原有的汉语言文字学博士授权点成为上海市重点学科。十几年后的今天，原来三十来岁的编委已近五十，原来四十来岁的编委已近六十。《古文字诂林》全书杀青之时，有些编委深情地道出了他们的心语：“我们已经把人生中最宝贵的青春年华献给了《古文字诂林》!”

为了确保《古文字诂林》编纂工作的顺利进行，编委会把编纂工作分为三个阶段。第一阶段的工作目标包括四个方面：一是汉代以来古文字考释资料的搜集；二是篆书古楷定字的厘定；三是电脑排版技术的调研；四是编纂体例的论证。

面对四个方面的工作，编委会统筹兼顾，优化组合，做到分合有序，同步进行。考释资料的搜集，包括海内外世界各国的中外文资料，由两位通晓多国语言的编委负责外文资料，后因跨国资料搜集受到条件限制，改为凡海内外用中文发表的考释资料均在搜求之列。为此，编委会除了奔赴全国各大城市的图书馆和高等学校图书馆以外，还同各省市自治区的文博考古单位和专业期刊编辑部保持广泛的联系，以期穷举搜求。这一工作十分繁复而艰难，前后共用去了四年半时间。编委会在北京、上海、广州、成都、西安、武汉、南京和杭州等主要城市召开了多次专家论证会，进行了多次专家访谈，仅北京方面就先后举行了三次论证。

参加论证的专家不下百位，如著名学者任继愈先生、张岱年先生、周一良先生、汤一介先生等专家。学术顾问胡厚宣先生、张政烺先生、顾廷龙先生等老一辈学者不顾年迈体衰，奔走于京沪之间；朱德熙先生人在海外而心系《古文字诂林》；戴家祥先生则随时随地进行指导；李学勤先生、裘锡圭先生和马承源先生不仅对编纂工作提出具体的指导意见，还多次以学术讲座的形式对编委以及青年教师、研究生们进行面对面的指导，李学勤先生还挤出时间担任主编人的两届博士生博士学位论文答辩委员会主席。曾任中国训诂学会会长的许嘉璐先生忍着车祸造成的病痛，脖子上扎着夹板参加论证会，并为编纂工作提出宝贵的指导意见；时任中国社科院语言研究所所长的刘坚先生，因患脑萎缩无法行走而被搀扶着坚持参加论证会的全过程。他们的学识和品格给了编委们以深刻的教育和极大的鼓舞。

几乎与此同时，我们还责成专人负责对形体规范理据充分的秦汉篆书进行古楷定的厘定工作。从每个字的取象发生到成字造义，参验众说，考察字形结构与所表语词的关系，将篆书形体分笔书写笔画化，提前为《古文字诂林》全书的编排系统作好准备。我们深知，编纂工作与书稿的出版问题息息相关。因此，在四年半的时间里，编委会从未间断过运用计算机排印古文字的调研工作，北到北京、保定，南到广州、深圳，以及长三角的上海、常州等地，四处奔波。为确保书稿的排印，我们首先采取了编委运用电脑自行排印的方案，并进行了必要的训练。就在编委加紧计算机操作培训的当儿，上海市古籍整理出版规划领导小组联系到上海杰申电脑排版有限公司，经考察，技术力量已经具备，于是由编委会与电脑排版公司联合开发了《古文字字形库及排版系统》，并通过了上海市科委的成果鉴定。第三次赴京进行编纂工作论证时，编委会带去了电脑排版的样稿，获得了与会专家的一致好评。上述工作目标的实现，为编纂体例的最后形成奠定了坚实的基础。在元化先生的具体指导下，编委会集中力量对编纂体例进行了反复研讨，曾先后形成了五次修改稿，每一次修改稿均经元化先生字斟句酌，至最后定稿。

编纂体例形成之后，便进入了第二阶段的工作，对研究成果原始文献进行审读，分字头剪辑和装字头袋。要把二十几书架的原始文献资料分条装入一万多个相关的字头袋，困难是可想而知的。几位资料员在参与编纂工作之初，对这项工作是陌生的，她们年逾花甲却以忘我的奉献精神，从头学起，仅案头的《说文解字》就翻烂了好几本。她们不仅熟悉了篆书的形体结构，部首序次，就连部首下所部诸字的序次也了然于胸。这给研究资料的分剪、装袋的准确快捷提供了切实的保证。

完成了前面两个阶段的工作，我们于1997年顺利地进入了编纂工作的第三阶段。这一阶段的工作是编纂的主体工程，要求严格按照编纂体例的规定审读考释资料，去取考释资料，进而删简，并按史的线索依出版时间先后次序编排考释资料。全体编委必须做到定位准确，去粗取精，脉络清晰。可以想见，坐不住冷板凳的人是不可能完成这样繁复的工作的。编纂过程中，项目经费曾出现较大的缺口，在这关键时刻，仍然是元化先生亲自协调，经王为松同志的联系，元化先生委托编委会与上海教育出版社签订了出版合同，这不仅及时解决了后续经费的投入，也同时解决了书稿的出版问题，保证了编纂工作的顺利进行。排版过程中，在排版人员尚未熟悉古文字检索的情况下，需要编委事先在审定稿之上标注古文字和不常见的各类异体字的字位编码。这一工作十分复杂，又必须对号入座，出不得半点差错。为了保证排版进度的正常进行，便由编委承担起这一工作，这就给原本工作量很大的编委又增加了许多困难。编码工作的后期，责任编辑也投入了大量工作，付出了辛勤的劳动，从1999年《古文字诂林》第一册出版，向国庆五十周年献礼；至2004年底，全书十二册终于全部问世。

为了进一步增强《古文字诂林》的社会效益，元化先生提出编写《古文字诂林简编》的要求。为此，华东师大中国文字研究与应用中心本年度的年会正准备以研讨《古文字诂林》为重点，邀请海内外同行专家群策群力，务使“简编”精要、易懂、实用，为弘扬祖国优秀传统文化做出我们新的贡献。

## 三、中国社会科学院语言研究所董琨

上个世纪九十年代，上海市古籍整理规划领导部门，以恢宏的魄力，启动了一项足以体现“大上海”地位的大型文化工程——编纂出版《古文字诂林》。通过以主编李圃（玲璞）先生为首的编纂委员会的辛勤劳动、奋力拼搏，上海教育出版社的高度重视、大力支持，历经十余个寒暑，终于使这部分装十二册的皇皇巨著全部完成问世。这不仅是古文字学界的福音，也是从事语言学、历史学、考古学、人类学、社会学、哲学、文献学、书法篆刻乃至自然科学、技术科学的研究者和爱好者的资山宝海，其对于巩固国学根基、弘扬中华文化的作用与价值，势必日益彰显。

我们知道，学术是天下之公器，学术的成果，应由社会共享；同时，学术的进步，又往往是渐进的和累积的。所以，不断地、适时地整理、抉择已有的、具有较大价值的学术成果以为同道者的吸收、参考与应用，减少初学者、后学者的盲目与迷惘，就成为一种十分有意义的、功德无量的大好事。其相应的编纂过程（包括材料的搜集、筛选与考校等），也极大程度地体现了编纂者的学养和眼光，因此这一类成果，不仅可以作为用于检索的专门工具书，而且其本身的学术价值也是毋庸置疑的。

汉字是中华文化的重要载体，其连绵不断、生生不息的强盛活力，为世界文字所仅有。在几千年的历史长河中，汉字的发展、演变的状态、过程是复杂的；早期汉字的探索与研究，对于中华古代历史与文明的真实面貌的揭示，尤其具有重大的意义。所以文字学作为传统“小学”的一部分，在我国历来受到重视。随着1899年甲骨文的发现与现代意义上的考古学的兴起，进入二十世纪以来，古文字学更是成为“显学”，成果日益丰盈。由于这一学科的研究对象，主要是基于个体的汉字，所以借用草创于东汉的许慎《说文解字》（我国的第一部字典）的编排形式与体例，将针对各个汉字的考释、解析成果系于各个字头之下，使得“检一字而众说齐备”，就成了文字学家的最爱，于是针对古代汉字的“诂林”应运而生，“诂”者，训释也；“林”者，集中也。自从1928年丁福保出版了十五卷本的《说文解字诂林》之后，古文字学界以“诂林”的形式和名目汇集相应的学科成果，可以说是蔚然成风。就笔者孤陋所及，规模较大的，在六十年代有李孝定主编的十七卷本《甲骨文字集释》（以下简称《甲释》），七十年代有周法高主编的十四卷本《金文诂林》（外加《金文诂林补》、《金文诂林附录》等；以下简称《金诂》），以上两种都是成于台湾学者之手而沾溉于大陆学者；大陆方面，则在九十年代出版了由于省吾主编的四大册《甲骨文字诂林》（以下简称《甲诂》）。

而这部由李圃先生主编的《古文字诂林》，则是同类成果总体而言的“后出转精”之作，其理由大致如下：

首先可见的优点是文本的表现形式。众所周知，由于古文字多数字形奇诡，铅字排版困难，所以以前有关古文字的论著，包括上述各种“诂林”，基本都是以手抄影印的形式出版问世。然而一般的抄工，特别是某些显见出于学生稚嫩之手的抄件，读起来更不免吃力难受。而《古文字诂林》的编纂者们由于与上海杰申电脑排版有限公司合作开发了“古文字字形库”，解决了古文字字形进出电脑的难题，致使整部大书，摆脱手抄之劳，全部使用印刷字体，加以版面美观疏朗，给予读者阅读上的轻松愉悦，是一般的手抄本难以相提并论的。

当然，更重要的是在内容方面的佳胜。这里，我们不妨举一个例子。《说文解字》开宗明义第一个字头的“一”字（多数“诂林”也是将“一”字置于全书字头之首的），看看各个“诂林”的内容异同及其体现的学术眼光：《甲释》依次列有丁山《数名古谊》两段、罗振玉《增订殷墟书契考释》一段（实为引钱大昕《〈汉简〉跋》语）、于省吾《双剑誃殷契骈枝三编》一段、郭沫若（写作“郭某”）《卜辞通纂》一段、《甲骨文字研究》一段。

《金诂》依次列有高田忠周《古籀篇》一段、林义光《文源》一段、丁山《数名古谊》一段、刘复《释一》一段、商承祚两段（出处标为《古考三页》）、高鸿缙《字例》一段、田倩君一段（出处标为《中国文字二十九册四页释一》）、张日一段（未标出处）。

《甲诂》依次列有郭沫若《甲骨文字研究》一段、于省吾《双剑誃殷契骈枝三编》一段、刘渊临《殷墟“骨简”及其有关问题》一大段、于省吾《甲骨文字释林》一段。

再看《古文字诂林》，则依次列有许慎《说文》一段、孙诒让《名原》一段、罗振玉《增订殷墟书契考释》一段、刘复《释一》一段、丁山《数名古谊》一段、王国维一段（出处为《刘盼遂记说文练习笔记》）、郭沫若《甲骨文字研究・释五十》一段、商承祚《说文中之古文考》一段、强运开《石鼓释文》一段、郭沫若《殷契粹编》一段、马叙伦《说文解字六书疏证》一大段、李孝定《甲释》中的按语、田倩君《许氏说文部首字诠释———释一》一段、于省吾《甲骨文字释林・释一至十之纪数字》一段、黄锡全《汗简注释》卷一一段、何琳仪《古陶杂识》一段、戴家祥《金文大字典上》两段。

从以上的罗列、比较中可以得出几点看法：

1.《古文字诂林》收录的说解、考释材料较之其他“诂林”，具有包容性；就是说，范围最广，从甲骨文一直到秦汉简帛文。这是由本书的性质、宗旨决定的。《甲释》和《甲诂》都只针对甲骨文，《金诂》只针对金文。

2. 在针对甲骨文的考释材料中，《古文字诂林》收录了为《甲释》《甲诂》所未收的孙诒让《名原》的说解，这是很有意义的，因为孙氏可以说是从文字学角度研究甲骨文的第一人，他的《契文举例》则是第一部专门考释甲骨文的著作；所以无视或忽视孙氏的说法是不应该的。

3. 《古文字诂林·凡例》指出："凡超出本书范围，或仅重复前人结论的考释资料，则不予收录。"所以见于其他"诂林"中的某些材料未曾收录，说明是经过抉择、考虑的，治学态度是严谨的。

4. 《古文字诂林》对于所收录材料的出处的标注，更为明确和规范。这对于读者、使用者是非常必要的。

不唯如此，在古文字字形的收录方面，同样以"一"字为例，《甲释》收录的甲骨文字形仅有 8 个；《金诂》收录的金文字形为 15 个。《古文字诂林》收有甲骨文字形（包括单字和合文）29 个、金文 15 个（与《金诂》均采自《金文编》）、陶文 4 个、货币文 27 个、玺印文 2 个、战国简文 7 个、其他（古文、碑刻等）16 个。其中值得一提的是，所收的战国简文，分别来自文物出版社出版的《睡虎地秦简文字编》和《包山楚简文字编》，前者于 1994 年 2 月出版，后者于 1996 年 8 月出版，可以说都是最新、最前沿的资料。可见在字形的收录上，《古文字诂林》的编纂者们也是下了很大的功夫的。因此可以认为：《古文字诂林》收录的字形，相当完整地体现了汉字在古文字阶段发展、演变的真实风貌。这是迄今为止同类工具书中在这方面做得最好的一种。

《古文字诂林》的出版问世，可以说是太平盛世下的一件学术盛事。相信所有的相关的学习者与研究者，都会对于这项功德无量的大型文化工程的完成表示诚挚的祝贺，衷心的感谢！

## 四、《古文字诂林》常务编委傅杰：王元化先生与《古文字诂林》

还在 20 世纪 80 年代初期，王元化先生就指出，学术研究既要重视理论开拓，也要注重基础工作，他以刚收到的国外寄来的《莎士比亚辞典》为例，高度评价这部收有五万左右词条的两卷本辞书"内容详赡，检索方便，对研究莎士比亚大有裨益"；而"我们还缺乏这类工具书，出版界也不够重视这方面的工作"。他还特别提到一些旧有的集成性工具书如《说文解字诂林》《经籍纂诂》等，应该尽快重印，为文史研究者提供便利，而其后的研究成果也应该补编续编，“进一步整理、汇总、编辑成为系统的工具书”，自90年代起，元化先生在著述教学之外，还用高度的热情、大量的精力从事了三项工作：一是主编以文史考据成果为主体的学术文丛《学术集林》，该文丛连续出版了十七卷，既刊登了章太炎、沈曾植、王国维、黄侃等先贤的遗稿，也刊登了周一良、邓广铭、饶宗颐、朱季海等学者的论文；二是领导完成了《王国维全集》的编校（即将由浙江教育出版社与广东教育出版社联合出版）；三是倡议并组织了《古文字诂林》的编纂。

由于元化先生不从事古文字研究，所以除了应请为《古文字诂林》题写书名，他坚持不在书内以任何形式署名。但从《古文字诂林》的筹划到出版的十余年间，元化先生没有一年放松过对这一工作的关注与督责。身为上海市古籍整理出版规划小组组长，从《古文字诂林》的立项，确立编纂队伍、聘请学术顾问、听取学术论证，直至排印方式与协调出版，他都亲自过问，自始至终领导着这个上海市古籍整理出版规划的重点项目的进行。除了在上海多方听取汇报，多次出席相关会议，1994年10月，已逾古稀的元化先生还与出版规划小组的领导成员钱伯城先生、魏同贤先生及《古文字诂林》主编李玲璞先生赶赴北京，在中国社会科学院召开了《古文字诂林》编纂工作论证会。除了学术顾问胡厚宣先生因卧病、裘锡圭先生因出访外，在京学术顾问顾廷龙、张政烺、李学勤，著名学者周一良、张岱年、任继愈、汤一介、管燮初、刘坚、傅璇琮等先生出席了论证会。大家从各个不同的学科角度充分肯定了这一工作的意义，并提出了有益的建议。元化先生主持论证会，并跟与会专家深入交流了意见。

也在90年代，元化先生明确倡导“有学术的思想”与“有思想的学术”，在学术界产生了广泛的影响。在最近发表的长文《有学术的思想，有思想的学术——王元化先生著作读后随笔》（《文景》第十三期）中，张隆溪教授写道：

王元化先生是当今中国文化和学术界一位重要的领袖人物，同时又是一位十分谦和厚道的长者。他十分注重传统学问扎实的训练和基础，长于考据训诂，同时又具有现代知识分子注重个人人格和权益、关心公共事务、争取社会公正和自由的特色。

这是很简而得要的概括。元化先生少年时曾专门从经学家任铭善教授研习《说文》，在传统学术的研究中仍不悖清人由小学入经学的治学路径，一向注重考据训诂，在他的名著《文心雕龙讲疏》中不乏通过考论字义来深究刘勰思想真意的精彩例子。张先生更忆及1992年在哈佛大学的研讨会上，“王先生为会议提交的论文是《‘达巷党人’与海外评注》，其中有《论语》章句的解释为例，纠正海外一些汉学家理解中国典籍的错误。那篇文章以具体例证说明，在学术研究中，文字训诂的基本训练是多么重要，而且通过评点国外学者理解和研究的得失，与海外几位著名汉学家展开对话，表现出中国学者在国学研究上深厚的功力与开阔的眼光”。而《古文字诂林》的编纂出版，其意义不仅是在文字学上给古文字考释成果作了总结，而且也给中国哲学、历史、文化的深入研讨提供了可靠的基础与可贵的资料，它与《说文解字诂林》合起来，不仅是文字史资料长编，也是思想史资料、文化史资料长编。当年陈寅恪先生在读了沈兼士的《鬼字原始意义之试探》后极口称许：“依照今日训诂学之标准，凡解释一字即是做一部文化史。”其言也是从这个意义上说的。王元化先生鼎力推动《古文字诂林》的编纂出版，实有深意存焉，其深意将随着岁月的推移而日益彰显。

## 五、香港中文大学章毅：执守古典的敬意

——《古文字诂林》编辑工作两年回顾

听到《古文字诂林》顺利出齐的消息，欣喜之余，不禁回想起2000年夏到2002年冬在上海教育出版社参与《古文字诂林》编辑工作的这段既紧张又让人回味的时光。

2000年我刚加入教育出版社即参与了《古文字诂林》工作。在此后的两年，担任了《古文字诂林》第四册和第七册的责任编辑。工作期间，印象最深的莫过于《古文字诂林》将“古典语文”转化为现代出版物的技术难度，以及大型工具书编辑过程中掌握工作节奏的不易。

作为一部大型的古典语文工具书，《古文字诂林》的编辑原意来自民国初年丁福保的《说文解字诂林》。它借用源于《说文解字》的传统字书的编纂原则，用五百多个部首、五千余字头统摄汉字，不仅力图对近百年来各类型古文字的考释成果作一次全面的汇集，更结合现代印刷技术，力求对古文字进行信息化处理，使其可检索、可储存，真正“现代化”。前者决定了它庞大的规模，后者则要求它要与电脑印刷技术密切配合。

在新闻路《古文字诂林》编辑小组的两年似乎都是围绕着这两个

工作特点展开的。刚到编辑小组的时候，如何将《古文字诂林》庞大的规模分解为各册可以控制的篇幅，是我们一项很棘手的任务。为此同事们花了非常多的心力，与编纂委员会的沟通也几乎无日无之。最后终于定下计算字头，分册发稿的原则，使每一分册形成一个独立的工作单元。为几册并进的工作进度奠定了基础。之后另一项吃重的任务是如何在编辑小组、编纂委员会、排印公司之间协调进度。每一份稿件都要经过四个校样、八个校次的轮转，在校稿的同时还要完成古文字字形编码、电脑取样的工作，其中的复杂与繁难不是参与者恐怕不容易体会。好在编辑小组的七位同事都是异常踏实敬业的人，整个工作仍然进展得极为稳健。

到 2002 年冬天，自己担任责编的第七册已经付型。同事们担任责编的第六、八册也已经出到最后的校样。此后自己虽然因故离开了这个工作岗位，但仍常常期待着它的后期工作能早日圆满结束。一直相信，当它完整面世的时候，呈现在人们面前的将不只是一部精良的大型古典语文工具书，更是一份对于古典文化长期执守的敬意。

# 以《古文字诂林》为学术追求使命[①]

## ——深切怀念李玲璞老师

王世伟

李玲璞（又名李圃，1934～2012）老师在十五年中倾全力主编完成了《古文字诂林》（以下简称《诂林》）这部巨型著作之后，本来还有许多学术的梦想要去实现，但命运之神却未能留给他更多的时间。2012年11月17日晚，他离我们远去了，他的学术生命永存。回忆起以往的学术研究岁月，还历历在目。

## 一、顾廷龙先生举荐担任《诂林》主编

《诂林》的编纂起始于1991年春。当时上海市古籍整理规划小组组长为王元化先生（1920～2008）。王先生提议集中资金做几件古籍整理的大项目，原计划的目标是民国年间丁福保（1874～1952）所编《说文解字诂林》和清代阮元（1764～1849）主编的《经籍籑诂》这两部大的工具书的增补续编和整理。这一创意得到了国内有关专家学者的高度肯定，认为这项古籍整理工作极有意义，不仅有功当代，且可惠及后人。我本人1978年至1982年曾在华东师范大学中文系就读本科。就读期间，对文字学有兴趣，记得当时成立了古文字兴趣小组，成员有1977级同学王元鹿、徐莉莉、姚平，1978级同学何峭、王延林等，李玲璞老师担任指导老师。在李老师指导下，我与同学何峭在中文系就读期间，编纂了《说文部首汇释》，1982年曾由华东师范大学内部印刷，作为教材。之后，我在1982年至1985年有幸在华东师范大学图书馆系就读中国古典文献学专业的研究生，问学于顾廷龙先生（1904～1998）。顾先生根据我的兴趣和基础，曾拟定了"敦煌文献别体字研究"作为我的研究生论文题目，后来因资料收集有些困难，改为公开资

---

① 编者注：本文系作者在2012年12月23日李玲璞先生追思会的发言稿，后刊于《文汇读书周报》2012年12月28日。

料相对较多的“孙诒让校勘学研究”。这两个题目都与文字学有关。顾廷龙先生也是古文字学家，早年在燕京大学读研究生时的毕业论文即为“说文废字废义考”，后曾编《古陶文舂录》，成为古文字研究的重要参考工具书。在对我研究生学习指导的过程中，顾先生也对李玲璞老师有所了解，知道华东师范大学有一批从事古文字研究的中青年团队。故当年王元化先生在征求老专家关于《诂林》主编人选时，顾先生举荐了李老师。《上海市古籍整理出版规划小组简报》第 4 号（1991 年 10 月 15 日）曾记录了这一历史过程：“为落实编纂工作，王元化同志曾与有关方面商谈，并向几位专家（包括外地）请教，在编辑人选方面，顾廷龙同志举荐华东师范大学李玲璞（李圃）教授担任《说文解字诂林》的新编工作。李教授著有《甲骨文选注》等著作，对文字学很有造诣，又有编纂工作经验。经与李教授联系，他表示愿意承担这项工作，建议与学校组织联系。王元化同志亲自与华东师范大学校长袁运开、副校长郭豫适研究，得到他们二位的大力支持，决定由该校中文系承担这个项目，并落实由李玲璞教授任主编，中文系副主任汪寿明教授任副主编，并组织一个专职的工作班子。”从《诂林》编纂的过程和结果来看，当初顾老的举荐是十分正确的，尽管在《诂林》编纂过程中曾有过许多预想不到的困难和波折，王元化先生对《诂林》也有很高的要求和督责，但正如有一首歌曲《阳光总在风雨后》曲名所描绘的，《诂林》在十五年后以皇皇十二巨册呈现在世人面前，令人感动和感慨。

## 二、主持开展《诂林》各项编纂工作

在确定了《诂林》主编后，李老师毅然承担起了这项艰巨而重要的学术使命。据李老师本人回忆：“在接受了《诂林》编纂工作之初，我作为主编人，足足用了三个月时间思考着下面几个问题。第一个问题是这个项目的容量。第二个问题是这个项目的自身系统。第三个问题是书稿编成之后如何运用现代信息技术排版。”（《迎难而上求实创新——〈古文字诂林〉编纂小记》，《解放日报》2005 年 11 月 9 日第 7 版，下引李老师语出处同）

1991 年下半年，《诂林》曾先后召开了四次编纂工作的会议。7 月 13 日，“《诂林》编纂规划制定首次会议”在上海锦江饭店举行，王元化先生主持会议，到会的有关领导和出版机构负责人有龚心瀚、赵斌、钱伯诚、魏同贤，到会的顾问专家有顾廷龙、马承源先生（1927 ~

2004）、齐森华、李玲璞、汪寿明等。会上，李老师谈了《诂林》整理编纂规划的初步设想。与会领导和专家对编纂工作的书名、内容、特点、体例、资料收集、电脑排版、开本字数、人力时间、规模经费等逐一进行了讨论。8月22日和9月9日，先后在王元化先生家中小范围讨论了《诂林》编纂规划的提纲草案，对书名内容、编纂宗旨、编纂体例、资料收集（包括外文资料）、经费使用等问题进行了更加细致的讨论研究，明确了以下几点：《诂林》项目由上海市古籍整理出版规划小组委托承办，项目经费由规划小组提供；王元化先生和钱伯诚先生都提出不参加学术顾问名单，只担任具体规划工作；建议成立编纂工作委员会；商定10月下旬举行第一次顾问论证会，由规划小组和华东师大一同筹办。10月26日至28日，在华东师范大学举行了《诂林》的首次编纂规划论证会，《诂林》学术顾问胡厚宣（1911～1995）、张政烺（1912～2005）、裘锡圭、顾廷龙、戴家祥（1906～1998）参加了论证会，会上决定增加朱德熙（1920～1992）为《诂林》顾问。李老师在论证会上汇报了《诂林》编纂规划的草案，包括编纂宗旨、编纂体例、资料收集、工作步骤、工作班子、经费预算等。会议围绕《诂林》的书名和学术定位等进行了论证。这次专家论证会对明确《诂林》的编纂宗旨和编纂范围等最基本的问题起到了重要的作用。

## 三、从《说文解字诂林新编》到《古文字诂林》

《诂林》在创意之初曾定名为《说文解字诂林新编》，这在1991年10月下旬的首次专家论证会前一直还是这样的定名。1991年10月15日，上海古籍整理出版规划小组简报第4号的标题就是《关于落实〈说文解字诂林新编〉编纂工作的情况汇报》，1991年10月下旬李老师在首次专家论证会上的汇报稿也是《〈说文解字诂林新编〉编纂规划（草案）》。在首次专家论证会上，各位学术顾问对书名提出了修改意见，认为《古文字诂林》的书名更科学，也更能体现并汇录历代学者关于古文字形音义的考释成果。此前定名《说文解字诂林新编》，曾要求不论新编或增补修订，不能离开《说文》，这样势必有所局限。实际上，《说文》也可列入古文字的研究范围。当年顾廷龙先生在其研究生论文《说文废字废义考序》中就提出了《说文》与古文字研究的关系："据《说文》以溯金文、甲骨文，是为阶梯。""窃拟其途有三：一则以《说文》中连字，即互训者，统为考录，俾知全书之单字若干，单字偏旁与金文、甲骨文之缔造，其关系若何，或可比见。二则考《说文》中确为汉代之字，及一字而孳乳义近之数字者，分别著录，则余者或可谓较早之文字矣。三则《说文》之字至今日有不用者甚多，就其不用者一一考辨，可见《说文》之中，或有真古文字在也。”

1991年11月23日，华东师范大学第362期校报在头版刊登了“我校受托编纂《古文字诂林》”的新闻，书名已改为《古文字诂林》。我本人还保存有李老师修改的《〈古文字诂林〉编纂规划》（修改稿），所署时间为1991年12月。可见《诂林》在1991年10月下旬第一次专家论证会后，项目名称已确定为《古文字诂林》。《古文字诂林》的定名，对于《诂林》的编纂具有重要的意义，虽然《诂林》仍参照《说文》部首顺序排列字头（但首列单字古隶定楷书字头，字头旁加注篆书），但《诂林》已不是新编或补编，而是一部全新体例和学术定位的大型古文字工具书，成为一部汇录上自殷商下迄秦汉的甲骨文、金文、古陶文、货币文、简牍文、帛书、玺印文和石刻文八种古文字形音义考释成果的大型工具书。

## 四、在破除各类难题中推进《诂林》编纂工作

《诂林》学术顾问李学勤先生认为《诂林》是“不寻常的学术成果”，“我要说的是，编印这样一部大型的专业工具书，实在是太不容易了。中国的古文字学源远流长，变化万端，学者加以隶写考定，又各家不同。这十二册书，有多少需要特殊处理的字形？仅此一点，我们就应该向编者和出版社表示敬意和感谢”，“大家赞美《古文字诂林》‘集万卷于一册，汇众说于一编’，并非夸诞之辞”。（《不寻常的学术成果》，《解放日报》2005年11月9日第7版，下引李学勤先生语出处同）李老师在主持《诂林》的编纂中，面临了难以想象的诸多困难，《诂林》的编纂就是在破除各类难题中不断推进的。下面略举我所知晓的数例难题，以见一斑。

首先是资料收集取舍的难题。1991年，《诂林》被确定为上海古籍整理规划“八五”重点项目，华东师范大学专门设立了《诂林》的编纂室。为了将收集的资料进行有序排列与存放，李老师组织大家一起设计了《诂林》的资料袋，袋中的信息包括编号、说文部首、检字部首、电脑号码、四角号码、汉语拼音、资料名称、作者及序号等。总计一万多个资料袋分架装了二十多个书橱。同时分工开始了资料的收集。我保

存的一张当年收集图书资料的分工单上记录了当时图书文献的收集分工：詹鄞鑫、徐莉莉、郑明、刘志基、吴平和我分别按年度分工负责20世纪前90年所出的各类著作资料的搜集。在收集资料阶段，我们参加《诂林》编纂人员还分工到各地实地调研有关资料，当时由我带队与李露蕾教授、史舒薇教授等去了北京，在北京大学得到了裘锡圭先生等的热情指导和帮助，裘先生在家中将其研究成果悉数给我们进行了著录。在收集资料的过程中，李老师对我们十分关心，在我们赴外收集资料之前和回来之后，都给予了悉心的指导和充分的鼓励。1992年2月，李老师组织大家在收集资料的过程中对收录资料的范围有过一个参考意见：其中明确了《诂林》所收资料为所有古文字资料的考释；为免遗漏，举了一些目录中的子目以供大家留意参考：语言文字类中的校勘与标点、汉语词汇、汉语文字中的汉字研究与古文字、文物考古类中的商周秦汉考古部分、历史类中的先秦两汉史部分尤其是商周史、地理类中的先秦两汉部分、民族史类中涉及上古民族的部分、专史类中涉及先秦特别是涉及商周部分以及涉及简帛资料者、神话传说类中凡涉及上古神话和五帝尧舜禹汤神话、民俗类中涉及先秦尤其是商周古俗的部分、文学类中涉及商周及出土文献文学部分、艺术类的各门类凡涉及商周古器物出土古文献者；在标题不能分辨内容时，可参考作者、刊物性质。提出图书资料原则上宁滥勿缺，论文资料适当从严。这些资料收集的参考意见对于《诂林》资料的高质量和高效率起到了重要作用。对于已经收集的资料如何进行取舍，李老师组织大家进行了很多次的讨论，经过反复斟酌，确定了以下取舍原则：凡是古文字字形的汇编著作，一经采录，不加取舍，以存原貌；考释部分所录以各家关于古文字本体形音义考释内容为主，兼及用法的阐释；有些考释资料其结论虽承继前人，但在论据论证方面有所发明的，则酌加收录；凡超出本书范围，或仅重复前人结论的考释资料，则不予收录；所录考释资料，如涉及两个以上的字且无法分割者，则视具体情况，或只归于重点考释的字或归于出现在前的字。为了提高编纂的质量，及时发现问题，李老师组织大家在1993年中选定“辛”字等十个字头作为样稿并接受专家论证，李老师还亲笔撰写了样稿的《说明》，以获进一步完善和提高。

其次是编纂队伍的组织和稳定的难题。《诂林》是集体项目，且计划历时十年左右。参加《诂林》的编纂人员前后不下三十多人，每位参加人员的身上都凝聚着李老师关心和帮助的心血。许多青年科研人员都是兼职参与编纂工作，他们分别来自华东师范大学中文系、图书馆系、历史系、古籍研究所、图书馆以及在读的研究生等，不少人面临着许多其他的教学和科研任务，还有职称评定等问题，需要有已出版的科研成果进行申报。为了稳定编纂的骨干队伍，李老师与校院和系所领导多次汇报沟通，要求《诂林》的阶段性成果也能够成为评定职称的依据，同时尽可能减轻参加人员其他的教学科研工作，以便集中精力于《诂林》的编纂。不仅如此，李老师还广揽人才，先后聘请了中国社科院语言研究所的董琨研究员、四川大学历史系的何崝教授、上海师范大学的徐时仪教授、复旦大学的傅杰教授以及人才引进的臧克和教授等参加编委工作，还有诸多国内访问学者也参加了有关编纂工作，此外，《诂林》编纂室还聘用了在职和退休老师张春华、张友荣、袁根娣、凌玉泰等，他们编辑编纂室藏书目录和文献检索系统，做了大量日常的管理工作。李老师对这几位老师也体贴有加，这些都体现了李老师海纳百川的学术胸怀和学术凝聚力。为了推进《诂林》的编纂工作，李老师作为甲方与参加的中青年科研人员的乙方分别签订了资料搜集的合同书。我至今还保留了一份 1992 年 1 月李老师与我所签的亲笔合同。合同书中规定：乙方愿意承担甲方交给的《诂林》资料搜集工作；甲方按月付给乙方资料搜集工作津贴壹百元；乙方必须与其他有关同志团结互助，同心协力，保质保量按时完成应承担的工作；甲方有义务定期检查乙方完成工作的情况；乙方如在中途无能力完成任务，或无故不能如期完成任务，甲方则有权中止提供资料搜集工作津贴费；乙方如需发表所搜集的资料，事先应与甲方联系，并取得甲方同意。以上措施，为稳定队伍并最终完成《诂林》的编纂任务起到了机制的保障作用。

三是电脑排版的难题。《诂林》在编纂之初，曾有过三个印刷的设想，一是全部手工抄写，但五千万字手工抄写迁延时日，影响出版；二是原始照相制版，但古文字的原始文献版式各异，字体不同，繁简不一，难以求得划一；三是电脑排版，20 世纪 90 年代初期，包括电脑排版技术在内的信息技术正在不断发展，因此，在《诂林》创意之初，李老师就已提出设想运用电脑技术采用激光照排进行全书的合成。但当时国内外对于出土古文字的电脑排版技术尚处于空白阶段，将古文字形体手写剪贴电脑制版，当时也有少慢差费的顾虑。李老师曾感叹：“如何与时俱进，体现信息时代的新风貌，这又成了一个难题。”在《诂林》启动后的四五年中，李老师等从未间断过运用计算机印刷古文字的调研工作，王元化先生和上海新闻出版局以及上海教育出版社的领导和编辑等也共同商议破解这一难题。编委成员曾先后赴北京、保定、广州、深圳、常州以及所在地上海进行调研。在上海古籍整理规划小组的帮助下，最后经考察选定了上海杰申电脑排版有限公司，并与之联合开发了《古文字字形库及排版系统》，并通过了上海市科委的成果鉴定。1996 年 3 月 20 日，上海市有关领导和上海的人民出版社、辞书出版社、古籍出版社、汉语大词典出版社、学林出版社、远东出版社、教育出版社、上海书店出版社等八家出版机构的负责人参加了《诂林》编纂工作的座谈会，对杰申电脑排版的“形神兼似”的样稿进行了论证。样稿得到了与会领导专家的一致好评。可以说，《诂林》不仅在内容上是功德无量的大型文化工程，在古文字电脑印刷技术上也是一个重要的创新和突破。“该书首次将现代信息技术同古老传统文化进行了完美的结合，开世界上使用电脑技术排印古文字书籍之先河”。（上海教育出版社宣传语）

除了以上几个主要的难题之外，《诂林》还遇到了诸如遵守知识产权、经费持续投入等的难题。《诂林》是一个“集万卷于一册、汇众说于一编”的大型工具书，将面临如何解决知识产权的难题问题。在李老师的指导下，郑明教授和我等编委成员认真研究了我国的有关著作权法，采取了相应的举措，在国内外众多学者的支持和上海市知识产权局的指导帮助下，使知识产权问题得到了较好的解决。在《诂林》进行的中期，项目经费曾遇到了较大的缺口，在王元化先生和王为松社长的联系帮助下，项目得到了上海教育出版社的鼎力支持。对此李老师十分高兴，他回忆道：“编委会与上海教育出版社签订了出版合同，这不仅解决了后续经费的投入，也同时解决了书稿的出版问题，保证了编纂工作的顺利进行。”

## 五、文字学研究中心的奠基人和学术团队导师

《诂林》的编纂工作之初，李老师就意识到能否带出一支队伍，将直接关系到能否优质高效地完成这个重大项目。本着“完成一个项目、培养一支队伍、既出成果、又出人才”的宗旨，在王元化先生的倡导下，李老师在华东师范大学组建了“文字学研究中心”，王元化先生亲自为中心题写了匾牌。1999 年，当《诂林》第一册问世之际，华东师范大学举行了中国文字学国际学术研讨会。华东师范大学“文字学研究中心”的中青年学术团队集体亮相，得到了全国同行专家的交口称赞，认为上海已成为文字学学术研究的重镇。一些中青年学者在李老师的指

导和带领下，将人生中最宝贵的青春年华献给了《诂林》。正因为有了《诂林》的学术基础和学术影响力，国家教育部决定在华东师范大学组建国家教育部人文社科重点研究基地“中国文字研究与应用中心”，并带动了原有的汉语言文字学博士授予点成为了上海市重点学科。李老师对于这支学术团队的形成和发展，内心十分欣慰，他曾撰文写道：“这支编纂队伍敬业刻苦，团结奋进，在近十年的磨炼中，得到了迅速发展，并引起学术界的瞩目。”

李学勤先生曾感叹道：“《古文字诂林》编纂出版的十五年，对于学术史来说，为期不算太长，而对于学人来讲，却是不短的期间。这部书的学术顾问八位，朱德熙、胡厚宣、马承源、张政烺、戴家祥、顾廷龙（以姓氏笔画为序）六位都已经过世。抚今追昔，今天在这里纪念他们，我觉得完全应该的。”如今，《诂林》主编李老师也已往生，学生谨以此文的追忆表达对李老师的怀念之情，李老师与《诂林》将与世长存。

（作者为上海社科院信息研究所所长、研究员）

# 忆李玲璞先生的《诂林》《释要》岁月[①]

夏 军

今天，我们大家从四面八方聚集到这里，聚集到华东师范大学这座神圣的学术殿堂，共同追思一位在这儿学习、工作、生活了大半个世纪的老人——李玲璞先生。

李教授一生的贡献是多方面的，其为人处世也有很多地方值得称道。我在这儿只想谈谈自己比较熟悉的李先生主持编纂、出版大型古文字工具书——《古文字诂林》的十几年时光。

记得那是1991年下半年，收到李先生回复我的第一封信，我很兴奋，因为信中说欢迎我报考他的研究生，同时也顺便提到他“刚接手了一个大项目”。后来入学之后我才知道，他所说的“大项目”就是今天的《古文字诂林》。

那是王元化先生有感于学界的浮躁，应该做一些“打基础”的工作而倡议编纂的。这一项目由上海市古籍整理出版规划小组立项，后来被列入国家古籍整理出版“十五”重点图书项目，委托华东师大组织编纂。主编的重担交给了李玲璞先生。

李先生当时五十多岁，年富力强，篮球打得很好，听说年青时还当过手球队的运动健将，强健的体魄保证了他日后有充沛的精力投入到繁重的《诂林》编纂工作中去。

在学术方面，我想读一段这次中国文字学会的唁电：“上个世纪九十年代初，李玲璞先生为中国文字学会的筹建和建设工作投入了巨大精力，并担任中国文字学会第一届常任理事和学术委员会委员，为学会的创立和发展做出了重要贡献。”

其实，早在1982年，李先生就组织古文字研究小组编纂了一部《说文部首汇释》，前列各体古文字形，后附诸家释文，字形已不局限于小篆，列入了甲骨及金文；释文也突破了20年代丁福保编的《说文解字诂林》，加入了罗振玉、王国维、于省吾等近现代名家的新说。此

---

① 编者注：本文系作者在2012年12月23日李玲璞先生追思会的发言。

书虽说规模不大，又仅仅是谈部首的，但已初具后来《古文字诂林》的雏形。

然而与《说文部首汇释》不同的是，《古文字诂林》的规模要大得多，它收集了甲、金、古陶、货币等八大类古文字字形和考释资料，编成后规模达十二巨册，一千五六百万字。

李先生接受这一重任后，首先面临的是编纂队伍的组建问题。他以华东师大为主体，特邀中国社科院、上海图书馆、复旦大学、吉林大学、四川大学和上海师大等单位的青年学者组成了20位不脱产人员构成的《古文字诂林》编纂委员会，并于华东师大设立了《古文字诂林》编纂室；同时还聘请朱德熙、李学勤、胡厚宣、马承源、张政烺、裘锡圭、戴家祥、顾廷龙等八位国内著名学者担任顾问。实践证明，李先生对编纂队伍的组建是富有战略眼光的，这是一支勤勤恳恳、脚踏实地的学术团队，同时又得到学术顾问和其他专家学者的指导，这为《诂林》编纂工作的顺利开展打下了良好的基础。

接着便是考释资料的收集工作。编委会经反复研讨，决定凡海内外所有用中文发表的考释资料均在搜求之列。这是一个工作量十分庞大的任务。李先生将编委会分成几个小组，北上南下，奔赴全国各大城市的图书馆和高等院校图书馆，还同各省市的文博考古单位和专业期刊编辑部保持广泛的联系，以期资料搜集尽量齐备。记得我做研究生时，除曾随着王世伟等编委老师到北图、北大图书馆以及中文、考古等系所的资料室搜求外，还蒙裘锡圭先生俯允，到他家资料丰富的书房内搜寻了一天。这一工作十分繁复而艰难，前后共花了四年半时间。而能够将这样繁难复杂的工作安排得井井有条，充分体现了李先生卓越的组织领导才能。

与此同时，为了编纂体例的进一步完善，李先生还带领编委会于北京、上海、广州、成都、武汉和南京等主要城市召开了多次专家论证会，参加论证的专家不下百位，如著名学者任继愈、张岱年、李学勤、裘锡圭、周一良、汤一介等。特别是曾任中国训诂学研究会会长的许嘉璐先生忍着车祸造成的病痛，脖子上上着夹板参加论证会，并对编纂工作提出宝贵的指导意见；时任中国社科院语言所所长的刘坚先生，因患脑萎缩无法行走而被搀扶着坚持全程参加了论证会。这么多专家学者如此热心这一项目，除了学术之公义以外，我想，也还有朋友间私人的情谊在。我时常惊异于李先生交友之广，如跟许嘉璐先生长久而深沉的友谊。有时即使在学术上与朋友的观点不完全一致，也不影响朋友之间的交往。比如李先生并不完全赞同汉字的简化，可他同当时的国家语委副主任傅永和先生却是一对铁哥们儿。有一次，我去拜访傅先生时谈到李老师，傅先生一挑大拇指，赞道："山东好汉！他在我这儿还曾复印过许多五六十年代的俗字调查材料呢。"我曾和李先生谈起过他的交友之道，李先生只是简单地教导我："交友以诚，用真心。"话很质朴，却直入我心，所以至今依然记得。我想，李先生真诚、豁达的人格魅力，对《诂林》编纂工作的顺利开展，也起着重要的作用。

编纂体例形成以后，便进入了原始文献的审读阶段。这又是一项艰苦的工作。要将二十几个书架的原始文献资料通读一遍，按编纂体例进行取舍剪裁，然后将选中的资料依据史的线索，按出版时间先后的次序编排，分门别类地装入一万多个相关的字头袋。——想想都令人害怕。可是李先生作为主编，却身先士卒，承担了与其他编委一样的审读、加工工作。这会让许多现在的挂名主编们感到汗颜。

不过后来，听说编纂工作又遇到了波折。由于原先没有充分考虑到项目的规模之大、历时之久和难度之高，项目进行到一半，当初预算严重不足的拨付经费已基本用完。巧妇难为无米之炊，项目面临下马的风险。据师母回忆，那段时间，李先生心急如焚，回家后常常一个人枯坐在他那简陋的书桌前，半天不说一句话，只是一支接着一支地抽烟。有时半夜两三点钟，师母起来，看到李先生还坐在那里沉思，周围的地上已撒满了烟蒂。

好在过了一段时间，经李先生多方奔走，事情终于出现了转机。李先生通过王为松先生，与上海教育出版社经过多轮磋商，最终达成协议，由上海教育出版社对项目投入后期经费，书稿编成后交上海教育出版社出版。那是在1997年左右，我已毕业，在上教社当了几年的编辑了。碰到李先生时，他脸上重又浮现出开心的笑容。他兴奋地对我说："连王元化先生都对我说，没想到我这个'两耳不闻窗外事'的书生倒办成了一件大事，救活了一个项目。"那神情，就像一个小学生考试得了一百分一样。这样，因为《诂林》的因缘，我与李先生的接触又多了起来。

书稿要出版，就面临着排版的问题。古文字类图书，一向因为古文字字形的难以处理和怪字的繁多而被出版界视为畏途。《说文解字诂林》采用的是"剪刀加糨糊"的手工作坊式做法，一书之内，字体千奇百怪，文字大大小小，那是面对技术难题而采取的无奈之举。于是，传统的文字学著作，大多采用最传统的做法——人工手抄，再影印出版。但对于《古文字诂林》来说，那种做法几乎是不可能的，一是规模如此庞大，合格的抄手哪里去找？二是人工手抄极易出错，质量难以保证。在人类已进入信息化时代的大背景下，如何将古文字排版与信息技术结合起来呢？李先生在这一点上思想却是颇为激进的，他想在这一方面来一个突破。于是，编委会在全国范围内展开了调研，北到北京、保定，南到广州、深圳，以及长三角的上海、常州等地，最终找到了初具技术实力的上海杰申电脑排版有限公司。编委会和排版公司联合攻关，开发了"古文字字形库及排版系统"，利用该系统进行排版，使得《古文字诂林》在古文字的保真度、清晰度以及整体排版印刷效果上都远远胜过其原始资料，让这套书带上了鲜明的时代色彩。

技术难题突破了以后，就进入了图书出版阶段。一两百个装满原稿的纸箱，一万多个资料袋，近十万页原稿，八个校次的校样，在编委、编辑和排版人员间轮转多次，七年间没有发生大的差错，全赖李先生的调度。碰到问题，事无巨细，我们总找李先生商量，而他以主编之尊，却毫无烦言。实际上，那时李先生已近古稀之年了，还天天坐镇办公，我们没有注意他日渐消瘦的身体，还经常拿一些小问题去打搅他，现在想来，真是不应该。

在出版过程中，李先生力排众议，坚持用古隶定字作为字头。他从每个字的取象发生到成字造义，参验众说，考察字形结构与所表语词的关系，将形体规范、理据充分的秦汉篆书分笔书写，使其笔画化。一万多古隶定字头要指导排版公司一一造出，且点画不能有丝毫闪失，还要为索引标注笔画，如此巨量的繁重工作，李先生以古稀之躯一人任之，让人起初有点诧异。如果采用后世通行繁体字作为字头，不知可省力多少。及至在后来的总结文章中，李先生指出这是要"在中国字样史上为古今文字的演变架起一座桥梁"，我辈"偷懒主义者"才明白这是他将自己的学术理想付诸实践的一次尝试，不禁对他肃然起敬。在学术上，李先生真是一位知行合一的理想主义者和完美主义者。

2004 年，《诂林》的第十二册终于面世了。鲜花和掌声纷纷涌来。新闻媒体赞誉道，这部书"集万卷于一册，汇众说于一编"，"标志着上下三千年历史中各类古文字形体的集大成，也标志着千百年来历代学者关于古文字研究成果的集大成"。这部书得到上海市委宣传部的通令嘉奖，获得首届中国出版政府奖和首届中华优秀出版物奖等国家最高级别的荣誉。同时，通过《诂林》的编纂，李先生也带出了一支迅速崛起的学术队伍，脱胎于学校"文字学研究中心"的"中国文字研究与应用中心”异军突起，已成为国内文字学学术研究的重镇，成为教育部为数不多的国家人文社会科学重点研究基地之一。

可是面对这一切荣誉，李先生却退隐了。从本质上说，李先生从来就是一个淡泊名利、醉心学术的学者。为了中华五千年文明的延续和保存，为了中国优秀传统文化的弘扬和光大，本着“为往圣继绝学”的崇高理想，李先生毅然放下了自己对于文字学理论研究的宏大计划，全身心地投入到《诂林》的编纂工作中去。这一放就是十五年。要知道，这十五年，对于一个以自己独创的字素理论在文字学界崭露头角，学术思想日益成熟的学者来说意味着什么。一个人的学术生命，又能有几个十五年呢？然而李先生为了一个更为远大、更为崇高的理想，将这一切个人的考量放下了。如今好了，经过十五年的“炼狱”，终于功德圆满，一身轻松了，终于又可以重拾十五年前的梦想，躲到“象牙塔”中去重构字素之梦了。“抓紧时间，时不我待啊”，李先生又一次兴奋地对我说。

2007 年的一天，已身患癌症的王元化先生将李先生和上海教育出版社的包南麟总编请到他所住的庆余别墅，我也陪在一旁。王先生用带着询问的口气说道：“《诂林》是编好了，可卷数太多，那是专业人士用的，一般人买不起。你们能不能在《诂林》的基础上再编一部精要、易懂、实用的简编本呢，那样更有助于普及。”面对这样一位一直关心、支持《诂林》编纂工作的德高望重的老先生，面对这样一位身陷沉疴却仍在关心学术普及的老学者，李先生还能说些什么呢？

“我们试试吧，王先生。”李先生轻轻地说。声音虽然是轻的，可这句承诺在我今天想来，仍然是掷地有声的。为了这句诺言，李先生再次放下自己的研究，投入到简编本的规划中去。再一次，因了古文字的因缘，我和李先生的联系又密了起来。记得那几天，不知道电话中讨论了多少次，最后还是李先生拍板，“就叫《古文字释要》吧”，好，又平实又准确。

接着，李先生又思索再三，定下了编纂体例。一条条，一项项，都是从一般读者的需要着手，贯彻王先生“精要、易懂、实用”的原则，可以看出，每一条都费尽心思。

然后，我们几个参加编纂的人就进行了分工，一有问题，就去向李先生请教。每隔几周，就要到干训楼李先生狭小的办公室里开会，汇报项目进程，讨论编纂中遇到的问题。这时候，我注意到，李先生比以前消瘦了许多。一遇天气变化，他就咳个不停，并且有时感冒几个月都不好。当年的运动健将，身上的抵抗力竟然脆弱得一至于此，这大概与十几年来《诂林》编纂工作的劳心与费力有关吧。

一次，李先生从北京参加学术会议回来，又患上了感冒，这一次特别厉害，一连几个月，师母陪着李先生辗转上海各大医院，仍然未见好转。后来，李先生就在家吸上了氧气，已经很少出门了。他让师母打电话给我，让我把大家做好的书稿送他家，他就在家一边吸氧，一边看稿。看着李先生指着书稿的瘦瘦的手指，看着李先生戴着鼻息说话时吃力的模样，我不禁悲从中来。

前年春节，李先生住进了医院，经历过多次急救，每次都转危为安。我去医院看他时，他尽管说话困难，却总还试图和我谈《古文字释要》的进度问题。有一段时间，他病情比较稳定，还提出要看校样。我在心里暗下决心："一定要让《古文字释要》早日面世。"

幸好，就在那年年底，书出版了。我在第一时间赶紧把书送去。李先生十分高兴，叫师母扶他起来，硬撑着坐在病床上，把《释要》放在面前，左端祥，右端祥，就像在看一件稀世珍宝一样。为了报答亲友的关心，他还想自己亲笔签名，将《释要》分送给亲朋好友。可是因为无力握笔，那几本书直到最后，仍然静静地躺在他的床边……

这次，许嘉璐先生发来的唁函中称，李先生"黾勉勤劳一生，所奉献于世者，学林将永铭之"，可谓知者之言，道出了我们共同的心声。

（作者为上海市黄浦区教育学院编审，原上海教育出版社编审，《古文字诂林》与《古文字释要》责任编辑）

# 一项跨世纪宏伟工程[①]

## ——开始成书的《古文字诂林》

包南麟

1999年底，《古文字诂林》第一册由上海世纪出版集团上海教育出版社出版，一项里程碑式的出版工程和文化建设工程，从1992年开始，历经8年奋战，终于开始结出累累硕果，引起了学术文化界的广泛关注。

按计划，这套《古文字诂林》收录了几乎所有门类的古文字形体与研究考释成果，是我国迄今为止规模最为宏大的古文字汇释类专业工具书。它的出版，对汉语文字研究、大型辞书编纂、古代典籍整理及相关社会科学研究具有重大的现实意义和历史意义。

《诂林》包容之广，前所未有，上自殷商下迄秦汉的全部出土古文字形体，包括甲骨文、金文、战国秦汉玺印文、战国货币文、陶文、战国秦汉简赎文、帛书、石刻文、春秋战国石盟书等多种文字，以及其他传世古文字，包括《说文》篆文、或体、古文、籀字、奇字，《三体石经》古文，《汉简》和《古文四声韵》古文等，均在收录之列，共有一万多个字头，几乎囊括了古文字的所有门类。

这部继《说文解字诂林》之后篇幅最大的古文字书，汇集了一千年来历朝历代学者考释八大类古文字的代表性研究成果，包括各种研究专著、单篇论文、考释札记，凡有一己之见且真实可靠者都尽收其中，对自二十年代丁福保《说文解字诂林》出版之后半个多世纪中的新获材料与新出成果尤为注重。与专收某一类文字的工具书、字典有所不同，重在字义的考证而轻编排。如要了解古今学者对于某一个字的研究情况，只要检得一个字头，关于这个字的取象发生、表词理据以及这个字所蕴含的历史积淀和文化信息等，便尽收眼底，可谓“检得一字，众说咸备”，为读者提供了诸多领域的研究资料。

《古文字诂林》计划按《说文解字》分14卷，再加《说文解字》所无的2卷，共16卷，约一千万字，不仅编纂规模大，而且专业性强，技术要求高。为了完成这一极富挑战性的艰巨课题，我们抽调有经验有

---

① 编者注：本文原刊于《出版广角》2000年第10期。

专长的编辑力量，组成专职的审校队伍，在编委会发稿之前，就提前介入，共同参与，共同完成。编纂工作由上海市古籍整理规划出版小组直接领导，著名学者王元化先生任总策划，朱德熙、胡厚宣、顾廷龙、张政烺、戴家祥、裘锡圭、李学勤、马承源等8位权威的古文字及古典文献专家担任顾问，华东师范大学中文系李圃教授任主编，华东师范大学文字学研究中心承担具体编纂工作。

八大类古文字形体各异，要保持原字风貌，均须以毫厘计。如古隶定字，本身就是一个类别的文字系统，字形繁难，体系谨严，为避免顾此失彼，就必须从一万多个字的整体上加以精细的审核。

历代学者，上下千年，不仅手稿本和自刊本的搜求有如大海捞针，而且书稿文字的书写习惯也多奇异难辨，如孙诒让喜用古隶，叶玉森多用行草，加之古人撰文多无句读，引文随意，几乎涉及整个传世文献和出土文献，这就大大增加了校对的难度。而且因为是大型工具书，稍一改动就可能牵一发而动全身，影响全书体例与格式的统一。所以，需要编辑在审稿过程中，凭强烈的敬业精神与工作责任心，不断发现问题，解决问题，最大限度地减少成样以后的变易。

尽管如此，校对工作仍然十分繁重。每一册都要有上千个字头袋的原稿与校样，只要有一个字头袋出了错，势必影响全书的出版进度。全书校次共历8次之多，编校人员毫无怨言，始终以认认真真，兢兢业业的工作态度来确保《诂林》的顺利出版。

传统的古文字考释类工具书，都是采用手抄剪贴，复印成书的方法，进度慢，周期长，对读者来说辨识也较困难。为体现时代风貌，体现今日上海的出版水平，我们摒弃了沿袭多年的传统的手抄方式，由杰申电脑公司积极开发运用现代化技术成果，采用电脑造字排印，建成了第一批古文字电脑字库。这是国内首次实现对古文字进行计算机处理，填补了这一领域的空白。这个古文字字形库及其排版系统建有11个品类的字形库，不仅为国内外电脑排版行业解决了一大难题，而且为出土古文字文献电脑检索系统和全息语料库的开发打下了良好的基础。

上海教育出版社与《诂林》编委会等有关单位部门密切沟通，全面配合，形成良性循环，力争在今年年内完成《说文》字头序约九千个字头条目的编纂工作，明年年内完成《说文》所无字字头条目以及待考字附录等的编纂工作，争取在“十五”规划期间将16卷全部出齐，为这项跨世纪的精品工程画上一个圆满的句号。

（作者为上海教育出版社总编辑）

# 为《古文字诂林》的出版人献花①

郭志坤

《古文字诂林》十二册终于由上海教育出版社全部出齐了。望着书架上满满一排、汇集了一万多个字头、总字数达一千五六百万字的大型古文字工具书，一种赞叹和敬佩之感油然而生。除了向编纂者表示敬意外，在此，我们还要向《古文字诂林》的出版人致谢、献花！因为他们同编纂者一样，不知熬过了多少日日夜夜，付出了多少心血与汗水。

这套被誉为“集万卷于一册，汇众说于一编”的国家古籍整理规划重点出版项目，1991 年由著名学者王元化发起，委托华东师范大学承担编纂工作。

《古文字诂林》是一部汇录历代学者关于古文字形音义考释成果的大型工具书。古文字是中国古代历史文化的载体，是弘扬中华民族优秀传统文化的一个重要方面。汉代以降，尤其是近百年来，众多学者对古文字进行了卓有成效的研究，取得了丰硕的成果。但是这些考释成果长期未能汇集，既不便于全面、系统研究，更难以展现古文字发展、演变的轨迹。因此，《古文字诂林》的编纂和出版，是填补空白的工程。

《古文字诂林》不仅是一部通过文字发展史展示数千年来中华文明演进轨迹的巨著，更是一部弘扬中华优秀文化的学术精品图书。《古文字诂林》的编纂出版，构起一座中国语言文字学长城，成了世界文化史上无与伦比的丰碑。它凝聚了百余名专家学者 14 年的心血，也凸显了数十位编校人员的睿智和辛劳。

编辑工作是平凡的，也是幕后的。它不以显学面目出现，也不像大牌明星那样招摇过市。在功利主义无情泛滥之时，编校人员淡泊自守，研精覃思，年复一年，凸显了出版人的崇高境界。如今，在庆贺《古文字诂林》出齐之际，更不能忘记这批默默耕耘、一丝不苟的出版人，在扉页上署名的是：责任编辑韩焕昌、夏军，封面设计郭伟星，版式设计

① 编者注：本文原刊于《编辑学刊》2006 年第 1 期。

侯雪康，责任校对葛元驹，出版统筹王为松、谈德生，出版指导陈和，印刷监制周镕钢，总监制包南麟。我们在向编纂人员致敬的同时，也应该为他们鼓掌、献花！

《古文字诂林》凸显了出版人的奉献精神。编辑《古文字诂林》要有一股子“甘坐冷板凳”的奉献精神。编辑这一行业，常常被人视作“为他人做嫁衣衫”，他们辛辛苦苦加工书稿，书出来了，荣誉是作者的。可身处当下文化情境的出版人认为，汉语是世界上最美丽的文字，它是华夏子孙的精神家园。强烈的文化传承责任感催生了出版人强烈的文化使命。他们为了保持汉语的纯洁性，葆存汉语的魅力，宁可放弃成名成家当教授的机会，而埋首于故纸堆里，耐得住清贫和寂寞，“目不窥园，足不下楼”。他们生活在此喧嚣的时代，身处于这繁华的都市，却“躲进小楼成一统，管他春夏与冬秋”。这一“躲”就是七八年。回忆艰辛的日日夜夜，责任编辑夏军深有感触地说：“眼见着当初起点差不多的师兄弟们著书立说，成名成家，几年不见，有的评上教授，有的成了‘博导’‘硕导’，心里有时不免忿忿，自己又不比人笨，整天在这给别人‘缝缝补补’的，心中的写作计划总是没有空闲去实施。可是每当坐到办公桌前，想起自己的责任，便立刻杂念全消，埋首故纸，每天是青灯黄卷，面对着龟甲钟鼎、汉瓦秦砖，做《诂林》的编辑无疑是寂寞的，但想到五千年中华文明的精神血脉在自己的寂寞中能够更好地延续下去，中国优秀传统文化能够在自己的坚守中得到弘扬和光大，就立刻觉得这寂寞、这奉献是值得的。”说得多好！这种奉献精神多可贵啊！这正说明一条道理：耐得寂寞柔亦刚。

《古文字诂林》凸显了出版人的求真精神。出版人整天咬文嚼字，“求真”两字成了他们的传统精神。“文章千古事，得失寸心知”。时下，尤要提倡严谨的求真精神，在学术面前来不得半点马虎与丝毫浮躁。曾任中国历史学会会长的金冲及教授说过：“同勤奋、率真相对立的，是浮躁和趋时。这两点正是时下学术界相当一部分人中的流行病。”《古文字诂林》的作者、编者为出版界树起了勤奋、率真的榜样。《诂林》的编辑打破常规，在编委会交稿前就提前介入到该书的编辑工作中去。编辑查阅了大量同类图书资料以作参考，然后从图书出版的角度，就《诂林》的编辑体例、发稿要求、版式设计等问题同编委会进行反复交流。在审稿阶段，他们具有高人一筹的眼力，使其在书稿中能够披沙拣金，剖璞得玉，不致有遗珠之憾。由于这套书稿资料来源庞杂，既有取自文字学专著的，又有采于论文集和报纸杂志上的单篇论文的；从时间跨度上来说，既有近两千年前东汉许慎的《说文解字》、南宋薛尚功的《历代钟鼎彝器款识法帖》，又有清代、民国直至今天学者的著述，这就使得全书体例的统一成为一个“拦路虎”。原文标点既有旧式句读，又有新式标点，还有新旧交替之际句读与标点的混杂，有的原稿甚至是白文本。内容的删改定夺确实令人颇费踌躇，有的终篇考释一字，有的言他字而代及此字，有的祖述陈说，有的自创新解。文字的处理也绞尽脑汁，原稿除排印本外，还有刻印本、影印本甚至手写稿本，因各人书写习惯的差异，隶、楷、行、草诸体均可见到，仿古泥古者有之，率尔挥毫者亦有之。仅考释资料就有双行夹注、面下注、文末注等。所有这些都给编辑加工以及排版、校对工作带来了极大的困难。但是，编校人员心无旁骛，劳作不辍，竭尽心智，让全书“更无一字不清真”。在无数责疑、求证的背后饱含着编辑的无数辛苦，溶化着编辑的无数创造性劳动的汗水。以《诂林》的出版质量为最高追求，原稿和校样上常常是各种加工的色线纵横交织，修改的文字密密麻麻；一般书稿只需三个校次就够了，可《诂林》的读校多达八个校次。一校一千六百万字，八校就一亿二千八百万字。编辑对书稿的处理上，要花费大量的时间和精力查核资料。由于引用经、史、子、集及古人的注疏材料浩繁，考释纷纭，然而前人著述引文又多凭记忆，随意写来，常同实际材料有所差异，这就要求编辑勤查细核，勤勉从事，《十三经注疏》《二十二子》《尔雅》《方言》等工具书不离须臾，碰到冷僻的引文，还要跑上海图书馆，往往是在图书馆待上一天，也只查核了一条引文。然而编辑人员仍然坚守岗位，精益求精，毫无怨言。

《古文字诂林》凸显了出版人的好学精神。《古文字诂林》是我国目前规模最大、最为齐备的古文字汇释类工具书，意义重大，内容丰富。它不但囊括了现已发现的包括甲骨文、金文、古陶文、货币文、简牍文、帛书、玺印文和石刻文等八大类古文字绝大多数字形资料，而且首次将千百年来历代学者关于古文字的研究成果荟萃于一编。没有广博的学识、扎实的根基、深厚的造诣，是无法探幽抉微的。古文字图书与其他图书相较，有其特殊的困难，那就是时代的距离和语言的障碍，为了克服这些困难，编辑至少应当精通古代汉语、熟悉基本经典，具备较强的阅读古书的能力。该书首列单字古隶定楷书字头，字头旁加注篆书，字头下依次收录字形和考释资料。对古文字的研究没有相当水准，又如何审读？凡例有言：“有些考释资料其结论虽承继前人，但在论据论证方面有所发明的，则酌加收录。凡超出本书范围，或仅重复前人结论的考释资料，则不予收录。”没有眼力又如何选择？此眼力并不是难以捉摸的抽象概念和“早晚时价不同”的标签。它是一种学术素养和学识判断，是一种功底，是过硬本领。如此集大成式的大型文化工程，如同《永乐大典》、《四库全书》一般，将嘉惠学林、泽被后世，而其编纂质量的高低将是这套书成功与否的生命线。作为该书稿的出版人，除了认真负责的态度外，还要有虚怀若谷的好学精神。他们在编中学，学中编。古文字博大精深，著名学者陈寅恪就曾说过：“解释一字即是做一部文化史。”《诂林》集一万多个字，就等于做一万多部文化史。这是何等雄伟的学术殿堂！在此看到了许多，学到了许多，编辑乐此不疲，孜孜以求。天天阅读古时圣贤文章，这对编辑来说，虽是寂寞，但也是难得的学习、钻究、深造的机会，可谓为一种“修炼”。责任编辑深有体会地说：“通过几千个日夜浸淫于《诂林》之中，发现自己的学术视野开阔了，对汉字的理解更深入了。学养提高了，编辑其他同类图书明显觉得得心应手、游刃有余了。”《古文字诂林》高质量的编辑出版，从一定意义上说，就是编辑所交出的长篇博士论文，是上乘之作。

《古文字诂林》凸显了出版人的协作精神。《诂林》作为一项历时十四年、参与人数众多的大型文化工程，缺乏协作是不可能取得成功的。此项工程也是一道流水线，它需要同仁之间几年十几年时间里的配合默契，甘苦与共，否则，就有夭折的可能。从凡例的磋商、学术的评判、内容的订补、文字的加工、规格的统一、引文的核对，到开本的定夺、字体的明确、材料的选定、装帧的设计等，包罗万象，错综复杂，又贯彻始终，覆盖编辑出版的全过程。每一个环节不可或缺，稍有大意，就会酿成遗憾。这除了出版人的严谨求真作风外，还得靠环环相扣的协作精神。因此，《诂林》的完成，也可以看作编委会、出版社、排版印刷部门通力协作的结晶。出版社作为其中的桥梁，在协调中起着关键作用。从编纂体例的制定到书稿内容的探讨，从排版中难题的解决到整个工程进度的把握，无不需要编辑的参与与沟通。两百多个装满原稿的纸箱，一万多个资料袋，近十万页原稿，八个校次的校样，在作者、编辑、校对和排版人员之间反反复复轮转，其间没有发生大的差错。碰到问题，多方积极协商解决，最终圆满地完成了出版任务。

出版人推出厚重的《古文字诂林》，还向世人凸现了鲜为人知而又光彩夺目的崇高精神，更要向他们致敬、献花！这篇短文，也算是此意吧！

（作者为上海人民出版社原总编辑）

# 略论《古文字诂林》在语言文字研究与字典编纂上的学术价值[①]

徐时仪

近年出版的《古文字诂林》集已有古文字字形和古文字考释之大成，分十二册[②]，汇甲骨文、金文、古陶文、货币文、简牍文、帛书、玺印文和石刻文等古文字资料为一编，甄选集录自《说文》以来历代学者有关古文字形音义的考释成果，贯通古今，详列了1万多字的近16万个古文字字形，收录有关的考释资料约1400多万字，大致反映了我国古文字研究领域的基本状况，尤其是近百年来取得的最新成果，可谓“检一书而诸说并陈，考一字而渊源悉备”，堪称我国迄今为止规模最为宏大、搜罗最为齐备的古文字纂集类工具书。此书的问世有助于揭示汉字发展演变的轨迹和规律，为语言文字研究和大型字典编纂、修订奠定了扎实的基础，本文拟就《古文字诂林》在这方面的学术价值略作探讨。

## 一、厘清古文字形音义的脉络

汉字在由甲骨文到楷书的演化过程中，一字往往有多种写法。《古文字诂林》根据秦汉篆书厘定了所收录古文字的古隶定字样，以篆书古隶定字作为字头，勾勒出出土文字、篆书到后代隶书、楷书的发展脉络，清晰地揭示了古文字发展为今天我们所用汉字的演变线索。

如“闻”字，《古文字诂林》收录了《甲骨文编》和《续甲骨文

① 编者注：本文原刊于《辞书研究》2007年第6期。原文有提要：“我国迄今为止规模最为宏大、搜罗最为齐备的古文字纂集类工具书《古文字诂林》集已有古文字字形和古文字考释之大成，汇众说于一编，反映了我国古文字研究领域的基本状况，具有厘清古文字形音义的脉络、勾勒古文字学研究史、供研究者深入探考汉字发展演变轨迹的学术价值，为语言文字研究和大型字典编纂奠定了扎实的基础。”

② 第一册至第十册汇集了与《说文》篆书字头有对应的所有古文字字形及考释资料，第十一册收集了未见于《说文》的古文字及考释资料，第十二册是全书索引。

编》所载28个甲骨文字形，《金文编》所载5个金文字形，《包山楚简文字编》和《睡虎地秦简文字编》所载3个简文字形，《古玺文编》和《汉印文字徵》所载10个玺印文字形，《石刻篆文编》所载3个篆文字形，《汗简》和《古文四声韵》所载9个古文字形。(9/582)① 除引许慎《说文》所释外，还备载了高田忠周、唐兰、马叙伦等11家的考释。由于《古文字诂林》把有关“闻”字的58个古文字形载录在一个平面上，因而我们不仅可以从横向观察到“闻”字的甲骨文、金文等字形的异同及其特点，而且还可以从纵向观察到“闻”字由甲骨文到楷书的字形演变过程。据郭沫若、于省吾等考证，金文“闻”又假借为“婚”。检“婚”字，《古文字诂林》收录了《金文编》所载8个金文字形，《侯马盟书字表》所载7个古文字形，《古玺文编》所载1个玺文字形，《石刻篆文编》所载1个篆文字形，《古文四声韵》所载3个古文字形，(9/756) 载录了许慎、孙诒让、王国维等7家的考释。编纂大型字典时，可根据《古文字诂林》所载“闻”字的古文字形和诸家的考释，参照古代文献中“闻”字的具体用法，揭示出“闻”字形音义的发展演变轨迹，厘清“闻”和“婚”的音近假借关系和语源义上的相通之处。②

又如“鬲”字，《古文字诂林》收录了《甲骨文编》和《续甲骨文编》所载8个甲骨文字形，《金文编》所载67个金文字形，《古陶文字徵》中1个陶文字形，《先秦货币文编》和《古币文编》所载22个货币字形，《汉印文字徵》中1个印文字形，《石刻篆文编》所载4个篆文字形，《汗简》和《古文四声韵》所载15个古文字形，(3/289) 载录了许慎、薛尚功、吴大澂等28家的考释。《说文》：“鬲，鼎属也。”《尔雅》：“鼎，款足者谓之鬲。”检“鼎”字，《古文字诂林》收录了《甲骨文编》和《续甲骨文编》所载58个甲骨文字形，《金文编》所载144个金文字形，《古陶文字徵》中4个陶文字形，《先秦货币文编》所载1个货币字形，《古玺文编》所载1个玺文字形，《汗简》和《古文四声韵》所载5个古文字形，(6/577) 又载录了许慎、薛尚功、孙诒让等10家的考释。据《古文字诂林》所载，甲骨文中“鼎”是象

---

① 有关字形详见《古文字诂林》，考虑到排版不便，此从略。括号内数字为《古文字诂林》的册和页数。下文同。

② 详参拙文《“闻”的词义衍变递嬗考探》(香港《中国语文通讯》第52期，1999年) 和《“闻”的词义衍变递嬗考论》(《中国文字研究》第二辑)。

形字，字像三足两耳硕腹的形状。“鬲”是“鼎”的一种，三足中空。于省吾《释鬲隶》一文指出：“古韵从鬲从支从规声之字在‘支部’，从‘奇’声之字在‘歌部’，支、歌通谐。因此可知，鬲与融、鬵、锜等，不仅同为三足釜类之器，形制相同，而声音也相通转。由于鬲可用以炊爨，故古籍中每称鬲为釜。”马叙伦《说文解字六书疏证》卷六认为：“鬲实锅之本字，鬴之初文，声转为郎激切，入支类，对转耕，又转为鼎，其实鼎鬲仍一字也。”陈独秀《小学识字教本》说：“古初熟食之器，石器时代当为螺蚌，匋器兴，初以土作鬲；迄乎殷周之际，农事渐盛，器亦用銅，烹与食不同器，乃仿鬲为鼎而实其足，烹牲于鬲，熟则盛於鼎中以食。”“由秦之土釜相承为后世之锅。”“锅”原指车釭，即车毂穿轴用的金属圈。大约在南北朝时，“锅”已可用来指炊器，至宋辽时取代了“鬴”。[①] 检“鬴”字，《古文字诂林》载录了许慎、刘心源、王国维、林义光、郭沫若、马叙伦、杨树达诸家的考释。（3/305）据《说文》所释，“秦名土鬴为鬴”。检“鬴”字，《古文字诂林》收录了《金文编》所载2个金文字形，《古陶文字徵》中13个陶文字形，《睡虎地秦简文字编》所载1个简文字形，《古玺文编》所载2个玺文字形，《汉印文字徵》中1个印文字形，《古文四声韵》所载1个古文字形，（3/305）载录了许慎、吴大澂、高田忠周、马叙伦、胡吉宣诸家的考释。据许慎释云，“鬴，鍑属。从鬲，甫声。釜，鬴或从金，父声。”马叙伦《说文解字六书疏证》卷六指出：“鬴、鍑一物。”“鍑为鬴之转注字，同唇齿摩擦音也。”检“鍑”字，《古文字诂林》载录了《汉印文字徵》中1个印文字形，《古文四声韵》中1个古文字形，（10/508）载录了许慎和马叙伦的考释。又检“镬”字，《古文字诂林》收录了《甲骨文编》和《续甲骨文编》所载12个甲骨文字形，《金文编》所载2个金文字形，《汗简》和《古文四声韵》所载2个古文字形（10/506），载录了许慎、商承祚、罗振玉等10家的考释。据《古文字诂林》所载诸家的考释，我们可以观察到“鬲”和“鼎”等字的古文字形音义演变的过程。编纂大型字典时，可根据《古文字诂林》所载，揭示出鼎、鬲、镬和锅这些词的形音义关联脉络。

---

① 详参拙文《鼎、鬲、釜、镬、锅的演变递嬗考探》，《湖州师范学院学报》2002年第2期。

## 二、勾勒古文字学研究的学术史

《古文字诂林》依照研究成果发表的先后顺序载录诸家考释，其中既可以看到同时代研究者见仁见智的异同，又能看到不同时代研究的不断深化，可以大致反映学术界对某一古文字研究的进展过程，勾勒了古文字学研究的历史。根据《古文字诂林》所载，可了解到诸家对某一古文字考释的异同。如“华”字，《古文字诂林》收录了《古陶文字徵》所载4个古文字形，《睡虎地秦简文字编》所载1个简文字形，《古玺文编》所载6个玺文字形，《汉印文字徵》所载17个印文字形，《石刻篆文编》所载1个篆文字形，《汗简》和《古文四声韵》所载16个古文字形，（6/107）又载录了许慎、吴大澂、叶玉森等5家的考释。据《古文字诂林》所载，许慎释为“荣也”，吴大澂释为“古华字”，陈独秀指出“北魏以后始作花”。

又如“涎”字，《古文字诂林》收录了《汗简》和《古文四声韵》所载4个古文字形（7/829），又载录了许慎、王国维、林义光等7家的考释。据《古文字诂林》所载，“涎”的小篆《说文》作“次”，许慎释为“慕欲口液”，从欠，从水，或从侃作“㳄”，籀文作“㵪”。马叙伦《说文解字六书疏证》卷十六指出：“口液是次字本义，故从水也。慕欲义同，皆甚字义。甚音禅纽，次音邪纽，同为次浊摩擦音，故得借次为甚。”于省吾《释次、盗》一文载录了“次”的9个甲骨文字形，2个金文字形，1个石鼓文字形，辨析了“次”、“次”之别，指出“甲骨文次字，有的象以手拂液形，有的象口液外流形”，旧误释这些古文字形为“次”，“次”与“涎”乃古今字。张政烺《殷墟甲骨文羡字说》一文又载录了“次”的6个甲骨文字形，指出“这就是古书上常见的‘垂涎’或‘流涎’的涎字的原始象形字，而涎字则是后起的形声字。心有所慕欲，口中生津液，我们现在叫作‘出口水’。甲骨文的次字正象口水涌出的样子，自然古代的造字者在这里是使用了夸张的手法。”张政烺认为“羡和次古音完全相同，是一个后起的字。最早的次意为‘慕欲口液’，后世分成两个字：1、羡是慕欲，2、涎（或作唌）是口液。但在中古时期次、羡、涎、唌这几个字也还常混用无别，玄应《一切经音义》中关于这个问题曾作过一些解释，如卷十四，《四分律》第四十二卷‘涎沫’条下：涎，似延反。案：《江赋》‘濆浪飞羡’，时有本作涎。《说文》作次，或作羡（㳄）、㳄二形，慕欲口液也。贾谊

《新书》：'垂羡（㳄）相告。'束晳《饼赋》曰：'行人失唌于下风'，郭璞注《尔雅》云：'唌，沫也'，并作唌。这类注释慧琳《一切经音义》中也有，所以把㳄读作羡是完全可能的。"① 据《古文字诂林》所载诸家对"㳄"的考释，可考知《说文》所释"㳄"的"慕欲口液"为"慕欲"和"口液"二义，"慕欲"义后写作"羡"，"口液"义后又有写作"涎""唌""涱""㳄"。

## 三、提供探考汉字演变线索的依据

一般来说，后出字书大都在已有字书基础上增收当时新出现的字，此外还收录正字的各种变体和已淘汰或罕用的字，故字书收字量代有递增，收录了从古至今出现的各个正字及其变体，然由于疏于考证，往往也收录了不少书写传抄过程中字形讹变的讹误字，其中有一些讹误字甚至是根本未曾使用过，徒然占据篇幅，且令后人花大量精力考证。

《古文字诂林》载录的诸家考证成果是进一步考证这些字的资料和依据，编纂大型字典时可根据《古文字诂林》提供的线索，在已有研究成果的基础上再作深入的考证，辨明一些字形不同而实为同一词的字。如上文所说的"涎"字，慧琳《一切经音义》共载录了"㳄"的"㳄、涎、唌、㳄、㳄、涱、㶑、㑁、膃"九个异体字。② 考慧琳《一切经音义》卷十一释《大宝积经》第二卷涎唾之涎："上囚延反。通俗字也。《说文》正体作㳄，口液也。从水从欠。《考声》云：口津也。束晳作唌，史籀作㳄，贾逵作㳄，或作涱，古字也。其上异体字，并云口液也。"据慧琳所释，"涎"为通俗字，"唌、㳄、㳄、涱"为异体字。《汉语大字典》收录了涎、涱、㵪、㴽、沮、㳄、㳄、㶑、唌、㳄、㴾、㑁，未收录㳄，且"㳄"仅释其"具㳄"山名义，未释其唾液口水义；据《龙龛手鉴》和《字汇补》收释了"㴾"，但有音无义，

---

① 张政烺所引玄应《一切经音义》为碛砂藏本，此条丽藏本为"又作㳄、㳄、㴾、唌，四形同。似延反。慕欲口液也"。羡，当为"㳄"。

② 慧琳《一切经音义》卷五十九释《四分律》第四十二卷涎沫："又作㳄、㳄、膃、唌，四形同。似延反。慕欲口液也。"㳄，疑为"㳄"之误；膃，或为"㴾"之误。又慧琳《一切经音义》卷一百释唌流之唌："祥延反。或作㴾，并俗字也。《说文》古作㳄，时人不审知，为与次字相滥，诸儒随意竞作不同。束晳作唌，贾谊作㳄，史籀大篆作㶑……最太古，不入时用。《说文》本作㳄，从水从欠。《集训》云：唌者，口中滓液。今依《说文》，余皆不取。"《慧琳音义》今存最早传本为高丽藏本，1737 年日本狮谷白莲社据以翻刻。本文所据为上海古籍出版社 1986 年影印狮谷白莲社藏版《正续一切经音义》本。

似未明“滭”也是“涎”的异体字。由《古文字诂林》所载诸家考释和慧琳所释可知，“次”为“㵪”的省体字，“涎”为“次”的换旁俗字，“涀”亦为“次”的换旁俗字，涀、滭形近，“滭”可能是“涀”的形近讹变字。“羡”是“次”的“慕欲”义的后出分化字，“次”“羡”表“慕欲”义时是古今字，“羡”是“羡”的增旁字，故“次”又可写作“漾”。《汉语大字典》不明“滭”之义而为之立目，造成不明其义的死字，修订时应改为：“滭”同“涎”。

《古文字诂林》载录的诸家考证成果还为探讨一些字的僻义提供了依据。如“这”字，《说文》未收，《玉篇·辵部》释为“宜箭切，迎也”。现存文献中尚未发现表示“迎”义的“这”的用例，修订版《辞源》《辞海》未收录此义项，《汉语大字典》释为“迎接”，引《玉篇》为例证，《汉语大词典》释为“迎接、迎迓”，引清人秦笃辉《平书》为例证。秦氏按语称“《史记·孟尝君传》‘齐愍王不自得，以其这孟尝君，孟尝君至’，正迎字之义。”考今传本《史记·孟尝君传》为“齐愍王不自得，以其遣孟尝君。孟尝君至，则以为齐相，任政”。玩其文意，“遣”似较为妥切。[①] 检《古文字诂林》“这”字下收录了晚周陶文和古玺文中4个古文字形，载录有汤余惠和陈伟武的考释。（11/405）汤余惠《略论战国文字形体研究中的几个问题》一文指出晚周陶文中的古这字，“丁佛言《补补》，顾廷龙《舂录》，金祥恒《陶文编》均释为‘造’。按此字右旁上半与‘告’的写法迥异，释‘造’可疑”。认为应即“这”字，古玺文所载与陶文所载可以互证，并引齐侯镈铭文所载“这而（尔）倗（朋）剸（侪）”为证，指出齐侯镈铭文中“这”的字形与陶玺文字略同，“铭文‘这’字正有‘迎’义，可见《玉篇》训解有据”。《汉语大字典》修订时可据《古文字诂林》所载，补上齐侯镈铭文中表示“迎”义的“这”的用例。

---

① 考慧琳《一切经音义》卷十六“是这”、卷五十七“中这”、卷七十五“意这生”、卷七十七“王这”条释“这”引《苍颉篇》曰：“这，迎也。”卷七十四“这人”条释“这”引《字书》亦曰：“这，迎也。”并在卷七十五“意这生”条中引《春秋》“这公于野井”为例证。考慧琳所引《春秋》的今传本所载为鲁昭公二十五年“九月，己亥，公孙于齐，次于阳州。齐侯唁公于野井。”据《春秋左传正义》载：“己亥，公孙于齐，次于阳州。齐侯将唁公于平阴。公先至于野井，齐侯曰：‘寡人之罪也，使有司待于平阴，为近故也。’书曰：‘公孙于齐，次于阳州，齐侯唁公于野井，礼也。’将求于人，则先下之，礼之善物也。”又据《春秋公羊传注疏》：“昭公不从其言，终弑而败焉。走之齐，齐侯唁公于野井。”据上下文文意，慧琳所引《春秋》中的“这”当是“唁”的俗字。考《龙龛手镜》卷二口部释“唁”字载，唁为正字，这为俗字。

## 四、结语

近年来，古文字研究取得了较大成果，集古文字研究大成的《古文字诂林》的问世促进了古文字研究成果的保存和传播，也为进一步进行语言文字的研究提供了多层面意义的信息关联线索。陈寅恪曾指出："依照今日训诂学之标准，凡解释一字即是做一部文化史。"① 作为一部纂集性的大型工具书，《古文字诂林》汇众说于一编，不仅为语言文字研究和大型字典编纂奠定了扎实的基础，而且还为深入探讨中华文明和传统文化提供了翔实可靠的依据。

（作者为上海师范大学教授、博导）

① 沈兼士《鬼字原始意义之试探》附《陈寅恪先生来函》，《沈兼士学术论文集》，中华书局，1986 年，第 202 页。

# 从系统论视角看《古文字诂林》[1]

夏 军

《古文字诂林》(以下简称《诂林》)将甲骨文、金文、古陶文、货币文、简牍文、帛书、玺印文和石刻文等八大类古文字字形和考释资料汇为一编，进行综合整理，成为我国迄今为止规模最为宏大、搜罗最为齐备的古文字汇释类工具书。

我们认为，这样一部大型古文字工具书，在整体结构上应该是具有很强的系统性的。一般系统论的创立者贝塔朗菲认为："'系统'即有相互作用的元素的综合体。"[2] 这些元素之间相互作用，相互依赖，形成具有一定层次、结构和功能的统一的整体；同时，这一整体又与外界环境不断进行交流，促使系统的组织性不断得到加强，功能不断得到优化。《古文字诂林》就其整体来说，就是这样一个系统。

本文拟从系统论的视角，通过研究《古文字诂林》内部诸要素之间的层次、结构及相互关系，揭示这些要素是如何相互作用、相互影响从而呈现出系统的整体功能的；通过研究《古文字诂林》与外界环境的关系，确定它在文字学和辞书学领域的地位和作用。

## 一

如果将《诂林》看作一个整体系统，那么就很容易发现它主要是由两个紧密相连的子系统组成的，一个是字形系统，一个是考释系统。

其中，字形系统包括 15 种具有代表性的古文字著录型著作，它们是《甲骨文编》《续甲骨文编》《金文编》《古陶文字徵》《先秦货币文

---

① 编者注：本文原刊于《中国文字研究》第七辑，广西教育出版社 2006 年。原文有摘要："本文从系统论的视角，通过研究《古文字诂林》内部字形系统和考释系统之间的层次、结构及相互关系，揭示这些要素是如何相互作用、相互影响从而呈现出系统的整体功能的；通过研究《古文字诂林》与外界环境的关系，确定它在文字学和辞书学领域的地位和作用。"

② ［奥］L. V. 贝塔朗菲《一般系统论》，社会科学文献出版社，1987，第 27 页。

编》《古币文编》《侯马盟书字表》《包山楚简文字编》《睡虎地秦简文字编》《长沙子弹库帛书文字编》《古玺文编》《汉印文字徵》《石刻篆文编》《汗简》《古文四声韵》，囊括了甲骨文、金文、古陶文、货币文、简牍文、帛书、玺印文和石刻文等八大类古文字字形的主要材料。

考释系统收录了自东汉许慎（约58—约147）至1997年近两千年间对于相关古文字的研究考释资料。其中既包括东汉许慎的《说文解字》，南宋薛尚功的《历代钟鼎彝器款识法帖》，清代阮元的《积古斋钟鼎彝器款识法帖》、方濬益的《缀遗斋彝器款识》、吴大澂的《窸斋积古录》、孙诒让的《契文举例》等前修的考证成果，又涵盖了罗振玉、王国维、郭沫若、董作宾、唐兰、于省吾、陈梦家、商承祚、朱德熙、李学勤、裘锡圭等时贤的研究资料；既有取自文字学专书的，又有采于论文集及报纸、杂志上的单篇论文的，凡有真知灼见，能自成一家之言者悉载靡遗。考释部分比较系统、客观地反映了我国古文字研究发展的历史脉络。

## 二

《诂林》字形部分的15部著录型著作，可以看作它的字形系统的15个子系统。这些子系统，各由若干字形组成；这些字形，分别是相应字形子系统的构成元素。

就单部著录型著作所形成的字形子系统而言，其中的字形大多处于同一共时平面上①。例如《甲骨文编》主要反映了殷商时期的文字面貌，《金文编》则表现了商周时期的文字使用状况，《先秦货币文编》著录的是先秦文字，《睡虎地秦简文字编》著录的是秦文字，《汉印文字徵》著录的则是汉文字。就同一共时平面上表词（或语素）功能相同的字来说，其字际关系大体有二：异构和异写。这在《诂林》的各个字形子系统中都有所反映。如"逆"字，在《甲骨文编》中，基本有""（25例）、""（6例）、""（7例）3种异构，从比例上来看，从彳、从止、从屰的""出现频率最高，为正体；后两形是它的

① 共时与历时是相对而言的，根据研究的目的不同，划分的标准也不一样。例如，甲骨文字一般可以看作一个共时系统，但对于研究甲骨分期来说，一期和四期显然是不能作为共时的来看待。这里只是就其总体大概而言。另外，成书于宋代的《汗简》和《古文四声韵》字形来源比较复杂，不宜看作共时系统。

简省体。同时，我们也可以发现，“”有“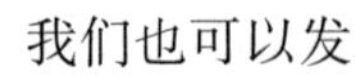”4 种异写，“”有“”3 种异写，“”有“”4 种异写。这样，通过“逆”字在《甲骨文编》这一字形子系统中各种字形的分布状况及出现频率，我们不但可以了解它在甲骨文中有多少种写法，而且可以知道在当时何者常用，何者罕用，这些都是单看一个个文字个体所无法知晓的，也就是说，将某一类字的各种异构和异写字形汇聚在一起形成这类字的字形子系统，能够产生“整体大于部分之和”的效果，从而体现了系统的整体涌现性。

15 种著录型著作构成的《诂林》字形系统主要是依据八大类古文字载体呈现形式而划分的，从时间上看，主要是历时的，如从《甲骨文编》《续甲骨文编》，到《金文编》，到《先秦货币文编》，到《包山楚简文字编》《长沙子弹库帛书文字编》《侯马盟书字表》，到《睡虎地秦简文字编》，到《汉印文字徵》，反映了目前所能发现的古文字的历时演进序列。不过，有些字形在时间上是共时重叠的，不同之处主要在于使用地域和载体形式，如《包山楚简文字编》《长沙子弹库帛书文字编》《侯马盟书字表》皆为战国作品，但出土地域不同，载体形式一为简，一为帛，一为玉石。

以前发表的古文字著录型著作，一般只涉及一种类型的古文字，固然，这有利于对同质文字的研究。然而，从文字系统的实际存现状况来看，它不但有着历时发展演变的一面，即从共时平面来说，它也存在着因地域空间和载体形式的不同而造成差异性的一面。如果仅就单一类型的文字做研究，割裂它与其他类型文字在时空上的天然联系，未免有盲人摸象之憾。

《诂林》将八大类古文字成系统地共现一册，不但从时空上，而且从文字载体的多样性上，再现了汉古文字发展演变的历史进程。这是《诂林》编纂上的一大创新。它让读者不但能够通过比较，了解不同载体（如简帛文与玺印文）、不同地域（如包山楚简与睡虎地秦简）的文字书写风格上的差异，而且还能使研究者们在探究任何一种类型的古文字时，把它放到汉字发展演变的宏大的时空背景下加以考察，从而发现其中的规律。还以“逆”字为例。前面我们说过，在《甲骨文编》中，“逆”字有 3 种异构、11 种异写形式，但到《金文编》中，尽管仍有 3 种异构，然而从彳、从止、从屰的构形占到绝大多数，共 18 例，另有增“口”的异构“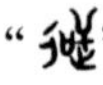”（多友鼎）1 例，从彳、从屰的异构“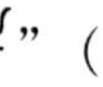”（仲爯簋）1 例。再到《古陶文字徵》《侯马盟书字表》《包山楚简文字编》《睡虎地秦简文字编》《古玺文编》《汉印文字徵》《石刻篆文编》中，尽管仍有异写，但都归结于从彳、从止（后来有的粘合为“辵”“辶”）、从屰的构形，成为小篆“”形的源头，由此可以看出汉字发展史上字形由异构众多到逐渐定型的演进历程。

八大类 15 种古文字构成的字形子系统汇于一编，较为完整地体现了古文字发展的层次性、多样性、传承性和渐变性，从而向我们展示出古文字发展演变内在严密的系统性。

## 三

就考释系统来说，《诂林》将自东汉许慎至 1997 年近两千年间的古文字考释资料汇为一编，“所录考释资料原则上依出版时间先后排列”①，形成了一个排列有序的古文字考释系统。这个系统以各家考释资料为组成元素，元素间依出版时间先后相系联，可以说，每一字头下所列考释资料，就是一部历代学人对该字头所代表的古文字的研究史，也是一部人们对这一古文字的认识发展史。既然是发展史，前后的认识就会有相承继的部分，后人总是在前人的基础上有所发展的；但同时，既然是研究史，又总免不了后人对前人的局部修正，甚至全盘否定，人类的认识总是在这样不断的否定之否定中螺旋上升的。

例如，《诂林》“各”字条对字形所反映出的造字本义约略有以下诸家看法：

1. 许　慎　，异辞也。从口、夂。夂者，有行而止之，不相听也。(《说文解字》卷二)

2. 孙诒让　“”或为夂，……（、、）此当皆是“各”字。《说文·口部》：“各，异辞也。从口、夂。夂者，有行而止之，不相听意。”金文格伯敦各作，此前一字反书作“”字，与彼实同。后二字到（倒）书从、者，亦文之变。(《契文举例》)

3. 罗振玉　各从，象足形，自外至。从口，自名也。此为来各之本字。(《殷虚书契考释》)

4. 林义光　象物形，倒之为，形变为。象二物相龃龉

① 见《古文字诂林·凡例》。

形。(《文源》卷六)

5. 周名辉　……各字从，乃象足踵。……从从，取象人之胫踵自外而至。故周金文中，凡王格于太室、王格于某庙，字多作各，即用其本字也。孳乳为徦，从彳，则于意已复，于古文中当为俗字。(《新定说文古籀考》卷下)

6. 杨树达　罗（振玉）氏说各为“来格”之本字，是矣。然谓从足形自外至，从口为自名，则皆非也。甲文字或作，知字非从口也。余谓、并象区域之形，而足抵之，故其义为来、为至。出字甲文作，象人在坎陷中足欲上出之形，与各字形正相反，而其义则可以互证也。(《积微居小学述林卷二·释各》)

7. 高鸿缙　各字初意为行到，经典多叚格为之。字原象（足向内）在门口，向内行之状。由文生意，故托足内行之形，以寄行到之意。(《中国字例》二篇)

8. 屈万里　甲骨文格字作，示有足降临而腾口说，意谓神凭尸而传语也。(《书佣论学集·诗三百篇成语零拾》)

9. 于省吾　……字象人之足趾向下陷入坑坎，故各字有停止不前之意。典籍各字通作格，《小尔雅·广诂》训格为止……(《甲骨文字诂林·释各》)

10. 李孝定　各字金文习见，多用“来至”之意。其字从以示行来，从若以示居处（古人多穴居）。(《金文诂林读后记》)

11. 徐中舒　：此字象脚趾踏在独轮车上。为之讹变，因甲骨文用刀刻，不易刻成圆形，故讹为。……这在中国古文字中，有着明显的例证。如偏旁从之字：客，是乘独轮车到人家做客；路、络，是独轮车行于路上；略，是独轮车经略土田。从各之原义去解释俱可通。(《古文字研究》第十五辑《怎样研究中国古代文字》)

以上十一家除孙诒让引《说文》成说外，其余十家均对“各”的造字本义发表了看法。粗分一下，大略有以下四种：

异辞也。(许慎)

象二物相龃龉形。(林义光)

象脚趾踏在独轮车上。(徐中舒)

为“来徦”“来格”的本字，意为“来至”。其余七家均持此见解。

许慎据小篆字形立论，不合甲、金用例，“异辞也”恐非“各”字本义。孙诒让氏虽未破解本义，可他通过偏旁分析法，参考《说文》，第一个指出甲金文中的、就是《说文》中的“各”字，是一大进步；不过他又提出、“亦（各）文之变”则为后世所不取。罗振玉又进一步，明言“各”为“来佫”之本字，然而他仍延续许慎“各”中之“口”表示言辞的说法，谓“从口，自名也”，于“来佫”之意难明。屈万里氏为申“言辞”之论，臆造了一个“神凭尸而传语”的画面。周名辉谓“象足踵”，突破了“口”表言辞说的禁锢，但是“足踵说”很难解释何以表来至、表离开。杨树达以、象区域之形，并以足趾的向背来解释、的含义，十分有说服力。此后高鸿缙以、表“门口”，于省吾以之表坑坎，李孝定以之表穴居的居处，立意相近，皆表“止（趾）”所朝向的目的物，说皆可通。由此可见，诸家对形的认识过程，总是在前人发现的基础上，提出各种新的假说，验以当时的语言材料，最后由分歧逐渐形成比较一致的意见。

在考释系统中，我们有时可以发现各个子系统之间存在对立关系。例如后人对“各”字造字本义的说法与许慎的“异辞”说相对立；又如林义光、徐中舒二家对字形的看法与他人均不相类，这反映了认识过程的复杂性和曲折性。甚至同一个作者，对某一问题前、后的看法也不一致。例如“各”字条中，李孝定对“各云”的看法前、后就不相同：

“各云”……疑“各”假为“雺”，亦即“落”字。“雺云”者，下垂之云，犹言落日也。(《甲骨文字集释》第二)

卜辞言“各云”，予曩谓当读为“雺”，下垂之云也。劳（干）氏释为“来至之云”，于义为长。(《金文诂林读后记》)

## 四

就记录语言的实际使用层面的文字存现方式而言，文字个体是以非系统的形式散布于传世和出土文献之中的；然而从人类创制文字和对文字认知的层面来说，一种文字又总是以系统的方式存在于人类的意识之中。

今天，人们研究古文字，就是力图通过对散布于各种文本中的非系统的古文字个体的研究、整理，恢复曾存在于古人意识中的那种文字的系统性。从这个角度来说，《诂林》中的字形系统是其考释系统的研究成果，当人们对具体文本中的文字个体通过研究得出结论后，经过认同、别异，将表词（或语素）功能相同的字形（包括异写字和异构字）

聚合到一起，先组成以载体形式划分的某类字形构成的子系统（如将甲骨文字汇为《甲骨文编》，将吉金文字汇为《金文编》等），然后再将这些子系统聚合起来，汇成整个古文字的字形系统。因此，考释系统与字形系统具有很强的因果关系。考释系统越深入、越全面，字形系统就越扎实、越丰富。

这从一些古文字著录型工具书的编辑凡例中就可以看出来。容庚先生在《金文编》凡例中说："审释文字，间采各家考证之说。"《甲骨文编》在1965年版的"编辑序言"中指出"在考订上采纳了许多新的见解"，并在"编辑凡例"中说明一字而有数解的、一字而具数体的、一字而有数用的情况在该书中的处理办法。"一字而有数解的"表明考释意见分歧，"一字而具数体的"说明形体虽异而被认定为同字，"一字而有数用的"是说一字具备多种用法，这些都需要有坚实的考证材料作基础。

例如《诂林》"昱"字头下，《甲骨文编》收、、诸形，《金文编》收、、、诸形，就采用了王国维考证的结论。王氏说："殷虚卜辞屡见、、、诸字，又或从日作，或从立作、诸体，于卜辞中不下数百见。初不知为何字，后读小盂鼎，见有字，与、二字相似。其文曰'粤若乙亥'，与《书·召诰》'越若来三月'、《汉书·律历志》引逸《武成》'粤若来二月'文例正同。……然则小盂鼎之'粤若乙亥'当释为'粤若翌乙亥'，无疑也。又其字从日从立，与《说文》训'明日'之'昱'正同，因悟卜辞中上述诸体皆'昱'字也。"（《观堂集林》卷六《释昱》）

又如《诂林》"蔡"字头下，《金文编》收、、诸形，并在字下加注曰："魏三字石经古文作故得定为'蔡'字。"这与商承祚在《十二家吉金图录·蔡子佗匜》中的说法大体相同："，旧释龙，于形不类。证以魏三体石经'蔡'之古文作，知此亦'蔡'字。"可见《金文编》采用了商氏的看法。

再如《诂林》"眉"字头下，《金文编》收、、诸形，就是由吴大澂、吴式芬、孙诒让、王国维诸人考定的。① 故容庚在编《金文编》时指出："釁为釁寿之专字，经典以眉为之，兹用《说文》附收古文之例，入之……眉下。"（《金文编》凡例）

① 见《古文字诂林》第四册，第6–8页。

由上可知，字形系统是考释系统整理后的结晶，一般采用的是学术界基本取得共识的观点，对于“不能辨认的字，或其字虽经学人考释而尚未成定论者”，《甲骨文编》采取的办法是“略依其偏旁所从分类，收入‘附录上’”（《甲骨文编·编辑凡例》），可见编者是将“尚未成定论者”和未识字作同等看待的，足见其矜慎。例如《诂林》“各”字头下，尽管高田忠周说“（各）字元当作而省略”（《古籀篇》四十九），屈万里说“当是‘各’之异体”（《殷虚文字甲编考释》），但由于未能进行充分论证，学术界尚未达成共识，所以《甲骨文编》“各”字条下没有将此形列入。

以上所论，是专就《诂林》的考释系统对字形系统的决定作用方面来说的；但另一方面，字形系统对考释系统又具有一定的反作用，这不仅是因为它为考释系统提供了考释的对象，而且更为重要的是，它为读者阅读考释部分进而进行研究探索时提供了广阔的相关字形背景材料，这个道理不难明白，这儿就不多说了。

需要顺便提一句的是，《诂林》的字形系统和考释系统是统一于每一个字头之下的，而字头之序是完全依照《说文解字》540 部的顺序安排的，《说文》所无字则按笔画顺序附于全书之后。有序性的提高增强了《诂林》内在组织的系统性。

## 五

从理论上说，任何系统都是开放性的。由字形系统和考释系统两部分构成的《诂林》总体系统也不例外，它总在不停地与外界环境进行信息交流，促使系统的组织性不断得到加强，功能不断得到优化。

要了解《诂林》总体系统是怎样与外界环境相互作用的，首先得弄明白它与外界环境的边界。当然，从宏观上来说，《诂林》总体系统隶属于中华传统文化这个巨系统之下，它与古代典籍整理、历史文化研究考证，以及关涉到汉字形音义考察的社会科学史和自然科学史的研究都有着一定的关系，然而，从中观上说，最为切近的，是它隶属于文字学和辞书学两大领域。这儿，我们就从它的这两个上位概念系统的视角出发，分析《诂林》与这两个领域中其他部分（即从系统科学角度来说的《诂林》的外界环境）之间的关系，确定《诂林》在这两个领域中的地位和作用。

《古文字诂林》，顾名思义，是一部汇聚古文字考释研究成果的大型工具书。“古文字”说明了它的研究范围，“诂”表明了它的研究方法，“林”则描述了它的编纂方式。因此，从名称上我们也可以将它与文字学和辞书学这两个概念系统挂起钩来。

研究文字学，识字是第一步。因此，对于古文字学来说，通过对字形的考证，弄清它的构形原理，明了它的形、音、义的结合方式，掌握它在具体文句中的用法，是一切研究工作的基础。李圃先生曾将汉字学划分为密切联系的三大板块：汉字发生学，汉字本体学，汉字文化学。对古文字形、音、义的考证，与这三大板块直接相关，只有在掌握了文字形、音、义结合方式的基础上，才能进一步研究汉字的发生原理、汉字记录汉语的方式、汉字发展演变的规律以及汉字的文化蕴涵等问题。当然，文字考释的成果往往是具体的、独立的，但是，当《诂林》将这一个个具体的、独立的考释成果汇聚到一起的时候，它就不再是一个个独立的点了，而是变成了一个个具有丰富内在联系的、成系统的面了。汉字学在这样坚实的基础上经过归纳和演绎，就能够抽象出汉字发生、发展、演变等方面具有规律性的认识。而这些带规律性的认识，反过来又能指导人们文字考释的实践。

就辞书编纂方面来说，在《古文字诂林》出版以前，曾有过一些相类似的工具书。例如20世纪初丁福保主持编纂的《说文解字诂林》，那是主要针对小篆字形的，汇集了《说文》学的研究成果；李孝定的《甲骨文字集释》、于省吾的《甲骨文字诂林》主要收录的是甲骨文字的考释资料；周法高的《金文诂林》采录的则是金文的研究材料。这些文字学工具书有一个共同的特点，那就是主要专精于一种字形研究材料的搜集整理，这在当时来说，对于促进文字学科的发展是起到过重要作用的。但是，随着20世纪下半叶系统科学的蓬勃发展以及它作为一种方法论向各个学科的不断渗透，那种只重分析，将事物的整体行为归结于部分来加以解释的原子论研究方法越来越暴露出其弊端。就拿文字学来说吧。从历时发展的纵向角度来看，甲、金、篆、隶前后相续，一脉相承；从共时使用的横向层面来说，多种字体同时并现，共同发展。这些不同时代、不同载体的文字形式之间有着千丝万缕的内在联系，共同构成了形式多样、丰富多彩的汉字构形系统。研究这样的系统，再沿袭以载体形式进行条块分割的传统的原子论研究方法就越来越不能适应学科发展的需要了。在这样的学术背景下，时代呼唤新的重综合、重整体的系统论研究方法，于是将八大类古文字字形和考释材料汇于一编的古文字工具书——《古文字诂林》就应运而生了。它避免了前述各书的弊端，将各种类型的古文字研究资料汇集到一起，为人们从整体上对古文字进行综合研究打下了一个良好的基础。

《诂林》总体系统的开放性就表现在：一方面，它通过自己收录的目前已有的古文字研究成果，为古文字研究和相关辞书编纂提供一个基础平台；另一方面，古文字研究和相关辞书编纂理论研究的进一步深化，又为《诂林》将来的修订创造了条件，如对旧有失收材料的辑佚，对 1997 年以后新发表的出土古文字字形材料和研究资料的增补，对编纂体例的进一步调整完善等，都将使得《诂林》的系统组织性得到进一步加强，系统的功能不断趋于优化。

# 字典类古文字工具书的编纂形式[①]

## ——兼评《古文字诂林》在体例上的创新

张玉梅

20世纪末本世纪初，大型古文字工具书《古文字诂林》[②] 问世了。此书所纂辑的古文字字形资料和古文字考释材料，上起殷商（公元前14世纪—公元前11世纪），下迄公元1997年底，时间跨度为古文字产生以来的3000多年的历史；书中所汇录的古文字，囊括了甲骨文、金文、古陶文、货币文、简牍文字、帛书文字、玺印文字和石刻文字等字形，是出土文献中最重要也最具有代表性的八大类古文字。能将古文字资料全面驾驭、整体把握到这种赅要而又完备的程度，原因之一就在于此书所采取的编纂形式——综合诂林型。

综合诂林型既是一种继承，也是一种创新。本文拟从字典类古文字工具书[③]编纂形式的角度，探讨这种继承与创新。

在《古文字诂林》问世之前，字典类古文字工具书的编纂类型可归纳为“字汇型”“单项诂林型”“考释型”三种形式。这三种形式可以说各具特点，各有所长。《古文字诂林》则在此基础上博采众长，创造性地运用了“综合诂林型”这一形式。

---

① 编者注：本文原刊于《辞书研究》2004年第5期。原文有摘要：“本文评述了大型古文字工具书《古文字诂林》的编纂形式，认为它充分继承了前人的成果，首创了‘综合诂林型’这一类型，站在了字典类古文字工具书编纂的新的层面上，因而取得了巨大的成就。这一结论的得出，基于对字典类古文字工具书编纂类型的总体把握：字汇型、单项诂林型、考释型和综合诂林型。本文在对比中也对其他三种形式给予了充分的肯定。”

② 李圃主编。上海世纪出版集团、上海教育出版社出版发行。全套12册。已出各册出版时间：第1册1999年12月，第2册2000年12月，第3册、第4册2001年12月，第5册、第7册2002年12月，第6册、第8册2003年12月。

③ 字典类古文字工具书指以单个的古文字为单位的古文字工具书，目的是方便读者查询古文字的形、音、义。但限于古文字的特殊性和目前对其研究的有限性，在这里形音义兼顾的原则较为宽泛。另外，为行文方便，文中将所讨论到的“古文字类字典”，全部简称为“字典”。

## 一、字汇型字典

古文字的字汇型字典很早就出现了，宋代的《汗简》和《古文四声韵》就是这种类型，他们对宋代之前的古文字形体作了全面的总结。不过，限于当时的状况和条件，这两部字典收录的古文字来源于编者所能见到的经传古籍和一些石刻。

近100年来，随着地下古文字资料的大规模出土，各种古文字的大型汇录字典不断涌现。这些字典从不同的领域，对出土文献中的古文字进行了综合和整理。比如甲骨文领域：孙海波在1934年出版了《甲骨文编》，所据材料包括刘鹗的《铁云藏龟》等甲骨文发现以来20年间的8种著作。1964年，中国社会科学院考古研究所改订重印《甲骨文编》，所据材料增加到40多种，包括了《殷虚文字甲编》《殷虚文字乙编》等新出的甲骨文研究成果。这个改订本正编和附录收字计4672个，在汇录甲骨文字形方面甚为全备了。1959年台湾金祥恒出版了《续甲骨文编》。材料较《甲骨文编》改订本要少一些，但它也收录了一些改订本所无的资料，因而也颇具价值，可以和改订本互为补充和参照。金文领域，1985年容庚编著的《金文编》新版出版。这部书分正续两编。正编为殷周金文，续编为秦汉金文。正编收2420字，重文19357字。此书历经四次增补，是金文字形汇录的权威字典。其他领域，诸如古陶文、货币文、简牍文字、帛书文字、玺印文字、石刻文字等，均有颇具代表性的字汇型字典问世，分别为：《古陶文字徵》《先秦货币文编》《古币文编》《包山楚简文字编》《睡虎地秦简文字编》《长沙子弹库帛书文字编》《古玺文编》《汉印文字徵》《侯马盟书字表》《石刻篆文编》等。

马衡在《金文编序》中曾将考释古文字的步骤归纳为综合和剖析两步，而两步之中，“欲窥文字之源流，必先自综合始”。他所谓的综合工作，就是古文字的汇编工作。从考证古文字源流的角度看，字汇型字典的出现是很有意义的。因为看似简单的字形汇编，其实是在对单个文字考释的基础上进行的，是所有的单个文字分析、归纳后的综合。这种综合既是建立在全面占有古文字材料的基础之上的，也是建立在编纂者个人具有相当的分析古文字、考释古文字的功力的基础之上的。所以20世纪的100年，随着地下古文字资料的发现和大量发掘，学者们利用日臻先进的工具和方法，运用自己本身的学识和功力，不断地对各种古文字进行整理和汇录，开辟了20世纪古文字综合研究的先路。

这种字汇型字典的体例往往是：在字头下面罗列某种古文字的所有字形，字形下面大多注明该字的出处，有时注明该字出现的语句，也有时还对这个字进行简单的考释。多在字头旁边对照以小篆、隶书或楷书，有的还标以反切等形式的注音，以便于读者进行检索和研究。

字汇型字典的优点是显而易见的：它全面地汇录某种古文字的所有字形，形成该类古文字的字形库，因而极其便于研究者进行相关的查找。但限于体例，这类字典一般不提供关于所辑古文字的字形分析，也不提供释义和考释材料。所以虽然这一类型的古文字字典出现较早，却无法满足人们对古文字进行深入研究的需求。

《古文字诂林》不同于这一类型，它的内容分为两大部分：字形汇录和文字考释。字形汇录部分与此类型相似，但它不是某一种古文字的汇录，而是汇集了八大类古文字字形。这八大类古文字字形来源于15种典型性著作，就是上述各种具有代表性的字汇型字典。因而《古文字诂林》的编纂充分继承了字汇型字典的优长之处。

## 二、单项诂林型字典

"诂林"作为一种编书体例，始见于丁福保的《说文解字诂林》。

丁福保在《说文解字诂林纂例》中将"诂林"之义阐述为：众多的诂训材料。丁氏将其所收录到的所有的《说文》诂训材料（从东汉以来，直至清末民初）进行归类，然后剪裁、粘贴于各个名目或字头之下，编辑成为《说文解字诂林》。此书的《正编》出版于1928年，《补遗》出版于1936年。可以说《说文解字诂林》开启了一种崭新的编书体例，后来的很多著述均依此体例而作。如1992年1月出版的《虚词诂林》、1992年7月出版的《广雅诂林》、1992年10月出版的《尔雅诂林》等。

古文字字典的编纂也借鉴了这种体例，并形成了较为固定的格式：以某一种古文字为专题，字头系统依照《说文》，在每个字头下进行字形和考释两方面的材料汇编，形成关于这种古文字的材料总集。一般要在考释材料的最后加上编著者的按语，形成对该字的结论性阐释。

以这种形式编纂的古文字字典有两种，一种为客观上已采用了"诂林"的形式，而没有如此命名的著作，如：朱芳圃编著的《甲骨学文字编》、李孝定编著的《甲骨文字集释》。另一种为直接使用"诂林"

一词，并以“诂林”命名的古文字字典，如于省吾编著的《甲骨文字诂林》、周法高编著的《金文诂林》。这些著作都采用了“诂林”的格式，对某一类古文字进行全面的资料选编，可以称之为“单项诂林型”字典。在不同的历史时期，这几部字典分别发挥了重要作用：

《甲骨学文字编》出版于1933年。计释读甲骨文可识字925个。此书第一次将甲骨文的字形与考释材料汇集在一起，总结了20世纪最初20年的甲骨文研究成果。《甲骨文字集释》出版于1965年，是甲骨文发现以来半个多世纪研究成果的集大成之作。既汇集字形，也纂辑考释，并在最后加上按语，予以结论。计释读甲骨文可识字1840个。《甲骨文字诂林》出版于1996年。此书搜集材料的时间直至1989年底，将甲骨文字发现以来90年间的考释成果作了总结，最后以按语的形式提出编著者的考释意见。《金文诂林》是金文字形与考释的集大成之作。此书开始编写于1967年秋，1975年出版。字形方面，它以容庚增订三版《金文编》为据，《金文编》所收之字全部收入；《金文编》不收的宋人著录之器，据《两周金文辞大系图录考释》也收入数十器。考释部分，罗列自阮元《积古斋钟鼎彝器款识》至近人的各家考释。

相比于字汇型字典，这些单项诂林型字典也仍然是在做综合的工作，但显然它们不仅汇录、精选字形，而且还选录考释资料。这种字形与考释兼顾的综合工作体现了古文字研究的进一步深入。因而单项诂林型字典的优点是：它满足了学者对某种古文字的字形材料及考释材料的全面的需求。它基于众多考释材料所作的结论性的按语也有一定的参考价值。

《古文字诂林》的内容不是针对某一种古文字，因此它不同于这种单项诂林型字典。但它也属于“诂林”型，因而也同样具有这一类型的优点。同时，因为出版于20世纪末，《古文字诂林》能够充分利用上述几部代表性字典的材料，肯定它们的价值，汲取它们的养分：将这些字典的按语材料，精选进了自己的“诂释”部分。

## 三、考释型字典

许慎的《说文解字》开启了字典编纂的最初模式。《说文》以小篆字形为据，因形以说音、解释字的本义。后来的字典在此模式上，给字定形、定音及确定意义和义项。这就是我们所说的通常意义上的字典。

古文字考释型字典与这种通常意义上的字典相类似，大多兼顾古文字的形音义三方面。字形方面，它往往挑选几个具有典型特征的古文字的写法，列于该字字头之下。字头旁边有时还列以楷体、小篆等字形。字音方面，有的既标注古音也标注今音，有的回避字音的标注。字义方面，这种字典或从一家之说，概括出其对某字的字源考释；或参考各家之说后，独抒己见，得出作者个人的结论。有的还在本义的说解后次列该字的其他义项，并附以从出土文献中摘出的例证。

近100年里，这类字典多有出现。譬如在甲骨文领域：王襄于1920年编纂出版了第一部考释型甲骨文字典《簠室殷契类纂》。初版收录可识字873个，再版时增到957字。甲骨文方面集大成的考释型字典为徐中舒主编的《甲骨文字典》。此书自1979年10月开始编纂，1988年完稿。徐氏参考了孙海波的《甲骨文编》、金祥恒的《续甲骨文编》和李孝定的《甲骨文字集释》，又大量补充了新出资料进行编纂。金文方面，集大成者为《金文大字典》，此书成书于20世纪90年代。收录并考释2661个金文，是金文考释的权威字典。金文领域还有一部小型字典——《金文常用字典》，陈初生编纂，收录金文约1000字。这部古文字字典最接近通常意义上的字典，很方便对常用金文形音义的查找。

上述这些考释型古文字字典所做的工作，已经进入对古文字进行剖析的阶段了。这类字典如果能够提出一套完整的、古文字形音义均明确的定论系统，则这将是最理想的一种古文字字典了。因为无论是普通的读者，还是科研人员，很多人翻检这类工具书时都是把它当成一部古文字字典来查找的，要检索该种古文字准确的形音义。也正是基于这种追求和需要，上述几部字典（有的直接名曰“字典”）产生了。不过，限于编写时和当前的古文字资料的占有状况和研究程度，这几部字典仍然只能是做了有限的工作：《簠室殷契类纂》因编纂最早，所释读的字也最少。《甲骨文字典》和《金文大字典》所提供的甲、金字形是较为典型的，它们也给出了对于该字的结论性的本义阐释。但是它们都没有给出甲骨文或金文的字音。很多结论仍然也只是一家之说，目前的学界未必公认。《金文常用字典》基本合乎字典的形音义兼顾的原则了，全部所收金文都定形、定音和定义了，然其所收金文也只是最常用的1000个。而且它对金文的字形分析依赖《说文》，且过于简略。虽然20世纪的100年是古文字出土和研究最有成果的一个时期，然而以目前的研究现状来看，也仍然不足以编纂出一部理想的字典意义上的古文字考释型字典。



但即便如此，考释型古文字字典的优点还是显而易见的，其对某一类古文字进行全面剖析的价值更是毋庸置疑的。因为诸如《甲骨文字典》《金文大字典》这些大型考释型字典产生的年代都较为晚近，其编著者占有了丰富的出土文献资料，充分考察了古今学者研究、考释古文字的成果，因而其对某种古文字所作的考释结论具有重要的参考价值。

《古文字诂林》的编纂形式也不同于这个类型。但也将这一类型的典型性字典的考释结论，根据需要选入其“诂释”部分。因而从这个意义上说，《古文字诂林》也继承了这一类型的成果。

## 四、综合诂林型字典

《古文字诂林》当属“诂林”类编写体例，但它不是单项诂林型字典，而是首创了“综合诂林型”的编纂形式。

这种形式与单项诂林型有相同之处：它们都由字形汇编和文字诂释两部分组成。但其显著不同的特点是：字汇部分，单项诂林型只汇录某一种古文字字形，《古文字诂林》的字形则囊括了甲骨文、金文、古陶文、货币文、简牍文字、帛书文字、玺印文字、石刻文字等八大类古文字。单项诂林型字典的字形汇编（如《甲骨文字诂林》《金文诂林》）都是在字头下择选甲骨文或金文的几个典型字形作为代表，而《古文字诂林》则遴选出了15种具有代表性的字汇型字典，将其所有的古文字字形穷尽式地收录进去，依次编排。诂释部分，单项诂林型所做的工作是收集、选取某一种古文字的考释材料。所搜集资料的时间，《甲骨文字诂林》下限为20世纪80年代末，《金文诂林》下限为20世纪60年代末。《古文字诂林》的时间下限为1997年底。材料的丰富和新颖性自不待言。

《古文字诂林》所运用的这种综合诂林型的新形式，使得它能够充分借鉴上述三种类型的优点，组织起蔚为大观的字形和考释材料，给读者呈现宏富而完备的古文字资料。具体来说，一、它全面吸收了字汇型字典的成果，形成了“八大类”古文字的字形总库。《古文字诂林》著录部分选取的15部字汇型字典都是具有代表性的某种古文字的著录之作。而《古文字诂林》将它们全部综合于一处，形成了上自殷商，下讫秦汉的古文字整体意义上的字形总库。这个字形总库的意义是巨大的。因为所谓的“八大类”是从古文字载体的角度划分的，其实各种古文字之间并非可以简单地截然分开。无论从时间上看，还是从空间上看，各种古文字之间都有着密切的联系。《古文字诂林》第一次将它们摆在一处，录于一个平面。这种综合实在不只是一个简单的形式上的拼接。八大类古文字字形汇于一处，让我们可以更直接地、更便利地综合考察各种古文字的特点：既可以横向观察八大类的异同，也可以纵向揣摩古文字的历史变化。二、它的诂释材料宏富，精而不滥；并充分汲取了单项诂林型字典和考释型字典的精华。《古文字诂林》的编纂立足于20世纪末，它所处的这个时代坐标使得它能够纵游历史长河，撷取众家长处，独成硕果。《古文字诂林》的诂释部分，选材始于东汉许慎的《说文解字》，终于1997年底。2000余年里的文字学、古文字学、金石学、《说文》学、甲骨学等学科领域对于八大类古文字的研究成果，尽在搜罗之列。所以《古文字诂林》比此前的任何一部古文字字典的材料都来得完备和丰富。但《古文字诂林》并不流于滥收，它按照一定的原则进行材料的精选。比如，1. 它从继承文字学的历史成果出发，择选了东汉以来的《说文》学，宋代以来的金石学，及清代金石学、文字学等学科中最具典型性的成果，选取了其代表作家的精辟的考释资料。2. 它大量择选20世纪的100年里关于古文字本体形音义的考释成果，兼及对古文字用法的阐释资料。对那些结论承继前人，但在论据论证方面有所发明的考释资料，酌加收录。同时，对各家考释资料按照出版时间先后进行择选，不收录那些重复前人结论的考释。3.《古文字诂林》不加按语，但它将单项诂林型字典的按语和考释型字典的结论有选择地采录进来，充分汲取它们的精华。

如果说字汇型字典、单项诂林型字典、考释型字典处于一个层面上：或断代考察某一种古文字，或综合考察某一种古文字；则《古文字诂林》已经超越了这个层面，它横向考察八大类古文字，纵向贯穿整个古文字研究的历史。因而它不仅开创了一个新的编纂形式，而且基于这种形式，它对前3种古文字字典的内容有所涵盖或吸收。总之，虽然《古文字诂林》所做的仍然是对古文字进行整理的综合工作，但这种综合已经进入更为广阔的空间了。而且没有这样广阔的综合，就不会有更为深入的剖析。

学问之道，重在传承；治学之道，则贵创新。在字典类古文字工具书的编纂领域，字汇型、单项诂林型和考释型各有自己的立足点，各具特色。而《古文字诂林》则博采众家之所长，于继承中发明独创，第一次使用了综合诂林型的编纂形式。正是这种编纂形式，使得它承载了厚重的学术积淀，给20世纪的古文字研究画上了圆满的句号。

（作者为上海交通大学副教授）

# 下编　馨德永怀

# 追思寄语

许嘉璐

二十三日追思李先生，而我不能随诸师友之后，一叙对挚友之思念，憾何如之！我与璞兄结识于“文革”结束不久，迄已三十载。其时，学人莫不惜时如金，如饥似渴，日夜“兼程”，殷勤传学，刻苦为人。孔子曰：“古之学者为己，今之学者为人。”璞兄即古之学者也，不以学业炫耀于世而求闻达，视名利如敝屣，此非古风而何？

当其就医而辗转于榻，我犹寄望于回天之术；其遽尔西行也，复曾叹其寿可永，诸生尚望其润溉，何撒手如是其速也。今日追思，又作他想：逝者已矣，其精神、其学术已灌注于学生之心，此岂非其生命之延续与？所谓“不朽”者，是矣。自今而后，诸生忆及其师，同仁言及其友，肃然曰：“李先生尝如是说，如是行。”此即其犹在之证焉。于是有言禀于李嫂矣：相互濡沫数十载，嫂夫人之悲痛可知；然念及弟如上之言，或可稍稍释然。璞兄临去之时所望于嫂者，唯善自珍摄，康健益寿耳。沉绵于悲而毁身，有违先行者之意矣。况嫂夫人体弱，长期全力照拂璞兄，精力消耗已甚，万不可不振作也。

利辉，转告诸学兄学妹，不时看望师母，师母见尔等如见李先生，亦一欣慰。敬告与会诸先生，我于此三致意矣：致歉，致谢，致敬！

（作者为第九届、第十届全国人大常委会副委员长）

# 玲璞同志永远活在我们心中

曹先擢　李行健　王铁琨

惊闻玲璞同志不幸病逝，悲伤难言。今值追思会召开，谨以短信表达我们的哀思和缅怀之情。

玲璞同志同我们相交数十年，他的为人和治学堪称学习的榜样。他对教育事业的忠诚有目共睹。除在校传道授业外，上世纪八十年代，他为中文自学考试教材编写费尽了心血。他组织编写的《古代汉语》《现代汉语》等教材，培育了不少自学奋进的英才，那些教材至今仍是学习者有价值的参考资料，当年与之共事的领导和同志对他不辞辛劳风尘仆仆奔走于京沪间的精神都赞誉有加。

在治学上他勤奋严谨，成果累累。特别是他主持编纂的传世皇皇宏编《古文字诂林》更是嘉惠学林，为我国古文字学之集大成巨著。他为传承、弘扬中华优秀文化，扎扎实实做了一件基础性的工作。此书被誉为“集万卷于一册，汇众说于一编”，实为我国古文字研究考释汇聚的工具书，为语言文字学做出了重大的贡献。此书耗费了他大半生心血，为我国的古文字学、训诂学建立了里程碑式的功勋。仅此一项成果，玲璞同志就是语文学界一大功臣。在当前浮躁之风泛滥之际，玲璞同志踏实、默默地从事学术基础建设的奉献精神，永远值得我们学习。

玲璞同志是中国文字学会的发起人之一，为中国文字学会的筹建付出巨大的精力。进入新世纪，他继续担任中国文字学会学术委员，始终关心学会各项工作，为学会的发展做出了重要贡献。

玲璞同志离开了我们，但他优秀的学术成果，为人坦诚忠厚的风格，忠于教育，执着治学的胸怀，将永远是鼓励我们前进的力量，是他留给我们最可宝贵的精神财富。

玲璞同志安息吧！你永远活在我们心中！

2012 年 12 月 21 日

（曹先擢为国家语言文字工作委员会原副主任；李行健为语文出版社原社长兼总编辑、中国语文报刊协会会长；王铁琨为教育部语言文字信息管理司原副司长、中国文字学会副会长兼秘书长）

# 怀念老友玲璞兄

祝鸿熹

我与玲璞兄是上世纪 80 年代初在太原举行的中国古文字研究会国际学术研讨会上认识的。记得他背了一个大包袱到会，包袱内装了几十本他的著作《甲骨文选读》，他把著作分送给与会的友人，我也荣幸地得到一本。无独有偶，几年后，他应邀来杭州讲学，他又背了个大包袱，也带来了几十本《甲骨文选读》。他考虑到听课的研究生和进修教师一时买不到此书，就不辞辛劳亲自送书上门。他完全没有前来讲学的大学教授的架子，倒像是个搬运工。后来我从华东师大出版社采购新版《甲骨文选读》作为教材，玲璞兄亲自为我打包，并把五六十本书提着送我上火车，当时没想到寄快递或寄包裹，他又一次肩扛手提充当了搬运工。玲璞兄的朴实、诚恳、热心的作风深深吸引、感动了我。我们一见如故，历届古文字研究会学术研讨会我俩常同住一室。有一年在张家界开会，我们在同一列车相邻卧铺数十小时共度，一路长谈，真是有缘。

玲璞兄长期担任全国高等教育自学考试中文专业指导委员会工作，他除了主编《古代汉语》教材、创办《中文自学指导》杂志以外，还主持了《古代汉语》自学考试大纲的制定、修订、审定工作。承蒙他的信任，我多次被吸收参与此事，我曾两次随他赴甘肃制定大纲并参加命题工作。来自教育部自考办和全国各高校的专家学者，都在他的领导和协调下认真、愉快地工作。在告别的茶话会上，华东师大的一位老师即兴赋诗献给东道主，委托擅长书法的詹鄞鑫同志书写，詹落笔时发现该诗欠完善，个别地方不符诗律，要玲璞兄和我修改、润色。我们就在等待火车票的间隙，花了大半天琢磨、讨论，总算完成任务。

1985 年，我和郭在贻兄招收的首届研究生毕业，聘请许嘉璐兄和玲璞兄任论文评阅人兼答辩委员。这期间，我们在玉泉茶室喝茶、聊天。两位嘉宾对杭大古汉语专业老中青整齐、和谐的团队十分赞赏，嘉璐兄开玩笑说愿加盟杭大，我说这事得请示领导。在贻兄说他平生从未当过官，连小组长也没当过。两位嘉宾打趣说：老祝官最大，是教研室主任。当时谁也没想到，在座有人日后竟成为国家领导人。到了新世纪，嘉璐兄终于圆了加盟梦，新浙大聘请他为兼职教授。此后，玲璞兄经常应邀来杭参加博士生、硕士生论文答辩。玲璞兄为培养年轻学子不遗余力。记得他曾和裘锡圭、许嘉璐两先生一起在云南举办古文字讲习班，全国各高校青年教师纷纷报名参加。杭大青年教师任平、周晓康也参加了。三位在古文字学界是顶尖专家，他们也应邀在原杭大和新浙大多次讲学，反映极好。

玲璞兄一生献身学术、献身教学，著作丰硕、桃李满天下。我们永远怀念他！

（作者为浙江大学汉语史研究中心教授、博导，中国训诂学研究会学术委员，浙江省语言学会原会长兼学术委员会主任）

# 感恩　怀念

——在李玲璞先生追思会上的发言

【韩国】河永三

今天怀着沉痛与感恩的心情来参加李玲璞先生的追思会。正是因为与李老先生的相识，使我的研究方向有了很大的突破，更是因为李老先生才造就了现在的我，因此希望借此机会来表达学生的哀痛心情。

正是在二十年前，也就是中韩还未建交的1991年，学生与李老先生在学生的祖籍——河南漯河初次相识。也是在那里我生平第一次感受到了中国人的热情与人情味儿。后来到了1996年，在天津中国文字学会的国际研讨会上，学生有幸再次见到了李老先生，并且拜李老介绍认识了现在的克和主任。

当时我对语言学研究本身抱有很大的怀疑态度，正处在需要某种突破口的人生阶段，李老先生把他的著作《甲骨文文字学》送给了我。也正是那时候，我有幸拜读了由李玲璞教授、臧克和教授和刘志基教授主编的《古文字与中国文化源》。由此更加坚定了我的信心，也更明确了我今后的研究方向。1997年，我在华东师大工作了一年，在这一年里，我可以经常见到李老先生。我住在专家楼，李老住在师大一村，所以不管是早晨去买菜，白天去学校，还是晚上去散步的时候，经常可以看到李老的身影。那时正接近李老编纂《古文字诂林》的紧张时期，我有幸在文科大楼的《古文字诂林》编纂室里看到了堆积如山的资料卡片，也参观到了把各种各样的汉字电子化的过程。我相信这奠定了今天的数据库汉字学的基础。除此之外，李老、韩楚之、臧克和等教授设立了文字中心。李老在从古代汉字到现代汉字，从汉字到少数民族文字与世界各国的古文字的研究过程中，缜密规划专业领域，为随后的域外汉字学研究奠定了基础。后来李老的另一个学生王平教授来到韩国，建立了韩国汉字研究所。今年（2012年）8月的济州岛会议后，世界汉字学会终于创立。

我想汉字不仅仅是汉字文化圈的珍贵文化遗产，也是全人类的珍贵文化遗产与财富。与李老的最后一面是几年前与李老在北京一起吃饭的时候。但上个月 18 日下午，突然收到李老去世的消息，我在山上瞬间想起李老的英明厚德与开创性的学问观点。李老是您聚集了天下英才，组织开辟了新汉字学、甲骨文字学；您主编的《古文字诂林》跨出中国，泽被世界。那天我从山上走下来后，打开《异体字字典》，上面写着 2011 年 1 月 10 日购于华师大旁旧书店，并盼望李圃教授早日康复。但是这一愿望没能实现，他永远地走了！学生只能在下一页再填上 2012 年 11 月 18 日。唏嘘，福明保佑！李老先生安息吧，我们一定会遵照您生前的希望，努力地去生活，努力地去研究，我们会与世界各国的汉字学家同仁一起，为以汉字研究为中心的人文学打开新的局面，并且永远不会忘记人文学的根本精神。

（作者为韩国庆星大学教授，韩国汉字研究所所长）

# 哀痛·告慰·致谢

常　青

各位领导、各位亲朋好友：

大家好！谢谢你们冒着严寒赶来参加我先生的追思会。

作为家属，此刻的心情难以言表。

先生走了，走得那么匆促，令人猝不及防。他是在与病魔顽强的抗争中，在屡闯生命难关、病情日见好转的情况下，突遭变故而猝然离世的，叫人怎能不痛心？

病中，他数年如一日地始终没有停止过比画、书写的动作，始终没有停止过对文字学的思考与探索，始终没有停止过构建文字学理论体系以弘扬传统文化的不懈追求。然而，一次变故竟粉碎了所有的希望与期待。先生他是怀着对毕生挚爱的事业的无限眷恋离开人世的，叫人怎能不痛心？

尤为痛心的是，先生是怀着心愿未了的深深的遗憾离开人世的。病中，先生曾多次向家人及亲友提及心中的牵挂，郑重地嘱咐家人继续找组织递交材料，反映情况，迫切地盼望在组织的关怀下尽快地澄清事实，还原真相，让他早年投身革命的弥足珍贵的经历得到应有的客观的认可。我们总是百般地劝慰他放宽心，我们总以为他能好起来的，有朝一日定能如愿以偿。谁知，一场变故却使心愿变成了遗愿，叫人怎能不心痛万分？

值得宽慰的是，人间自有真情在。先生您走的那个夜晚，尽管夜深寒气袭人，但得知不幸的消息后，有关单位的负责同志赶来了，远在浦东等地的学生、亲友赶来了。讣告一经发出，学校各级领导、全国各地乃至海外兄弟院校的领导、许多语言文字研究单位的领导、众多出版机构及相关的领导、难以数计的亲朋好友纷纷发来唁电、唁函，敬献花圈。华东师范大学的老校长袁运开同志在患病住院的情况下还亲笔书写了唁函送往家中，叫人怎能不感动？

上个月的23号，数百位学界同仁、亲朋好友从天南地北乃至海外赶来上海，冒着大雨奔赴龙华，为您送行。挤满大厅的亲友，排满长廊的花圈，寄托着浓浓的深情，让人倍感震撼。

今天，又是23号，天气又是特别寒冷，又有那么多的亲朋好友在岁末年底特别繁忙之际，冒着严寒从全国各地乃至海外赶来参加您的追思会，表达一份深深的情谊，让人倍感温暖。

凡此种种，足以告慰您的在天之灵。

您一辈子淡泊名利，默默奉献，却赢得了一致的赞扬和敬重。您的坚忍不拔、忍辱负重，结出了丰硕的学术成果。这让您心力交瘁，乃至付出了生命的代价，过早地离开了您钟爱的事业与挚爱的亲友，这既让我们心痛不已，也让我们为您深感自豪。病中，您凭着顽强的意志力，多少次地闯过生命难关。每当闯关成功，我都会向您翘大拇指表示庆贺。记得吗？我说的那句赞语是“玲璞，好样的，硬汉子!”今天，在会前拜读了那么多亲友为您撰写的追忆文章，在会上又聆听了领导与亲友们深情缅怀您的肺腑之言，我情不自禁地要对您再次翘大拇指说：“玲璞，好样的，铮铮铁骨的山东汉子！我们为您骄傲!”

玲璞，在亲友的告慰声中，您一路走好！您在天之灵安息吧！

最后，我代表家人和所有的亲属，尤其是代表我先生李玲璞，向在座的各位领导、各位亲朋好友，表示诚挚的谢意！谢谢大家！

2012 年 12 月 23 日

（作者为李玲璞先生的夫人，上海市普陀区教育学院师资培训部教师，中学语文高级教师）

# 淡泊明志　宁静致远

李笑虹

许多年前的一天，一位生活在滨海小镇的少年，无意中得到一本歌本，细心研读后，被其中一首深深地吸引住了，那悠远的意境，一直萦绕在脑海中。当时他并不知道这就是李叔同先生填词的《送别》，他也不知道冥冥之中未来之路将会与文字结下一生的不解之缘，走上了一条为之奋斗，为之付出毕生心血的研究之路……他就是我的父亲——李玲璞（笔名李圃）。

父亲是个温和内敛，修养极好的人，言行谦和，凡事总是先人后己，替他人着想，而在科研和教学中却又是极顶真，极严谨，一丝不苟。印象中的父亲从来没有过假期，永远是忙碌的，时间对他来说总是不够用。多少次电话催着回家吃饭，可往往刚端起饭碗就有学生上门求教，父亲总是二话不说，放下饭碗，热情接待，耐心解答。每当有学生、同事和朋友遇到困难的时候，他总是真诚地尽可能地给予最大程度上的帮助，从不张扬。次数多了，我就难免会发发牢骚，而父亲总是微笑着，不以为意。慢慢的，在和父亲的聊天中了解到，父亲品格的养成和他自小的生活环境有着很大的关系。

父亲自幼生活在山东老解放区，爷爷奶奶为人宽厚、慈祥。爷爷是当地的村干部，德高望重。虽年轻时体质就弱，但心灵手巧，为解放区革命工作不遗余力，在没有图纸的情况下，研制出了织布机，为解放区的生产自救添砖加瓦。常听父亲说，虽是老解放区，可当时全国尚未解放，所以党员的身份都是不公开的，但只要看人的言谈举止，行为做派，就能知道他是不是共产党员，因此共产党的干部在当地群众的心目中威望是非常高的。在环境的熏陶和父母言传身教的影响下，父亲在小学阶段就与老解放区其他十多岁的少年们一样加入了革命的行列，小学毕业不久被党组织派去昆嵛县人民武装部负责《战报》的编写、刻印和发行等工作。那是一段难忘的日子，因为时间紧，工作量大，年龄又小，常常忙到夜深人静，慢慢地也就养成了开夜车的习惯。父亲总是充满感情地回忆那段艰苦的革命岁月，正是这样的经历，让他养成了不惧压力，不轻言放弃的性格。从小先生到博士生导师，从现代汉语到古代汉语、文字学，无论何种条件与环境，无论什么专业领域，父亲都不畏艰难，倾情投入，也每每取得不凡的业绩。

其实父亲原本兴趣爱好广泛：喜爱运动，手球、篮球打得非常好，是国家一级运动员，差点进了上海市手球队；精通乐理，对中国古典音乐情有独钟，喜爱昆曲、京剧，京胡拉得很棒；书法、绘画也很拿手。小时候我对有些古典诗词的意境理解不了，父亲都会用绘画的形式，让我能直观地了解。可随着工作越来越忙，他的时间总也不够用，而他又事事亲力亲为，丝毫不考虑个人的得失，终于某一天，篮球场上不再见到那矫健、潇洒的身影，二胡与毛笔也都被束之高阁。我总觉得父亲为了事业而放弃那么多的爱好很可惜，可每次父亲都说：以后再说吧，现在时间不够用啊。父亲就是这样把他全部的心血和精力都倾注在他的事业中。有时我看父亲如此忘我工作，不计个人得失，就会半开玩笑地对父亲表示不理解。这时，父亲就看着我，缓缓地说：做事浮躁、急功近利，是最要不得的。做学问不是哗众取宠，你的东西拿出来，是要站得住脚的，是要经得起推敲的，是要经得住时间考验的，不能误人子弟呀。父亲那掷地有声的话语至今还回响在我耳边。

虽然父亲把他绝大部分的时间都贡献给了他的学生和事业，但也并未因此放松对我的教导。父亲常告诫我说：做事的思路和方法很重要，要有自己独立的思辨能力，视野要开阔，首先基础一定要打好，不能心急。记得小时候刚练字那会儿，急于像大人一样写潦草字，父亲并不赞同。当时父亲正在东北出差，一天我收到一封父亲的来信，至今记忆犹新：方格信纸，漂亮的仿宋体，满满地写了六七页，生动有趣地描述了五大连池的风光与传说。我不禁读了好多遍，也读懂了父亲的心思。接着就开始模仿着抄录，所谓寓教于乐就是如此吧。后来当我稍大一些了，父亲又亲自精心挑选了三百篇古诗文（一百首唐诗、一百首宋词、一百篇古文）让我背诵。说实话，其中有些文章比较艰涩，我急于完成，又因不解其义，只能死记硬背，结果可想而知。此时，父亲就会与我一同分析，找出问题的关键点，教给我遇到问题时怎样解决。多年来，父亲对我的谆谆教诲和悉心爱护，如今时常一幕幕浮现在脑海，恍如昨日。做事严谨、认真、一丝不苟；对人真诚、宽容、一诺千金；对生活积极、乐观，顽强面对所遇到的种种困难……这一切的一切都是父亲留给我的最可宝贵的财富，将一直激励、鞭策着我前行。

许多年后，我的父亲，这当初的少年，又在《送别》的伴随下，渐渐远行，去继续开拓那文字学理论的研究之路。生命的存在只是一种形式，父亲是以另一种形式和我们在一起，永不曾离去。

2013 年 7 月于法国巴黎

（作者为李玲璞先生之女，现旅居法国）

# 光风霁月　明德惟馨

## ——缅怀舅舅李玲璞

张海英

2012 年 11 月 17 日夜，久病卧床的舅舅与世长辞，全家人悲恸不已。而我至今仍不相信舅舅就这样永远地离开了我们。这一个多月来，每当我静下来的时候，舅舅生前与我们相处的点点滴滴便历历在目，恍如昨日。

1981 年，我考入了华东师范大学历史系，那一年，我十六岁。说实在的，之所以报考华东师大，也是因为父母亲考虑到我年纪太小，第一次远离家乡外出读书，多少有些放心不下。如今，有舅舅在身边，他们自然也就无虑了。

在师大读书的日子里，舅舅、舅妈对我生活上无微不至的关照自不待言。每逢周末，在舅舅家品尝舅妈烹烧的美味菜肴，是我一周最祈盼、最快乐的事情，也是至今仍留存心中的最温馨的记忆。

对历史的理解是需要生活阅历积淀的，而我当时却是一个从中学直接到大学的十六岁的学生，生活阅历非常单纯。加之中学在应试教育理念影响下，把本应是生动活泼、有血有肉、可以启人心智的历史，肢解成支离破碎、甚至可以进行 A、B、C、D 单向选择的零散碎片。带着这样一种非此即彼的单线式思维模式来到大学，面对着各种各样的学术争鸣，众说纷纭的各家学说，我陷入了茫然不知所措之中，继而便是焦虑与沮丧。当我与舅舅谈起这一困惑时，他很耐心地对我说：你的生活阅历比较简单，这也没什么，学历史是靠读书的，而不是靠背书的；只要你多读书，认真地读，到最后自然会有你自己的想法。我记住了舅舅这句话，带着笨鸟先飞的心态，比以前更加用功，更加刻苦。“学历史是靠读书，而不是靠背书”，舅舅这句话，成为开拓我大学专业学习思维的启蒙钥匙。

读书生活是紧张、单纯而快乐的，但有时也难免碰到委屈和不开心的事情。有一次，也是因为工作中的一些琐事，我觉得委屈和伤心，跑来找舅舅诉说。听完了我的陈述，舅舅并没有马上说谁是谁非，而是让我换位思考：假如我处在对方的位置和当时的情景之下，我会怎样做？这是我第一次听到“换位思考”的说法，当时愣住了，半天没有说话。舅舅说，其实有时候你换位思考一下，你了解了对方的思维方式和为人特点，你就会宽厚许多，就不会有那么强烈的沮丧感了。另外，生活中遇到不快和挫折是很正常的事情，要学会坦然面对，不要像祥林嫂似的，到处找人诉苦。再说，一个人的精力总是有限的，如果总是用来应付别人对你的评判，那你还有多少时间做学问？这番话，对当时的我颇具震撼力。换位思考，宽以待人，埋头学问，坚强坦然地面对挫折，不要做生活中祥林嫂式的人物，这是舅舅在做人方面对我的教诲，也成为我日后工作学习的座右铭。

在师大的日子里，耳闻目睹舅舅最多的是他不分寒暑，废寝忘食地工作。有时我也表示不解，特别是在看到周边有些人投机取巧、不劳而获等不正之风时，也颇有不平。每当谈起这些，舅舅总是很平和，他说：这是一个讲究实力的时代，只要你踏踏实实地把学问做好，把成果摆到桌面上，最终总是会得到别人的认可的；而且，经典的东西是要经得起时光的检验的，急功近利或许会得意于一时，但其作品往往是缺乏生命力的；要写出经得起时间检验的作品，一定要有肯坐冷板凳的精神，千万不能投机取巧；学无止境，贵在严谨啊。这是舅舅对我的告诫，也是舅舅自己秉持一贯的学风，这些至今影响着我，激励着我，令我在学业上不敢懈怠和马虎。

回想起来，我的学术之路走到今天，离不开师大的培养，离不开舅舅的谆谆教导，还离不开与舅舅相熟相知的前辈与师友们的帮助与鼓励。滴水之恩当以涌泉相报，我唯有不断努力，以学业上更优异的成绩，来告慰九泉之下的舅舅。安息吧，舅舅！

（作者为李玲璞先生外甥女，复旦大学历史系教授）

# 致玲璞同志夫人

袁运开

玲璞同志夫人：

惊悉玲璞同志骤然仙逝，不胜哀痛与惋惜。玲璞同志是一位忠于党的教育、文化事业的好老师、好同志，他为华师大文字学学科的开拓与发展，竭尽心血，做出了杰出的贡献，大家都应该铭记。

玲璞同志为编纂《古文字诂林》，即使面临酷暑严寒，法定假日，都是连续工作不断，多年如一日，这种为教育文化事业不懈奋斗的革命精神与敬业品质，值得我们大家好好学习。

我与玲璞同志同事多年，虽来往不多，但是他的音容笑貌，至今犹历历在目。玲璞同志平易近人，和蔼可亲，很好相处。

我现因故骨伤，不能前来吊唁，特此函达于您，尚祈谅察，敬请节哀、保重。

此致

敬礼

袁运开

（作者为华东师范大学原校长）

# 在李玲璞先生追思会上的讲话

童世骏

各位老师：

等一会儿，陆靖副校长会代表我们班子向李老师追思会作个发言。我今天来这里完全是以个人的身份，因为我对李玲璞老师心仪已久。我是华东师大哲学系毕业，以后任教几十年，离开华师大后，去年才回来的。回来也见过李老师几次，但是没有机会深谈，也没机会去探望，对他的去世感到非常突然，也非常遗憾。借此机会来向他表示敬意，向李老师的亲属友朋表示慰问。

李老师求学问道，著书立说，建功立业，应该说成就了不朽的事业。对于我们华师大来说，是留下了非常丰富的有形遗产，也留下了非常宝贵、极其宝贵的无形遗产。我们华师大在追求全国卓越大学的进程中，取得的一些成就，凝聚了包括李玲璞老师在内的许许多多老师、科研人员的努力。李老师以他的实际行动证明了我们祖国的优秀文化传统是可以和科学研究的方法结合起来的，几代人的共同努力是可以成就一番为人类作出宝贵贡献的民族文化事业的。

我相信，我们在这里怀念李老师，会由此得到更多的力量和更多的启发，来完成中华民族文化复兴的伟大事业，来完成为人类作出更大贡献这样一个伟大的追求。就华师大来说，我们只有进一步追求最卓越，进一步培养最优秀人才队伍，提供最优秀科研成果，才不辜负前辈的希望，不辜负我们的校友、同行和方方面面的期望。

谢谢大家！

2012 年 12 月 23 日

（根据追思会发言录音整理）

（作者为华东师范大学党委书记）

# 在李玲璞先生追思会上的讲话

陆　靖

各位女士、先生，各位老师：

今天我代表学校党政班子来参加这个追思会，和大家一起追思华东师大资深教授、我们国家著名的语言文字学家李玲璞先生。

李先生青少年期间就在胶东解放区边读书边参加革命工作，投身民众的扫盲师资教学，担任过国文老师、语法修辞课老师以及小学校长。1960 年李先生完成四年的大学学习后，毕业留校任教，整整在华东师范大学工作了五十多年，在教学、科研以及学科建设等各个方面都为华东师大和我们国家作出了巨大贡献。

半个多世纪以来，李先生始终把教书育人放在首位，他培养的学生遍及全国的数十所高校和研究机构，其中有很多人成为学科带头人和院系领导，李先生也因此获得国家的教学奖。李先生所主编的皇皇十二册巨作《古文字诂林》，为古文字考释集大成之作，“集万卷于一册，汇众说于一编”，被上海市领导誉为“上海市精神文明建设标志性工程”，获得了多项国家、省部级的最高奖。

李先生在数十年的科研生涯中始终注重文字学的创新。他的字素理论、文字学三维系统理论，在学界产生了巨大的影响，成为汉语言文字学界著名的专家。他是国家一级学会——中国文字学学会的发起人之一，并先后担任学会的常务理事、学术委员会委员，担任上海市第一届学位评定委员会学科评议组成员、上海市高等学校职务评审委员会学科组成员、上海市哲学社会科学研究基金评审委员会学科组成员、上海市哲学社会科学优秀成果评定委员会学科组成员、全国高等教育自学考试中文专业委员会第一任秘书长。

汉语言文字学的研究，目前已经成为华东师范大学的亮点学科之一，有教育部的重点研究基地，成为上海的重点学科建设对象。对这个学科的创建来说，李先生的贡献尤为巨大。一方面，他的近百种论、著、编的学术创见，大大提升了华东师范大学汉语言文字学的学术影响力，推动了该学科成为国内外公认的重镇；另一方面，他通过孜孜不倦的教书育人，结合研究项目，凝聚学术团队，为学科建设打造了一支过硬的队伍。

李先生一生教书育人，科研创新，孜孜以求，为汉语言文字的研究事业，生命不息，贡献不止，永远值得我们尊敬和怀念。对于生者来说，李先生是榜样，是标杆。我们要像李先生那样工作、学习、生活，以告慰李先生的在天之灵。

谢谢！

2012 年 12 月 23 日

（根据追思会发言录音整理）

（作者为华东师范大学副校长）

# 情深学友　学习榜样

姜永璞

我和李玲璞同学是1948年9月进入山东省东海师范学校在同一个班学习的。他是从昆嵛县（现改为文登县）一个区里工作调到学校，经测评合格入校的，我是从海阳县教育岗位上调去测评合格入校的。

玲璞同学16岁入校，小伙子长得很英俊，很精神，学习很好，多才多艺，非常受老师和同学的欢迎。学校当时条件较差，宿舍没有床，都睡地铺，我俩在地铺挨着睡觉。有一天很冷，夜间我上厕所回来，看他躺在那里冻得腿紧缩着很难受，就把自己盖在身上的一块苫布给他盖上。早上醒后，他很感动，写了一篇作文，题目是《一床花毯》，写得非常生动，很有感情，文字表达精彩。语文老师在班上宣读他的作文，表扬他的写作水平高。从此，不仅在全班，而且在全校，都知道玲璞的写作水平高。我当时在班里任班干部，以后班里有写作任务就请他担当，他从不推辞。

玲璞同学不仅文采好，体育也很突出。学校曾经组织了一个篮球队，他是主力队员，投球很准。篮球队曾代表学校参加东海地委组织的篮球比赛，获得了全区比赛的冠军。他不仅体育好，还是文娱积极分子。我记得东海师范两年共演了三个名剧，一是《农公泊》，二是《赤叶河》，三是《张德宝归队》。这三个名剧除在学校演出外，还到校外农村给农民演出，受到广大群众的热烈欢迎。玲璞都是剧中主角。三个剧目我都参加过演出，但只是配角。比如在《赤叶河》剧中我演一个区长，在《张德宝归队》中我演一个村长，就是出几场戏，话不多。而玲璞同学都是戏里主角，差不多每场都要出面，话语较多，平常背台词要花很大精力；但他都不影响学习，每次考试成绩都很优秀。

玲璞同学家住农村，对农民、贫下中农有很深的感情。1950年秋，中共东海地委根据中央和山东省委指示，要求完成农村结束土改工作。东海地委指示，东海师范毕业的每个班，毕业前要参加两个月的结束土改运动。我们班第一月在昆嵛县，第二月到牟平县。玲璞同学在结束土改工作队中表现尤为突出，因为入学前他在区里曾工作过一段时间，对农村工作有些经验，对农民很有感情，农民很愿找他反映情况。他对土改政策也很熟悉。比如在结束土改工作中要给农民划阶级成分：定为地主成分的是不劳动，完全靠剥削生活；定为富农的是参加劳动，但有剥削，剥削量在总收入中占百分之三十以上的；富裕中农也有剥削，但剥削在总收入中占百分之二十五以下；靠劳动不剥削的，也不受剥削，定为中农；受剥削，生活贫穷的，定为贫农。玲璞同学对这些政策背得很熟，掌握也很好。不仅农民有事找他，就是参加结束土改工作的老队员不明白的事也去找他询问。所以玲璞在工作队中年龄虽小，但掌握政策很好，懂事很多，很受欢迎。

我与玲璞同学在学校感情深，友谊深。学校住址第一年离他家很近，当时生活比较艰苦，他经常请我们到他家吃饭，所以我对他家亲人比较熟悉。后来，结束土改工作还没有完成，我被调到山东省团校学习，毕业后留校。玲璞同学结束土改工作后回校继续学习，毕业后继续做教学工作。他后来又到华东师范大学上学，毕业后留校工作。他在教学中发扬传统作风，继续刻苦学习、研究，完成很多著作，成为专家学者。1989 年秋我到黄山开会，回来路过上海，他专门到宾馆看我。我和玲璞同学是情深、谊深的学友，他的为人和业绩永远都是我学习的榜样。

（作者为中国管理科学研究院山东分院院长）

# 祭同学

孙慧

惊悉老同学李玲璞去世，深感悲痛。一位华师大教授、著名古文字学专家、语言文字学专家突然走了，我们的同窗好友突然走了，怎能叫人不痛惜。自1951年分别至今已六十多年，虽处两地，相隔千里，但时间和距离并没有隔断我们的同学情谊，常以书信或电话保持着联系。记得你曾邀我们去上海，也曾说过要到济南来，多么期望有一天能欢聚，却没有想到竟成为永诀。遗憾！永远的遗憾！

当年胶东地区曾因战乱停办教育，1948年在刚刚恢复教育时，一群求知欲很强的年轻人纷纷参加考试，成为东海中学师范部（后改为牟平师范）的学生。我们正是在此相识相知，共同度过了一段难忘的学生时代。半个多世纪过去了，追思往昔，种种情景清晰地呈现在眼前，至今未能忘却。

当时校址在文登县许家埠，条件很艰苦，睡地铺，吃高粱米，没有足够的蔬菜，开饭时每小组一桶漂着几片菜叶的菜汤，每人分得一小木勺。晚上我们围坐在一盏小煤油灯下，孜孜不倦地学习。后来学校迁至牟平城郊一所孤儿院的旧址，那是一幢二层小楼。我们常在楼顶平台上唱歌、练嗓子、做体操。那时我们十几岁，风华正茂，朝气蓬勃。特别是你勤奋好学，积极向上，聪明精干，爱好广泛，喜欢画画、打篮球，给我们留下很深的印象。你学习成绩优秀，作文常被语文老师作为范文向同学们解读。当时因为你我都是文艺活动的积极参与者，常被教音乐课的杜老师挑选去排演节目，曾演过《农公泊》《赤叶河》等歌剧，内容多是控诉地主压迫农民的罪行，结合当时的形势，宣传、发动群众配合土改工作。尽管我们都不是专业演员，但演得很动情，很认真，竟激起台下观众对地主的仇恨，对被压迫者的同情，感动得流泪了。至今我还清晰记得剧中特别是《赤叶河》的歌词，老师安排我们俩分别扮演男女主人公，男的叫禾子，女的叫燕燕，燕燕被地主欺负后含冤跳进赤叶河自尽了，这是一出悲剧。剧中的曲调婉转动听，我常在钢琴上弹奏几段或哼唱几句，当然也情不自禁地回想起我们一起排练演出的情景。

那段纯真的同学情，成了美好的回忆，永恒的纪念。

老同学安息吧！

2012 年 12 月

（作者为山东省济南画院教授）

# 悲夫！惜哉！[①]

马鼎三

当年在我们同学之间，李玲璞英俊潇洒的翩翩风度特别引人注目，可是在我的心中印象最深刻的，却是他的拼搏精神。

老李同志和我同级不同班，他是二班调干生班，我是六班师范生班。我们俩真正熟悉是在最后一学期，即1960年的上半年。这时，我被提前抽调出来，担任本年级学生辅导员。当时正处在三年困难时期，大跃进造成全国哀鸿遍野，得到优厚照顾的大学生此刻也人人啼饥，不少人营养不良，开始浮肿。国家的政策变了，不再高喊“鼓足干劲，力争上游”了，而是强调劳逸结合。原来鼓励学生挑灯夜战，大干快上，现在夜间供应的免费夜宵也被取消了，一到晚上十点钟，所有阅览室、教室、寝室统统准时熄灯，只在河西、河东各保留一个教室不关灯，以备同学的特殊需要。这时学生辅导员有了新的任务，就是在十点钟之前劝同学们就寝。可是大跃进的快车一下子不容易煞得住，尤其是河东饭厅，本来通宵灯火辉煌，挤满了苦读的同学，这时仍旧难以熄灯。你这头一个个刚关掉开关，那头又被打开了。每天都要“鏖战”很久，才能把同学全部请走。每天学习坚守到最后的同学中差不多都有李玲璞，于是我们熟悉了。在陪他回寝室的路上，我们越聊越多。多少次好不容易把他劝回寝室，然而一转身，他的床铺又空了。等我再赶到备用教室时，果然，他又坐在那里奋战了。问他为啥要这样拼？老李说，他家在胶东文登，是日寇占领的沦陷区，也是老解放区，少年时兵荒马乱的，没有安心读书的环境，现在能跨入华东师大这样风景如画书海文山的高等学府，不努力拼搏对不起别人，也对不起自己。

那时候，年轻人如此拼搏，肚子里却少油寡水，食不果腹，哪一个不饥肠辘辘，难忍难熬？老李后来对我说，要是当时能有一杯牛奶该多好！——可是，哪来的牛奶？当时就是这样想想也是十足的奢侈！那怎么办呢？绝对不肯放弃拼搏的老李想出一个办法：抽烟。——这倒是

① 据李玲璞先生追思会发言稿整理。

“好办法”，虽然只是廉价劣质的烟卷，一口入肚，立刻奏效。这种“灵丹妙药”时间一长，也会失效，于是老李就不断加大剂量，越抽越多。后来烟不离手，仍旧不济，他又“发明”了喝茶。一喝，有效，但时间长了，效果又不显著了，于是他又不断加足分量，每天茶杯里的茶叶总是满满的，浓浓的。老李真的和烟、茶这么有缘吗？NO！他把它们当“药”，是用来提神的。然而，每个人的“神”都是个常数，不会取之不尽，用之不竭。后来，老李开始脸色烟茶显影，很多朋友纷纷劝他：老李，烟少抽点吧，健康要紧！——用得着劝吗？其实抽烟的危害，他比谁都清楚。他是为了心爱的学术事业，拼命透支自己的精力，结果也透支了他的生命。他是为了事业而献身的！老李是校篮球队运动员，又多才多艺，书法、京剧、二胡都很精通，又有一个幸福美满的家庭。他的人生应该是一种甜蜜的享受，寿长福多是理所当然的，然而他把这些都献给了他的事业。

老李选择文字学，尤其是古文字学，作为终身的追求，一开始就有一种紧迫感。他既没有家学渊源，学校又没有设置相应的专业课程，更没有专家指导（戴家祥等先生都是老李有了一定成就后拜师的），所以他要拼！有一次闲聊，问他，当初怎么会选古文字学入手？他说：“和你有关。”这让我又吃惊，又惭愧！原来是这么回事：我们毕业之后，1960 年下半年，作为学生辅导员，我接了新年级，共四个班，一百多人。这时，我的两位学兄、好朋友帮了我很大的忙。一位是楼昔勇，一位是李玲璞，他们帮我各带了一个班级，任班主任。于是我们三个一同住在学生宿舍，朝夕相处，经常促膝谈心。一天，老李在我书架上发现一本古文字学的小册子，一看就着了迷。我见他爱不释手，对他说：“拿去吧，送给你了。”这本书是我从旧书摊上淘来的，粗略翻看了一下，对这些似懂非懂的文字僵尸，没有引起多大的兴趣，随后往书架上一插，差不多等于埋葬了。哪里会想到，就是这么个小册子，却点燃了李玲璞同志胸中的烈火，最后成就了中国古文字学辉煌的业绩！如果说老李的业绩与这本小册子有那么点关系的话，那是他们的缘分，物归其主，是老李慧眼识珠。至于和我，可以说：毫无关系。

老李走了，走得太早了！正当他有了文字学的雄厚基础，初步取得丰硕成果，且有了更加宏伟的学术谋划，将要出大成果的关头，溘然而逝，岂不痛哉，惜哉！今天，今后，但愿世人在享用李玲璞同志丰硕文字学成果的时候不要忽略他为文字学献身的精神！

（作者为华东师范大学中文系原总支书记）

# 再说李玲璞同志的道路选择

马鼎三

上世纪六十年代初，甫登高校教坛的年轻教师，业务方向的确定一般都是由组织、领导根据教学需要和个人情况作统一安排。当时，组织上安排老李同志从事古代汉语课的教学，可是私下里，他却自选了古文字学作为“自留地”，并且悄悄地把这块“自留地”作为自己的主攻方向。他这样的选择，当时不太有人认同。因为他并没有古文字学的学业基础，更主要的是，本校本系都没有设置古文字学专业，也没有开设这门课程。所以就算你搞出了名堂，也是个“无用”的学问。就是在社会上，当时古文字学的温度恐怕也在冰点以下。一般人都在忙着“大跃进”，谁有闲心去摆弄这些几千年前的文字僵尸？假如当时有人出题调查，让大家自由选择学术方向的话，我敢说，本校青年教师除了老李之外，可能不会有第二个人。因为浅薄如我者，当时对古文字差不多尚“不识之无”，至于它的学术及社会价值，更是一无所知。

就在这样的情况下，老李排除了世俗对“显学”“僻学”的势利眼光和冷热态度，慧眼独具，选择了中华民族文明、文化主要结晶和主要载体的文字，作为自己终生追求的事业，荜路蓝缕，深入探索它的蕴含，以及它发生、发展的机制、规律，它的学术价值和社会价值。对于这样冷僻的专业，在如此冷僻的学术环境中求索，他应该大致上能预料到道路的艰辛。所以他是“明知山有虎，偏向虎山行”。他定下心来，长期坐冷板凳，耐得住寂寞，耐得住贫困，耐得住劳累，耐得住冷眼，还要不畏险阻，斩荆披棘，终于登上光辉的高峰，开辟了一片崭新的天地。事实证明：老李同志的这条道路，当初选对了，走对了。这让我们看到了他的过人之处！

2013 年 6 月 30 日

# 怀念李公　难忘当年

濮　侃

我和李公玲璞，1956年同时考入华东师范大学中文系；1960年又一同毕业留校，且又同时分配在汉语教研室担任现代汉语助教。半个多世纪以来，我俩在丽娃河畔学习、工作、生活，可谓情深谊长。他的不幸逝世，使我失去了一位可敬可爱的学长，令我悲痛不已。回想当年朝夕相处的日子，仿佛就在昨天，让我终生难忘。

记得1960年的秋天，我俩留校不久，即由中文系办公室安排我们的住处。由于当时条件所限，大部分新留校的助教被安排在学生宿舍，不同的是学生八人一间，我们四人一间，地址就是第一宿舍（现在的"伸大厦"所在地）。语言学科的四位助教董际荣、张绍骞、李玲璞和我合住一间。按年龄，董老大，张老二，李老三，我老四。我们四兄弟朝夕相处，亲密无间。三位兄长对我十分体贴，我感到非常温馨。尤其是"三哥"玲璞，我俩从事同一专业，同教一门课，所以接触最多，我得到他的帮助也最多。

我在读大学的四年中，各门功课都喜欢，考试成绩也优秀，但并无特殊爱好。对语言课程，虽有兴趣，但并无研究。留校后被指定为现代汉语助教，甚感基础薄弱，难以适应教学的需要。同为现代汉语助教的李公，青少年时代就做过先生，教过语法修辞，富有实践经验，在大学时又编写过相关教材，他的起点比我高得多。头两年，我们同时在一年级不同小班上辅导课。他常常关心我的备课情况，到我的班听我试讲，课后又能指出我的不足，让我及时调整提高。同时，我也到他的班上听课，取长补短。我们相互听课，共同进步，让我较快地适应了助教工作。在专业进修方面，李公更是照顾我。他主动选择冷僻的"文字词汇"这一块，甘心坐冷板凳，而让比较受人看重的"语法修辞"这一块由我去发展。他挑重担，勇于向困难进军的精神令我感动。他数十年如一日，锲而不舍，开拓进取，在古文字这块园地上勤奋耕耘，终于结出丰硕的果实，取得了重大的成就，为我系学科建设作出了杰出的贡献。

想当年，国家正值经济困难时期，不仅居住条件、读书条件差，吃饭也是问题。1960年下半年开始，吃饭定量，物质又短缺。而李公人高马大，又是篮球运动员，消耗大，吃不饱，但他从来不叫苦。定量不够，他就改吃粗粮，喝稀饭，喝稀面条。

在艰苦的条件下，我们相互关心，相互鼓励，宛如兄弟般地相处。为了提精神，促思考，他抽烟很猛，且烟质又差，有时我也抽几口，所以没劝阻他。不过他始终乐观，除发愤读书、认真工作外，也积极参加文娱体育活动。他拉得一手好京胡，曾经正式登台演出过，我有时也喜欢唱京剧，但唱不上几句就走了调，他虽耐心帮我，我仍然学不好。他是篮球主力，只要有机会就组织比赛，我是他的铁杆粉丝，经常为他助威、呐喊。他也喜欢打小球，我们教研室房间大，放了一张乒乓桌，我俩课余时间常在那里挥拍上阵，由于那几年乒乓球热，全国关注，我们也乐在其中，不过我常是他手下败将，好在我们不计输赢，只求健康和快乐。

想当年，我和李公一同上图书馆，一同去食堂，都是有说有笑，有时边走路边讨论教学问题。由于我俩形影不离，一高一矮，常被熟人们取笑，说我俩在“说相声”。我俩也从不计较，反而引以为乐。直到近几年，我俩已是年近八旬的老人，见了面还常常回忆起这些趣事。在他住院的日子里，我去看望他，也不时说起年轻时代的开心事，让他在重病中分享一些快乐。看到他脸上的微笑，我和他夫人也都高兴。

如今“三哥”李公走了，而年青时代的那些事常在梦中浮现，叫我难以忘怀！

2013年6月20日

（作者为华东师范大学中文系教授）

# 珠 玑 赞

陆继椿

余与李玲璞教授，相识于上世纪六十年代初。时华东师大中文系才俊峥嵘，余得随后拾薪。玲璞兄笃诚恭朴，儒风风我，窃受益焉。复又有幸与李夫人同事于附中，间或造访，促膝言欢，笑化艰辛。后见其巨制宏篇问世，亦恂恂然儒也。而今追思，嗟吁惋忆，得六韵以寄，题《珠玑赞》云：

字字珠玑费探寻，
刻骨铸钟难辨认。
斟酌思量甘寂寞，
回眸心慰学术精。
世间逐利趋显学，
哪事充栋拂积尘？
爬罗剔抉刮垢光，
坟典索丘考核真。
张生石鼓韩师解，
千年之下谁出新？
玲璞心血凝巨编，
艰苦卓绝启后人。

壬辰年冬月

（作者为上海市特级教师，华东师大一附中原副校长）

# 追忆好邻居老李的几件事

余志森

我与李玲璞教授是好邻居、老朋友。上世纪八十年代，我住师大一村某号两居室的403室，他家是401室；他是中文系教授，我在“邻”系历史系任教；我爱人与李夫人常青老师还曾是师大一附中的老同事。我俩是邻居，但又非一般邻居。老李不仅在年龄上长我多岁，在学术上更是高出几“头”，平时我敬他为师兄师长一辈的学者，因熟悉直呼“老李”惯了。后老李家乔迁三居室去了，数年后我也搬去三村，两家来往才少些了。

2010年秋，我生病住院，想不到在医院里与老李相遇，且病房相邻，几乎天天见面。我出院时与他道别：“不久我们一定要在师大一村会面。”他带着吸氧面罩，眼神中露出一丝微笑，略点一下头，与我握了握手，轻轻地说了声“再见”。次年春节大年初一我打电话向老李家问候，还在医院里的他在电话中说：“祝你们全家新年快乐！”今年教师节我急诊转住六院老年科17楼，其间问了好几位师大病友没获老李消息，深憾没能与还在15楼病房的老李见上一面。12月初，常青老师突然在电话中悲恸失声告诉我老李已驾鹤仙逝，我顿时陷入无限悲痛之中，老李的音容笑貌浮现在我的脑海，历历在目，经久不逝。

记得十年前，我到一村看望老李，也许是在三村较为宽敞的新居住了几年之故，我觉得老李家太旧太挤了。不大的厅里到处堆满了书报杂志，半旧的长沙发上也放着资料文稿等，为了让座，常青老师还得将它们搬走；电视机也不知道是什么年代的，屏幕很小；餐厅小而暗；卫生间里也见不到早已普遍使用的热水器……说实话，我们这一辈的教师大多不“懂”生活，更谈不上享受生活，而老李则是同辈教师中不懂生活的一位“佼佼者”。他的整个身心全被古文字占满了，被编撰《诂林》的重担压垮了。他似乎就是为研究古文字而来到这个世界的，他的心里竟没有留下丝毫空间为改善他自己的生活条件考虑一下，没有为保护他自己的健康与生命思索一下。一次在六院检查身体，我发现老李的病历卡薄得出奇，不无怀疑地问：“老李你不常上医院看病?”老李笑着说：“是，我很少跑医院。虽然我的体重在下降，但查不出毛病。没问题。”老李是一位纯粹的学者，他追求的是学问而不是物质享受，他在学术上“超”标准，严要求，在生活上却低标准，无所求。在追思老李时，我想：如果他能多花一点时间注意自己的身体，如果朋友们能多问几声老李“累不累”，也许他不会那么早离开我们。

还有件事让我印象极深。有位美国学者多次邀请他去美国合作研究、作学术鉴定。当时，能去美国作科研对学者来说是很有吸引力的。但老李在深入研究了这位学者的学术成果后告诉我，这些研究成果尚需进一步全面深入论证，他不能贸然出国进行学术鉴定，于是毅然放弃了诱人的赴美机会。不久《世界名人录》编辑部因他学术造诣出众将他收入名册，还特意邀他参加在美国旧金山召开的学术会议，但老李又因编撰《诂林》繁忙而把机会让给了年轻的同事。

更令我难以忘怀的是，一天晚上，我在老李府上叙旧，两人不约而同地谈到学界的腐败现象。平时非常冷静的他义愤填膺，铿然说道：“目前高校评职称中的非学术因素干扰太多，一些人用权术谋学术地位很不光彩，逆淘汰将会对我国的学术研究带来巨大危害。”老李一身正气，对学术不正之风深恶痛绝，他那掷地有声的话语至今犹在耳边。然而，我知道他对待自己的职称、名誉、地位却总是淡然处之，泰然待之，低调行事。不事张扬的学者往往只有当他远去以后，人们才能真正认识到他的学术价值与高尚人格，老李就是这样的人。现在他的道德文章，他那纯学者的精神风貌与人格魅力，已经镌刻在他呕心沥血的传世之作《古文字诂林》巨著上，永存世间，为人楷模。

（作者为华东师范大学历史系美国史教授、博导）

# 悼念李玲璞教授

梁永昌　金凤仙

怀笔握瑜久待时，
樯高帆满趁风驰。
门墙济济英才出，
著作皇皇美誉归。
巨制诂林堪继往，
新篇导读正开来。
天摧台柱人无奈，
东望白头泪湿衣。

2012 年冬，寄自美国洛杉矶

（作者为夫妇，侨居美国。梁永昌曾任华东师大中文系教授，金凤仙为华东师范大学中文系校友）

# 难忘的记忆

——缅怀李玲璞老师

张春华

我是华东师大的退休人员，曾于1992年6月至2000年底返聘在《古文字诂林》编纂室任资料管理员。

李老师在上世纪六十年代初，担任学校创办的红专学院中文专业“汉语语法修辞”课程的讲授任务，我是学生之一。李老师基础知识功底深厚，教学严谨，认真负责，把一门比较枯燥的课，讲得有声有色，给我留下了深刻的印象。

七十年代，我们是隔壁邻居，居住在师大一村181号二楼上。这座两层楼房的特点是：小型一室户，户数多，人口多，小孩多，比较喧闹，不是个可以静下来做学问的好场所。李老师一家三代四口，再加上岳母的小孙女共五口人（二个小孩，二个大人，一位老人），蜗居在12.3平方米的斗室里，生活空间狭窄，家具简陋，又要照顾老人和孩子。夫妻二人都很敬业，备课、科研条件受限，不得已，李老师就在夜间到几户人家合用、灯光昏暗的厨房里，坐着小板凳，伏在放置油盐酱醋的板箱上读书、写作。对于一个高大魁梧的人来说，可以想象有多艰难，日久天长，没有坚强毅力与执着的事业心是很难坚持下去的。直到七十年代末，搬出181号，居住条件稍有改变，仍继续苦干。终于，在1980年《甲骨文选读》问世了；1980年作为古代汉语函授教材的《文言文阅读初阶》出版，1983年作为高等教育自学用书再版。这些成果是在困难不断被克服的情况下逐步积累起来的。回想当时，“读书无用”的遗风没有消除，有的人消极等待，而李老师积极进取，取得了丰硕的成果。这种积极向上的精神，对181号居民的影响很大，拥挤的生活环境往往会造成邻居间的摩擦，但这种情况没有发生，大家反而互相帮助，和睦相处，李老师一家更是受到了邻居们的尊敬。

九十年代初，夫人常老师身体较弱，患有美尼尔氏症，后来胃部严重不适，妇科也有病，住进了医院，准备手术治疗；岳母也在这段时间生病逝世；女儿又需要照顾。在家庭遭遇变故的情况下，李老师毅然牺牲小家利益，接受《古文字诂林》一书的主编工作。他一面身负艰巨的任务，一面照顾家庭，困难程度可想而知。

1992年6月，我来到《古文字诂林》编纂室，担任字头袋的管理工作。我没有古文字的基础知识，更不识甲骨文，要管好资料袋心里没有把握。怀着忐忑不安、战战兢兢的心情，抱着认真学习的态度，走上了岗位。基础差，一时又补不上，所以总是担心出现不可弥补的错误。在八年半的时间里，李老师一直给予指导、鼓励，给我坚持下去的力量，至今记忆犹新。

《古文字诂林》编纂工作，是个史无前例的大工程。可工作条件差，许多人集中在一个大办公室里，这个办公室用书橱、资料柜隔成三个小间，拥挤不堪。李老师没有专用的办公室和橱柜，和我们一般工作人员一样，只有一张旧写字台。工作中积累的资料、用品只能放在写字台和书橱下部的空格里，没有一点多余的地方。他是关心群众、团结群众、和蔼可亲的专家、学者和领导者。简陋的工作环境初定，接下来开展工作就要有足够的经费和脱产的编委队伍。但遇到的现实问题是经费有限，编委也都有自身的教学和科研任务，要集中精力难以做到。首先面临的困难就是经费不足。尽管在购置图书资料、设备、用品，到市内、外地有关大学、图书馆收集资料，都已经精打细算，但必要的开支还是不能省的。如差旅费、资料费、大量的复印费，以及有关人员的工作补贴费等，要有足够的经费才能维持下去。当时常常捉襟见肘，李老师不得不向有关方面呼吁、争取。编委都有自身的繁重任务，精力难以集中。李老师既要完成主编的任务，又要顾及到编委们的工作、生活和健康。要组织成一个坚强的集体，矛盾很多，压力很大。但他以身作则，不论严寒酷暑，还是节假日，甚至晚上，都坚守在第一线，夜里办公室的灯光常常亮着。

李老师善于体谅人和团结人，具有很高的领导艺术。编委们在他的主持下，克服困难，抽出时间、利用寒暑假出差收集资料，并复印好带回。在寒暑假放弃休息，集中加班整理，剪裁资料，按字头编号入袋，研究生也投入了工作。出版也不是一帆风顺的。经过各方面协商、配合、支持之后，《诂林》全书采用高科技排版，装帧得非常漂亮。我认为，李老师主持的编委会，是个事业心很强的、强有力的团队，是个团结的集体。特别是九十年代，社会上有些人急功近利，比较浮躁，而我校的这个团队，却放弃个人眼前利益，放弃休息，甘于坐冷板凳，在古书堆里为国家淘宝。经过十几年坚持不懈的努力，终于完成具有历史意义的十二册巨作《古文字诂林》，为后人创造了巨大的精神财富。这种甘坐冷板凳、孜孜以求的精神，让人敬佩！

由于长期劳累，积劳成疾，李老师生病住院了。一次，我去六院探望时，动了他正在输液的手，以致皮下出血，形成瘀斑，长期未能消退。我后悔，谴责自己太莽撞。而李老师不仅没有责怪的表情和语言，反而若无其事，以慈祥、和颜悦色的态度来宽慰我说："没关系，没问题，不要记在心里。"感人至深，不能忘怀。

最后想说一点，从悼词中了解到李老师在青少年时期即参加革命活动。据我回忆，1946 年至 1947 年，国民党重点进攻胶东半岛，占领了烟台、威海等城市。文登市老解放区革命根据地距敌占区较近，是不会安全的。敌进我退、敌退我进的拉锯战争非常残酷和惨烈。李老师在这种情况下参加革命，造就了此后坚韧不拔的坚强意志，可钦、可敬！

李老师已离我们远去，但他那忠于事业、百折不挠、克己奉公、襟怀坦荡、谦虚谨慎、严于律己、宽以待人、艰苦朴素的崇高精神和优良作风永存，值得学习，铭记在心，终生不忘！

李玲璞老师安息吧！

（作者为华东师范大学行政干部）

# 永远怀念敬爱的李玲璞老师

陆　红

当我得知李玲璞老师去世的噩耗时，十分震惊，难以抑制悲痛的泪水。今年六月份我还和家人去医院看望过他，感觉李老师的身体正在康复，我们都为此感到十分欣慰，盼望着他能早日出院。怎么也没想到他会永远离开我们！

我是有幸通过师母常青老师认识李玲璞老师的。

当时我的儿子刚上中学，由于他的个性较强，一时很难适应学校的管教方式，与某些老师发生了冲突，经常受到批评和讥讽。很长的一段时间，他对学习产生了厌倦情绪。面对失去了欢乐，整天愁眉苦脸的孩子，我既心疼又焦虑，经常夜不能寐，苦思冥想孩子的教育问题。我走投无路，斗胆向常老师请教，在不经意间走进了李老师的世界。

第一次给常老师打电话时，她正好外出。接电话的是一位先生，他告诉我，他是常老师的先生。他的语气和蔼可亲，一下子打消了我的顾虑。他耐心听完了我的陈述，非常理解我的心情，建议我阅读一些心理学的书籍，要我在家里为孩子营造温馨的环境，多给孩子一些积极的暗示。在做好自己本职工作的同时，要多关心孩子。他还特别嘱咐我要尊重孩子。孩子有主见、有个性是件好事，做家长的要多肯定孩子、正确引导。只有孩子快乐了，学习才会进步。李老师的安慰和鼓励当时对我而言真是如沐春风，我的心情好了许多。从那以后，每当我遇到坎坷，都会向他们求助；有什么心里话也会向他们倾诉。

我对第一次见到李老师的那一刻仍记忆犹新。李老师笑容可掬地站在门口迎接我们。他高高的个子，清癯的脸庞，显得神采奕奕。老师的房间都不大，到处可以看到书。客厅里有一根竹竿，一头搁在门框上，另一头则放在书橱上，竿上挂满洗后的衣服。餐桌上放着一小盆咸菜炒肉丝和几个馒头，主人似乎刚用过餐。可以看出，李老师的生活十分简单、朴素。他把时间和精力几乎都花在了教学和科研上。



又有一次，听说常老师病了，我与家人一时着急没打招呼就去探望。李老师告诉我，常老师近来睡眠不好，因为第二天还要上班，服药后已经睡了。他给我们削了苹果，请我们坐下，然后聊了起来。那天晚上，我们聊得很开心，李老师渊博的知识、亲切的话语和幽默的谈吐给我们留下了深刻的印象。我儿子非常喜欢、敬仰李老师，要像李老师那样不怕困难、发奋读书、改变命运。每当他取得一些成绩，都想告诉李老师和常老师，和他们一起分享喜乐。每当我们向李老师致谢时，他都会说，这都是孩子自己努力的结果。两位老师经常挂在嘴边的一句话是，“孩子说小了是家庭的，说大了是国家的”。他们对年轻一代始终充满着关爱。

数年前，我原来就职的一家国企倒闭了。因为我年少时学过钢琴，于是萌生了当一名钢琴老师的想法，但是这种想法是否可行，心里一点没底。李老师得知后便和我分析各种因素，鼓励我勇敢尝试。后来我通过努力终于获得相关资格证书，走上了钢琴教师的岗位。李老师非常高兴，风趣地说：“以后我们要称呼你陆老师啦。”时间一晃，好几年过去了，可是他的话语还经常在我的耳际回响。每当我遇到困难和挫折时，我都会回忆起李老师的鼓励，意识到一个老师的责任。

我们对李老师充满着敬仰和感恩，可是对他所从事的专业以前了解并不很多。直到他的皇皇十二册巨作《古文字诂林》大功告成，华东师范大学校报作了详细的报道以后，我们对李老师的人品和才华才有了更深的认识，对这位卓然大家更加肃然起敬，同时也为以前占用了他过多的时间而懊悔不已。

在李老师患病期间，师母常老师日日夜夜守护在他身边，亲力亲为，毫无怨言，从不放弃。两位老师相濡以沫，互敬互爱。这对师坛伉俪不仅有相同的精神追求，也有着相似的学术追求和对学生无私的关爱。他们是真正的园丁，为我们国家，为我们的社会播撒了文化的精神，也为我们晚辈树立了很好的榜样。

敬爱的李老师，我们永远怀念您！

（作者为贺绿汀艺校钢琴教师）

# 追忆李玲璞先生

袁根娣

我认识并在李玲璞先生领导下工作，始于 1979 年。那年学校接到上海市教育局下达的任务，为上海市中学语文教师举办专升本函授班，学员有三千多名，学制 3 年。当时我们业余教育教研室只有 3 人，系里特调派李玲璞先生来担任教研室副主任，分管教学并承担古代汉语课教学。

众所周知，同样遭受 10 年浩劫的高校，情况更糟，既缺师资又无教材，真可谓任务艰巨、困难重重。

李先生深知，函授教学最重要的是要有适合自学的教材。自编教材对教学和学员来说自然是最好的，而对他本人来说将是非常艰苦的挑战，因为时间这么紧迫。但为了广大的学员，他选择了知难而上。李老师是双肩挑教师，白天要坐班，很难静下心来，教材的编写只能利用节假日和开夜车。那时我们办公室在矮平房，条件很差，特别是夏天和冬天。夏天门前屋后杂草丛生，屋内潮湿闷热，蚊子特多，连电风扇都没有，李先生穿着长袖衬衫和套鞋耐着酷暑工作到深夜。冬天办公室又特别寒冷，尤其是深夜，更是彻骨难熬，他的两个手都冻得红肿发紫溃烂。他就是在这样艰苦的条件下，夜以继日地工作。办公室的同志为他的健康而担忧，劝他注意休息，可他总是说："我是篮球运动员，体质好，没有关系。"他就是靠坚忍不拔的毅力，编写出教材《文言文阅读初阶》上下两册。这两本教材不仅解了燃眉之急，也为他日后编写自学考试教材和主持自学考试教材的编写工作积累了丰富的经验。

接下来的教学工作同样不轻松，三千多名学员分布在 10 个区和 10 个县，李先生周日骑着自行车奔忙在各区的教育学院巡回讲学辅导，10 个郊区的巡回讲学就集中安排在假期。那年的寒假，他白天上课、辅导，利用晚上赶往下一个教学点，有时忙得连晚饭都来不及吃，不停地超负荷地工作，最后累得大吐血，把家人吓坏了，他却一声不吭，我们还是事后才知道的。李先生就是这样勇于挑重担，在我的印象中，从来没有听他叫过苦说过累叫过难。

李玲璞先生是全国高等教育自学考试中文专业委员会第一任秘书长，他不断探索自学考试的特点，为自学考试发展、壮大作出了自己的贡献。

中文专业委员会是全国高等教育自学考试指导委员会中第一个成立的专业委员会，中文专业也是考生最多的一个专业，受到领导的特别重视。1984 年 1 月，中文专业委员会召开第一次会议，教育部副部长臧伯平亲自率领全国高等教育自学考试指导委员会领导及他的秘书来参加会议，当时中文专业委员会主任是徐中玉先生，副主任是胡裕树先生和邢公畹先生，委员有钱谷融、吴宏聪、郭预衡等全国知名教授。会议讨论制定中文专业考试计划，会议安排得很紧凑，上午、下午、晚上三个班。讨论非常热烈，效率特别高，吃、住、行，事无巨细，样样考虑周全，与会者都很满意。这是李先生第一次组织这么高规格的会议，表现出他很强的组织能力。他也天天忙到下半夜才能休息。

李先生曾四度参加国家教育委员会专家调查组工作，并执笔为国家起草了四个全国性管理条例，分别是：由国家教育委员会颁布的《普通高等学校夜大学管理条例》《普通高等学校函授大学暂行条例》；由国务院颁布的《高等教育自学考试工作暂行条例》（二人合作执笔）、《社会力量办学暂行条例》。

自学考试大纲和教材的编写是专业委员会最重要也是最繁重的工作，中文专业共有 14 门课程的考试大纲和教材需要编写，李先生花费了大量的心血，单是组织召开主编研讨会、作者编写会、专家审定会就有 30 多次。九十年代初，为配合全国统一教材统一命题的需要，他到全国各地调研教材使用情况，听取意见，回来后又组织专家对 14 门自学考试大纲和教材进行修订。

自学考试质量是自学考试的生命，李先生受考委的委托，组织专家对全国 20 多个省市、自治区的“古代汉语”“古代文学作品选”两门课程的考卷进行评估，并写出评估报告，供考委决策。在考委的领导下，他组织专家制定了“古代汉语”“古代文学作品选”全国命题大纲。李先生为中文专业自学考试全国命题提供专家名单，参与了古代汉语题库建设。李先生还无数次给自考生复函，为他们排忧解难，等等。

从他所做的以上工作可以看出，李先生为我国的中文专业自学考试事业付出了多少智慧、辛劳和作出多大的贡献。因出色的工作业绩，李先生 1986 年获全国总工会与全国职业教育委员会联合颁发的“全国职工教育先进教师”奖章和荣誉证书；1996年获全国高等教育自学考试指导委员会颁发的“全国高等教育自学考试先进工作者”荣誉证书；1998年获宝钢教育发展委员会颁发的“全国高等学校优秀教师”奖章和荣誉证书。

他热心社会工作，但绝不计报酬。八十年代请李先生上课的单位很多，上课酬金都被他婉言谢绝了。他的经济条件并不好，上有老，下有小，上课是当时知识分子改善生活最快的途径，他谢绝酬金我们都不理解。他解释说：“干我们这一行的要忍得住清贫，坐得住冷板凳。”在市场经济的大潮中，他几十年如一日，实在难能可贵。

李先生为他心爱的教育事业拼搏一生，奉献一生，直至生命的终点。他过早地离开了我们，每每想起，为他惋惜，为他悲伤。我们会永远缅怀李玲璞先生。

（作者为华东师范大学中文系副研究员，中文专业委员会办公室原主任）

# 追忆随同李玲璞老师的黑龙江之行

谢福铨

1960 年，李玲璞老师刚刚大学毕业留校任教，并担任我们年级的班主任，还教我们现代汉语课程。他对学生非常关心，教我们这些新生如何掌握大学学习规律，使我们很快融入大学的学习氛围。李老师不仅课上得好，还在课外耐心地辅导我们，组织汉语学习兴趣小组，给同学们留下了很好很深的印象。同学们惊闻噩耗后都十分悲痛，纷纷给我发来电子邮件，希望我在今天的追思会上代表大家表达对李老师的深切怀念与哀思。

四十年前，我随同李老师有过一次黑龙江之行，这是一段难忘的经历。

1969 年，上海吴淞二中的高中毕业生金训华到黑龙江农村插队落户。当年 8 月 15 日，暴发特大山洪，金训华为了抢救被卷入河中的电线杆，奋不顾身跳入滚滚洪流，但洪水太猛，他被洪水卷走，英勇牺牲。此事被媒体报道后，在上海引起强烈反响，金训华被追认为中共党员、革命烈士。后来，黑龙江省有个作家叫郭先红，他根据金训华的事迹写了一部长篇小说《征途》，由上海人民出版社出版。1973 年，上海人民出版社要出一本有关这部长篇小说的评论集，就把这一项目交到我们中文系。系里经过研究，就请李玲璞老师负责组织了一个写作小组，除了李老师外，还有我和另外三位刚毕业留校的青年教师参加。

第一次小组会上，李老师发给我们每人一本《征途》小说，要我们认真阅读。他说，仔细研读小说是评论最基本的要求。正当我们读小说的时候，李老师向我们宣布，我们小组要北上黑龙江。他说：为了写出一本有质量的评论集，除了深入研读作品外，最好能了解作者的创作意图，倾听作者的创作体会；同时，这是一部有人物原型的长篇小说，最好能到故事发生的地方去体验生活，去了解人物的英雄事迹——“所以，我们要到黑龙江去访问小说的作者，要到金训华生前所在的生产队去采访，去体验知识青年的生活。”他的设想得到了中文系领导和出版社的支持。

我们听到这一消息十分兴奋，大家纷纷做着北上的准备工作。10月4日我们出发了，当时随同我们一起北上的还有出版社的一位编辑。我们坐了两天三夜的火车，终于到了哈尔滨，住进了哈尔滨旅行社。因为我们与小说作者约好第二天上午见面，所以当天晚上李老师就与我们商量怎样采访作者，并拟定了一个采访提纲。会议结束后，大家都准备休息了，可李老师不顾旅途的劳累，还在台灯下苦苦地思索，思索第二天的采访如何从作者那里获得更多有用的东西。在哈尔滨，我们与作者见了几次面。作者十分热情，还邀请我们到他家做客。每次见面，李老师都能提出一些我们没有想到的问题，使我们的采访获得更多的第一手资料，充分表现了他的聪明才智。

在哈尔滨完成了对作者的采访后，我们继续北上，前往金训华所在的知青点——逊克县逊河公社双河大队。逊克县在黑龙江边，所以要先坐火车到北安，再转长途汽车到逊克县。那时，黑龙江已经下了大雪，气温零下十几度，我们穿上了棉大衣，戴着皮帽子，还感到很冷。当我们下车时，逊河公社有一辆卡车把我们捎往双河大队。

当车子开进双河大队时，我们发现天色异常红。开始以为是夕阳，但随着天色渐渐暗下来，天空却越来越红，而且气温也在上升，觉得身上不那么冷了。后来才知道，山上着火了。我们进村时，村子里人很少，社员们都去参加扑火了。这时，李老师就主动和我们商量：我们也要参加扑火，这是向金训华学习的最好行动。虽然知道扑山火是危险的，但我们在李老师的带领下，没有犹豫，放下行李，坐上生产队的拖拉机就赶赴火场。拖拉机越往前开，就越能感受到火势的猛烈，夜空变得红通通的，一股股热风向我们吹来。因为第一次碰到这样的场面，我们不免有点紧张，可李老师很镇定。他虽然没有说一些鼓励我们的话，但从他那镇定的眼神中，我们获得了力量。拖拉机开到山脚下停了下来，我们就和社员们一起向山上靠近。我们每人都领到一根在山上随手砍下来的树枝，作为扑火的工具。当我们接近山火的时候，前方传来命令，要大家停止前进，就地等待。当地的干部和社员有扑灭山火的经验：他们先在离山火较远的地方砍出一条很宽的防火带，山火烧到这条防火带时火就过不来了。砍好防火带后，让我们站到防火带后面，手拿树枝，如果有火苗吹过来，就赶快把它们扑灭。由于大火燃烧时会引起空气流动，从而产生大风，所以尽管有一个防火带，火苗有时还是会猛烈地蹿过来，一旦过来，燃着树枝，就得赶快使劲扑打，直到扑灭为止。我们坚守了近一个小时，山火全被扑灭了。这时，我们才感到手也酸了，脸也烫得火辣辣的，全身是汗。就这样，刚到知青点，我们就在李老师的带领下经受了一次严峻的考验。

接下来我们在双河大队的知识青年点住了近一个月，与他们同吃同住同劳动，与他们交朋友，体验长篇小说中的生活。知青点的生活很艰苦，尤其是那极其寒冷的气候，我们从来没有经历过，但我们照样在冰天雪地里参加劳动。李老师吃苦耐劳的精神和熟练的劳动技能，为我们做出了榜样。通过这样的生活，体验了小说中描写的场景，认识了小说中的各种人物，这对我们深入领会小说的内容有很大的帮助。我们还在李老师的带领下察看了金训华牺牲的现场，瞻仰了金训华烈士墓，请大队党支部介绍了金训华的英勇事迹，采访了金训华的妹妹，召开了社员和知青座谈会，了解了金训华平时的表现。通过这些工作，我们对小说的主人公有了进一步的了解，对人物的行为也有了深切的感受，对金训华的敬佩之情也与日俱增，为以后的小说评论奠定了良好的基础。李老师比我们都做得多，他常常不顾劳动的辛苦，晚上或者整理座谈会的材料，或者找知青做一些个别采访。李老师也比我们想得多、想得深，夜深了还坐在炕头上思索，第二天的座谈会怎么开，提些什么问题，这本评论集怎么写？一个月很快就过去了，我们的收获沉甸甸的。这些收获凝聚着李老师的智慧和辛劳，大家都为有这样一位好老师带着我们而感到欣慰和自豪。

黑龙江之行，为评论撰写奠定了坚实的基础，回到学校后大家就开始写作。经过充分讨论后，每人执笔一部分，从不同的角度来分析、评论这部小说，初稿完成后交由李老师和另一名青年教师修改、统稿。李老师既勤奋又严谨。为了修改好这部书稿，那段时间他几乎天天泡在办公室里，一手夹根香烟，一手握支笔，大家都下班了，他还在修改书稿。与李老师一起负责修改、统稿的那位青年教师告诉我们说，李老师要求非常严格，对他修改过的书稿也要再次修改，并手把手地教他改稿，使他受益匪浅，至今难忘。经过李老师的努力，终于完成了题为《征途万里英雄路》的评论集，由上海人民出版社出版了，并获得了好评。

跟随李老师的这次黑龙江之行，我领略到了李老师那高度的智慧，勤奋而严谨的治学态度和高尚的品质。谨以这篇小文，表达我对李老师的忆念，还有无尽的哀思。

2012年12月17日

（作者为华东师范大学中文系副教授）

# 追忆与怀念

巢宗祺

李玲璞老师走了，带着许许多多的牵挂——对事业的牵挂，对亲人的牵挂，对同事、学生和友朋的牵挂，也带着众人对他的牵挂，走了。

李老师是我认识的第一位华东师大的老师，也是由于他的引荐，我才来到这里。1980年，他在中山大学从容庚、商承祚先生等研习古文字学，那时我在那儿读研究生，跟随高华年先生学习少数民族语言的调查研究。有一次我的一位同学在食堂吃饭时，和他同坐一桌，聊起来相识了。我同学知道我有心在毕业后回上海工作，他提议我和李老师谈谈，争取机会到华东师大。就这样我去拜访了李老师，也就是这一次见面，决定了我后半辈子的去向。

到新的单位后，我的学术发展方向不可能延续读研时的道路，必须从根本上调整。李老师十分关心，屡屡给予支持和帮助，包括给我家里的人。他知道我在中山大学时有比较好的发展机会，觉得自己是引荐人，有责任使被引荐的人到新的单位仍然能得到很好的生存和发展空间。我听到其他老师说起，他一直生怕因为他的好心引荐反而耽误了我。他把别人的很多事都看成自己应尽的职责，实在是一位让自己背负了太多责任的人。

常青老师回想起李老师体质逐步衰弱脆化的过程，埋怨她自己没有能阻止他接受《古文字诂林》这个大型项目。上世纪九十年代初，王元化先生建议由华东师大中文系来承担编撰《古文字诂林》的项目。在中文系的一次办公会上商讨这件事，我们都是持非常积极的态度，并主张由李玲璞老师来担任主编。回想起来，这项工作击垮了他的健康，我也觉得有几分歉疚，事前真没想到这个工程会如此复杂。的确，为了这个项目，他一直在透支生命。不过我想，如果真让他错失这么一个项目，他恐怕也会抱憾终身，因为他实在是一个太以事业为重的人。

今年春天我到六院去，刚好元鹿、克和、志基几位都在，那天李老师精神比较好，摘下吸氧器，居然对一些尚未结束的课题一一作了交代，还对有的未能完成的事情分析原因，诉说遗憾。我不禁一阵阵心酸，人已到了这个地步，对所做的事还那么较真。我们知道，他的病情恐怕已是回天无力，但亲友们在叹息中总还盼望着能有奇迹发生，希望在下一个春天再听他说说他的心愿，可是我们没能等来那一刻。

李老师是个牵挂太多的人，如果能割舍一些牵挂，他可以活得轻松一些，也许可以再长寿一些。然而，性格决定了他摆脱不了那么些牵挂。当然，也正是他的这些牵挂，使他能在有机会拼搏的时候，在极其艰难的情形下，成就一番重大的事业。也正是他的这许多牵挂，引来了无数的人对他的无尽牵挂。

三十多年来我和李老师亦师亦友的交往情景历历在目，而如今，他已不能再听我们在这里诉说那么多牵挂，不免悲从中来。我们在追忆与缅怀之时，还需要把李老师的种种牵挂复制过来。

另外，我还想借此机会，表达对常青老师的敬意，李老师对事业，对他人的牵挂无一不是得到常老师的全力支持和协助。最近这几年里，常老师将全部精力投入到对李老师的悉心照料中去，这是李老师在病情危重的情况下能坚持生活这么长时间的重要支柱。愿常老师能重新振作起来，好好安排自己的生活，让李老师走得放心。

（作者为华东师范大学中文系教授，博士生导师）

# 李玲璞先生对中文系学科建设的贡献

洪本健

著名语言文字学家、华东师大中文系教授、中国文字研究与应用中心名誉主任李玲璞先生，不久前因病逝世。噩耗传来，大家深为悲痛，因为我们失去了一位好专家、好教授、好师长；对中文系来说，失去了一位在学科建设上卓有贡献的学术带头人。

半个世纪前的1962年，我考入华东师大中文系，教我们现代汉语的就是李玲璞老师。那时，他30岁还不到，身体健壮，喜欢打篮球。他讲课条理清楚，说得透彻，我们听得明白。如他通过细微的辨析，准确地揭示出一组组近义词间的差异。课余，他喜欢和同学们打成一片，大家也爱看李老师打篮球，为他的球技喝彩。到我考研回母校、留系任教以后，了解到李老师更多的情况，特别是为他在专业上刻苦钻研、不断进取的精神所感动。中山大学教授容庚先生、商承祚先生精通古文字，李老师特地南下广州，师从容、商二位先生，潜心学习甲骨文。功夫不负有心人，在不辞辛劳地跋涉求教和坚持不懈地认真钻研之后，李老师终于在自己的学术领域开辟了古文字研究的新天地。李老师治学的勤奋扎实给人留下十分难忘的印象。我的一位朋友，早年在师大一村与李老师为邻，那时好几户人家在共用的厨房烧饭，她说经常看到李老师在灶台边还捧着书看，做学问真是到了争分夺秒的地步。

《古文字诂林》是我国迄今规模最为宏大的古文字汇释类专书，而文字学又是传统文化的根基，非常重要。身负《古文字诂林》项目重责的李老师，为了完成上海文化的这一重大工程，日夜操劳，呕心沥血。记得上世纪九十年代初，我在科研处工作的时候，就和李老师一起参加了市里在锦江饭店举行的有宣传部、出版界等负责人出席的项目启动准备会，看到李老师为了上海文化建设的兴盛，也为了学校汉语言文字学科的发展，虽然心知接下任务之后担子很重、困难很多，还是毅然挑起了这副重担。1997年我从出版社回到文学与艺术学院工作以后，又参加了一次在衡山饭店召开的有市领导同志出席的关于《古文字诂林》的会议，当时《诂林》第一册已出版，得到了相当高的评价。我还参加了在学校文科大楼由李老师主持的有数十位硕士、博士、访问学者出席的《诂林》编写成员工作会议，深深感受到如此巨大的文化工程从启动到运作是何等的不易，主持人又是何等的辛苦与繁忙！今天，李老师虽然已经离开了我们，但看到已经全部出版的这部皇皇巨著时，仿佛觉得李老师仍在我们身边，听到他高兴地说："《古文字诂林》从立项到全书出版，不仅完成了一个项目，还培养了一支队伍。"

文学与语言向来是中文系不可或缺的两翼，当然一般搞文学的人多一些，搞语言的人少一些，但二者的适当平衡是重要的。因此，当中文系已有了古代文学、现当代文学和文艺学的博士点以后，我们学院的班子在讨论中文系学科发展时，提出了文学、语言两翼齐飞的构想。我们觉得李老师和他所带领的团队已具有较强的实力，为语言学科的进一步发展打下了较为坚实的基础。李老师很支持这个构想，而且竭尽全力去实现这个构想。在李老师和他带领的团队的努力下，上个世纪九十年代后期，我们终于获得了汉语言文字学专业博士点及一级学科博士点的授予权，汉语言文字学专业博士点还成为上海市重点学科，中国文字研究与应用中心成为全国人文社科重点研究基地。两翼齐飞实现了，李老师对中文系学科建设所做出的贡献将永远铭记在我们的心里。

（作者为华东师大中文系教授，华东师范大学人文学院原院长）

# 忆李玲璞老师二三事

后志民

李老师走了！终因积劳成疾，不幸于11月17日永远地离开了我们。闻之，痛心不已，一件件往事不由地涌上心头。

李玲璞老师虽早已是著名语言文字学家、在古文字研究领域为国家做出突出贡献的华东师大中文系教授、中国文字研究与应用中心名誉主任，但多年来我和我的同学还是习惯地称他为老师，他也习惯地欣然应诺，感到这样更亲近些，似乎又回到了半个世纪前我们当他学生时。

记得那是1962年的秋天，我才跨进校门，他才毕业留校两年，可他已独当一面，与满头银发的名教授许杰等同时登台为我们授课。他教现代汉语兼班主任。我很荣幸成为他的学生。他没有半点架子，那么平易近人，和蔼可亲，从没见训过谁。他1947年就参加了革命工作，直到追悼会，才获悉他还有这样一段光荣的历史，可他从未将这挂在嘴上。相反，却时时以之默默地砥砺自己，自觉肩负起更重大的使命与责任。他对教学是那样的较真，就像负责一项关乎人才培养的重大工程一样，丁是丁，卯是卯，重辨析，重训练，重实效。同学们自然默默地向这位青年教师送上了一份特别的感激和敬重。他对学生是那样的关怀备至，从大学的学习方法，到师范生的情怀，甚至到体质的锤炼，无不悉心关注。课余，乐于和同学促膝交谈，一起打球。结婚前，他就住在我们学生宿舍楼，生活在我们中间，和我们的心贴得那么紧。李老师在我们心目中就像一位可亲可敬的学长。

学生在李老师心目中的分量一向很重很重，不论当年在校时，还是毕业后，只要学生有需求，呼之即来，鼎力相助，甘当人梯，乐为铺路石。记得还是上个世纪八十年代中期，我来南通不久，我的大学同班同学丰坤武，担任了党校文史教研室副主任。我们乘着改革开放的春风，解放思想，大胆地率领基层党校的几位教师为党校系统编写了一部教材——《语言表达教程》，想请他来南通参加党校系统对该教材的评审，同时作学术报告。李老师欣然应诺，硬是从繁忙的教学和科研中挤出时间，逐章逐节认真审阅了教材，对教材作了充分的肯定，并提出了宝贵的意见和建议，给了我们极大的鼓舞和启迪。我们从中深切地感受到老师的涓涓关爱之情。老师所作的甲骨文专题讲座，则拓宽了我们的学术视野，让我们领略到了学术研究必备的深厚功力，给我们留下了终身难以忘怀的印象。

还有一件小事，也着实让我难以忘怀。我们党校的黄杨教授，当时还是一位任教不久的青年教师，正在探讨美的本质，急需一些“美”和“善”字的甲骨文，以作进一步深入的钻研。李老师是古文字研究领域的专家，可黄老师与李老师素昧平生，于是托我请李老师相助。我知道老师是挑大梁的，肩上教学与科研的担子都很重，很不好意思开口，但还是开了口。老师不仅没有丝毫责怪我的“多事”，还很快亲手工工整整地书写了两张卡片寄了过来。手捧之，怎能不为老师如此乐于提携晚辈、无私奉献的精神所深深打动？老师，您哪里仅仅是在传递一些文化信息啊，您分明是在传递一种精神，一种品德，一种情怀，一种境界！

2007 年，时值我班毕业四十周年，决定聚会于南通城。我们很希望李老师和师母也能同来，当时老师正埋首于一重大项目的整理与规划之中，可老师还是欣然和师母携手同来。两天中，和我们一起座谈交流，一起参加由我班同学美术批评家陈孝信策划主持的“南通三人行画展”开幕仪式，一起瞻仰张謇故居，一起品尝海鲜，一起拉起了班上的传统节目，开怀大笑，一起夜游濠河，日游博览园。大家仿佛又回到了大学时代，一个个不醉而醉，醉在这师生多年积淀的浓浓情谊中。座谈会上进行个别交谈时，老师看着、想着这些来的、还有没能来的心爱的学生：有的已是教授、博导、院长、总编、全国性学会会长、美术批评家兼策展人；有的一百几十万字的学术专著已出版；还有的成了全国模范教师，各级人民代表；更有众多中学校长。于是他动情地谈起对我班的深刻印象。他说：中四（3），在他的脑海里已成了一个专用名词；一提起中四（3），就是特指你们这个班，这个充满活力、凝聚力和创造力的班集体。望着老师清癯的面容，聆听着老师这番真情的赞誉和勉励，同学们一个个心潮激荡，我这个老班长更是倍受鼓舞。大家默默地在心中倾诉着：老师，您为我们竖起了人生的标杆，我们要永远以您为榜样，不懈努力，不负您的厚望。今秋我班同学入学五十周年聚会，李老师因病重不能前来。但大家叙谈时，觉得老师好像依然在我们中间，一个个谈得那么情深意长，有的同学数百万字多卷本的学术文集即将问世，这似乎是上苍给病危中的老师送上的一份特别的慰藉。老师，您若因此而多一份欣慰，那不也是对学生的莫大慰勉？

我知道，我们中四（3）只不过是李老师带过的一届中的一个班，老师此生还带过多少届多少班！光带出的博士生、硕士生，就已成群结队，不少已卓有建树。望着老师身后留下的这一片片硕果累累的桃李林，我仿佛听到了从天边传来一阵阵玲玲盈耳的璞玉叩响的天籁之声，是那样的美妙动听。

李老师这辈子的贡献又何止于教书育人？他自 1947 年参加革命工作以来，何时卸过肩上的重担？老师始终感到使命在身，责任在肩，对自己的要求可说已到了苛刻的程度，全然进入了忘我的境界。最后这十几年，为主持建筑上海大型文化工程《古文字诂林》这座丰碑，付出了健康直至生命的代价。真是“璞玉筑丰碑”啊！李老师，您就是这样一块构筑丰碑的璞玉，构筑学术丰碑，也是构筑精神丰碑的一块璞玉。

老师，您可安息了。您也真该好好休息了。

老师，昨天，我是您的学生；明天，我还做您的学生。

（作者原名后之麟，1962 年秋考入华东师大中文系，南通市委党校副教授）

# 深情缅怀李玲璞老师

丰坤武

著名语言文字学家、华东师大中文系教授、中国文字研究与应用中心名誉主任李玲璞先生，2012 年 11 月 17 日永远离开了我们。噩耗传来，悲痛万分。李老师曾经是我五十年前上大学时的班主任，给我们讲授现代汉语。10 月 20 日，入学五十年同学聚会期间，我曾去上海第六人民医院看望住院治疗中的李老师。他握住我的手，艰难地逐字逐句说了勉励的话，还嘱咐我转告对同学们的问候，请大家不要为他担心。想不到此次拜会竟然是最后一面！11 月 23 日，在李玲璞先生追悼会上，我们班的几位同学代表全班向李老师敬献花篮。我因全天有讲学任务预约在先，不能前往灵堂尽弟子之礼，只能给师母短信，以一副挽联遥祭恩师，联曰："传道授业呕心沥血道德文章誉海内，师恩如山学子难报惟将音容长相忆。"

我尊李老师为恩师，不仅因为他是我们的班主任，我是班级学习委员，在校期间多有接触，还在于毕业离校之后先生于我有许多具体的帮助。1978 年，研究生开招的第二年，我报考了徐中玉教授的研究生。李老师鼎力引荐，安排我拜会徐先生，使我得以在以后的几十年中能够得到徐先生的指导。不久，我在工作之地山西接到李老师的来信，说我"考试成绩名列魁首"，吩咐我准备行装。可惜，因为我外语成绩少 2 分，难以录取，徐先生特具保荐信给国家教委。但当时教授还没有招录的自主权，最终还是无缘回师大深造。此后，每次见到李老师，他总是为此惋惜不已。多次同学聚会，应邀前来的李老师常常慨叹"环境造人"。我自知是在拿我说事。机遇失却，虽是一生憾事，但是，李老师的知遇之恩令我感怀至深，并长期激励着我活出精彩。1985 年秋，我在南通市委党校教师任上，为干部大专班开设写作课，主编了《语言表达教程》。省委党校邀请华东六省一市党校文史教研室主任来我校会审，还特邀徐中玉教授、李玲璞教授和苏州大学王锡良教授来南通审稿、指导。邀请李老师前来，一方面是审稿，另一方面也是为了陪同年已古稀的徐先生。当时党校还在基建之中，招待所刚刚建成，设施也不齐全。

但是，他们都没有住大酒店，而是住在简陋的学校招待所，个个谈笑风生，安之若素。今天想来，既感动敬佩，也内疚不已。李老师除了审阅文稿，还周到细致地照应着徐老先生。三位教授一致肯定了教材以表达能力提升为主线，把语法、修辞、逻辑、应用写作及口头表达等多学科知识打通并熔于一炉的创新架构，同时也提出了宝贵的修改意见。评审会当晚，李老师还应我邀请给干部学员上了一堂文字学课，令他们大开眼界。二十多年过去了，见到当年的老学员，他们还时时谈起李老师那堂课的风采，谈起他那风格独特的板书。这次评审会开得很成功！我深知，如果没有三位教授的襄助之力，我这个小地方党校教师的作品要得到华东诸省市党校的认同，那是很难的。襄助之恩，终生难以忘怀。

在我们的印象中，李老师虽然有些消瘦，但是一直精神矍铄，年轻时还是篮球运动员，未曾想到如此重病染身。据说是长期劳累透支过度所致。《古文字诂林》是上海市古籍整理与规划重大项目，皇皇十二册，一万多个字头，考释资料总量一千多万字，是古文字考释研究成果的集大成，是目前规模最为宏大、门类最为齐全、资料最为完备、同时用途最为广泛的古文字汇释类辞书。据出版社的同志介绍，仅就1999年出版的第一册来说，单是原稿就多达十几个大纸箱，分装成上千个资料袋，每次发稿都得用小面包车来回运送，何况最终出版的总共十二册呢？面对如此浩大的工程，作为主编的李玲璞老师，他所付出的智力和体力可想而知，真可谓呕心沥血，殚精竭虑。《诂林》为上海赢得了巨大的荣誉，也为华师大赢得了古文字研究的“重镇”地位。但是，敬爱的李老师却为此付出了生命的代价！

李玲璞先生在文字学领域有如此成就，与其矢志学术的敬业精神密切相关。大约是在上个世纪九十年代初，李老师跟我谈及一件事：他被借调到教育部工作，为了表明自己研究学问的决心，他把许多学术资料带到北京。白天忙部里的事务，晚上攻自己的学术，最终感动了教育部的同志，放他回到了师大。当时，我就想，到教育部工作的机会要是被其他人遇到，可能会当作仕途难得的机遇，而李老师却毅然放弃，只有矢志学术才能如此选择。这件小事长久地留在我的记忆中，时时滋养着我淡定学业的情怀。

2007年秋，我班的同学在南通聚会，李老师携师母应邀同来。在参观中国第一所博物馆——南通博物苑的时候，我一直陪侍在他们身旁。我注意到李老师在博物苑创办人、晚清状元张謇的字幅前凝神注目，驻足良久，那幅图景至今仍在眼前。当时，我以为李老师是在欣赏状元的笔力，现在想来可能不止于此。张謇有一句名言："天之生人也，与草木无异。若遗留一二有用事业，与草木同生，即不与草木同朽。"李老师可能是在体味这段话的意蕴吧。李老师不正是先贤所说的那种为世上留下有用事业而不与草木同朽的人吗？

敬爱的李玲璞老师，您永远活在学生的心中！

2012年12月21日

（作者为华东师大中文系1962级学生，现任南通职业大学教授）

# 醉人的蟹香[①]

刘堂江

我爱吃螃蟹，这些年来的确也吃过不少次。庐山脚下品过溪蟹，江浙水乡尝过河蟹，北戴河之滨吃过大海蟹。然而，最使我难忘的，却是李玲璞老师家里那醉人的蟹香……

1970年初冬，我从江西农村只身来到上海读大学，“独在异乡为异客”，心里不免有点空落落的。偏偏入学不久我就害了一场病，一个人躺在床上就更思念家乡的亲人，虽然是二十岁的大小伙子了，竟也偷偷地掉了眼泪，一连几日，茶饭不思。这时，李玲璞老师来了，他坐在我的床前，问过病情之后，就同我拉起了家常，问我家里有些什么人，家乡有些什么有趣的事。聊着聊着，我们就谈到一块儿去了。我说我的家乡离庐山不远，山青水秀，我小时候最喜欢在小溪中捉螃蟹，也很爱吃蟹。他说他的老家在山东农村，到河沟里摸蟹也是拿手好戏。于是，我们一起讲了许多捉蟹的故事和捕蟹的门道。谈得高兴了，我顿觉病情也减轻了几分。第二天中午，李老师又来了，说是请我到他家里有点事，我跟他去了。进门刚坐定，我就闻到一股诱人的蟹香味从厨房里飘来，跟我家乡的螃蟹一样香。

我简直不敢相信自己的鼻子。一会儿，师母果然端上来一碗红红的螃蟹。说：“小刘，快趁热吃吧！你老师今天早晨四点钟就到小菜场去排队，这是特意为你买的。你都吃了，他才高兴呢！”我尝了一个，鲜美极了。这是我离开家乡后第一次吃到螃蟹，闻见这蟹香，我就好像回到了家，回到了亲人身边。我只觉得心里暖烘烘的。

几年之后，我毕业留在华东师大中文系工作。这本是一件好事情，可是不久厄运降临了。在南方的“张铁生”事件中，我们四个留校的同学被打成了“智育第一”的黑标本，并戴上了“业务拔尖”“顺从老师”“不贴大字报”三顶帽子。这里强令我们参加批判会，那里“邀请”我们“现身说法”。我们走在校园里，也有人指着脊梁骨嘀嘀咕



① 编者注：本文原刊于《光明日报》1985年5月。

咕。我们的教学和写作任务也被取消了，最后，我们被遣到了奉贤盐碱滩上的五七干校。我真苦闷极了，有一次干校休假，我刚一回到学校，李老师就把我接到了他的家中。他已烧好了几样菜为我这个“败兵”接风洗尘，其中就有一碗红灿灿的螃蟹，显然这又是李老师特意为我准备的。蟹虽然很香，但我情绪不好，吃不下去。李老师心情也很沉重，自己的学生是“智育第一”的黑标本，还会有老师的好？但他却显得很轻松的样子，夹起一只螃蟹大嚼起来，边嚼边笑着说：“来，吃！别看这家伙在河沟里时张牙舞爪的，可一落锅就成了咱们的美味佳肴了。事物就是这样子的，会变，风物长宜放眼量啊！”在他的感染下，我也夹起了一只螃蟹嚼起来，边嚼边琢磨李老师的话，不知怎的，我越嚼越觉得有滋味……

自从我调到北京工作后，便有好几年没吃到李老师家里的螃蟹了。1978 年夏，我出差到上海，特意去看望李老师。李老师自然是要招待我吃螃蟹的，这次不是用碗，而是用一个大茶盘装了满满一盘。李老师高兴地说，要让我吃个够。我知道，李老师有两部著作即将出版，我也发表了一点东西，我们师生二人真可谓春风得意。我从李老师的眼光里，看到了他对美好未来的憧憬，看到了他对我殷切的期待。这时，李老师从盘里拣出一只大螃蟹，剥开来，开怀笑道：“瞧，这蟹黄多嫩！”

我闻着那浓郁的蟹香，心都醉了……

# 用一生营造美好的精神家园

## ——忆恩师李玲璞先生二三事

刘志基

2012年11月17日22时39分，我敬爱的恩师李玲璞先生离去了。是夜天降寒霜，冷彻骨髓。自此之后，我经历了经验中最寒冷的一段秋冬交替季节。受此寒意的刺激，先生生前的音容笑貌一幕一幕浮现脑际。仅截取其中三两片段，写在下面。

还是上世纪九十年代，我和臧克和兄一同考博。考试最后一天，由于教务人员一时疏忽，把一门课的考试时间弄错了，应该是上午八点开考，我们却被通知下午一点进考场。考试当天，开考已经一个小时了，我和臧兄都还浑然不觉，各自在家中和宿舍养精蓄锐，准备下午最后一考。考场是有其铁一般规则的，再如此延宕下去，我俩的考博肯定就砸了。就在事情将无法挽回之际，这个错误被先生发现了。此后一小时内，先生以一级篮球运动员的反应速度完成了几件缺一不可的补救措施：首先是通知我和臧兄立即赶去考场（当时我还在离学校考场车程一小时的上海西南角的家中）；其次是找到研究生院主管领导，让我们破例获得进场考试并适当延迟交卷的机会；再就是直接赶到考场找监考教师告知研究生院的破例决定，并给这位监考买好点心，让她不至于饿着肚子为我们延时监考。记得那天走出考场，一眼看见先生竟然还候在考场门外，当时先生的眼神是我永远不能忘记的——现在居住的小区对面有所小学，每天放学时校门口总挤满了接孩子的家长，家长们期盼关切的眼神总令我想起当年在考场门口迎接我们的先生。

当然，先生并非只是偏爱我和臧兄两个，同门之间交谈起来，几乎每人都能说出一段承受恩师关爱的类似经历。还在就读小学四年级的十岁起，先生就因成绩优异被家乡（胶东老解放区）的教育主管部门遴选为“小先生”，课余时间任教于妇女扫盲识字班。在1956年考入华东师大前，在家乡历任小学代课教师（十三岁），初级小学校长，县完全小学教师，专区师范学校语文教师，专署干部文化学校语法修辞课教师。1960年留校任华东师大中文系教职后直至生命终点，没有一天离开过教书育人的第一线，积累起来，已是整整六十八载。追悼会那天，悼念大厅里人头攒动，水泄不通，很多悼念者只能驻足于门外，殡仪馆的工作人员非常惊异：一个老师的追悼仪式竟有如此众多的参加者。众多的悼念者中，亲属、领导、同事、老友之外，自全国各地赶来的学生占了很大比重。如今，先生的学生遍布海内外数十家高校和研究单位，大多成为学术骨干，其中不乏学科带头人和院系领导。先生也因此而屡获殊荣，如“全国职工教育先进教师”奖、“全国高等学校优秀教师”奖、“全国优秀博士学位论文指导教师”荣誉等。

毫无疑问，作为一个汉语文字教师，先生取得了巨大的成就，而在这成就的背后，先生付出的并非仅仅是无微不至的关爱，更重要的是作为一个汉语文字学学者，他以自己对于汉语文字研究事业的毕生挚爱，以及科研创新的终身追求，为弟子们树立了榜样。关于这一点，记忆中的另一件小事可谓知秋之一叶。

记得先生刚刚病重入院期间，我陪过一次夜，发现戴着呼吸机、高烧三十九度的先生整夜里总是把手从被子里伸出来在空中指指画画，且非常固执，难以劝阻。那是一年中最冷的时节，为免先生受凉，我和同在陪护的刘凌君分工，各负责一边，她管左手，我管右手，随时把先生伸出被子的手掖回被中。对于这整整一宿的“搏斗”，我起初只以为是先生病重意识模糊所致，然而，先生仙逝以后，师母告诉我们，在先生病重入院近三年中，已经不能握笔的先生，无论是清醒时还是不太清醒时，都经常用这种以手在空中指画的方式在进行“写作”，以继续他的后《诂林》研究计划。这一“解密”，令我感慨良多。

《古文字诂林》，或许让更多的人记住了“李玲璞”这个名字。的确，先生所主编的这部皇皇十二册巨作，乃古文字考释集大成之作，“集万卷于一册，汇众说于一编”，被上海市相关领导誉为“上海市精神文明建设标志性工程”，获得上海市哲学社会科学优秀成果一等奖、上海市新闻出版特等奖、首届中华优秀出版物（图书）奖、第一届中国出版政府奖图书奖等诸多大奖。但作为学生的我深知，老师虽然也注重既有研究成绩的系统整理，但他更加看重的还是文字学这个传统学科领域的理论创新。《古文字诂林》出齐以后，先生多次在不同场合如释重负地感慨：现在终于有时间去实现自己原来的科研规划了。先生为《古文字诂林》付出了十多年学术黄金期全部的心血，个中滋味全都包含在这一声感慨中了！毫无疑问，李先生的“字素”理论、文字学三维系统（即取象发生系统、本体结构系统和心理认知系统）理论在学界产生巨大影响，为中国文字学理论体系的构建，添加了浓墨重彩的一笔。但是未必有多少人知道，这些成绩，在先生的科研规划中，只是大厦中的一间屋室而已，而这座大厦的蓝图，李先生已经成竹在胸，若上天稍假时日，先生即可构建完成呈示于学界。

在人生道路上，先生曾有过多次其他选择的机会。大约是在上世纪九十年代初，先生的事迹曾经被上海某大报以整版篇幅报道过。这篇报道的内容大致是说，在就读大学阶段，先生就是国家一级运动员，因球艺出色而入选上海市大学生代表队成为绝对主力，曾有机会转入为公众所瞩目的体育界，他当年的一名队友就作了如此“华丽转身”，后来还荣升为上海市体委的“第一把手”，而先生依然坚守着汉语文字的“冷板凳”。其实，先生获得的此类仕途机会还有很多，任教职以后，先生又多次被学校或教育部相关领导点将，有机会成为“处座”“局座”“司座”，然而先生最终还是不肯放弃他的“冷板凳”，为此有不少人曾为之扼腕不已。

先生去了，年事并不算高，但我觉得，先生的人生是幸福的，因为他的一生，始终耕耘在自己所钟爱的汉语文字教学研究的天地中，徜徉在自己的精神家园里，他所获得的快乐，是园外之人难以体验和感悟的。

敬爱的李玲璞先生千古！

（作者为华东师范大学教授、博导，教育部人文社会科学重点科研基地华东师范大学中国文字研究与应用中心副主任）

# 李老师，我永远的导师

王元鹿

敬爱的李玲璞老师永远地离开了我们。

记得李老师在我1991年出国访美时，给我的礼物是一本关于语言文字规范化的书与一只闹钟，个中深长意味，他虽未详言，我心里却十分明白："坚持做学问，珍惜每分钟。"

我有幸成为李老师的学生，已经是三十多年前的事了。也就是说，在我的大半生里，有这样一位优秀的文字学大师、优秀的导师，关怀着我，指导着我，这是何等幸运的事！

李老师引领我走上了做学问的道路。虽然我在1978年进入华东师大时，还只是一个浑然不懂文字学的青年人，但是，蒙李老师不弃，主动向我提出，让我从他研习文字学。当时我从一个工人刚刚变为一个大学生，对自己专业上的发展还未及细想，但是从事文学研究却是我的基本愿望。当我把我的想法告诉他时，他不仅没有丝毫不快，反而一次次来我寝室与我闲谈，表示尊重我的个人意愿，又与我分析研习语言与研习文学的利弊得失，尤其告诉我中文系的发展需要文字学方面的人才。经过大约几个月的思考，我终于下定决心，开始向李老师学习文字学。从此之后，李老师就成为我大学本科期间的专业导师。

李老师教会了我如何做学问。在李老师的指导下研习文字学，是一件十分愉快的事。当时随李老师研习文字学的学生尽管只有我一个，他还是要求我好好研读《说文解字》与《文字蒙求》等书，并定期出题给我考试。每次当李老师说我"做得不错"时，我觉得分外喜悦。我在那段时间里，摹写了《说文》的部首多遍。李老师即便在外地出差，也会给我写十分详细的信，询问我的学习进程，并给我以切实的指导。

在二、三年级之交的暑假里，我写了一篇论文《"心"字探源》。虽然作为我的第一篇文字学论文难免稚嫩，但李老师却高兴地把它拿给徐中玉、戴家祥、史存直、施蛰存等老先生看，每次都把老先生们的评价转达给我，还与我一起讨论着他们所写的评语与意见。当该篇论文入选上海市研究生大学生优秀论文报告会时，李老师又帮我刻写将付油印的论文，忙了几个晚上。我问李老师累不累，他的回答是："这是丰收的季节!"

李老师又教会了我如何做老师。他在收下我这个学生之后，又先后收下了王延林、姚平、王荣峰、何靖、王世伟等学生，组织起华东师范大学古文字研究小组。不久，李老师在 79 级的林清书与蒋德平等同学中办起了一个古文字兴趣小组。两个小组都经常在李老师指导下进行活动，各自编篡文字学材料的工具书。李老师还让我帮他指导古文字兴趣小组的活动。李老师在学术讨论中，对我们所发表的观点，从来不曾批评打击，而是往往鼓励多多。即使相当幼稚的不合理的观点，他都在给以积极的肯定之后，才婉转地指出其不合理之处。我们这些学术水平有限的学生，就是在李老师的关爱下成长起来的。我觉得，今天我作为教师与导师，之所以能够尽量注意尊重与鼓励学生，与当年李老师的影响是分不开的。

李老师尽管是我们的好导师，却还经常要求我们多向其他老师请教。他多次向我们介绍系上几位语言学老教授的特点：刘锐先生的博学多才，林祥楣先生的智慧灵敏，等等。说到史存直先生时，他说："史先生的坚定，即便前面是一堵墙，他也要走过去!"今天想来，李老师自己在学术上的成就，也正是他无门户之见而善于学习诸家特色所取得的必然成果。

我走上比较文字学和民族文字研究这条路，也是与李老师的学术眼光分不开的。当时，即使在文字学界，了解东巴文字的人也相当有限。当我在一个偶然的机会见到东巴文字时，就下决心通过对东巴文字的研究探寻汉字的早期形态。当我向李老师报告我的学位论文选题是东巴文字时，心中不免惴惴，因为我们的汉语言文字学专业当时还没有研究民族文字的先例。虽然李老师当时对东巴文字也所知不多，他却欣然同意，倍加鼓励，并同意我去丽江进行实地调查，还到处为我托人找寻与东巴文字研究相关的专家。在昆明、丽江调查的一个月，李老师与我通了多封书信。正是由于李老师的宽阔学术胸襟与远大学术目光，才使我得以在中国民族文字学的方向上得到了发展的机会。

往事并不如烟。回首过去的与李老师相处、向李老师问学的三十多年，他老人家对我的学术、生活与思想上的关怀，点点滴滴涌上脑际，竟一时无法在一篇短文中把它们写尽。

若李老师在泉下有知，也许会问我："坚持治学、珍惜时间，你做到了吗？你做好了吗？"我会回答他："做得还不理想，还须努力!"

李老师，您放心！尽管我做得很不够，但是我会继续努力，以不负您的期望！

（作者为华东师范大学教授、博导，教育部人文社会科学重点研究基地华东师范大学中国文字研究与应用中心研究员兼比较文字研究室主任）

# 永难忘却的春风

## ——纪念恩师李玲璞先生

何　峭

2012 年 11 月中旬，我刚到武汉参加了一次会议，会议后去一处风景区游览，忽然接到元鹿兄来电告诉李玲璞老师去世的消息，顿时感到迷茫，数十年来我的学业和精神支柱离去了，这是真的吗？这年 7 月，我到母校华东师大参加同学会，同时专程去医院看望李玲璞老师，当时他身体已经非常虚弱，戴着氧气罩，不能说话。他见我来，显得十分高兴，虽不能说话，仍抬起他已显得枯瘦的手向我示意。平时总是精神饱满的玲璞师，没想到为病所困，一至于此。我感到玲璞师支撑不了多久了，心中十分悲哀，但仍强忍泪水安慰在病榻旁看护的常青老师。我说，玲璞师平日爱好运动，身体素质好，一定能挺过这一关，久病延年，这病即使不能根治，只要调养得当，还是可以长寿的。这其实是我的愿望，盼望奇迹的出现。但我的愿望竟未能实现，才过四个月，玲璞师就走了，与老师顿成人天永隔，沉重的悲感一时袭来。11 月 23 日，我到上海参加了玲璞师的遗体告别仪式，当我手扶灵柩，望着玲璞师清癯的遗容，玲璞师三十多年来对我的教诲和情谊浮现在眼前，泪水不禁夺眶而出。

那还是在 1979 年，我在华东师大念大一。中文系为了更好地发挥同学们的特长，成立了一些研究小组，古文字研究小组是其中之一。我向来对文字学很感兴趣，就报名参加了古文字研究小组。古文字小组由李玲璞老师指导。参加的同学有王元鹿、王世伟、王荣峰、王延林、姚平，加上我共六人。玲璞师当年只有四十多岁，我们这些同学，都是文革后恢复高考进入大学的，年龄都偏大，玲璞师比我们同学中年龄最大的不过大十来岁。他讲起话来态度温和，即使是给我们讲课，也总是商量的语气，没有一点老师的架子，我觉得他就像我们的兄长，很具亲和力。在进大学之前，对大学的老师存在敬畏之心，而玲璞师蔼然的风范，完全消除了我的“畏”的心理，听他讲课，除了“敬”以外，真有如坐春风的感觉。

“文革”浩劫，耽误了中国几代人，我们这批老三届同学，可以说是受耽误最大的一批。进校后学习都十分努力，恨不得很快掌握许多知识。玲璞师作为中青年教师，也同样被“文革”耽误了研究工作。他本是从事语言文字的教学和研究，“文革”刚一结束，他立刻参加了由著名古文字学家容庚先生和商承祚先生主持的古文字学研究班，很快对古文字学有了深入的了解，也有了自己的研究成果。他传授的古文字学知识使我们大受教益，很快地我们对古文字学也就入门了。但玲璞师并不仅仅进行知识的传授，而是鼓励我们自己作研究。于是我们这几位同学便到图书馆寻找有关古文字的资料，有时还到上海图书馆查找资料。同学们的论文写出来了，大家刻印出来互相交流，这是我们的第一篇古文字学论文，现在看起来幼稚得很，但毕竟走出了第一步，玲璞师给予了肯定，大家都很高兴。

不久玲璞师召开了一次总结座谈会，让大家把前一段时间的学习作一番总结，并提出今后研究的打算，让大家“各言其志”。有同学提出要就某些问题做些研究，写出论文；有同学要整理古文字的字形，提出自己的长远计划。我因原来接触古文字资料很少，感到自己的基础薄弱，想对古文字资料先有一个概略的了解，便提出打算搞一个古文字汇释之类的资料。玲璞师对我的想法给予肯定。但他说：古文字资料浩繁，短时间搜集不容易；《说文解字》是古文字学的基础，而《说文》部首是其纲领，不如先搜集《说文》部首的资料，搞一本《说文解字》部首资料的汇释较为可行。我觉得玲璞师的意见很好，愉快地接受了。玲璞师把这个资料汇编定名为《说文部首汇释》。他又说，一个人作这个工作工作量还是太大，便让王世伟与我一起做。

任务定下来以后，玲璞师还对我们进行了一系列的指导。他告诉我和王世伟，搞这样的资料汇编先要拟定体例，不然编写起来会漫无头绪，要我们先拟一个“凡例”给他看看。我和王世伟拟了一个凡例草稿呈给玲璞师过目，玲璞师细阅之后提了些意见，仍让我们誊正，就定了下来。接着玲璞师又让我们设计了版式和资料卡片，经他过目认可，我们就开始编写起来。但刚一开始编写就遇到问题，这就是资料太难找了。我们仅能利用学校图书馆阅览室和系资料室的图书，我们需要的书籍绝大多数都找不到，到上海图书馆去查阅，所得也很有限。没有大量的相关书籍，编写工作便没法继续下去。玲璞师知道了这一情况，便向学校领导反映，学校领导很快与校图书馆协商，从馆藏图书中抽调了大量有关《说文解字》的书籍放到系图书室，其中还有一些是善本古籍，我们可以随时到系图书室借用。这样，我们需要的图书资料就大体齐备，编写工作就顺利地进行了下去。

在编写过程中，我和王世伟的合作非常融洽，先由他初步选阅资料，我再根据他选出的资料加以剪裁整理，用毛笔缮写到稿笺上。当时还没有电脑，即使有电脑，许多古文字字形和生僻字也是没法打出来的，故只能手写影印。好在我曾经写过小楷，这时正好派上用场。《说文解字》有五百四十个部首，每个部首各家的解说不少，我们要把最有代表性、最精辟的说法选出来，这是很花工夫的。每个部首选入的资料平均接近千字，五百四十个部首总共近四十万字。在编写的过程中，玲璞师一直非常关心，经常给以指导。到了大四的上学期，这本《说文部首汇释》差不多也快编成了。这时玲璞师又向系领导提建议，要把这本书胶印出来，作为以后学习古文字的同学的参考资料。现在，古文字书籍出版很多，要查找并非太难，但在当时，古文字资料十分缺乏，所以这本书也可以为学习古文字提供一些方便。玲璞师印书经费申请下来，又亲自跑印刷厂督促印刷。本来这些杂事应由我们这些当学生的去完成，但玲璞师考虑到我们面临毕业，事情繁杂，就没让我们去做。离毕业还有约一个月的时候，玲璞师告诉我们书印好了。当我拿到散发着油墨香的《说文部首汇释》时，心情十分激动。这本书虽融入了自己的劳动，但更多地凝聚了玲璞师的心血。我对玲璞师的感激之情真是难以用语言表达出来。

编书的事刚一结束，便面临着毕业分配的问题。这时，玲璞师又在为我的毕业分配问题操心了。通过编纂《说文部首汇释》，玲璞师认为我尚能心不旁骛、一意向学，故向系领导提出让我留校任教。但我属大龄学生，入学前已结婚，当时的政策不能够解决家属进上海的户口，玲璞师经反复争取未能成功。同时，系领导也在为我考虑，准备把我分配到北京的一个中央部门。我的想法是如果不能留校，便回四川，但当时没有四川名额。系领导照顾我与家人团聚的愿望，他们认为，如果我到北京，以后要调回成都会很容易。但我的意愿是从事学术研究，而不愿作机关事务工作。要从事学术研究，可行的途径是考研，但按当时的政策，我的年龄竟然超出一个月，看来这条路也走不通了。这时我忽然想起四川大学有一位德高望重的著名史学家、古文字学家徐中舒先生，能不能请求他吸纳我到他身边工作呢？这是一个异想天开的想法，我这样一个大龄的本科毕业生，徐中舒先生能瞧得上吗？但我还是决定试试运气，因为我有一个小小的成果，这就是在玲璞师指导下，与世伟兄合作编成的《说文部首汇释》。于是我把《说文部首汇释》附了一封信寄了一本给四川大学历史系的徐中舒先生。寄出去后我也没有抱多大的希望，没想到徐中舒先生很快让他的助手伍仕谦先生给我回信了。回信的内容大致说，徐中舒先生收到了你寄来的书和信，他觉得这本书编得很不错，信也写得有文采，他正在争取让你分配到四川大学历史系工作，希望你不要接受其他单位的分配，也暂不要将此事告诉其他人。接到这封信，我非常激动，真没想到我先前不敢奢望的事情竟然有可能实现了。没过几天，毕业分配目录正式公布了，原先目录中没有的四川大学出现在目录中。我毫不犹豫地在毕业分配志愿表上填上了四川大学，最终我也就如愿以偿地分配到四川大学。此后，我在四川大学历史系（后改名为四川大学历史文化学院）从事科研教学工作一直到退休，虽未作出太大成绩，但实现了人生的理想，现在回想起来，仍是十分欣慰的。而我的人生理想的实现，与玲璞师的指导是分不开的，这一点，我将永远铭记在心。

回到四川，到了四川大学历史系，我与玲璞师仍然保持着密切的联系，常有书信往来。玲璞师有时到四川来开会，也总是要到四川大学来看望我；我到上海或上海附近开会，也一定要去拜望玲璞师。其间不断地接到玲璞师寄来新著，如《甲骨文选读》《文言文阅读初阶》《甲骨文文字学》《异体字字典》等，对我的学术研究有很多启发。1991 年玲璞师受著名古文字学家顾廷龙先生的举荐，主持《古文字诂林》的编纂工作，我被吸收为该书的编委之一。1998 年，玲璞师让我到华东师范大学参加一些具体的编纂工作，工作了一个学期，亲眼看到玲璞师总揽《诂林》编纂工作，这个项目十分浩大，而玲璞师事无巨细都考虑得十分周到妥帖。这期间我感触最深的是玲璞师总是为工作、为他人考虑得最多，而为自己考虑得最少。白天他要安排工作、审稿、联系业务，到了晚上还要一人呆在《诂林》编纂室里补做白天没有做完的事，往往工作到深夜，真是夜以继日，呕心沥血。当年与玲璞师相处，感到他的身体很好，精力十分旺盛。现在他过早地离开我们，我感到是主持《诂林》编纂工作的十五年，严重地透支了他的体力。2009 年秋，我的著作《中国文字起源研究》即将出版，我首先想到的是请玲璞师作序。他听说我即将出版新著，非常高兴，表示尽快写序。过了不到一个月，玲璞师的两千多字的序言就写好寄来了。这篇序极有学术分量，看得出来是花费了很大心血写成的。后来与师母常青老师电话联系，才知道玲璞师在为我写序之前，病情已较严重，他几乎是在病榻上写成这篇序。

玲璞师为我写这篇序，现在想来，是又一次透支了他的体力。写成这篇序后不久，他就病危了。这篇序大概可以说是他的绝笔。每每想到玲璞师抱病为我作序这件事，我心中总是充满感激和歉疚之情。

追随玲璞师三十余年，深深感受到玲璞师心胸阔大，气质深粹，待人宽厚，律己甚严，与玲璞师相处，受其教诲，真有如沐春风之感。他在学术研究方面，有许多深入的思考和独到的见解，著述丰硕，在古文字学界有较大的影响。他主持编纂的《古文字诂林》，篇幅多达一千六百万字，是集古文字研究大成的扛鼎力作，是古文字学史上的一座丰碑。玲璞师离我们远去了，但他的业绩必将永存，他永远是我们心中的楷模。

（作者为四川大学历史文化学院教授）

# 永远的微笑　永远的导师

——纪念李玲璞先生

严耀华

李玲璞先生 2012 年 11 月 17 日逝世后，我曾以同样的标题写了一篇深切缅怀他的短文，该文已在《李玲璞教授追思文集》刊出。现在，为李玲璞先生八十周年诞辰纪念会，我将原来的短文增订为这一篇详细回顾我与李玲璞先生多年交往的文章。本文主要追忆李老师对我专业方向的指导，最后也提议将积极展开汉字现状和未来的研究作为纪念李老师的一项工作。

1978 年 2 月，我入读华东师范大学（该年仍称上海师范大学）中文系，当时李老师主要负责领导夜大学以及函授中文教学。包括李老师在内的本系语言专业的前辈老师热情指导对语言感兴趣的学生，是我最终选择语言专业方向的重要原因之一。我 1977 年底志愿报考中文系缘于自己喜欢文学。不过，入学以后我对当时仍然比较僵化的文学理论心生嫌隙，还自作聪明地以为搞文学跟时事挂得太紧，风险太大；又加上我对学外语一直有兴趣，因此我考虑将汉语语言学作为自己的专业方向，但是还多少有些犹豫。这段时间，李老师等语言专业的老师对学生都很热情很关心，对我确定自己的专业方向起了重要作用。特别是李老师，跟我恳谈总面带微笑。我不时见到他，也去过他的家。尽管入学前我在川沙棉花良种繁殖场工作了三个月，但仍然算应届生。加上自己小学只读了 5 年半，中学才读了 4 年，所以刚进师大的时候实足年龄十八岁还不到几个月，比许多七七级同学小十多岁，完全一副高中生模样。好笑的是，高中阶段年少气盛，当时学识令我由衷敬佩的老师寥寥无几，说起来无非是因为那时的高中老师有大学文凭的很少，许多都是复员军人或者其他没有什么高等教育学历的。“文革”后第一次恢复高考的七十年代后期，大学老师在我眼里是学富五车、高不可攀的人物，所以刚进师大的时候，我对老师绝对是高山仰止，常常连请教他们的勇气都没有。然而，李老师却总是面带微笑，跟我聊很多很多，从不摆架子。往事如烟，很多谈话的内容已经记不清了，然而李老师那平易近人的笑容，他的热情鼓励，确实让我如沐春风，至今仍历历在目，觉得温暖。很多同事回忆说，李老师是个喜欢开玩笑的人。不过，李老师跟我恳谈却几乎从来没有开过玩笑。我猜想，大概是李老师因为我年纪小，怕我消受不了有些说笑。李老师尊重每个学生的年龄个性差异，引导他们最大限度地发挥各自的潜能。李老师为夜大学和函授学生撰写的《文言文阅读初阶》，我很早就已拜读。现在我手头没有这本书，该书的跋语中李老师写道："教，然后知困；学，然后知不足。"这句话刚读到时就印在脑海里，至今还记得。毫不夸张地说，李老师是我选择语言学作为自己专业方向的引路良师之一。

1981 年暑假期间，我决定报考本校汉语专业研究生。当时有两个选择：史存直先生和李老师指导的汉语史古代汉语专业，或者史存直先生、颜逸明老师和范可育老师指导的汉字改革专业。我在年前参加了古汉语兴趣小组，本科毕业论文也在写古汉语语法的题目。不过，自己在 1977 年第二次简化字方案公布的时候就很热心练那些后来被废止的新简体字，进校后在班报上还写了《为简化字请命》的文章，也上过范可育老师教的"汉字改革概论"选修课。史先生从三十年代开始就全力主张汉字拼音化，终身坚持。在史先生和中文系几位中年老师的指导下，77 级和 78 级学生组织了文字改革兴趣小组，而且还跟当时的中国文字改革委员会保持密切的联系。不过当时我并不是这个兴趣小组的成员，除了因为已经参加古汉语兴趣小组以外，还因为确定汉语专业方向以后，通过学习钻研，我对汉字简化和拼音化前景的认识渐渐开始变化，主要是看到汉字其实对汉语词汇乃至整个语言系统都有巨大的反作用，对中国文学、书画乃至整个文化都有难以取代的影响；虽然推行汉字拼音化在技术层面上并没有太大问题（越南、韩国就是例证），但是考虑到文化传承和社会心理，在中国全面推行是应该极其谨慎的。我也读到反右时遭到整肃、文革中含冤自尽的文字学家陈梦家先生的文章《慎重一点"改革"汉字》，以及其他汉字学家类似的学术主张。在我们中文系语言专业的教师中，对汉字改革持慎重态度的也不在少数，李老师也是其中的一位。① 终身研究汉字的专家持这样的观点，非常合乎

---

① 我未能遍读李老师正式发表的汉字改革的论文，尤其是 1991 年离开中国以后。在师大的时候，我也没有就这个话题全面、详细地征求过李老师的意见。这里讲的完全是我个人在师大中文系当学生和教师十多年间听李老师谈话时得到的印象。如果误会李老师观点，完全是我本人的责任。李老师相关的意见都完全以他已经发表的论文为准。

情理，也说明李老师对汉字的研究倾注了巨大的感情，达到敬业精神的极致。但是，即使这样，我跟李老师商议报考两个专业中的哪一个的时候，他却很理解也很支持我报考文字改革专业研究生。我依稀记得，李老师认为全面研究现代汉字的现状与未来也很需要，何况这两个专业都由史先生挂帅，都会涉及汉语语法、音韵、文字各个方面。后来的事实也证明，李老师的预见是有道理的。尽管我们这一届五个研究生据说是1982 年全国唯一的文字改革专业，但是，五人的学位论文分别涵盖语法、方言、文字改革各个方面，1984 年毕业的时候都被授予汉语史硕士学位。这是后话。

1981 年秋季，研究生招生考试结束以后，李老师为 77 级本科生开“甲骨文选读”课。听这门选修课的学生很不少，一个教室坐得满满的。人人都发到李老师编著的大开本装帧精美的《甲骨文选读》教材。那个年代老师自己编印教材在华师大中文系还不很多见，我印象格外深刻。如果我没记错的话，李老师讲课中最推崇王国维的甲骨文研究成就。课堂上大家都认真记笔记，下课了我还把笔记整理一遍。重新打开那一年 9 月底到 11 月初自己的日记，我读到这两个月间李老师带领选修这门课的四个学生编辑函授古代汉语参考资料的许多往事。“甲骨文选读”是每星期三午后的课，散课后李老师经常会跟我们谈一会儿，然后我们四个人去当时的图书馆语言文字阅览室查找并复印古汉语资料。我们有时晚上去李老师家听他对编辑资料的指导意见。我摘录几条当时的日记，算是当年那两三个月我亲历并实录到的李老师的行止：

9 月 30 日：下午上甲骨文选读课。散课后李老师“告王元鹿、王荣峰、徐莉莉和我：将帮他为函授古文做点工作。并谈到古文字会议、古汉语专业研究生试卷评阅等事。”

10 月 7 日：“下午上甲骨文选读课，课后李玲璞老师与我们（王元鹿、徐莉莉、王荣峰和我）谈了些时候。”

10 月 16 日：我们四人一起去李老师家。

10 月 19 日：“下午在中文系资料室，讨论古汉语资料编辑问题。李玲璞、汪寿明等老师都在场。”

10 月 26 日：下午和王元鹿、王荣峰一起去李玲璞老师家“商量复印资料事”。

10 月 30 日：“上午与王元鹿、王荣峰一起去业余教育处李老师办公室。”

11 月 4 日：“下午是最后一节甲骨文选读课。课后与李老师等磋商。”

1982年，我考入汉字改革专业，但一有机会仍然参加由史先生和李老师指导的古代汉语专业的活动，比如去上海博物馆听马承源先生的讲课。所以，我一直觉得李老师也是自己的导师。1984年毕业留校，我在现代汉语教研室工作，见到并请教李老师的机会就更多了。1991年秋天，我准备前往夏威夷大学东亚语文系作访问学者。李老师听说后特地给我一张名片，是夏威夷大学一位研究农业的华裔教授的。李老师说，他以前在会议上碰到这位先生，我去夏威夷后有事情可以去找他。不久，李老师还以繁体字为我手写一份推荐书，盖有他红红的印章，劈头第一句就说：“严耀华君在我校十余年间，与我论学论教，过从较密，是我最得意的学生之一。”我至今还珍藏着李老师这一份墨宝的原件。我知道李老师爱护鼓励的，不仅仅是某一个人。堂前种花，桃李天下。处处尊重人，时时成人之美，哪怕对一个少不更事的学生也是如此。春风化雨润物无声，拈花微笑点化群伦。这是李老师最难能可贵最令我景仰的人格魅力，也是李老师在科研教学上成就大局面的原因之一吧。

我姐姐有位同事，曾是李师母娘家的邻居。听姐姐传来她那位同事的说法，李老师在家就是没日没夜地看书。留校后我也曾听中文系老师讲到，即使在“文化大革命”期间，李老师也在钻研甲骨文，所以“文革”一结束，他就有学术成果编辑出版。我没有直接听李老师讲他那一段时期的经历，但是我相信李老师确实手不释卷，因为我无论在他家还是在办公室看到他都是在读书。大家都知道，尽管李老师研究教学古文字，但他绝不是一位枯坐南窗、皓首穷经、不食人间烟火的旧式宿儒。这里请容许我引用一幅或许并不很贴切的老对联“世事洞明皆学问，人情练达即文章”来赞颂李老师善于统筹上下、协调左右的长才。李老师对本系学术前辈非常敬重。我至今仍有印象的是，李老师对我说：当时我们系语言专业的两位老先生各有特色，我们要学习史存直先生对学术观点的坚持，学习林祥楣先生对教学艺术的重视（他提到林先生从戏剧表演甩水袖中汲取养料改善讲课的身姿）。我也看到李老师对学生、校工等都是一团和气，从未见他疾言厉色。套用一句现成的话，李老师真正密切联系群众，跟群众打成一片，团结一切可以团结的力量，调动一切积极因素。

李老师闲聊时有些话非常别致，我没有刻意去记，但是却经久不忘。有一次李老师在谈到罗振玉、王国维的时候说，当时研究甲骨文一是要有钱，二是要有闲。李老师习惯讲北方话，但是长期生活在上海。

有一回他跟我说，他受到上海话的影响，讲话的时候过多地搭上用作动词补语的“掉”（上海人讲普通话时倾向于将上海方言中广泛用作动词补语的“脱”一律转化为“掉”，所以对操北方话的人来讲，这就形成“掉”的滥用）。我自己是以上海话为母语的，就没有这份敏感，也没听其他人提起过。李老师这一讲，引起我的注意，所以现在还记得。

离开华东师大来到夏威夷，我给李老师寄贺年卡，李老师总会回信，而每次信中念念不忘的是《古文字诂林》编纂工作。2000 年底我第一次回上海探亲，去拜访李老师，“堂前花”依然像九年前那么芬芳，李老师身体不错，笑容依旧。李老师跟我详细介绍了《古文字诂林》这项大工程。我也跟李老师谈到自己在夏威夷大学和檀香山其他各类学校教授汉语汉字的情况，提到台湾方面为海外编的中文教材，其中汉字“六书”蕴涵要比当时大陆出版的同类教材丰富得多。我自己也试过用象形、指事、会意和形声的字例给毫无汉字知识背景的美国学生讲中国文字，学生们都能领悟。确实，六书在对外基础汉语的教学中能起良好的作用，繁体字比简体字更容易说明六书原理，当然在两三千常用汉字中有简体繁体区别的字其实也不是很多的。李老师则提到，他有一次接受西方通讯社记者采访，强调文字对传承中华文化的重要性，表达对商业潮冲击人文传统学科的忧虑。临别时，李老师还嘱咐我为华师大文字中心所办的刊物写稿。我很感谢李老师的信任，不过我对古文字并没有下过功夫，而该刊物注重古文字研究，所以我就没敢动笔。

2010 年夏，我又来上海探亲。阴雨淅沥的一天，听颜逸明老师说李老师在市六医院住院部十三楼的一个老年病房。我去探望的时候，李老师戴着氧气管躺在病榻上，白发苍苍，病容满面，跟我前几年看到的情形反差很大。想起颜逸明老师提到李老师早年曾是篮球队员，身体最棒，我只愿李老师早日恢复元气。我知道，为防止带进细菌病毒，任何访客不宜久留，跟李师母说了些话就准备离开。李老师这时却挣脱氧气管，吃力地跟我说：他对现代汉字研究有些想法，等身体好了以后要做一个现代汉字研究的项目，到时候他会联系我。怕他说话过多，我跟李师母都劝他静躺着。离开病房后，李师母执意送我出来，并在护士长办公室旁边的椅子上坐下，又跟我聊了几分钟。师母既自豪又痛心地跟我说，李老师主编的《古文字诂林》得了奖，但是长期操劳却严重损害了李老师的身体。在这之后的两年里，遇见华东师大中文系的同事，我总是询问李老师的身体情况，希望有一天听到他病愈的消息。然而，怎么也想不到，三年前夏天那次探望竟是我最后一次见到李老师！2012

年 11 月 21 日早上，我在檀香山收到老同学华东师大徐莉莉老师通过电子邮件给我转发的李老师的讣告。念及李老师最后两年跟病魔艰苦斗争最终不幸过早离世，以及李老师三十多年来对我的教导和爱护，我禁不住流下泪来。当然，无论在天涯海角，我都记着李老师的音容笑貌。

现在我很荣幸能跟联谊会筹备组各位前辈、各位同仁一起缅怀李老师。作为李老师的一个学生，我觉得大家努力挖掘、整理、发表李老师对现代汉字的学术意见是纪念他的一项重要的工作。而作为一个在海外的教育工作者，我也相信，研究现代汉字的前途很有现实意义，始终受到海外广大关心祖国文化的人士的强烈关注。这几天我在一家成立最早、现在也具有较大影响的海外中文学者学生网站上看到最近讨论汉字前途（繁体简体、拼音化）的好几篇文章，从内容看，并不是研究汉语汉字的专家写的。这说明尽管近年来国内对汉字前途的讨论相对沉寂（可能因为公开主流的意见已经不是汉字改革），但是实际上仍有海内外一大批文化人对这个问题有极大的兴趣，也有极大的争议。对汉字历史、现状和未来的探索，不仅是中华文化圈语文界的大事，而且也是关系到东亚乃至世界文字发展的重要课题。作为语素文字的汉字，它在大中华地区和海外各汉语方言区词汇中的作用，它在日本语、韩国语（朝鲜语）甚至越南语词汇中的作用，就活像希腊语、拉丁语词根在今天印欧语（如英、德、俄、西班牙、法语）词汇中的作用。① 所以，汉字是中国、东亚和世界文字宝库中历久弥新的活资产、正资产。汉字所记录的古汉语、文言文更是整个东亚和越南古代史和传统文化研究的原材料。此外，在海外的华人社区，除了来自大陆的以外，来自其他地区和国家的所有华侨华人都习惯写繁体字（比如，我所在的夏威夷所有的中文书刊几乎都是繁体字）。固然，海外华人不能要求中国大陆为海外华人改变国内现行的汉字体式，但是这个现象是值得研究的。还有，现代汉字电脑输入难题的基本解决主要是依靠了拉丁字母（即拼音输入）。在当今全球化潮流下，非拉丁字母文字（比如汉字、阿拉伯文字）和拉丁字母文字之间的互相转写不是要不要的问题，而是如何创制或选用最佳方案的问题。在把汉字或者汉语词转写成拉丁字母的时候，汉语拼音方案起了很好的作用，但是仍然需要完善。比如，韵母“迂”选用哪个字母？标调方面，国语罗马字的字母标调法仍然值得学术界重新审

---

① 印欧语中的语素大多来自希腊拉丁语，靠了拼法的一致或近似，学的人才知道英、德、俄、西班牙、法语发音不同的许多词原来都是来自同一个希腊或拉丁语词根。

视。目前中国大陆、台湾、海外华人区域将拉丁字母文字中的人名、地名等转写成不同汉字的混乱情况，更是一个亟待解决的问题。李老师作为一个古文字专家对现代汉字研究有想法，显示他前瞻的学术敏感，可惜不幸过早离世。现在我们纪念李老师，扎扎实实做好汉字历史、现状和未来前途的研究，百花齐放，百家争鸣。等到我们大家拿出更像样的成果来向他祭奠、汇报的那一天，我们共同的导师李玲璞先生一定会含笑九泉的。

（作者为美国夏威夷州教育部［The State of Hawaii Department of Education，USA］终身任期教师［Tenured Teacher］）

# 写在李玲璞师追思会前

李　锋

初识李老师是在大学时期。

当时，中文系开了一门“甲骨文选读”的选修课。不少同学在议论：我们的兴趣并不在语言文字，何必去碰这老古董呢？也有的说，这东西太难了，不少学者为此付出毕生的心血，在一门选修课当中能解决什么问题呢？

我也是在犹豫不决中选了这门课。

李老师进教室了，瘦瘦高高，精神矍铄，身板挺直，运动员的英气融进每一次举手投足之间，标准的北方口音有点磁性。一开口，关于甲骨文的故事就把所有的同学深深吸引了：那神秘的河南安阳小屯村、那弯曲的河流所冲刷裸露的泥土、农民所发现的“龙骨”、京官王懿荣的慧眼识宝、太平军进京、那不争气的儿子又尽失其父的宝藏……

李老师把大家带进了混乱不堪的清末，但并没有停留，又由此推进，跨越千年，进入到了殷商。于是，甲骨文的时代、起源、作用、造字法等，一一呈现在已经是如饥似渴的学子面前。当回归到甲骨文本身的时候，枯燥难认的文字，跳动着神灵之光，似乎已可让人切身感受到先民们的呼吸、情绪和思维方法，难识难辨的甲骨文突然变得清晰、形象而具体。

一学期下来，每个同学大致都能认识二百个左右的甲骨文，让我们这些初识甲骨文的学生兴奋不已。更关键的是大量补充了文科基础知识体系中不可或缺的一环：那灿烂无比的先秦文化，那已是湮没无闻的历史知识，那承载着中华血脉的文字发展脉络。用这样的眼光再反观我们目前的现代汉语和汉字的发展，自然产生一种高屋建瓴的把握。

记得李老师点评那些在甲骨文研究过程中有建树的学者们：罗振玉、王国维、郭沫若……那种意气风发，那种挥斥方遒，那种中肯精到，给我们留下了极为深刻的印象：严谨、机智而不失风趣，往往一二言，就点中人物肯綮之处。

再识李老师是在我研究生毕业分配之际。

原本打算到上海外国语大学对外汉语系就职。但不知何故，原来已经是板上钉钉的工作落实突然化为乌有。一脚踏空，懊恼之极。

当时李老师以中文系教授身份，兼任成人教育学院院长一职。得知我的情况，竭力保荐我留校，到成教院语文组工作。然留校并不容易，粥少僧多。但我只是知道，学校人事处并没有因为我先前不准备留校而责怪，顺顺当当地给了我留校的名额。事后我才了解，李老师为此事四处奔波，加上时任中文系主任的齐森华师和副主任方智范师也到校方去说明情况，经过诸多周折，才有了人事处最终同意的结果。

到岗之后，李老师竟给了我一学期的时间，让我观摩、学习、备课。充裕的时间，让我得以静下心来为以后的讲课打好基础。我知道老师的用意，他并没有把我仅仅当一个可以上课的劳动力，而是要激发我的潜能，要我不落匠气的窠臼，要我学到真正能师范于学生的本领。在李老师的关注下，我有了长足的进步。想来，我最终能被评为优秀教师，就是从那一学期开始起步的。

四年前，李老师身体已经比较虚弱，经常咳嗽。北京外研社汉语分社社长彭冬林想搞一本介绍汉字源流的书，并能够结合视频，生动地展现汉字的渊源和流变。那时李老师已经很少会见客人。听到我的电话，李老师还是抱病到了校长培训中心楼下的咖啡厅。只感觉到老师很瘦，声音也较弱，但精神尚可。言谈中，他将目前语言学界的情况作了清晰的介绍，并对外研社的计划提出了不少令彭冬林喜出望外的建议。如果不是后面的大病，我相信李老师不仅仅是将精力倾注于《古文字诂林》这样的皇皇巨著上，也是愿意为社会做这些普及古文字知识的“小事”的。

老师已驾鹤归去，然往事的点滴和片段却挥之不去。写下这些文字的时候，老师旧日容颜宛在目前。我只想轻轻地问一声：“李老师，您还好吗?”

2012年12月17日

写于仁恒寓所

（作者为华东师范大学教授，《中文自修》杂志主编）

# 先生是严师　更是慈父

程邦雄

先生丢下他难舍的事业，离我们而去已近一月，在这一月里，我总在恍恍惚惚中忆起先生教导的点点滴滴，我曾在前几年（2008）的一本小书中说到先生的宽宏、先生的仁厚。先生是严师，也是慈父！

先生是严师。

先生的严，首先体现在他自己言行的方方面面。先生对他自己的要求可以说近于苛刻。先生每做一件事都要做到最好，效果达到极致。先生在中文教育、汉语研究，特别是古文字学的研究上，取得了卓越的个人成就，但先生并不满足于此，而把自己事业的目标定在了师大整个语言学学科的发展上。先生为此付出了毕生的努力，耗尽了最后的精力。也正是在先生不懈的追求和引领下，师大的语言学科、文字的应用和研究才有了今天的世界影响和国家地位！也正是为了这个目标，先生在接近一般人退休年龄的时候，领衔开始了上海市重大标志性项目“古文字诂林”的编撰工作。其后十余年如一日，终于在先生年届七旬之时铸就了辉煌，达到了在外人看来几乎不可能实现的目标，而先生为此则付出了高昂的代价——他的健康、他对家人的亏欠……我们多少次见到师大文科楼里先生中午简单的盒饭、晚上“诂林”办公室的灯光……先生走了，我们只能在梦里忆起这些！

先生是严师，还体现在对弟子（学生）学术要求上的严。先生招收的博士总共不过10余人，赶不上某些学校的教授一届招收的量，但先生的博士培养质量，则是学界称奇的：除我之外，几乎个个都成了所在单位的学术精英，有的甚至成了学界的名家；论文有拿上海市优秀博士论文的，有获出版界各类大奖的，更有获得全国百篇优秀博士学位论文奖的（据传，是该专业北京之外的第一个）。这些都是先生严格要求的结果。

我不属天资聪颖之辈，当属可教者之列，是古人所说的“后觉”。先生仍以要求“先觉”弟子的标准要求，在毕业论文的选题上多次耳提面命地加以指导，否定了我提出的几个学术含量不高而较易完成的题目，而指定了一个难度较大的选题。论文做完了，自己总觉得没做好，辜负了先生的期望，但先生还是在严格要求的前提下，准予答辩了，先生还为我博士论文的出版花了大量的心血，提了很多建议，并专门为此写了序，遗憾的是，由于我学业不精、定力不够，直到先生驾鹤西去，我都没能把书出出来，未能使先生的序意昭示学界，深为歉疚！

先生是慈父。

先生是我从事学术研究的启蒙老师，也是我登入学术殿堂的领路人。先生无时无刻不在关注学生的发展。在先生所有入门的弟子中，我是受到先生恩泽最早的，也是最没长进的。记得上世纪 80 年代初，我有幸在最艰难的时候，赶上“文革”结束后的最后一批大龄青年考入了我的母校华东师大（录取通知书上还是上海师范大学），那时的师大中文系聚集了一批国内著名的老教授，一批敬业的年富力强的中年知识分子精英，这中间就有我最尊敬的先生。先生给我们授课，没有给我们讲他最熟悉的古代汉语，也没有给我们讲他曾经教过的现代汉语，而是讲了一门在我看来现在仍然是非常艰深的“甲骨文选读”。但先生讲起课来则是在谈笑风生中把深奥的古文字讲得浅显易懂，妙趣横生，听课的学生都发自内心地感到先生讲课艺术的高超。先生的课虽是选修课，但受益面的效果则不亚于必修课，听课的人越到后来越多。我也正是在先生的课堂上，产生了对甲骨文、对古文字的兴趣。后来，我又在不惑之年踏进母校，再次跟随先生学习古文字。此时的先生已年近七旬，正作为首席专家，带领着一批中青年学者，夜以继日地开展上海市重大标志性项目“古文字诂林”的编撰工作。繁重的工作之余，先生总能定期地抽出时间来给我们释疑解惑。无论多忙，只要我们有问题找先生，先生都会放下手头的事，与我们讨论，不厌其烦地给我们指导。先生在学术上要求是苛求的，但在具体的事情上，先生却又总能体现出师长的慈爱、仁厚风范，说起话来，总是谦谦君子、和蔼可亲。

先生是慈父，更体现在生活上对弟子无微不至的关怀。我总对我的学生、我的同事说，我是三生有幸，修来了如此好的福分，成为了先生的学生。

我们做学生的都记得：只要是隔了段时间，无论是去见先生，或是电话联系先生，先生总是首先嘘寒问暖：家里怎么样？爱人还好吧！小孩读书上进吧！单位工作还顺心吧！见了先生，所有的烦心事都会随之烟消云散，一句话：那感觉真好！我也仍记得，考博前先生亲临住地问候关心的情景；也记得博士入学后请假回家，先生叮嘱行前一定上他办公室一趟，先生送上的旅途祝福和水果点心；还记得一次讨论会上，茶歇间，一小师妹（实际不小了，只是比我小）因翘课（公共课），问我课上老师点名没有，我一板一眼地说：哎呀，真是凑巧，老师不仅点名了，而且放了狠话，凡此次缺课的都作不及格处理。那小师妹看我讲得正经，都听得有些害怕了！先生马上圆场：邦雄开玩笑的！（的确，先生知我）生怕惊吓到了柔弱的弟子。我也会永远记得，2001 年春夏之交，有幸陪伴先生左右一周，从上海到泰州到扬州，不分白天黑夜地聆听先生的教诲，感知先生的为学为人。先生有早起饮茶的习惯，出门在外，条件所限，先生怕影响我的休息（我与先生同住一间），总是在卫生间里煮茶品茗。第一天，先生呆在卫生间许久不出，我还担心有什么事情，急起敲门问候，先生答曰：不必担心，天还早，你好好休息。此后几天，无论我怎么坚持、申述理由，让先生在起居室品茶，先生都坚辞不允。先生如此关爱学生，天下难寻啊！

如有来生，我还愿做先生的学生！

先生逝矣！后无来者！

愿先生在天堂一路走好。

2012. 12. 20

（作者为华中科技大学教授，博导，人文学院副院长、对外汉语系主任，《语言研究》杂志社社长）

# 追忆李玲璞先生

王晓雯

此时此刻，聚在一起追忆、思念我们的李老师。我身在远远的浙江，无法来参加会议，可是，我身未到心已来，我也要说说我心目中的李老师。

我是华东师大函授部的学生，见李老师的次数很少，但就这很少的见面，李老师留给我的印象是那样清晰，永不会忘记。李老师是这样一个人：宽宽的额头，蕴含着无穷的智慧；宽厚的声音，滋润着学生的心田；宽阔的双肩，拥有着不尽的关怀；宽广的心胸，充满着人间的美好。

记得那次见李老师，是三十年前的事了。1982 年暑假过后，华东师大中文系函授部将进行毕业考试，我心中有些不踏实，对常青老师说，李老师如有空能给我答个疑就好了。话是说了，我也并不真作指望，毕竟李老师那么忙，哪有时间、精力顾及我这样的学生？我们那一届学生，全市有三千余人。说得不好听，李老师纵使打上八竿子，也打不到我呢。

谁知过了两天，常老师对我说，今天是星期四，下午语文教师都没课，李老师安排好了时间，可以给你解疑。我听了，心头一惊：李老师专门对我这样的学生答疑，莫非错把我当博士生带了？我应了两声，只是说不出话来。

天降甘霖，怎敢独享？我忙叫上一起读函授的另三位语文教师一起到了李老师那儿。李老师满脸笑容，问了我们平时的教学工作、进修学习以及生活起居，回答了我们提的一些问题。临了，李老师对我说：“回去请辅导站的老师……”

下一个星期上大课的时候，李老师来了。在普陀区教师进修学院就作品的理解与分析，讲了两个多小时。听课的学员一个个都惊诧不已：李老师这个大忙人怎么会来给我们这样的学生讲课？讲完了课，李老师准备回去了。我告诉老师，请老师去领讲课费。李老师却呵呵一笑：“讲课费？讲笑话了，我怎么还要讲课费呢？不用了吧。”说着，老师推着自行车，和大家告别，出了大门。

李老师就是这样一个人，为了学生，什么也不计较。这样的老师，能忘怀吗？不，我是永远也不会忘记的。

从此，李老师就成了我的榜样。在讲台上站了三十多年，我没有当过学生的家教，没有收过一分钱的家教费，只是尽力为学生答疑、讲解；我还利用暑假，在社区里为初三学生辅导过语文，也是义务的，没收过任何辅导费；在社区里，我还办过中国结编结班，以弘扬中国民间文化，同样也不收任何培训费。这个编结班在真如镇上曾名噪一时，我是由衷地感到高兴，因为这不是用钱可以买到的。

这一切，都是李老师教我的，应该这样做人。

2012 年 12 月

（作者为华东师大中文系函授生，上海兴陇中学退休教师）

# 平易近人　慈爱如父

车丽丽

我是华师大一附中74届毕业生，李玲璞老师是我中学时代班主任常青老师的爱人。常老师的爱人是华东师范大学中文系教授、专研汉语言文字，早有耳闻。那时在学生的心目中，教授是研究大学问的，高不可攀。80年代初，当我与另两位同班同学第一次去常老师家拜见李老师时，怀着既崇拜仰慕又忐忑不安的心理，李老师是专家学者，工作繁重，时间宝贵，会有空见我们三个黄毛丫头吗？然而现实中的李老师，与我们想象中的大相径庭，李老师是那么的平易近人，待我们就像自己的孩子、亲人。他不仅正直朴实、开朗豁达，还善解人意、谦和诙谐。我们每次去看望常老师，只要李老师在家，总会放下手中的文稿招呼我们，抽时间与我们细细交谈，关心我们的学习、生活和工作。

八十年代末，我们三位同学约定带各自孩子去看望老师。那时孩子还小、好动，三个孩子挤在常老师家的一张藤椅上扭来扭去，椅子快散架了。我们怕影响李老师工作，不断地呵斥孩子。然而李老师非但不责怪，反而放下手中文稿，笑眯眯地看着孩子们玩耍、淘气。此后，李老师一直关心着三个孩子的成长，经常询问孩子们求学、就业直至婚姻等情况。每当孩子们取得点滴进步，李老师都高兴万分。

我们三家均属平凡家庭，无论哪家遇到喜事，都会相聚庆贺，热闹一番，并邀请常老师和李老师参加。只要不与工作冲突，李老师每次必欣然前往。席间，李老师谈笑风生，与我们一起谈国事，聊家事，议人生，欢声笑语，其乐融融。

李老师：我们敬重您，我们感谢您！您与我们交谈时，和蔼可亲，犹如一位慈祥的长辈；而您伏案思考、写作时，又俨然一位睿智的学者。您传递给我们太多的知识、信息以及做人、做事的准则。

由于积劳成疾，李老师病倒了，我们非常难过。每次去医院探望，总在心里默默地为李老师祈祷：苍天，请眷顾一下好人吧，祈盼李老师早日康复！住院近二年，尽管李老师受尽了疾病的折磨，然而我们每次去医院探望，李老师只要清醒着，总是乐呵呵地与我们打招呼，有时还硬要扯下呼吸机面罩，用微弱的语音与我们聊上几句，仍在关心着我们及我们的家人。李老师那乐观向上，顽强与病魔抗争的神态，常常让我们感到心酸不已，心痛不止。

李老师匆匆地走了，很突然，我们非常不舍，万分悲痛。那夜，我们一行人一直把李老师护送到尽头。李老师：您爱家人，爱学生，爱同事，爱亲友，但您更爱的是为之奋斗、贡献毕生精力的事业——汉语言文字。您的音容笑貌永远定格在我们的脑海中，挥之不去！

（作者为中共上海市虹口区委统战部干部）

# 师恩如山

## ——追忆恩师李玲璞先生

张美兰

1984年年底，我一直在准备研究生考试，同学们都放假回家了，我们少数几个同学仍坚持复习迎考。那是一个很冷的冬天，考前我抵不住，感冒了，打针一周才算挺过去。记得考试完我去烫头，到照相馆照了留影纪念。1985年3月底的一天，同学飞快来到校图书馆，送来一封信，说是辅导员办公室叫送来的。同学说辅导员看这封信觉得很薄，还在太阳底下照了照说看似公函，估计是录取通知书，叫快送来，并说这是我们系今年收到的第一封通知书。果然是华东师大中文系研究生复试通知书！1985年4月初第一次来到华东师大，见到了导师李玲璞先生。

李先生高个儿，精神矍铄。他看到我写的字还说了声“你好像练过字”。我笑着点点头。我汇报了大学三年来阅读的书目和进行的毕业论文情况，导师一直鼓励说好。就这样我就迈入了李家师门。我们第一批单独由李先生指导的李家军是袁庆德、阚绪良和我三人。

三年中李先生给我印象最深的是他对学生的尊重。随着研究生课程的深入，我的学习兴趣渐渐从文字学、训诂学、音韵学转移到了唐宋白话文献语言研究上。当时正是国内敦煌学、禅宗文化受到关注的时候，我最终将精力放在禅宗文献研读上，李先生给予鼓励。后来我从事禅宗语言研究、《祖堂集》语言研究的基础就是在硕士期间打下的。

在我们读书期间，李先生在校继续教育学院任主要领导，并兼任《中文自学指导》的负责人。当时他还主持全国自学考试《古代汉语》教材的编写和该课程全国自学考试总策划的工作。在导师身边亲耳聆听教诲，这对我后来从事《古代汉语》课程教学很有帮助。在1990～1999年十年间，我一直在教学一线讲授《古代汉语》，而且一直担任省自学考试古代汉语课程的辅导老师，乐此不疲。

一次偶然的机会，李先生讲述了他在筒子楼狭窄不堪的居住条件下写作专著的情形：等公用厨房空闲了，一张椅子和一张小小矮凳就是临时的办公书案，他的《文言文阅读初阶》等书就是这么写成的。此后我在写作《禅宗语言概论》那本书的时候，常常会想到先生所说的情景，自己也从未因住房简陋而埋怨过。

1999年，我第一次回到华东师大看望先生。这一年我拿到博士学位，回来向李先生汇报。我和女儿去了李先生的办公室，先生正忙于《古文字诂林》丛书的编撰。在堆满书籍和资料卡片的办公室里一看到李先生，我就有一种久违的感觉，又有一种回家的亲切，还有一种数年没有作为的愧疚，禁不住潸然落泪。当时，我正准备北上做博士后研究，李先生很关切很支持。记得师母还专门为女儿准备了一套类似《十万个为什么》的丛书。

2009年4月因参加上海师大的学术会议，我第二次回到上海。其间已是大二的女儿也专门请假与我在上海会聚，专程看望李爷爷。师母接的电话，但说到看望先生的时间时，她却言辞闪烁。我心里一下子沉重起来：原来李先生已经病得不轻了。那次我和女儿在书房里坐了一个多小时，李先生仍然没有忘记他所研究的“字素”理论。他反复说：还有一个计划一本书，等病好了好好把这些年的研究写出来。我一个劲地安慰先生：别急，慢慢疗养，一切会好的。我没想到这是李先生最后一次在家里接待我们，更没想到病魔从此带走了李先生的心愿，留下了一个永远的遗憾。

我敬重的李先生，我忘不了您对我们的爱护。当您来南京时，您专门和师兄们来家里看望我们和孩子。能有机会下厨招待大家，我至今都深感骄傲。我忘不了您的叮嘱，把学到的知识传播给自己的学生，以您的风范善待自己的学生。我们一定将您的教诲永远牢记，踏实工作。

李先生安息吧！

（作者1985年9月至1988年7月为李玲璞先生的弟子，现任清华大学中文系教授，中文系副主任）

# 难忘那慈祥的微笑

——追忆恩师李玲璞教授

袁庆德

李老师过早地离开了我们，这对每一个蒙受过他老人家教诲的人来说，都是一件无比遗憾的事。而我作为李老师的最早弟子之一，尤其感到遗憾，同时也深感惭愧。

自从1988年毕业以后，我一直没有回到过上海，但对李老师的思念与日俱增。最近几年一直计划着前去探望他老人家和我的师母，无奈这些年来我们学校给我安排的课程一直很多。我整天忙着备课、上课，没有时间搞科研，教授职称也一直评不上。经过艰苦努力，今年终于评上了。但我们学校新的一轮岗位聘任工作又要开始了，而我的论文数量还不够，投出去的几篇稿子都已石沉大海，还得继续写，手头还有一本书等着出版，这样我还是不能松一口气。同时课也调不开，不能前往上海，不能亲自参加李老师的葬礼，也不能亲自参加追思会。只有希望李老师的在天之灵多多原谅我这不肖弟子！

离开李老师二十四年来，我最不能忘记的就是他老人家那慈祥的笑容。李老师每次见到我们的时候，都比见到自己的孩子还亲切，总是用那种饱含着老牛舐犊一般深情的笑容看着我们，令我们感到极其温暖。我是李老师1985级的三名研究生之一，比另外两名同学年龄稍大一点，但也最贪玩、最不懂事。我整天不是吹口琴就是弹吉他，要不就是逛书店和乐器店，同时还喜欢晚睡晚起。有一天上午，时间已经不早了，我还在酣睡。李老师来到我的宿舍，把我叫醒，说道："庆德，你准备睡到几点啊？美兰和绪良都在我家等了半天了。"这时我才想起来，本来是定好了的，上午九点到李老师家上课。我就赶紧起来了。李老师让我坐在他的自行车后座上，把我带到了他家，一路上也没有责备我。

上课迟到还算是小事，有一次我还给李老师捅了娄子。有一个老师托李老师让我们三位研究生给他抄写书稿。我当时没听清楚是书稿，以为是上课用的讲稿。就一边抄写，一边修改我认为观点不正确的地方。不用说，这样抄写完的书稿显然是不能用的，同时也耽误了出版进程，人家当然很生气。李老师也很过意不去，又找人给他重新抄写了一遍。过了一段时间以后，我到李老师家交读书笔记。李老师才跟我说起这件事，告诫我不能再这样为人处世。对我进行一番开导之后，李老师觉得自己说话的口气重了，又对我笑了。我当时惭愧极了，因为李老师一如既往，口气本来就是温和的，并非声色俱厉，却还怕我挨了批评心里难过，还用真诚慈祥的笑容安慰我。

李老师作为一位山东大汉，自然有山东人固有的那种豪爽义气。节日请我们到他家聚餐或品尝餐馆小吃、分享收到的礼物等自不待言，但对自己的学生这样温情脉脉，这样宽宏大量，实在令人敬佩，终生难忘。遇到这样的好老师，我们真是幸运。

毕业以后，我也成了一名教师。一直想做一位像李老师那样可亲可敬的老师，却一直做不到。看来，培养这样伟大的人格是我们终生努力的方向。

（作者为大连外国语学院文化传播学院教授）

# 玲璞先生二三事

阚绪良

1985年我告别阜阳师范学院，来到丽娃河畔，从玲璞师问学。毕业以后，我就到安徽广播电视大学工作，1997年我调至安徽大学工作以至于今。其间虽然联系没有中断，终究不是随侍在侧，对于吾师后来的情况不甚了解，我又没有能够传承吾师的衣钵去研究古文字学，对于吾师文字学上的成就我也不能多赞一词，所以只能掇拾几件往事以表达对吾师的敬意和怀念。

我要说的第一件事和肉丝面条有关。记得入学没多久，具体是哪一天我记不清了，吾师请我们三个连同他的女儿笑虹、外甥女张海英一起去吃肉丝面条，地点是正对华东师大后门小巷的一家小吃店（现在已改成华丽的饭店了）。那是我到上海后第一次吃肉丝面，也是味道最美的一次。我不顾斯文，狼吞虎咽，连吃两碗。吾师笑吟吟地看着我，连问我要不要再来一碗。饭后，吾师带我们到长风公园去玩。那时的长风公园周围没有多少高楼，园内游人稀少，放眼望去，水面辽阔。按理说我应当说几句话，哪怕是寒暄的话，可是我竟然始终很少说话。庆德也和我一样，场面十分尴尬。美兰见状，提醒我们两个，我们两个就是不知趣，不肯开口说话，吾师心里肯定不高兴，只是没有说出来而已。行文至此，我仍觉羞愧，那时怎么这么不懂事！事后，美兰经常提起这件事奚落我。可她不知道，我当时的内心一点也不平静，很想说话却又不知道如何表达。为什么会这样呢？因为幼时家庭不和，导致我性格内向，沉默寡言，见到陌生人不愿开口说话。虽然我知道日后要和他们经常见面，可是就那一次而言，吾师和其他人于我是陌生人，更何况还有女孩子在场，我更加局促不安。要是现在，我会坦然和她们交谈，但是在那个时候，要做到这一步很难。

第二件事是作业“急就章”事件。它根本不是一件有关国计民生的大事，只是一件微不足道的小事。如果吾师在世，问他有无此事，他肯定说不记得。可是对于我而言，这件事引起的震撼和思考，就跟政治、社会事件引发的动荡一样。事情是这样的：吾师给我们上完甲骨文课后，要求我们写一篇作业交给他，以便评定成绩。我们也都如期完成了，可是我心血来潮在作业的封面上写上了“急就章”三个字。吾师看到了十分生气，当时我还不明白原因。事后我才明白是吾师以为我此举不负责任，对他不够尊敬。我很少见到吾师生气，这是我见到的唯一的一次，我终身引以为耻。李师，我对不起您，您九泉有知，一定要原谅我！我不是故意写上那三个字惹您生气！我的那篇作业确实写得匆忙，“急就章”是那篇作业完成情况的真实反映，其原因要到我那时的心态和学习状况去寻找。我所毕业的学校历史不长，图书有限，风气保守闭塞，而华东师大名师云集，学术氛围浓厚，得风气之先，尤其是图书馆吸引了我。华东师大图书馆藏书丰富，质量和数量远非阜阳师范学院可比。对着书海，我始而惊叹，继而耽溺其中，一天到晚在图书馆阅览室看以前没有看过的书，饥不择食，什么书都读，其中以文史哲居多。说好听一点是博览群书，说难听一点是乱看书，连徐铸成的《报海旧闻》也读。我还从中发现了一条关于杨绛父亲的资料，就把它抄示给杨绛先生。杨先生在其《将饮茶》一文的脚注特别予以交代。我的阅读范围之广于此可见。我之所以这样，还有一个外因，那就是校园文化的诱导。上世纪八十年代是让我怀念的年代，那个时候提倡思想解放，社会环境宽松，校园文化丰富多彩。各种演讲、讲座不断，让人目不暇接，在我面前展现了一个以前没有见过的世界。我和当时的许多人一样去关注、思考文化和时事。自己的好奇心和欲望满足了，却影响了专业课的学习。所以作业都是马马虎虎完成的，甲骨文课的作业也是这种状态下完成的。可想而知，专业课的成绩不理想。当然看杂书的结果也不全是负面的。它培养了我的判断力，拓宽了我的视野。我现在上课颇受学生欢迎，每次测评均居前列。每有一文，还能得学术界的认可。其原因与此也不无关系。想来吾师早已忘记“急就章”事，看到我得有寸进，他都十分高兴，在电话中毫不吝啬地嘉许我。

转眼间，就到了要撰写毕业论文的时候了。吾师希望我们撰写有关他专业范围的论文，但他从不强迫我们，让我们自己决定。我心里清楚，由于分心，专业课学得不好，文字类的选题我不敢碰，所以我和美兰选择唐宋段的语法研究作为毕业论文的选题。那么，应该选什么书呢？一个偶然的机会，袁宾老师在给我们上课的时候提到了《祖堂集》（这是目前所知中国最早的禅宗著作），说此书值得研究，并指示我们获得此书的门径。我们按照这个线索找到沪上一位学者家，结果遭拒。吾师就利用到北京出差的机会，从郭锡良先生处借得复印，为我们撰写毕业论文提供了有力的保证。近代汉语语法研究与吾师治学范围相差甚远，可是吾师不以为忤，而且为我们去寻找资料，支持我们。这种开明影响了我，我现在对于研究生毕业论文的选题也持这种态度。

在电大工作的几年间，我经常为《中文自学指导》写一些带有学术性的文章，而且每文必发。当我拿到杂志的时候，总是发现我的文章有改动，这当然是吾师所为，但是他从不张扬。他很关心我的学术前途，希望我早上职称，能够调到正规大学，当时我满足于自己的工作，加上我个人生活的不顺心，未能如他所愿及早离开电大。有一次，吾师来信告诉我他可以招收博士了。言外之意可能是希望我报考，愚钝的我一下子没能明白这一点，以为我的兴趣和他的方向不一致，就没有报考。其实这个想法多么可笑！语言、文字是不分家的，我应该抓住这个好机会，但是这个机会错过了，而且是永远错过了！

（作者为安徽大学中文系教授）

# 价值与追求

## ——缅怀导师李圃先生

臧克和

## 引 言

先生生前，多次拒绝了为他举行有关执教学术专题会议。李先生十几岁从教，在进入七十岁之后，我曾数次在先生面前提议要组织一次研讨性纪念，先生都说再等等。在先生住院期间，我前后又提了三次，先生在病榻上，戴着吸氧器，还是坚持说，等出院之后再说。没料到，竟变成了现在的追忆。

在我的印象中，究心乎教学育才，执着于学术立言，构成先生毕生的价值观念和自觉追求。

## 教学生活中的导师

李先生的价值观念，付诸自觉不懈践行。这首先反映在导师长达数十年的教书育人生活中。

我是 1987 年 9 月入学的。那时候，李先生甲骨文著作已经一版再版，供不应求。先生还满腔热情地投入国家的业余教育事业，《文言文阅读初阶》更是风行全国。一次课余，师生间谈到这些领域的工作。李先生当时轻描淡写地说了一句：若干年后，这些又算得了什么。当时夜风习习，月光如水。

1990 年春夏之交，先生带志基学兄和我到白下徐复老先生处参加学位论文答辩。途中游历镇江三山，师徒一众看了焦山碑林，来到满眼芦苇的荒江野渡。大家想到了无锡太湖鼋头渚的刻石“到此忘机”，就说这个地方适合修炼。当时先生作了解答，大意是：偶尔入境，待两天是可以的；过得久了，恐怕又生出离境之心了。



在跨越世纪的执教著述生涯中，先生对待自己的生活，简单到了近乎素朴的地步。对于问学者，不论是正式受业，还是业余学习，总是专业上孜孜不倦，生活上关怀备至。

记得刚入学不久，那时李先生开一门甲骨文课，上课地点是文史楼一个最大的教室，时间是晚上。我跟志基师兄一起去听课，总是发现整个大教室座无虚席。一次课后，李先生已经很疲倦。不知什么原因，一阵咳嗽。有两位年纪不算小的听众，还是不肯离去。我们想劝说，这个时候，先生需要休息。李先生摆手示意不要紧，稍微平静了一会儿，又细细解答了她们提到的问题。事后才知道，她们都是来自校外某教育学院的旁听学员。

先生对学生的点滴发展，都倾注心血，由衷欣悦。1988 年的暑假，我将一段时间的读书札记整理成一篇谈训诂的文字，邮寄呈送先生指教。当时使用的是 16 开 500 字稿纸，密密麻麻，看起来非常吃力。稿纸上，先生作了细密的圈点眉批，欣悦之情，溢于言表。因为文字主要涉及钱钟书先生《管锥编》，钱公在信函中，还特意嘱笔李先生门前，烦代致问候。发表之后，海内外复印转载引用者都有一些。实际上，这篇文字，算是自己从师受业的第一次学问练笔，就是先生指教和鼓励的结果。

《诂林》的编纂，凡历十几个寒暑。记得在文科大楼 13 楼 1307 编纂室里，那时还没有空调设施。天花板上吊着两个风扇，编纂室同时又是复印室，头顶上的电扇嗡嗡作响，跟身边复印机的热量交会，热浪铺天盖地，包裹人体。就在这样的环境里，李先生跟研究生们一起，坐着硬木椅，趴在旧桌上。印象里，先生汗流浃背，衬衫紧贴在身。遇到加班，在桌子上垫上张旧报纸，办公桌就变成餐桌，那是李先生和大家一起吃盒饭的时候了。

## 学科建设中的导师

开明开放，而又严谨执着，形成李先生迥乎不同于他人的学术个性，同样体现着先生价值观念的自觉实现。

### 一、《古文字诂林》编纂，体现着先生汉字“形义学”思想

上世纪九十年代初期正式启动的上海市古籍规划整理重大项目《古文字诂林》，被称为文化建设标志性工程，更是古文字学科建设奠基性课题。《诂林》体例，凝聚着先生的心血，更体现着先生的古文字学理念：荟萃以百家，考镜流变；讨原沿众波，辨章学术。历史地看，异体

问题，代远言湮，言人人殊，至今也是一笔糊涂账。因为，今文字使用过程中对古文字结构的理解，由此定型的现代楷书字聚集的问题，是历史层累的集合。单纯从任何一个层次去认知去清理，事实上纠缠不清。先生将全部字头重新进行了“尊重历史”的“构拟”，这种构拟，建立在大量分析的根据之上，即“依古隶定楷化”。这种努力，使得已经中断的若干形义联系，得到恢复。自然，这种做法，跟历史上的“存在”、现实中的“俗成”，会形成不少冲突。其利钝，其得失，引起古文字学界的讨论。李先生所花费的时间，投入的精力，翻来覆去地圈点修改，则是外界一般人想象不到的。

**二、甲骨文文字学，体现着李先生的“字素学”理论；李先生创造的“字素学”，影响了汉字“构形学”研究流派**

入学不久，就知道李先生在构思撰写《甲骨文文字学》。一直到我们毕业，这部文字学界所期待的断代文字学理论专著，也还没有付梓。记得几次碰到学林出版社雷群明社长，都催问李先生大著到底怎么样了？见到李先生传递信息，李先生总是说，还要“再磨一磨”。

事实上，李先生所撰《甲骨文文字学》，是在反复讲授专业课程基础上，多次实践验证，在出版的有关甲骨文著作中，也已经渗透着持续的思考。经过多年的提炼，终于为语言文字学界贡献了一部体现“字素学”理论体系的创辟性著作。虽然是基于甲骨文字材料的断代分析，但论著所聚焦的关键术语“字素”，作为汉字系统中“形音义统一的最小单位”，具有相当的解释力。正因此，自从“字素论”问世以来，所影响的专业学位论文，每年都有相当数量。国外汉学界，也受到一定影响。“字素”与“构件”单位发生关联之际，即作为形音义关系还需要考虑相关逻辑关系，“字素论”还有待于进一步发展完善，这是在李先生生前就已经考虑的问题。

字素说的方法论意义，尤其明显。比如，字素分析系统，直接为古文字字库古文字进入检索系统，提供了可操作的思路。又比如，后来问世的古今各类汉字“构形学”的著述，有些在很大程度上，都可以说肇源于此。

**三、古汉语教材，反映着李先生的人文传承教育思想**

北京师大资深教授王宁先生提到：“上世纪90年代，他组织编写了第一部全国通用的自学考试古代汉语教材，并带领一班人制定了第一个全国古代汉语自学考试大纲，对自学考试的规范化起到了重要的作用。”（李先生追悼会唁函）

从选篇来看，这套教材十分注重人文性。从体例设计来看，又突出“语感”培养，强调“语境”的认知作用。在同类教材中，个性鲜明，突出了主编的人文教育理念。正基于此，这套教材跨越世纪，直到今天也没有被取代。在有些地区，甚至被作为普通高校的基础教材。

**四、学科基地建设，倾注着李先生的毕生心血**

因为种种因素，华东师大汉语言文字学专业博士学位点，设立比较晚。对此，李先生一直念念不忘。从队伍建设人才培养，到项目开展，都是围绕学科建设这个中心，殚思竭虑。作为学科意义的文字学专业，完全可以说，就是李先生亲手创建的。上世纪九十年代，在上海市古籍规划整理重大课题《古文字诂林》项目开展的基础上，李先生在千头万绪当中，还分出精力，亲自策划筹建了“上海市文字学研究中心”。正是该中心的成立和活动，为后来筹建国家教育部人文社科重点研究基地“华东师范大学中国文字研究与应用中心”奠定了基础。

1999 年，学校统筹，向教育部申请国家人文社科重点研究基地，也考虑到了文字学专业。2000 年，华东师范大学中国文字研究与应用中心通过教育部专家组考察评估，列全国 100 所人文社科重点研究基地之一。从筹建申报到迎接评估，从建设规划到日常运行，先生都是不遗余力，倾注心血。

## 余　言

先生府上为山东文登，地处胶东半岛。此地文教为尚，自古相承。李先生早年即从教，当地许为“小先生”。先生为人开明，学术思想毫无门户之见。先生古道热肠，人生价值追求，那就是恪守上世纪老一辈学者的人文传统：以教书育才，为内心世界基本寄托；以学术“立言”，为人生根本皈依。韩愈《原毁》里所说“古之君子，其责己也重以周，其待人也轻以约”，堪为先生写照。这就是我所记忆的：导师有着自己一贯的价值观念，并自觉执着践行，有始有终。

2012 年 12 月 21 日

（作者为华东师范大学终身教授，博导，教育部人文社会科学重点科研基地华东师范大学中国文字研究与应用中心主任）

# 怀念李玲璞先生

倪文尖

李玲璞先生是我的老师。可是，很遗憾，我却没有听过他的课。那是八十年代，那是因为八十年代。那年头的中文系，大学生们往往做着作家梦，当然，最好是成为一个诗人。我1985年进华师大不久，自知不是那个材料，没有那个魄力。我所迷的，却也是文学和文化思想评论。所以，晚上听起讲座来，就要远比白天上课有精神得多，也自以为有意思得多。

在这样的氛围下，不要说李老师搞的最古的古董——甲骨文，就是语言学，无论是现代汉语还是古代汉语，感兴趣的同学，也都少得有些可怜。而我能较早认识李玲璞先生，还得感谢现代语言学对我有吸引力。一次现代汉语作业，我做了篇论“有人”是代词的文章。不知当今语言学研究怎么讲这个问题，记得当时胡裕树先生主编的教材里，比如“有人说你没回来”这种句子，是用很繁复的“兼语结构”来做句法分析的：此乃无主句，“有”是个动词，“人”呢，既是“有”的宾语又是“说”的主语，所谓“兼语”。而在我看来，“有人”是个代词嘛，很像英文中的“someone”“somebody”简洁明快。可是，要想明白讲清楚这个道理，却不那么容易。我就很过分地拉了乔姆斯基的虎皮，半懂不懂地动用了其小册子《句法结构》里什么内容。文章写得不长，却如愿以偿地得到授课的濮侃老师夸奖。

“你的小论文，系里李玲璞老师也觉得蛮好！蛮好！过几天，系里开本科生语言学论文报告会，李老师也会来。”从濮老师高兴而颇似郑重的“蛮好”里，我感觉到第一次听说的“李玲璞”是个大人物，自然，心中就很有点期待。

那天，应该是在1986年。那天下午两节课后，文史楼307教室，阳光依然明媚。那时，先生是风华正茂正当年，那样高，那样瘦，那样帅！其他细节记不大清了，只记得，李老师作了总结讲话，话却不多，声音也不高，对大家总是鼓励有加。哈哈，这位大人物没有一点架子。



唉，假如从那以后，我能对古文字学倾心有加，那该多好。摆到现如今，那可是最正宗的国学。后悔啊，我没那么远见卓识。认识了李玲璞老师，却也只是路上或者系里遇见了，比较敬重地叫一声而已。却也只是，越到后来越知道，先生抽烟真厉害，先生打起篮球来更厉害，投篮，很准！

到九十年代初读研究生了，跟黄奇志熟识起来，我对李玲璞先生的了解才更多，也略深一些。因为奇志从李老师读硕士，她又很愿意向我们很崇拜地讲她导师的故事、新闻。更因为奇志和李老师的爱女笑虹成了好朋友，慢慢地，我们一帮同学也和年龄相仿的笑虹熟悉起来。也不记得具体的日子了，总之，我们后来一定跟着奇志到先生家里作过客，拜见过师母常青老师，充分感受过李老师一家，那么和善和谐，那么热心热情，甚至暗暗羡慕过笑虹太幸福了。

一起去李先生家的我们一帮同学里，就有已经毕业在上海教育出版社工作的王为松。事实上，后来，关于李玲璞先生，我就是从为松那里了解得更多了。或者应该准确地说，为松并没有同我讲什么事情或细节，只是，为松每次来师大，做完《古文字诂林》的相关事务，确乎总免不了跟我慨叹，李玲璞老师太不容易。

《古文字诂林》实在像是个不可能完成的任务，这一点，我的印象真是深刻，以至于编撰工作都已进行好几年时间了，我都莫名其妙地有这个感觉。后来的事实当然已经证明，显然是我错了。不过，我一直莫名甚而夸张地觉得，这个不可能完成的任务之所以能完成，和李玲璞先生后来的病倒、早逝之间，总有什么隐秘而宿命的关联。

先生少年早慧，在家乡老解放区当过小教书先生。解放后，以调干生入读华东师大中文系。“文革”后，不惑之年南下广州进修，真正开始从事甲骨文研究。他这一辈知识分子中，这样的履历，说少见也少见，说正常也正常。尤其难得的是，先生很快以“李圃”之名在古文字学界脱颖而出。终于，凭自己的实力赢得了主编《古文字诂林》的机会。这是古汉语研究领域破天荒的事，工程之浩大，工作之艰辛，需要人力、物力、精力之投入程度，想必，先生接手之初一定心中有数。不过，我还是不免怀疑，在编撰事业开工之后，李老师是越来越深刻意识到，此事之难，不说难于上青天，也远超过他预料。所以，作为《古文字诂林》这部大书最大的负责任者，先生既是责无旁贷地承担了太多，也是义不容辞地担当了太多：他的学术功力，他的组织能力，乃至他的体力、心力，大概都透支了。

一个学者，一辈子能碰上《古文字诂林》这样传承文化、功在千秋的大事，何其幸运；而一个人，却为此要耗尽自己的才华和生命，又何其苦也，甚至何苦？这样的对举，更不必说这其中的抉择，李老师大约并没有想过。不过，像我们这一辈以后的人，多半会越来越觉着，这，实在是个艰难的选择。

先生的追悼会先是天也下着不小的雨。最后送别李老师之后，雨倒是停了。奇志、为松和我，走在雨后湿漉漉的大马路上，有一搭没一搭地说着闲话，走了很久。或许吧，我们心里都萦绕着类似的问题，只是谁也没有说出口。

到后来在学校小礼堂举办的追思会上，看先生留下来的许多影像资料，听李老师从前的学生、同事和邻居讲他们眼中的李玲璞，我才知道，先生还有更多我所不知道的不俗与不凡。我真的好后悔，错过了李老师的课，错过了听李老师深谈，错过了李先生这样的一代书生。特别是听着常老师在情在理的一席话，看着常老师泣不成声，我的眼泪也忍不住流下来。那一刻，我是多么怀念李玲璞先生。

正像此刻一样。

唉，错过了。错过了，就是错过了。不过，好在，李老师的书还在。

可是，先生的书，真是想看就能看到吗？请允许我以难堪的一件事来收束这不成敬意的怀念。大概十五年前了，我的一位中学老师找我，李圃是你大学老师吧？他那《甲骨文选注》能不能帮我搞一本？我满口答应了。可是，上海古籍出版社 1989 年出版的这书，却怎么也找不到了。我以为可以送先生的签名本给我老师的，结果，却是我空口说了瞎话。因此，我很期盼李玲璞先生的文集早日出版！到时，我一定请常青老师签名一套，去还我所欠的那笔债。

2013 年酷暑之中

（作者 1985 年入读华东师范大学中文系，1996 年博士毕业并留校任教，现为中国现当代文学教研室副教授）

# 追　　思

黄奇志

回忆过去有时候真的是一件很残酷的事情。就像今天，坐在南国温暖的阳光下，那个清瘦儒雅的李老师和躺在鲜花丛中的李老师的影像交替在我脑海出现，仿佛在告诉我：李老师已经走了，已经走了！记忆的闸门轰然打开……

第一次见李老师，还是1989年的一个秋天，我大四。同宿舍侯亚琴选修了一门“甲骨文选读”，第一次课后她就拉我一起去上课，因为课吸引人，老师更帅。于是，在一天晚上，我走进了李老师的课堂，虽然并没有选修这门课。走进教室的李老师，一袭米色的风衣，手提黑色搭扣公文包，花白的头发梳理得一丝不苟。李老师先在黑板上写下两行甲骨文，然后开始讲解，我感觉就好像是被引领着在和古人进行一场穿越时空的灵魂的对话。不知不觉间，下课了。走在回宿舍的路上，我和侯亚琴聊着李老师：他符合我们对大学教授的所有想象，儒雅帅气，平易近人，有丰厚的专业知识。

第二次见李老师是在系里。我以全年级第一名的成绩成为中文系1990年保送本校的四名研究生之一，系里通知我去选专业、填表格。因为家传，也是因为喜爱中国现当代文学，我在1990年招收研究生的导师和专业名录上寻找着文学类的专业，却一眼就看到了李老师的名字和招生专业：汉语史，汉字与中国文化。其他的我就全部看不见了，一瞬间就定下。辅导员李同兴老师看着我，笑着说：“李老师，人非常好，是我的山东老乡呢，你真会选。”（后来才知道，李老师与我父亲同庚，且与我母亲同乡，都是山东文登人。）我笑笑，低头填表格，就听见李同兴老师对着门外说：“李老师，来，看看你学生。”话音未落，李老师走进来，镜片后面和善的眼神看着我，笑着说：“喜欢文字学，好啊，好啊！”接下来李老师说了什么我不记得了，当时只顾紧张了。回到宿舍，侯亚琴说：“唉，嫉妒死了，你导师那么帅！”

1990年9月，我成为李老师的弟子。师兄师姐都比我大，有社会经验，说话稳重，只有我，叽叽喳喳。很长一段时间，在李老师家上课，问及读了什么书，我就说：“在读《沈从文传》，因为外公和他是好朋友，所以最近一直在研读和沈从文相关的文章。”然后就自顾自大说特说起来。李老师始终微笑着，不时吸一口烟，等我在师兄师姐惊愕的眼神中说到一个段落时，李老师就笑着说：“黄奇志真行，这一周看这么多东西。《中国文字学》看了吗？‘训诂学’听徐莉莉老师讲到哪里了？有什么想法？《汉语音韵学》开始读了吗？……”我才发现，原来我完全没听导师的安排，自己在像野草一样疯长。但李老师从来没有批评过我，只是偶尔会说：“黄奇志，你的知识结构不如师兄师姐完整，对古代汉语整体的知识框架还不清楚，这和你是保送生，没有经过正规复习考试有关系。”可想而知，当我终于开始读专业书，开始热衷翻古书、查资料、写文章时，李老师该有多么高兴。1990 年早春的一天，因为写一篇文章卡壳，晚上七点多沿着丽娃河我一溜烟跑到李老师家请教。看到李老师正扎着围裙做饭，锅里烧着蚕豆。李老师一边有条不紊地加佐料，翻炒，一边回答我的问题，核心的一句话就是：“你的观点找不到更多的支撑，所以你的观点虽然看上去很美，但实际可能是伪命题，因为学术界的普遍观点是：例不十，不为证。”蚕豆烧好，装在碗里，我帮着端上餐桌，估计是看到了我盯着蚕豆的眼神，李老师说：“快尝尝。”师母常老师也在一边说：“食堂里哪会有蚕豆，多吃。”看着那一碗油汪汪香喷喷的蚕豆，我就用手捏着吃起来，边吃边和李老师讨论，李老师就继续在厨房和餐桌边忙碌。等我回过神来，才发现，一碗蚕豆已经被我吃得没剩几粒了，赶快打住，才又明白，原来快八点了，李老师和师母都还没有吃晚饭，而我却把老师家晚餐的菜吃完一碗了。羞愧难当，我赶紧道歉，告辞回宿舍。李老师呵呵地笑着说：“真的这么好吃吗？对我的手艺那么肯定！”师母常老师也忙着找东西，好让我把剩下的蚕豆带回去吃。哪里好意思！我跑下楼，常老师端着那碗蚕豆追到楼梯口叫我别跑那么快，把蚕豆拿去吃。那一刻，我忽然感觉，李老师就像关心自己孩子一样关心爱护着我。

时光如流水，我开始盼着每周二下午在李老师家的课。听到我和师兄师姐进行学术讨论，李老师总会会心地微笑。有一次，师母常老师悄悄对我说：“李老师说，黄奇志进步很大。”我听了之后心花怒放，因为这意味着李老师对我的肯定。

读研第二年，李老师博士点申请和《古文字诂林》编纂的前期工作全面展开，李老师带着我们几个研究生经常要在系里忙到华灯初上。大量的文字工作，烦琐又繁杂，但李老师始终微笑着，没有过一丝烦躁。毕业后，我打电话向李老师请教问题，问起《古文字诂林》的事，李老师总是笑呵呵地说："进展很顺利，很好。"从未听他抱怨过个中辛苦和进行中的波折。1995 年，博士点批下来，李老师在电话里对我说："黄奇志，回来读博士吧，我们现在比过去力量壮大了很多呢！"我一边祝贺李老师，一边心里难过着，因为琐事缠身，再回去读博的可能性几乎为零；同时又有点激动，李老师让我回去读博，是对我专业知识的肯定啊！因为一直以来，我总认为，在李老师的学生里，我是学术水平最低的一个。1993 年毕业时，因为个人原因我放弃去北京和广州的大学任教的机会，来到深圳中学任教。对我的选择，李老师没有反对，甚至连惊讶都没有。毕业前夕，李老师和师母请我们几个学生到家里吃饭。饭后，李老师对我说："学问是没有止境的，在我这里三年也好，五年也好，我能够教给你的东西都是有限的，但如果你学会了做学问的方法，那会终生受益。"当我背起行囊准备南下时，李老师告诉我说："离家那么远，又没有亲人在身边，自己照顾好自己。"师母常老师也说："有什么事就打电话来，我们去不了，也可以帮忙出出主意的。"那些话儿至今犹在耳畔。

转眼间，我在深圳中学工作了二十年，面对琐碎的工作，我不敢有一丝懈怠。教育教学工作也在辛苦努力中获得了肯定，每每获得什么荣誉，我总是会打电话告诉李老师，告诉他我没有停下教学研究的脚步。2011 年我开始做新入职教师的导师，我的"学生"同事对我的评价是：做事认真严谨，为人真诚，有亲和力。一笑之后我忽然发现，我的一举一动里似乎都有李老师的影子。我对"学生"说："写论文要记得'例不十，不为证'，不要悬揣。""家离得远，一个人来这个陌生的城市打拼，不容易，有事我会尽力帮忙。"我做好葱油鸡、酱牛肉给生病的"学生"吃；教他们分析教材，分析学情，告诉他们：研究分析的方法最重要……所以，李老师走了吗？没有啊！他治学的严谨认真，为人的质朴真诚，在一代代学生身上延续着，所以，他永远不会走。

南国春来早，小院里，我身后的石榴树已抽出新芽，海棠花含苞待放，一树广玉兰正开得灿烂……李老师，请您放心，我们会认真对待生活，踏实努力工作，因为，我们是您永远的弟子！李老师，安息！

2012 年 12 月 16 日

（作者 1986 年保送至华东师范大学中文系学习，1990 年保送该校研究生，师从李玲璞先生，现为深圳中学语文高级教师）

# 深切缅怀先生

戴　娟

2012年11月18日晚7时许，手机响起，来电显示“李玲璞老师”，顿时心不停地往下沉，不祥之感袭上心头。果然，电话里传来师母哽咽的声音：“戴娟，李老师昨天晚上十点已经离开我们……”顿时，泪如雨下，我们手持电话，相对而泣。

泪眼中，先生的音容笑貌宛在眼前。

跟先生求学三年，时间虽短，受益匪浅，影响深远。

记得1990年研究生初入学时，专业基础薄弱，先生给我上“甲骨文选读”“甲骨文造字八法”等课程，带我入门。上课讲完卜辞“追”与“逐”的不同用法，先生给我留作业，让我查资料，梳理“追”“逐”词义发展演变过程，比较异同，写成论文《说“追逐”》。一周后我交了作业，先生审阅后温和地说：“一篇论文，要穷尽一个问题，写深写透。”先生提出修改意见，让我重新修改抄正。这样三易其稿，最后先生拍板说：“不错，写得扎实，可以发表了。”虽然过程心怀忐忑，倍感压力，但一听说能发表，欣喜之情溢于言表，信心倍增。先生不厌其烦地耐心指导，我在一遍又一遍地修改抄正中茅塞顿开，悟到一篇论文的生成过程，是先生把我带进科研大门。

2002年，我在中学任教多年，也许是对恩师的愧疚，也许是对专业的眷念，我用先生的“字素学”理论，撰写论文《从〈说文〉更素造字探求异体字的成因》，寄给先生审阅。先生在百忙之中打来电话，很高兴地说：“论文写得蛮好，很扎实，没想到毕业这么多年，你还能写出这么扎实的论文。最近国家语言文字工作委员会正好主持召开‘异体字问题学术研讨会’，我让刘志基把你的论文带去交流，蛮好蛮好。”在先生的连连夸赞声中，我激动不已。后来该论文发表在由商务印书馆出版的学术专辑《异体字研究》里，这得益于先生的栽培指导和引荐，弟子万分感激。先生细致扎实的治学精神、科学严谨的思维方法，深深地影响了我，至今在我的教研工作中发挥着巨大作用。



先生是严师，也是慈父。他不仅在科研上耐心指导弟子，在生活上也处处关心弟子。

记得入学不久，先生到宿舍看望我和师妹，了解我们的生活状况、学习环境。当看到台灯倒挂在上铺床板下方，先生笑了，说："这个设计蛮好，有创意，书桌可以腾出位置看书学习。"先生话不多，但嗓音清健，精神矍铄。每逢中秋佳节，先生把弟子请到家里团聚，师母不辞辛劳，忙里忙外，烧上满满一桌美味佳肴，让弟子大快朵颐。可口的饭菜，贴心的关切，消弭了思乡之苦，让远在他乡的学子有归宿感。求学期间，家里突遭变故，我匆忙离校，让师妹代为请假。后来听师妹说，先生得知，和师母急匆匆赶来宿舍相送，并吩咐一个江西籍的研究生(正好他也回去)，若在车上相遇，多多照应。先生善解人意，细致入微，爱生如子，令人动容。

先生性情温和，平易近人。三年受业，从未见先生发过脾气。弟子才疏学浅，先生宽容备至，不曾指责。先生说话和风细雨，温文儒雅。每周到先生家上课，师母总是热情洋溢地沏上清香四溢的茶。先生总是面带微笑，温和平等地与我们交谈，倾听弟子想法，再讨论答疑。整个教学氛围宽松自在，其乐融融。和先生在一起，如沐春风。

2009 年大年初一给先生拜年，师母接电话温软地说："李老师有点事，到系里去了。"自从上海市古籍整理规划重点项目——《古文字诂林》立项以来，先生没有节假日，十五年如一日，忘我工作，为编纂《古文字诂林》费尽心力，直至病倒。先生不顾虚弱的病体，在医院的病床上，一边输液，一边还在修订《古文字释要》书稿。先生的一生是奉献给古文字学的一生。先生为学，呕心沥血，令人敬仰。

2009 年中秋节，我前往上海探望先生。到先生家，一切都那样熟悉。房间陈设和从前一样，古朴简单，两个老式书柜已陈旧灰暗。书柜顶上那盆青葱的吊兰不见了，书桌摆满药品，沙发旁多了一瓶像导弹似的氧气罐。昔日温馨明媚的书房显得黯淡冷清。先生衣服宽大，面容清癯，声音微弱，精神大不如从前。师母美尼尔氏综合症复发，卧病在床。女儿远在异国他乡。此情此景，令人黯然神伤，唏嘘不已。

2010 年始，先生长期住院。上海举办世博会，爱人带孩子前往参观游览。我因带高三毕业班，未能同行，便叮嘱爱人带孩子前往上海六院探望。十一岁的儿子回来说："爷爷头发都白了，很瘦，脸上手上都是皱纹，血管都暴出来，躺在床上挂瓶，不能动。"孩子的话让人心痛。爱人说："导师好福气，师母气色好，身体挺好，照顾得很细致。"先生和师母一辈子相濡以沫，琴瑟和鸣，没有师母的理解支持，先生恐怕难以全力以赴完成皇皇巨著《古文字诂林》。

如今，先生远去。望着书橱里先生赠予的《甲骨文选注》《甲骨文文字学》《甲骨文造字八法论》《古汉字与中国文化源》《说文部首汇释》《古代汉语》等书籍，睹物思人，悲从中来。先生音容宛在，永未逝去。

2012 年 11 月 18 日，当噩耗传来，适逢家父病故，未能前往上海送别先生，甚是沉痛，谨以此文深切缅怀先生。

（作者为深圳市福田中学语文高级教师）

# 佛心道骨　高山仰止

## ——沉痛悼念敬爱的恩师李玲璞先生

华学诚

2012年11月17日23时32分，我的手机收到噩耗：先生走了……先生不该走得这么匆遽，与病魔抗争了将近三年，那么多风浪险情都度过去了呀！先生怎么走得这么早啊，还有那么多研究计划，以字素理论为核心的汉字学还等着撰著。可是，先生真的走了！

先生年轻时是健将级手球运动员，身体的底子非常棒，大病之前先生从来没有住过医院，连学校医院都很少去。当2010年除夕夜接获先生病重入院的消息时，我非常意外且紧张异常，立即拜别高堂和亲友，从老家赶到上海六院，加入到连续二十多个小时的抢救之中。大年初一近午时光，先生醒了，恢复了一脸的慈祥。其后的一段日子是非常艰难的，先生经常陷入昏迷，但是只要醒了，就能见到那一脸的慈祥。

先生开始也许没有意识到病情的严重性，入院的最初阶段总想着尽快回家。而在这个过程中我则知道了一切，震惊不已：先生的身体已经超支到难以想象的地步了，肺功能丧失了四分之三以上，随时都可能因缺氧而陷入深度昏迷。可是在入院之前先生从来没有停止过工作，耗费十四五年时间完成了一千多万字的《古文字诂林》这一巨大工程之后，竟旋即又投入到了简编本的编纂之中，七十八岁的老人那副精瘦羸弱的身躯里缘何有如此力量！

先生应该是渐渐感知到了病情，并明白了严重程度，所以后来不再主动提及出院回家的话题了；师母日夜不间断的精心照顾，使先生增强了与病魔抗争的勇气与力量，其后的日子里虽然多次出现险情，但先生都挺过来了。自从先生住院之后，我就尽量争取机会多回上海，到上海的第一件事就是探望先生。近两年，每次我都能见到先生的一种眼神，那种深情看着师母日渐佝偻的眼神，从这眼神中我知道，先生已下定了决心，积极配合师母配合治疗，争取早日康复出院。可苍天为何如此狠心，为什么就不能再给先生十年八年？

先生走了，我的脑海里不断叠映着过往的一切。

先生充满慈爱，作为弟子，我时时事事都能感受到先生的菩萨心肠。可以这样说：我的发展和所取得的些许成绩，都浸润着先生的关爱；没有先生的关爱，没有先生的提携和帮助，就没有我的今天。

先生的关爱是无声的，细致入微的。先生知道我的外语基础不好，当年报名后就特地关照我，要全力准备外语，专业可以放一放。从扬州到上海参加考试时，先生已经订好了旅馆，送我去旅馆并当着我的面交代前台，所有费用都不能收取我的。三场考试，每一场考试出来都能看到在春寒料峭中等候的先生，先生见面总是叮嘱，考完了的科目就不要再想，抓紧休息，迎接下一场考试。外语成绩距离当年录取分数线最终还是差几分，先生拿着我的科研成果材料找了所有相关的领导，最终得以破格录取，数年后在一次有研究生院领导在场的场合，先生不无骄傲地说，当年要不是坚持破格录取，华东师大就没有这第一个汉语言文字学的全国百篇优秀博士学位论文了。进校之后，先生让我参加了《古文字诂林》的编纂工作，去了几次博士生宿舍之后，先生交给我一把钥匙，让我搬进《诂林》编委会专用的外地专家工作室，在这不大的独居室中，我完成了所承担的《诂林》编纂任务，撰就了博士学位论文。

先生的关爱是仁者之爱，是大格局、大情怀。进校读博第一学期临放寒假前，先生和我长谈了一次，这次长谈彻底改变了我和我全家的人生轨迹。先生回顾了华东师大汉语言文字学学科的历史，对诸多前辈学者怀着深深的敬意，对学科现状进行了细致的分析，展望了学科的未来，描述了学科队伍建设的前景。然后问我，愿意调过来吗？我完全没有思想准备，既没有肯定，也没有否定，只轻轻问了一句："先生，这可能吗？"先生说，具体事情我来做，你原来的学校如果不放，我来想办法，但是一定要华东师大承诺给最好的待遇，是高端人才引进待遇。我没有想到，真办成了，而且是在没有拿到原单位档案的情况下，直接获得上海市人事局批文，全家户口一起迁入上海，重新建档。先生是一介书生啊，要办成这样一件事，而且是从扬州调入上海，从地方高校调入重点大学，先生要跑多少路，找多少人，说多少话，甚至要遭受多少委屈啊！我至今不知道其中任何细节，因为先生从来不肯跟我说，我曾经作过努力，希望能够了解一点情况，但是先生莞尔一笑：事情办完了就行了，过程已经不重要了。

深感愧疚的是，我辜负了先生的期待，并可能伤害了先生。我的研究工作主要在汉语史领域，精力集中最多的是方言学史，到先生门下攻读博士学位之前，正在为扬雄《方言》的集校集释做准备工作，很担心无法适应先生治古文字的要求。报名之后先生和我有过一次长谈，确定把我调入华东师大之前又有过一次长谈，这两次长谈都涉及对我的期待。这些内容在后来先生为我的《汉语方言学史研究》一书所撰写的序言中概括了出来，每次读这段话，我都会被深深感动："希望与等待往往伴随着人生的全过程。我也有着许多个希望和许多次等待。1978年，在规划汉语言文字学学科建设时就已经清晰地意识到，汉语方言历史与汉语通语历史之间的互动关系，汉语方言本字与汉语通语用字之间的互补协调关系，这种种关系如不给予充分的重视，则势必影响汉语言文字学学科建设向着整体优化方向发展。但是，由于人才匮乏，加之历史方言学这一研究领域难度高跨度大，向来问津者寥寥。于是，便留下一个苦涩的等待。这一等不打紧，一等就等了整整二十年！1998年，欣逢兴化华学诚君以方言学史研究方向来沪攻读博士学位，让我这二十年的苦涩等待，终于希望成真。"但是，在无法改变环境，又无法改变自己时，我最终选择离开生活工作了八年的上海。不知道当初先生在得知我这一决定时的真实想法，但是我能肯定，先生一定既无奈又伤感。记得在文科楼第十三层的《古文字诂林》编纂室里，先生常常告诫几位参与编纂工作的弟子，学科一定要团结，华东师大有因团结而把弱小学科做大的例子，也有因内耗而把强势学科搞垮的例子。离开上海之后，每次与先生见面，我们什么都聊，先生就是再也不谈学科兴衰之事了，但每次必问我什么时候能够重返上海。我知道这是先生心中的痛，也是先生对我永不放弃的期待！

先生与世无争，但是先生一身正气，不怒自威。对物质利益，先生极为淡泊，生活的清贫非亲眼所见不敢想象；先生嫉恶如仇，在温文尔雅中蕴含着浩然正气。

《古文字诂林》是上海市古籍整理与出版规划重大工程项目，1992年正式启动，课题资金包括上海市和中标出版社的投入，有180多万。对于这个项目来说，这点钱很是拮据，但是就绝对数字而言，这在当时可以称得上是巨资了，全国文科项目没有几个能够有这样大的投入。作为项目负责人，先生为此专门聘请了财务专员，每一笔开销都有明细，他和所有人，包括我们这些参与编纂的弟子，按照同一个标准享受劳务报酬。《诂林》从1999年开始出版第一册，到2004年底最后一本第十二册出版，前后五年，出版社陆续支付稿酬，担任主编的先生只肯领取按照实际编纂量计算的稿酬。作为主编，先生不仅作了全部策划工作，撰写了编纂体例，组织了若干次专家委员会研讨，而且逐字逐句审稿、改稿，这可是实际出版十二巨册、一千二百万字的工作量啊，先生所阅读、审改的字量更是数倍于此，这么巨大的付出，可先生就是不肯拿主编费。《古文字诂林》工作量大、资料情况复杂、编纂周期长，人员变动也很大，个人的素质自然也有高下之分，但是在先生的精心组织领导下，在先生人格魅力的凝聚下，这一集体不仅成功完成了《古文字诂林》的编纂出版，而且为华东师大申报成功了博士学位学科点，申报成功了教育部百所文科科研基地，真正实现了先生所提出的“一个大型科研项目，产出一批成果，培养一批人才，建设一个学科”的宏伟目标。

1999 年秋冬，教育部在试点的基础上布置申报百所文科科研基地。先生领导、筹划并组织申报，我是除先生之外的三人工作小组成员之一，对先生为研究基地申报成功所付出的努力最为清楚，没有先生的全力以赴和巨大学术贡献，就没有这个基地。为了这个基地，先生甚至连春节都在上班，记得次年大年初四，我从扬州返回上海准备去湖北、湖南，从寂静无声的文科楼搬运材料，包括已经出版的《诂林》第一册，因为下雪，不小心滑倒摔伤了，先生亲自陪我去校医院急诊室处理包扎，并一定要我改签车票推迟出发。到外地宣传学科，先生只让带足带够资料和代表性成果，强调这是与学者的交流与对话，决不能搞社会上庸俗的那一套。更让我终身不能忘记的是，从基地申报一开始，先生就明确了自己不当中心主任，很多同辈学者都表示不理解并深感惋惜。到北京之后，有机会见到了先生的很多老朋友，郭锡良教授、王宁教授、董琨研究员等因为专业的原因更是能经常见面。知道先生住院了，每次见面他们都会详细询问先生近况，并常常对我说：李先生是极为高尚的人，华东师大的文字学基地是先生的功劳，是先生主持编纂的《古文字诂林》奠定了基础，李先生没有直接领衔一直令人遗憾！不计利，绝大多数学者都能做到；淡泊名，则是知识分子极为难能的。先生于名于利均能淡泊处之，呜呼先生，古之圣人我未之见，先生即当今圣人乎！

先生十几岁就做“小先生”，教工农干部和群众识字，正式参加了解放区的工作，并走上了革命工作岗位。上个世纪五十年代到华东师大读书，先生即以调干生的身份进入，从此将一生奉献给了华东师大，奉献给了高等教育事业，奉献给了科学研究。我国事业单位的教师都是干部身份，“文革”后有了所谓离休退休之别，先生建国前即已参加工作，当属离休之列无疑；但是小人作祟，硬是公权私用，靠小动作篡改了先生建国前参加工作的历史。这是在华东师大工作期间听说的，我曾经就此向先生求证过，得到了肯定的回答，但是先生并没有多说，然而忿然之色未加掩饰，这是我第一次见到先生生气。先生一生不计名利，但对自己的历史倍加珍惜。先生为此不断奔走查证，探求问题到底出在哪里，主动请求组织上介入，以求得以恢复历史真相，还自己以公正。在先生离世二十多天前的一次探望中，刚刚扛过一次生死劫难的先生，那一天精神特别好，竟主动把这一历史被篡改的原因、所涉人事和自己为之努力的艰辛过程缓缓道来。先生第一次与我长谈他自己，这竟然成了我和先生最后一次面对面的交流。先生似乎超然的语气中隐含着深深的无奈，是那种无法自证历史的无奈；先生断断续续的叙述中力透着凛然正气，是那种难以抑制悲怆的正气。我的内心受到了强烈的震撼，不知那些基于狭隘心理与一己私愤而蓄意伤害先生的人，灵魂能否安宁！

回上海奔丧的当天夜晚，我泣拟了一联，曰：“佛心道骨圆成万众才俊高山仰止，龟甲诂林裒辑千年韦编国学重光。”2012 年 12 月 23 日，华东师大将在中山北路校区召开先生的追思会，我必须撰写文章。先生的为人、为学，能写要写的内容实在是太多太多了，考虑到先生的学术，包括文字学理论，自有门下专攻的弟子去阐述，所以我选择了这个题目来诉说自己所感受到的先生的佛心道骨，因为这些内容于我而言实在是刻骨铭心。

敬爱的刘君惠先生和李玲璞先生两位恩师都先后离世了，我虽年过半百，经历渐多，却学力不逮，难承衣钵。念及于此，怎能不再次仰天长叹：人生有涯而师恩无穷，天地长久兮我悲曷终！

2012 年 12 月 20 日

（作者 1998 年师从李先生攻读博士学位，现为北京语言大学特聘教授，博导，人文学院院长、汉语古文献研究所所长）

# 赤心育桃李　德才扬艺圃[①]

## ——追忆恩师李玲璞先生

黄建荣

我跟先生的师生缘开始于1998年5～6月间。当时我因考博未果，心里颇有失落感，但却非常想到名校跟随名师深造。于是根据招收国内访问学者的高校名录，选择了华东师范大学中文系的李玲璞教授。之前我并不认识先生，更不知先生是否愿意收我作为他的访问学者，在报名的时候怀着忐忑不安的心情写了一封信。没想到，在去信后不到一周的一个晚上，我就在家里接到了先生的长途电话。我记得，先生以和蔼、亲切、直率的语调，既爽快地答应了我的访学请求，也流露出对我的殷切期望。先生短短的几分钟通话，极大地宽慰、振奋了我的失落之心。

1998年9月初，我从江西抚州来到华东师范大学。报到的第二天上午，我就在文科大楼的《古文字诂林》编纂室里第一次见到了仰慕已久的恩师。我清楚地记得：先生当时正躬着腰在办公桌前忙碌，我有些紧张地叫了声“李老师”，然后作了自我介绍。先生随即放下手上的工作，微笑着起身过来与我握手，并忙着为我让座、倒茶，把我这个学生的到来视为“贵宾”的光临，完全没有名师的架子。当时先生给我的印象是：身穿一件普通的短袖白衬衫，身材颀长而偏瘦；面庞略显清癯而红润，鼻梁上虽架着一副近视眼镜，但掩盖不住所流露的亲切、温煦眼神；整体上显得朴素、豁达。

先生为人一贯真诚、宽厚，爱生如子。在访学报到后的一周内，先生为我做的几件事至今令我难忘。一是先生第一次见到我后的当天上午，就亲自带我上楼、下楼，到中文系的办公室、资料室等部门，真诚恳切地把我引荐给各位老师，让他们以后对我多加关照。二是报到的当天，先生亲自在学校的翠园（苑）为我接风洗尘，并让一起请来吃饭

① 先生常用笔名为“李圃”，标题嵌用二字，以表缅怀之意。艺圃：古籍有“种植花卉园圃”“指著述之事或典籍荟萃之处”“指文学艺术界”诸义，此借指先生主编《古文字诂林》《甲骨文选读》等为代表的学术成果，以及先生在从教、治学上培养人才的园地。

的臧克和、华学诚二位师兄今后在学业上要对我多帮助、引导。三是几天后亲自来宿舍看我，询问我在生活上有什么困难。其实，在先生眼中，凡是他的弟子，皆是一视同仁。每当他的弟子放假或毕业离校，先生经常会送上一份小礼物，并一再嘱咐路上要小心、保重；如果弟子或弟子的亲属是第一次来校，则一定要设便宴为之接风洗尘：这样的例子在我印象中不胜枚举。如，2000 年春，先生知道华中科大的程邦雄要来上海参加博士入学考试，亲自在学校为他预订好住房。2001 年夏，郝茂毕业回新疆，先生亲自请他吃晚饭送行，安排我送郝茂到火车站，并拿出几十块钱作为出租车的车费，叮嘱说："你们不要乘公交，要打的，这样路上安全些。"先生知道我女儿爱吃上海产的巧克力，因此每当放假前我将返家时，他都要去超市买好一盒巧克力让我带回。我妻子每次来上海，先生都要请吃饭。先生的这些言行，使我这个从小就失去父亲的人又重新感受到父爱般的温暖。

在访学的一年时间里，先生从一开始就非常关注我今后在学历、学术方面的发展。我至今还记得，当先生得知我在访学期间还想为攻读博士学位作些准备时，抽空与我进行了大约两个小时的长谈，其中一个问题就是在制定访学计划时，根据我英语水平较低的实际，特意调整出一段时间让我专心准备博士入学的英语考试。与此同时，先生在博士招生指标十分有限（1~2 名）的情况下，爽快地答应将我列为他的 1999 年招生指标之内，之后还委婉谢绝了国内好几位想报名的人。令我尤为感激的是，在 1999 年博士入学考试成绩公布以后，由于我的英语成绩离华东师大的英语线还差好几分，先生比我还着急。据我所知，先生当时已是年届六旬有五，且还承担着编纂《古文字诂林》的繁重事务，但他却不顾年事已高和工作繁忙，在那段时间里不断地找校研究生院、中文系等方面的负责人沟通，目的是要以破格形式招我入学；同时为我想办法，让我原工作单位（抚州师专）出具急需培养高层次人才的证明材料。可以说，我能够如愿来华东师大中文系攻读博士学位，与先生的厚爱和周旋是密切相关的。

先生不仅生活上爱生如子，而且学术上循循善诱，常常凭借深厚的学术功底，通过各种途径给弟子传授实际、有效的学术理论和研究方法。我在访学和读博期间（1998.9~2002.6），凡是与学业和科研有关的事，无论巨细，先生都是诲人不倦，悉心指点。1999 年 6 月，我在访学之余完成了一项江西省高校古籍整理项目"徐奋鹏《诗经解注》点校"，结题时需要外校专家鉴定。为此，我想请先生帮忙审读并写出鉴定意见，但既怕先生没空，又恐先生见笑，故一直犹豫不决，迟迟未送。最后因时间紧迫，我还是拿着厚厚的一沓文稿拜见了先生，并忸怩地提出自己的请求。先生二话未说，就答应了我的请求。几天后，当拿到被先生圈圈点点的文稿以及他的亲笔鉴定意见时，我的眼眶都湿润了。

当然，先生对学生的学位论文的要求是既宽松又严谨。所谓宽松，就是在选题时尽可能考虑学生的前期基础和研究兴趣；所谓严谨，就是要求在具体的撰写中不要空谈臆说，而要以实例为证。先生是国内研究汉字（尤其是古文字）的著名专家，从内心来说，他的确十分希望自己的学生也能在汉字研究方面有所创新和突破。我因从硕士期间开始，就是从训诂学的角度来研究《楚辞》的古代注本，故在古文字方面的研究基础相当薄弱。所以，在博士学位论文选题时，我仍然想在这方面延续研究，以便进一步深入和拓展。当我把这些情况对先生说起后，先生非常体谅我的“苦衷”，对我的博士论文选题未加任何阻止，只是以温和、严肃的语调提醒我：无论任何选题，不仅要考虑它与其他学科（领域）的密切相关性，更重要的是必须考虑这个选题对个人今后从事科研的长时间延续性。关于我的博士学位论文开题报告，先生则是反复审定、把关。他的基本要求是：论文结构必须合理、有序，要按一本专著来设计；论文规定字数虽然是 8～10 万字，但最好能达到一本专著的字数（20 万字左右）；论文的格式必须符合规范要求；行文不能出现错别字和错误的标点符号，更不能出现学术硬伤。先生的教诲，一直使我受益匪浅。我于 2004 年出版的专著《〈楚辞〉古代注释论纲》，以及 2010 年成功申报的教育部人文社科项目“《楚辞》训诂史”，其前期基础正是博士学位论文《〈楚辞〉的古代注本研究》。

在毕业以后，我仍然从多方面得到先生的教诲，举一件事为例。2007 年，我与东华理工大学中文系的同仁在主编《古汉语学习与辅导》一书时，非常想得到先生的指教。2007 年 9 月中旬，北京语言大学人文学院举办“扬雄《方言》与古代语言学文献国际学术研讨会”。我知道先生也会去北京参会，于是带好撰写大纲和部分文稿，以求先生赐教。9 月 14 日是会议报到，当天我即把大纲和部分文稿给先生过目。先生像往常一样，很爽快地答应抽空与我交流。次日晚，先生大致花了两个多小时对拙稿进行指点。先生认为，编写辅导教材的总的原则是“大处着眼，小处着想”。就大处来说，大前提是必须要与教材相呼应，还要注意贯穿知识转化为能力的指导思想；对于所分的专题一定要说明为什么这样分，且须注意点面结合和尽可能大的覆盖面；每个部分都要“保重点，攻难点”，尽可能做到先理清（列类别），再选择（成系统）。就小处而言，即要把握各专题的侧重点，如“文字”一章中“汉字的形体演变”对阅读古书帮助不大，似可简略提及；而“通假字/假借字”的发现与辨析，以及《说文》部首类别（单体/合体）的区分，均拟作为其中的重点，等等。先生的分析与指点，对拙稿的水平提高、质量保障起到了十分重要的作用。2008 年夏天，我在书稿交付之后，又“厚”着脸皮求先生作序。先生尽管事务繁忙，但仍于百忙中认认真真地为拙稿写序。当我收到先生用特快专递寄出的序文时，心中溢满对先生的感激之情。

先生即使在病榻上，也一直关心弟子的成长。在先生住院期间，每当我去上海第六人民医院看望，只要有可能，他都要摘下呼吸机，坐起来仔细询问我的工作、生活和身体近况。每当听到我汇报的微薄成绩或点滴进步，先生总是喜不自禁，面带微笑，连声说“好”。虽然先生的声音低弱且有些含混，但其中无疑蕴含着深切的关爱之情。我最后一次见到先生，是在 2012 年 7 月 16 日的下午。那时先生已病重，不能像往常一样摘下呼吸机，也不能坐起来。但我深深地知道，先生是多么希望能与我说话呀！我注意到，当我与师母轻声交谈时，他的目光一直在注视着我们。我也知道，当师母送我走出病房的那一刻，先生肯定会在心里为我的一生默默祝福！

滴水之恩，当涌泉相报。先生于我恩重如山，弟子却难以相报，心甚愧之。唯愿自己在有生之年做人无愧，生活无愧，工作无愧！

恩师离世，吾心甚痛甚悲，千言万语难以倾诉，兹聊撰联一副，以遥祭恩师的在天之灵：

横批：德才双馨

术精卜辞，化朴学神韵，垂表风范千古。

德孚文登，捧仁爱赤心，哺育桃李芬芳。

2012 年 12 月 26 日

（作者 1998 年 9 月至 2002 年 6 月，先后为华东师范大学中文系李玲璞教授的国内访问学者和博士研究生，现为东华理工大学教授委员会成员、硕导）

# 音容虽逝　懿范犹存

## ——追念李玲璞先生

贾爱媛

1999 年 9 月我从西宁到了上海，从未单独外出学习过的我，要在华东师大访学一年。出了车站，眼前繁华的景象让我惊诧，立交桥上下的车流和人流让我眩晕。我脑子里昏昏的，心里慌慌的，想到刚去世不久的父亲，还有丢在家里年幼的孩子，一股人在异乡的孤寂和迷茫包裹着我。

终于到了学校，按照通知书的指引，报了到，找到了宿舍，手忙脚乱地安顿好床铺。晚上七点多我拨通了李玲璞先生的联系电话，电话里传来标准的普通话，声音温和而响亮。我惴惴地告诉先生我是来自青海师大的访问学者，询问什么时候能拜见。没想到先生高兴地说，如果愿意，现在就可以到他办公室。我纳闷，不是下班时间吗，先生怎么会在办公室？后来才知道先生几乎没有上下班的时间概念，在他的生活中，家和办公室是一体的。我快速到了先生所说的办公室，推开门是一个宽大的房子，用书架隔成了里外间。向右进里间，迎面是几排高大的书架，书架上层层落落地放满了书籍。往左看去放着一长排拼接在一起的书桌。这时桌子后面站起一位身材高大，面目清瘦的老人，我知道他就是我的导师。先生很热情地和我握手，笑呵呵地招呼我坐在他的对面。好和蔼可亲的人！一种释然感从我的心脏传遍了全身，我的心被他的微笑温暖了。先生简单地问了我一些工作和学习情况。接着又笑着从身后的大书架上取下一些书递给我，说刚到就先回去休息，这些书先拿去看看。说实话，我来的时候就没带什么书，其实也不知道要带什么书，看到这么多厚厚的专业书，高兴得心怦怦直跳。我要回去时，先生笑盈盈地跟出门，把我送到电梯口，嘱咐我再过来时会尽快安排我的学习。我抱着书走在回宿舍的路上，校园里灯光很亮，丽娃河荡着涟漪，路边树木葱郁，空气中飘荡着花草的芳香，我的心好敞亮、好踏实。那天晚上我久久难以入睡，先生平易近人的态度，英俊挺拔的身姿，还有他被书架包围的景象，不时在我眼前闪现。

接下来的两天，我如饥似渴地翻阅了先生给我的书，原来都是先生自己的著作和研究室成员的学术成果，如《甲骨卜辞选注》《异体字大字典》等。书中的很多内容和见解，都是我见所未见、闻所未闻。我也从这些书和其他渠道进一步了解到有关先生的一些情况：国内外颇具影响的古文字学家，华师大古文字研究所负责人，博士生导师，学术成果丰硕，有自己独到的研究方法和理论体系。我强烈地意识到，能跟这样一位学识渊博、德高望重的先生学习，不是一般的幸运，这将是我人生的一个新起点。

就这样，在一个全新的环境中，在先生身边，我开始了为期一年的访学生活。先生不仅安排我和他的博士生、硕士生一起听他讲课，还应我的要求，联系了几位知名教授的本科生课让我去听。我接触到了以往在古汉语教材上见不到的文字学、汉语史、文献学等方面的内容和全新的学术理论、学术思想。先生又安排我参与研究所正在进行的《古文字诂林》的编纂工作，我因此认识了和他一起工作的一些著名学者，如詹鄞鑫、王元鹿、臧克和、刘志基、华学诚等，在他们的帮助下学到了很多东西。他们都是学界著名的专家，但也像先生一样勤奋忘我，令人敬仰。我第一次见到了很多有关甲骨文、金文等古文字材料，第一次知道了什么是国家级重点科研项目，也学习怎样去做科研。

先生每天都用灿烂的笑容迎接他的同事和学生们，也包括我。在繁忙的工作间隙，先生还经常为其他教授和学生写书评，写序言。我在想，怎么没听说别人为先生的成果做宣传？每当听完先生的讲课或工作结束后，大家都离去了，但先生总是把我们送到电梯口，然后就再回工作室去。如此兢兢业业，孜孜不倦，让围绕在他身边的人心疼不已。劝他休息时，他总是笑着轻描淡写地说："我很好，不用担心。"我觉得先生很少吃饭，也很少回家；他不管天亮，也不知道天黑。

学习期间，先生还让我参加他策划的《汉字读本》的编写。他让我先分析一个字试试，我绞尽脑汁写了一篇关于"幽"字的短文，惶惶不安地交给他。先生笑呵呵地看了我的短文，给我提了几点意见。在编写组会上，先生拿出他修改过的我的那篇短文，当众说我写得不错，完全可以胜任编写工作。我知道我的水平，文中也没有自己的见解，同其他参编者的样稿相比差得太远。先生是为了鼓励我才这么做的。事实上，我也的确受到了鼓舞。为了完成我分到的两百个字的任务，我查阅了很多资料，花了很多精力去写。后来由于研究室其他项目过多，这本书虽然没能编完，但这种经历使我对先生的字素理论，以及其他的汉字结构理论，汉字的形体演变，词义的演变等，都有了更广泛、更深刻的认识，使我以后的教学科研受益良多。

按照要求，我在访学期间要完成一篇较高质量的论文，先生很关心这件事。我想写有关语法的论文。先生用商量的口吻平和地告诫我：要搞语法，首先要搞好“小学”，文字学是基本；并说可以把古文字和语法联系起来；论文的内容定为“出土古文献中的语法现象”。这个建议既顾及到我想写语法的愿望，也兼顾到了对文字学的钻研，先生真是用心良苦！在先生的督促下，我开始着手论文的写作。其间，我大量翻阅有关甲骨文和金文的文献，如《甲骨文合集》《金文编》等，还尽可能广泛查阅前人在甲骨文、金文方面的语法研究，抄录了几十万字的笔记，确定了我的论文题目。几个月后，我的论文《甲骨卜辞“隹”“叀”异同论》在先生的精心指导下几易其稿终于完成了。每一次先生都用绿色的笔修改我的稿子，甚至连错误的标点也不放过，原稿上留下了他密密麻麻的笔迹。到现在，这些修改稿我还保留着，上面有先生俊秀独特的字体和心血，怎能忍心丢掉啊！

论文写作中需要很多参考材料。当我花很大劲都没法找到时，就会求助先生。先生便会如数家珍地告诉我在哪个图书馆哪个地方能找到它们。他还联系图书馆工作人员帮助我，我因此看到了一些不能轻易见到的资料。还知道了“文革”中先生被劳动改造，被迫打扫图书馆时仍然偷偷阅读大量古籍的往事。我想，“文革”是民族的苦难，然而这段艰苦的岁月却造就了我的导师——一位如此坚毅而渊博的古文字学家！

后一学期，先生又让我参加了《古汉语自学辅导》的编写。当时编写组成员都是一些学术水平很高的专家，博士、硕士生导师，如著名的董琨先生、马重奇先生等。而我只是一个来自偏远地区的无名晚辈，对编写的内容也拿不出有价值的意见。先生告诉大家说，让我参加编写，是对开发大西北的贡献。后来我随编写组到福建师大参加编写大纲的会议，平生第一次乘坐了飞机。会议期间，在福建师大还遇到了一些来自其他大学和科研单位的专家学者。每次先生都要向他们介绍我，并夸我很不错。如果碰到要和学者们一起吃饭的场合，先生总是从喝水到吃菜都照顾着我。在饭桌上他总是谈笑风生，妙语连珠，整个吃饭的气氛总会因为他而其乐融融，我也因此和大家有了交流。四月份的福州，天气已经很炎热了，外出时我热得面红耳赤。路过一个市场时，先生指着一顶白色蓝边的凉帽建议我买上。他还仔细挑选了一把牛角梳和一个牛角发卡揣在衬衣口袋里，说是带给他夫人和女儿的礼物。一位大学者对家人同样不缺乏普通人的柔情蜜意。那一刻，我也像是他的女儿一样心里暖暖的。

同年 8 月，我结束了访学回到了青海。但《古汉语自学辅导》的编写还没有完成，编写组需要继续讨论有关内容，而我却缺乏返回上海的经费。先生就建议编写组到我们青海师大开会，顺便也想看看我工作的环境。编写组到来的那一天，各位先生都带了一些专业书籍送给我们系。原来是李先生和董琨先生特意建议大家这样做的，因为我曾经谈到过我们很缺乏科研资料。先生在青海前后只呆了三天。第一天一见到我们系的领导，他就主动详细地介绍了我访学的情况和我取得的成果，并对我大大地表扬了一番。在开会期间，他还抽空为我们系的师生免费作了两场讲座。先生那渊博的学识和谦恭的为人，给系里的老师留下了难以忘怀的记忆。第三天编写组去了趟青海湖，晚上他就匆匆回了上海。在青海湖畔，有不少游客都抢着骑白牦牛拍照，我也想让先生照一张。他却说：自己太重会压坏牛的，就不照了。真是仁者仁心！

时隔两年后的 2003 年，我应邀参加了由华东师大举办的第三届文字学年会。在发言席上我又见到了先生，他依然精神矍铄，但好像又清瘦了不少。在会上，先生宣读了他的论文《汉字学元点理论及相关问题》。我知道他在字素理论的基础上不懈地探讨，不断地完善，又提出了新的理论。中午休会时，先生邀请两位老先生吃饭，特意让我一起去。饭桌上，他关切地询问我两年多来的工作学习状况，今后有什么打算；嘱咐我不要放弃，要继续做科研，争取考博。先生点了四菜一汤，但吃的过程中又要了一盘虾，让我多吃点，说青海这么新鲜的虾很难吃到。

从那以后，我再也没有见到先生，虽然通过两次电话，但我的问候总是变成了他对我的关心和询问，我的话少，他的话多。我虽然努力把先生传给我的精神和学识贯穿到工作和学习中，也取得了一些成绩，但终因外语底子太差而没有达到先生所期望的目标，自己很惭愧，也羞于向他汇报。几年一晃而过，听说他病了，我想不可能得大病。因为在我的印象中先生虽然清瘦，但没生过病。然而讣告却说先生因病而离我们去了！噩耗传来，我的肌肤、我的血液、我的骨髓都在痛。我不想知道他得了什么病，不想知道他去世时的状况；我不愿意感受追悼会的气氛，更不愿意看到先生的遗像。我宁愿相信先生永远活着！相信他一定还在书架包围的办公桌前工作着，在书海中享受着他的淡泊与宁静，在讲课中享受着他的惬意和满足！

（作者1999年秋开始在李先生门下访学一年，现任青海师范大学人文学院教授）

# 李圃先生留给我的手迹

汪少华

1994年3月，我第一次收到李圃先生的亲笔信函：

汪少华同志：

您寄来的《〈古代汉语〉勘误》已收到，谢谢！

您提出的修正意见很好。经我委研究决定，将您寄来的“勘误”全文转寄北京语文出版社，以便重印时参考，

并由语文出版社支付一定的酬金。

欢迎你继续关心我们的工作。

顺致

敬礼！

中文专业委员会

1994.2.20

落款处盖了“全国高等教育自学考试指导委员会中文专业委员会秘书处”公章。事后知道，这封信是李先生亲笔。何以收到这封信函，要从十年前说起。

最早知晓李圃先生，是1984年初购买了他编写的《文言文阅读初阶》（华东师范大学出版社1983年），当时我在江西大学中文系本科毕业留校才两年。这部书条理清晰，循序渐进，无论是自学还是辅导古汉语都获益匪浅；其中第四章“隐括说法”读来耳目一新，印象深刻。由于所在中文系是江西省高等教育自学考试中文主考和辅导单位，我是古代汉语自考辅导的主要承担者，因而李玲璞主编《古代汉语精解》（上海文艺出版社1990年）也是我案头的参考书。与李先生的第一次间接接触，则是9年之后。1992年9月，全国高等教育自学考试古代汉语指定教材由郭锡良等编《古代汉语》（北京出版社）改为郭锡良、李玲璞主编《古代汉语》（语文出版社）。教材的变换是件大事，直接关联着教学辅导和命题的具体变化。11月我得到新教材，立即认真备课，为自考生面授辅导，编写配套的《古代汉语文选今译及自测题》（厦门大学出版社1993年7月），并与教研室同事孙力平、余让尧编写配套的

《古代汉语应试能力训练》（南昌大学高等教育自学考试中文辅导中心 1993 年 8 月。江西大学 1993 年与江西工业大学合并为南昌大学）。1993 年 10 月，我将备课和辅导所得写成《〈古代汉语〉教材校勘记》和《〈古代汉语〉文选补注》，寄给华师大中文系徐莉莉老师。11 月初徐老师回信说："关于校勘的问题，自该教材首批发行时已发现其严重性，主要是责任编辑最后一道工序未做好，以致开了不少天窗，并且有许多校出来的错字未能改正。第二次印刷时，这些问题大部分已经得以纠正。我把您的文章给李玲璞先生看了，他的意见是既然教材重印时已经对错字做了不少校正，所以就不必再在刊物上登载校勘记一类的文章了（类似的文章我们还收到几篇），但可以把这类稿子汇集起来转给语文出版社参考。这个做法不知您同意否，请示知。《〈古代汉语〉文选补注》一文写得较有见地，足见作者对教材研究之深入，对问题的探讨很见功力。由于篇幅关系，拟对其中个别词条有所删节，作为本刊备用稿，在明年刊载发表。"（《古代汉语词义琐记》发表于《中文自学指导》1994 年第 4 期）我回信表示感谢和同意。在徐老师已经转达意见之后，李先生仍然郑重其事地以"中文专业委员会"的名义致函表示充分肯定，可见他对教材编写的严谨认真、对自考工作的一丝不苟、对普通教师意见的重视和劳动的体恤（尽管我从未考虑酬金也未得到）。这封信使我肃然起敬，感受到老一辈学者的优良传统。当时我兼任南昌大学高等教育自学考试中文辅导中心主任，在自学考试辅导管理工作中，自觉不自觉地、或多或少地会传递自身获得的这种感染。

第一次拜见李玲璞先生，是 1998 年初夏。这年 6 月，作为南昌大学中文系分管教学的副主任，我参加国家教委委托华东师范大学举办的"高等学校教学质量保障体系研讨班"，其间去古文字诂林办公室拜见了李先生，先生签名赠送大作《甲骨文文字学》。

1999 年 9 月，我作为汉语言文字学学科带头人调入杭州师范学院中文系。12 月给先生寄了贺年卡，很快收到先生回信：

少华教授雅鉴：

惠书奉悉，知你已赴杭州发展，很是高兴。

学成学长曾来沪联系申报贵校的重点学科事，那时即已知晓阁下作为青年学术带头人引进杭师院。怎么样？工作尚称顺利吗？

我的老朋友许嘉璐先生已应聘为我校兼职教授，并于明年三月招收博士生。由于他很忙，日常教学与指导工作由我配合。此外，我的文字学方面的研究生招生照旧。记得，你曾考虑过学位问题，不知现在的情况如何。如有可能，从许先生门下，倒也是一次难得的机会。

我这儿已先后引进了两位学术带头人规格的青年学者，顺告。并祝新年康乐！

李玲璞谨启九九年十二月廿三日

我办公室的电话是：62233623

家中的电话是：62451317

由于在南昌大学双肩挑，一直没有时间深造。来了杭州有机会读博，又是我心仪私淑的许先生，正中下怀。时值2000年元旦前夕，报名时间来得及吗，报名程序怎么办理，如何联系导师，三个月准备外语来得及吗……这一系列麻烦或问题，李先生以他的缜密的心思、用他颀长的双腿，都一一破解了。元月中旬收到他的来信和报名表格：

少华教授惠鉴：

经与校研究生院联系，允许破例一次性报名。现将报名后拟填表格寄上，请按“报名手续”栏1.2所提出的要求一次性准备齐全，之后咱们再商定个具体时间来沪一趟，争取一次性解决问题，你看如何？

你的报考意向和个人简历已电传许先生。他的秘书张朝晖在电话中未加思索，对你的情况还是熟悉的，顺告。

去年的外语考试题普遍反映太难，其难度高出往年许多，此事已引起有关当局的注意。你为应考准备，难一点似乎也有好处。

希望保持联系。顺致

时祺！

李玲璞　新千年一月十八日

3月25、26日考试，我和报考李先生博士生的程邦雄君，提前一周住进了华师大翠苑招待所。备考期间，李先生每天都会来招待所看望我俩，询问生活上有何需要，答复我们的学业提问，或是随意闲聊……阴暗狭窄的房间内充盈春天的温煦，这是我和邦雄愉悦而难忘的一周。正如我在2005年出版的拙作《中国古车舆名物考辨》后记说：“感谢李玲璞先生的关心，假如没有他的鼎力相助，我由私淑许先生转为入门弟子的愿望就难以实现。”

李先生来信中所说“学成学长”指张学成先生，张先生曾是华师大的教师，杭师院汉语言文字学学科老带头人，也是一位严谨而和蔼的长者①。李先生对杭师院汉语言文字学学科建设十分关心和支持，2000年成功申报的硕士点，是浙江大学之外浙江省第一个汉语言文字学硕士点，也是杭师院中文系第一个硕士点；2003年学科点评选为杭州市重点学科——这其中都包含着李先生的关怀和大力支持。

2004年5月，作为我的博士学位论文答辩委员会委员和评阅人，李先生给我的博士学位论文写了评价意见：

《中国古车舆名物考辨》在文献、考古的学术平台上选题定位，学术要求高，研究难度大，显示了作者知难而进、求实创新的学术勇气和学术追求。

在整个考辨过程中，作者能将论题置于学术史的大背景上，以名物为条贯，融通训诂学、考古学与科技史等多学科的知识，考论了"辅车相依"等九条与车舆相关的问题。通篇论文显示了作者深厚的专业理论知识积累和缜密的理性思辨能力。论文所考所辨，材料翔实，证据确凿，结论可信。可以说，作者所获结论，不仅解决了若干个名物问题的考证，而且也在一定程度上对丰富学术发展史发挥了积极的作用。

这篇优秀的博士学位论文表明，作者已具备了独立驾驭重要科研选题的研究能力。同意参加论文答辩，并建议授予博士学位。

博士研究生毕业之后，希望进入北京师范大学中国语言文学博士后流动站继续深造，李先生给我的博士后申请表填写了推荐意见：

汪少华同志是位才华出众的青年学者，具有深厚的专业基础理论和知识积累、敏锐的学术观察力，长于理性思辨和名物考据，其论著受到学界的好评。汪少华同志学术作风朴实，并具有独立驾驭大型科研选题的能力，如能进入博士后科研流动站，定能以其突出的科研成果奉献于学界。特为之推荐。

2006年12月，博士后研究结束出站，李先生给我的博士后研究工作报告写了专家鉴定意见：

《训诂方法与实践》② 是一篇并不多见的优秀的学术论著。全文在方法论方面表现出三个方面的突出特点：宏观考察与微观训释相结合，注释学传统与思辨学理念相结合，研究思路与训诂方法相结合。作者紧

---

① 少华：你好！痛失故友玲璞，上世纪1960年他留校以后，我们一直同处一个教研室十余年，和睦相处，互相切磋；"文革"中我们又是天天在一起讨论问题，结下了深厚的友谊。对他的去世我表示深切的悲痛。我因近日两膝积液疼痛，步行不便。你如前去吊唁，请代我向玲璞嫂夫人常凤英问候，请她务必节哀。时绥！张学成 2012.11.20

② 2008年以《古诗文词义训释十四讲》为题由上海书店出版社出版。

密联系自己的训诂实践，从时空观念方面总结了训诂学应遵循的时代性原则和社会性原则，以及文化习俗与考古成果的应用；从训诂的思路与方法方面，把自己的训诂实践上升到理论概括的高度；尤其值得称道的是，作者所总结的两个方面的“发疑”，充满着思辨智慧。全文理据充分，论证严密，结论中肯，对训诂学理论建设具有重要的学术参考价值，对指导训诂实践具有现实的应用价值。

2006年我调入复旦大学，李先生又作为校外专家之一写推荐函。由于直接寄学校，我未获复印件。

十几年的求学问学治学，只要有所长进，李先生就会不遗余力地提携和鼓励；而我的每一点进步，都是与李先生的提携和鼓励分不开的。他的评审、鉴定或推荐，评价都很高，我一直明白，那实际上是对我的期望和要求。手迹存焉，睹物怀人。《庄子·养生主》：“指穷于为薪，火传也，不知其尽也。”敬爱的李先生虽然离开了我们，而他的精神永远不灭！

（作者为复旦大学出土文献与古文字研究中心教授）

# 恩重如山　情深似海

——丽娃河畔求学琐忆

李春晓

2012年11月17日晚22时39分，恩师李玲璞先生终未能履行对师母相伴终身的承诺，在与病魔斗争数载之后还是带着遗憾离开了，留给师母与我们无限的悲痛！他没能继续从事他热衷的文字学研究工作，他未竟的事业留给我们后人去继续开拓……

12月5日凌晨4时20分，家里又传来饱受病痛折磨的三叔离世的消息。从福州回永春的路上，天公又下起雨来。今年的冬天特别的奇怪，雨经常下个不停，老天爷跟我一样，在悄悄落泪，为我失去两位亲人而伤心……

可恶的疾病，为什么你是如此的无情，你不应该这样抢走我的亲人！

我的心情真不是滋味！短短十八天时间里，两位亲人相继离去。他们的走，不知有多少人为之流泪大哭。也许对于他们而言，这样的离去是一种解脱，但是留给生者是多么的不舍与伤痛！

恩师如父，李先生待我就像家人一样，恩重如山，情深似海。伤心的我思绪如麻，不知从何下笔，最最想说的是，我敬爱的亲人，请一路走好！

## 一、入学之前

2001年冬天的一个早上，福建师范大学南安楼研究生宿舍电话铃响了，是恩师马重奇先生打来的电话。原来是李玲璞先生给他专门写了一封信，委托他推荐优秀学生报考许嘉璐先生在华东师范大学招收的博士，李先生在协助许先生招收训诂学方向的博士生。接到电话后，我就去文科楼找正在主持研究生入学考试的马先生。他将李先生的信件给我看，也立刻拨通李先生的电话："李先生，我给您推荐的学生也姓李，你们是本家，这孩子不错，我就让她亲自与您联系报名的事情……"因为当时报名时间已过，李先生专门跑研究生院帮我报上名。就这样的机缘，我这位“李同学”认识如父般慈爱的“李老师”。

出生于穷乡僻壤的我能到大上海读书，真是我的福分。生命就是一种缘，回头想想，这一切都是因“缘”而生。

考博应该做哪些准备呢？我应该要读什么书？李先生只是告诉我：其一，读《说文解字注》；其二，关注某一部古代语言学典籍的专门研究。我提及本科论文探讨清代江苏南曲用韵问题，关注过《中原音韵》，他嘱咐我就此书进一步准备。

在报上名之后，我就从学校图书馆借回许嘉璐和李玲璞两位先生相关的著作，下载系列论文，了解他们的研究方向……

2002 年 3 月，我提早一个星期到了上海。在李先生的《古文字诂林》办公室，第一次见到李先生，他是那么的和善亲切、热情周到。他从书架拿出《甲骨文文字学》、《语言文字学刊》第一辑、《中国文字研究》第一辑、两册《咬文嚼字》合订本（1995、1998），作为给我的见面礼。这是平生第一次获赠这么多书！这几本我原先都未曾读过，心里美滋滋的。李先生看出来了，笑了。他辅导我如何进一步做好考前准备。临行前，还特别叮嘱我注意在沪期间的安全，照顾好自己，有什么问题随时给他打电话。

在李先生的精心辅导和大力帮助下，我顺利地完成博士学业。

## 二、丽娃求学

2005 年 7 月，在李先生的推荐下，博士毕业后的我可以继续到复旦大学跟吴金华先生从事博士后研究工作。这样的机遇也是缘于李先生，此生我会将感激与感动长埋心底。能够同时得到如此德高望重的语言文字学大家的指导，我是多么的幸运！他们不但向我传授汉语言文字学知识，而且重建我的知识结构，锻炼我的理论思辨，丰富我的人生哲学。他们宽厚的教诲引导着我在文字学、训诂学和文献学领域里不断地探索……

2007 年，在我的博士后出站报告的后记中，我这样写道：

五年来，李先生和师母常青女士在学习上、生活上无微不至地照顾着我，他们所给我的默默关怀也是一言难尽，这些恩情永远铭记于心。李先生谆谆教诲，循循善诱，每次坐谈受教，如沐春风，每次我写的稚嫩的小文章呈交先生面前，他总是鼓励着我，引导我进一步努力。他包容着我的粗浅和无知："没关系，这是代表你现在这个时候的水平，以后代表着以后的水平，那时候意味着你又上一个台阶……"

人生没有多少个五年，在上海求学前后有五年时间，这一期间经历的事情如在昨日。我经常回味着行走在美丽的丽娃河畔时心情的舒畅，体悟着像李先生这样用心泽被后生的老师所构筑起的"丽娃师魂"，受教而感恩，与感激父母的养育之恩是一样的情结。恩师如父，父亲般的关爱让我成长的过程饱含着多少幸福与欢乐。

2002 年入学当天，因为李先生姐姐的外孙邵飞到上海读大学，李先生要去安顿邵飞。他事先给我打电话，同时特别吩咐学长程邦雄老师到校门口接我，帮助我办好入学手续。都已经是博士生了，先生还为我操心报到的小事。他的用心与周到真是让我感动不已，他的教诲也让我很快就适应博士生生活。每次下课后，李先生请我吃饭，我可以在饭桌上聆听他对人生对工作的感悟，这又是我人生的一笔珍贵财富。有时他老人家还叫厨师多备一份虾或者肉，让我打包回来，还强调道："读书辛苦，得加强营养!"这话也是我妈妈和爸爸在电话里面经常说的。

每逢佳节倍思亲。一到中秋和元旦佳节，我们或者在李先生家中享受他和师母精心准备的美食，或者在餐馆里一起品尝着佳肴：色香味俱全的松子鲈鱼、酸酸甜甜的咕咾肉、新鲜可口的大螃蟹、香喷喷的竹笋老鸭汤等。边说边聊，每次欢聚的时刻，我们这群小孩子们也在听李先生和师母讲着往事。十岁的他就被遴选为"小先生"，课余时间负责教妇女扫盲识字班；他从小就爱看书，小小年纪的他就能够当"先生"，群众特别喜欢他，常常给他备好吃的；当时每天喝着美味的小米粥，晚上躺在床上的时候都觉得在长个儿似的。说着说着，先生就大笑起来，身旁的师母也很幸福地分享先生童年的美好回忆……有时师母说到李先生为《古文字诂林》操劳而无法照顾自己和家人，我也发现师母情不自禁地落泪。这时候先生没有说太多的话，他静静地坐着，拍拍师母的肩膀，安抚一下她的情绪。

在这样的时刻，我就好像回到家里一样，恩师和师母待我就像家人一样的亲。与李先生的亲人张海英老师和董鹏、邵飞相识，也都是因为每次节日的家庭大聚会。

2002 年寒假回家前，李先生还特地到超市去买两盒精美的瑞士糖，让我带回福建，送给家人和马重奇先生。他真是好老师，心里时时刻刻挂念着学生，学生就像他自己家里的孩子一样。



2003 年，正赶上"非典"，他和师母更是经常打电话关心，而且还送我保健品。他和师母说："我们要求学业发展，但是首先要保住健康，这才是最最重要的！"

2005年春，因为到北京参加博士论文答辩，需要一笔费用，李先生就让我到师母所在中学给三位韩国留学生上课，以减轻经济负担。在这过程中，李先生和师母将他们一辈子的教学体会跟我分享，所以除了在经济上增加收入之外，在教学经验方面我也很有收获。在生活上给予无微不至的关怀之外，李先生对我学业的影响更是潜移默化。他言传身教，让我明白如何读书，怎样思考，让我理解什么是真正的学问家。

每次帮李先生输入文档的时候，他那十目一行、细细校对的认真样子，至今仍历历在目。他字斟句酌，从不马虎。在整理先生曾经让我协助整理的一些文档时，我发现先生的文字表述是如此的简洁有力与深刻细密。记得李先生曾教导我，人生要学会总结，每年年底都应该结合工作业绩好好反思，发现自己的长处和不足，这样能够为进一步的发展提供方向。先生有一次让我帮他整理个人简介材料，说是家乡索要的。他是这样地总结他一生的"发现发明与创造"，主要有下列三个方面：

（一）中国文字本体理论方面：二十世纪八十年代以来，李玲璞教授创立了一整套中国文字学三维系统理论，即取象发生系统、本体结构系统和心理认知系统，创立了一整套字素分析法，即静态的字素本体系统和动态的字素功能系统；给中国文字以科学的定位，总结出中国文字的八种造字法。以上创新理论和方法已成功地运用于殷商甲骨文、西周金文、战国秦文字和秦汉篆书等各类出土古文字的分析以及魏晋以后的楷书分析。

（二）中国文字发展理论方面：本世纪初在汉字学三维系统理论和字素分析方法的指导下，李玲璞教授提出了中国文字发展的三条线索，即中国正统文字发展史、中国方域文字发展史和中国书体演变史。这一科学的论断，改变了长期以来误把中国文字的书体演变史当成中国文字发展史的错误认识。

（三）出土古文字现代信息发展技术处理和字样学创新方面：以李玲璞教授为第一发明人的《古文字字形库与电脑排版系统》已成功地运用于大型科研工具书《古文字诂林》的排版印刷，在中国印刷史上首次突破了甲骨文、金文、匋文、货币文、玺印文、简牍文、帛书和石刻文八大类出土古文字的排版印刷问题。与此同时，李玲璞教授又根据秦汉篆书厘定了一万多个篆书古楷定字，填补了中国正统文字发展史上的一段空白。

李先生的文字学思想深邃细密，他提炼的字素理论及汉字学元点理论极富启发意义。在论文写作和教学实践过程中，我一直感悟着，也积极地吸收利用，这样的理论应该发扬而光大。每次讲课的时候，我都会跟本科生、研究生介绍和推荐《古文字诂林》，期待让更多的人来关注这一伟大的文化工程，好好利用它，充分发挥它的价值。

## 三、求学归来

2007 年 7 月，我回到福建，但是总是想起李先生，梦里也常常看到那熟悉的身影。有时似乎还在聆听着恩师的教诲，他那双深邃、智慧的眼睛是那么的充满激励和无限的期待！相隔太远，我就只能打打电话。在电话里，我们聊生活，谈学习，讲工作。在教学和科研方面，一有疑问就想起向他老人家请教取经。他总是耐心地听我诉说着，热心地为我答疑解惑。

2008 年 9 月，恰逢福建师范大学研究生科技月，马重奇先生邀请李先生到福建讲学。当时他答应了，说待把身体调养好了，就到福州来看我。但是，秋冬季节他又感冒了。电话里，他说道：觉得走路有些费劲，从华东师大一村走到校长培训中心，都觉得气喘得厉害，福建之行得再缓一缓。结果闽都之行的计划就搁下来了。他人没来，但是提交了他原计划要报告的论文《节律性、自足性与相似性——兼谈汉语的特点和汉字的特点》①，让我转交给马重奇先生。

2009 年 5 月，我打电话给李先生。他提及“汉字全息”，他说这是一种什么样的理论，请查阅一下。于是我就从网上去查阅相关信息，并把学界一些学者对此理论的批评跟他说了说。一听此“全息工程”并非真的“全息”，他就嘱咐我可以好好调查一下，尝试写写文章。恰好，该年 8 月的中国文字学会第五届学术年会由我校承办。我想，倒是可以以此为题，准备年会论文。因此，基于李先生的启发和教诲，我完成了《“汉字全息工程”是真“全息”吗?》② 一文。

在他病倒的日子里，我经常梦到病房里的他，好几次都梦见他已经能够站起来，他正在办公室伏案看稿……经历几次抢救，李先生的身体

---

① 此文刊于《中国文字研究》第二辑（总第十辑），大象出版社，2008。

② 此文刊于《福建师范大学学报》2011 年第 4 期，亦刊于韩国庆星大学校韩国汉字研究所刊行的《汉字研究》第五辑，2011 年 12 月 30 日，“特约论文”专栏。

能够这样坚持下来，也算是医学的奇迹。而这样的奇迹，恐怕与他坚强的内心世界有关。他有着构建中国文字发展史的宏伟计划，他还要继续他热爱的文字研究工作，他有着坚定的信念。他想坚持下去，但是心有余而力不足，在疾病面前，虚弱的他最终没能战胜病魔。

在上海期间，李先生嘱我电脑输入“著名语言文字学家李玲璞教授简介”这一文档，当时他跟我说是家乡文登的方志办索要的。其文最后提出：“目前正在进行的创新研究项目主要有下列几个方面：（一）中华文字学理论与方法；（二）中国文字发展史系列；（三）二十世纪方域文字谱；（四）《古文字释要》。”

2010 年 9 月，《古文字释要》由上海教育出版社出版。因为病痛，另外的三个计划成为他未了的心愿。在病榻上，我好几次看到他那修长的手指虽然被监测氧气含量的夹子夹住了，睡着的他还是用手比画着，特别像是在写字，书写着他钟爱的古文字。他看似睡着，但是他的大脑肯定是积极地思考着，架构着他的文字学理论，探索着他的文字学方法，规划着他的中国文字发展史系列……

2012 年 10 月 11 日，在杭州参加中国训诂学会年会之后，我又到上海看李先生和师母。在病榻上的李先生看到是我来了，他用微弱的声音对我说：“非常遗憾，不能跟你一起再好好看看……”这是先生最后一次见我所说的话。因为当时他有些累，而且戴着呼吸机，我没让他多说话，我心里十分明白！他是多么希望接着完成他的“二十世纪方域文字谱”。十年前在确定博士毕业论文选题时，我曾想过，结合原有的方言研究基础进一步做些方言本字考的相关选题。李先生说过：好好整理中国方域的文字使用情况，是十分有现实意义的研究课题，汉语方言本字与汉语通语用字之间是一种互补协调关系。但是这份研究工作颇具挑战性，学力有限的我在短短三年时间不敢选定此题，但是我一直在关注着，期望自己将来能够在方域文字整理方面做些事情。读博期间，我曾搜集复印了闽南地区的一些南音材料交给李先生。2007 年 7 月，我准备启程返回福建而去向先生告别。他将这些资料交给我，他嘱咐我，将来可能的话再一起看看……而这“一起看看”已经不可能了，我不能再聆听先生的教诲了！没有他的指导，我不知这样的工程何时能够完成，也不知能不能完成。我常常在想，如果没有过度透支，李先生的身子骨很棒，就可以再健健康康地生活十年、二十年；按李先生的学识和功力，那可以为学界做出多少贡献呀！先生的离去，是学界的重大损失，让我们这些孩子们的成长少了位“好导师”。

亲人逝世，杨柳伤怀，草木含悲。缅怀他们的过去，不禁怆然而泪下，我再也看不到他们敦厚的笑容，听不到他们亲切的声音……恩重情深，永远难以忘怀。

这一个月来，生活处于忙乱之中，行文断断续续，不成体系，聊以“琐忆”为题。

李先生已经离开一个月，人走了，但是他的音容笑貌还是那么可爱。我觉得他没走，他永远活在我的心中。我这位“李同学”会牢记“李老师”的教诲，踏实做好每一件事，当好“李老师”；让学术的星星之火燎原，不负他老人家对我的期望。辞不尽言，言不尽意，我对李先生无限的敬仰和怀念之情，永远珍藏在心里。

2012 年 12 月 21 日

（作者为福建师范大学文学院副教授，硕导）

# 衣带渐宽终不悔　为伊消得人憔悴[①]

## ——李玲璞先生的学术人生

李春晓

李玲璞先生的一生是伟大的奉献的一生。十二册巨著《古文字诂林》“构起一座中国语言文字学长城”，这是一个“不寻常的学术成果”。先生在文字学研究领域里能取得硕大成果，缘于他一直以来坚持不懈的刻苦的学术追求，从《甲骨文选读》到《甲骨文选注》再到《甲骨文文字学》，他为一本本著作十年磨一剑，尽可能地推出学术精品。他始终注重文字学理论的创新，“字素”理论，文字学三维系统理论“在学界产生巨大影响，为中国文字学理论体系的构建，添加了浓墨重彩的一笔”。在完成“里程碑”文化工程之后，又开始建构他的文字学理论大厦，《汉字学元点理论及其相关问题——兼谈汉字认知的若干误区》又是重要见证。

2012年11月17日22时39分，恩师李玲璞先生因病医治无效，在上海市第六人民医院逝世，享年78岁，这是中国学术界、教育界的一大损失。如此德高望重的好老师的离去，已化作片片哀思，我们无比伤痛！先生劳苦功高，他辛勤的耕耘换来了卓著的业绩，他留给我们非常宝贵的文化遗产和精神财富，我们永远怀念他！许嘉璐先生在唁函中是这么说他的挚友的：“璞兄黾勉勤劳一生，所奉献于世者，学林将永铭之。”先生一生教书育人，桃李满天下，在汉语言文字研究领域里孜孜以求，鞠躬尽瘁，生命不息，奉献不止，辉煌的学术成就将流芳千古。王宁先生在唁函中非常客观准确地概括如下：

李玲璞先生多年来在华东师范大学古代汉语及文字学科的建设中，付出了大量的心血，做出了重要的贡献。他创造性地主持编写了《古文字诂林》，带动了全国的古文字研究重视形义结合的风气；他竭尽全力

---

① 编者注：此文原刊于《励耘学刊》（北京师范大学文学院主办）2013年第一辑（总第十七辑）。

推动了全国社科重点研究基地华东师范大学中国文字研究与应用中心的成立，对全国古文字计算机字库的建设，产生了很大的影响。90年代，他组织编写了第一部全国通用的自学考试古代汉语教材，并带领一班人制定了第一个全国古代汉语自学考试大纲，对自学考试的规范化起到了重要的作用。李玲璞老师培养了一批成就突出的古代汉语与文字学的优秀学者，他们已经成为古代汉语和文字学学科建设的骨干。

在上个世纪七十年代初，先生曾与谢福铨、刘堂江、张春芳以及娄文礼等老师出色地完成了有关长篇小说《征途》的文学评论写作工作，题名为《征途万里英雄路》的评论集由上海人民出版社出版，并获得了广泛的好评。谢福铨老师在追思文章回忆着先生“一手夹根香烟，一手握支笔，苦苦思索”的样子，领略到了“高度的智慧，勤奋而严谨的治学态度和高尚的品质”。正是有着这种善于思考、刻苦钻研的精神，先生在所从事的任何工作中都表现得十分突出。先生的专长在古代汉语和古代汉字，其实他是个“通才”，聪明能干的他不做则已，要做的话就全力以赴，做什么事情都是追求尽善尽美。刘明玉先生在《李玲璞从“小先生”成长为大教授》一文中有这样一段话[①]：

多年来，李教授养成了多看多听、多想多问的习惯。多看是看先哲时贤，要能够透过他们的文章看到其背后起支配作用的理论、方法，认清其占有了哪些材料，哪些是第一手的，哪些是第二手的。这些都非常重要。至于多问，更多的还是问自己。多问自己为什么，多想想为什么，也就是要勤思辨。李教授说：“大学者王国维的‘三境界’说，对我们来说是一种激励与规范。首先要‘独上高楼，望尽天涯路’，在你所在的领域尽可能多地占有资料，从先哲时贤的文章里看到其用了什么理论方法解决了什么问题，同时还要有独立钻研的精神，看到这个领域在理论上、认识上还有哪些误区，发现新的问题。从而以确定自己的工作目标，这才谈得上第二境界‘衣带渐宽终不悔，为伊消得人憔悴’。要能够下苦功夫，没有勤奋刻苦的精神，是不可能出成果的。”

孜孜不倦、踏实奋进地不断追求着，先生成功了，一步步地达到最高境界。郭在贻先生曾如此评价：“您的另一位老师李玲璞先生，跟我有同乡之谊（我也是山东人），他为人笃实厚道，极可信托。”[②] 先生的

① 徐红燕《语言学家的故事》，中国经济出版社，2005年。

② 致詹鄞鑫先生的信件（1987年3月18日），详参《郭在贻文集》（第四卷），中华书局，2002年，第249页。

为人和治学真是受人敬佩。2012年12月23日，追思会上，臧克和先生无比感叹：“先生古道热肠，其人生价值追求，以教书育才，为内心世界基本寄托；以学术‘立言’，为人生根本皈依。”十岁就开始当起“小先生”，六十八载一直以教书育人为己任，兢兢业业，勤勤恳恳。许嘉璐先生最能读懂他这位知心老友了，“追思寄语”无限感慨地说：

我与璞兄结识于“文革”结束不久，迄已三十载。其时，学人莫不惜时如金，如饥似渴，日夜“兼程”，殷勤传学，刻苦为人。孔子曰：“古之学者为己，今之学者为人。”璞兄即古之学者也，不以学业炫耀于世而求闻达，视名利如敝屣，此非古风而何？

先生的一生是伟大的奉献的一生。“惜时如金，如饥似渴”是他们这一代学人的共同特点，为中华民族的伟大复兴所表现出的深沉的忧患意识和传承中华文明的历史责任感，让有着共同理想的追求者走到了一起，先生们“殷勤传学，刻苦为人”。经顾廷龙先生推荐并由王元化先生决定，先生被委以重任，担任《古文字诂林》编委会主编，这部大型工具书是上下三千年历史中各类古文字形体的集大成，也标志着三千年来历代学者关于古文字研究成果的集大成。“将为我国的社会科学和自然科学各领域的学术研究提供翔实的科学研究资料，对弘扬时代主旋律，树立中华民族对自己悠久文明的自信心和民族自豪感也有着积极的作用。”①

虞万里先生挽联说道：

东南突起异军，凭我公十五年面壁，十五年运筹，终堆成皇皇巨著。

西北忽流辰斗，恸函丈一辈子树人，一辈子勤德，已化作片片哀思。

《古文字诂林》是古文字考释集大成之作，“集万卷于一册，汇众说于一编”，被上海市领导誉为“上海市精神文明建设标志性工程”，获得上海市哲学社会科学优秀成果一等奖、上海市新闻出版特等奖、首届中华优秀出版物（图书）奖、第一届中国出版政府奖图书奖，十二册巨著“构起一座中国语言文字学长城”。这是一个“不寻常的学术成果”，学术顾问李学勤先生赞叹：

编印这样一部大型的专业工具书，实在是太不容易了。中国的古文

---

① 参《〈古文字诂林〉编纂工作简报》第四十一期《〈古文字诂林〉的定位》，2004年10月5日。

字学源远流长，变化万端，学者加以隶写考定，又各家不同。这十二册书，有多少需要特殊处理的字形？仅此一点，我们就应该向编者和出版社表示敬意和感谢。①

很难想象，为着这样一个浩大的工程，先生“一手夹根香烟，一手握支笔，苦苦思索”了多少日夜，他破除了一道又一道的难题。他劳心劳力，带领着百余名专家，奔赴全国各地广泛搜求资料，反反复复地论证，不管严寒还是酷暑，他总是与大家一齐攻关，克服了一次又一次的困难。先生是这样地面对他的难题：

第一个问题是这个项目的容量。出土古文字研究成果自汉代以迄现代，上下两千年，如此漫长历史跨度的民族文化要收录到一部书中，容量之大，困难之多是可想而知的。这是第一个难题。第二个问题是这个项目的自身系统。要把如此众多的研究成果汇于一编，必须要有自身的切实可行的系统，而同一个古文字形体，历代研究者的楷书厘定样式却又是多种多样的，如果这部书稿的自身系统得不到妥善的解决，书稿就无从编起。这也是一个难题。第三个问题是书稿编成之后如何运用现代信息技术排版。20世纪90年代初期，国内外出土古文字的电脑排印技术还处于空白状态。如何与时俱进，体现信息时代的新风貌，这又成了一个难题。第四个问题是编纂队伍的聚合与建设。编纂任务下达之初，市领导就提出了“完成一个项目，培养一支队伍，既出成果，又出人才”的指示，我们深知，能否带出一支队伍，将直接关系到能否优质高效地完成这个重大项目。这还是一个难题。②

这四个方面的难题也就成为整个编纂工作具体的攻关目标。“十四个寒暑，全体编纂成员在中国字样史上为古今文字的演变架起了一座桥梁，在中国出版史上为古文字的排版印刷研制古文字字形库与排版系统，在中国学术史上为历代古文字考释成果建立一个学术平台，在人才培养方面形成一支生气勃勃的学术梯队，可以说是连续闯过了四个难关。”而攻关的个中甘苦，是常人难以感受的，每每说到《古文字诂林》，师母常常落泪：“李老师真的太辛苦了！”在追思会上，陪着他一路奋斗的战友郑明、王世伟与夏军等先生③发言时禁不住泪如泉涌，他

① 《〈古文字诂林〉五人谈：一项功德无量的大型文化工程》，《解放日报》2005年11月9日第7版。

② 同上。

③ 王世伟《以〈古文字诂林〉为学术追求使命》（《文汇读书周报》2012年12月28日）以及夏军《忆李玲璞先生的〈诂林〉岁月》两篇文章让我们了解到编纂过程所遭遇的艰辛。

们所说的点点滴滴感人肺腑……建筑这样宏伟的一座长城有多少往事，可歌可泣！先生这位山东好汉身上所表现出来的百折不挠、坚韧不拔的顽强意志，可钦可敬！

华东师范大学汉语言文字学学科在海内外的学术影响力与先生“带出一支团队，带强一个学科”的苦心经营分不开。2004 年 11 月 12 日，先生曾嘱我电脑输入致校领导的感谢信，信中称：“经过近十年的锻炼和培养，我校已形成一支由十余人构成的老中青相结合的学术梯队，无论是资料建设、科研立项、资金投入还是科研成果，在全国范围内都已处于领先地位，并且已向产学研一体化迈出了可喜的一步。本世纪初，我校‘中国文字研究与应用中心’已成为教育部人文社会科学重点研究基地，并带动了汉语言文字学的专业博士点成为上海市重点学科。总之，已初步实现了市委领导一再倡导的‘要完成一个项目，培养一支队伍，既出成果，又出人才’的目标。”由此可见，他为自己能够如期实现目标感到多么欣慰。刘志基先生挽联写出了伟大的学科带头人的开创和培育之功：

等身创辟，推华师文字研究成重镇。

桃李芬芳，领四海百千受业陟殿堂。

王元鹿先生在挽联中道出了敬爱的恩师不平凡的精彩人生：

深究古远甲金绝学，有著作等身，又纂得诂林十二卷，博收群儒说字精要，叹山陵颓一旦。

广拓华东学术特长，执教鞭多年，更育成弟子无数名，各领诸校语言风骚，期薪火足千秋。

先生在文字学研究领域里能取得硕大的成果，缘于他一直以来坚持不懈的刻苦的学术追求，伟大的成就绝不是偶然的，有其发生壮大的过程。

1981 年 5 月，戴家祥先生在《甲骨文选读》（华东师范大学出版社 1981 年 6 月出版）的“序”中说道：

我去年身患重病，在医院过了七个月的病床生活，玲璞赴广州从商锡永、容希白两老教授问古文字学，迨我病愈出院，他以短短的时间，从中大所有的甲骨文书籍中，选有代表性的拓片六百三十五块，描成《甲骨文选读》一册，这种一丝不苟的刻苦治学精神，值得提倡。

……

“智者千虑，必有一失，愚者千虑，必有一得”，这是乾嘉学者所许可的论学风度。玲璞是肯下苦功夫的健者，可望百尺竿头，更上一步，做一个貌似拙者的大巧。我只能以愚者的一得，谈谈师友间的智者所失。长江后浪推前浪，一代新人胜旧人，这是不可抗拒的历史规律，也是衰病老人所日夜馨香祷祝的呢。

1980 年 9 月，商老在《序》中提及先生“为解决读者之困难，不辞辛劳，在数万余版中选其十一，手自摹写，数月乃成”，短短时间能够完成这样繁重的任务，先生牺牲了多少休息时间，只有他自己最清楚了。我们可以想象得到在广州问学的他是如何争分夺秒地学习，坐在冷板凳上埋头翻阅一本本的甲骨文书籍，描摹着一个个精美的方块文字，“其结体巨细，刀笔神韵，力求一仍其旧”……“在你所在的领域尽可能多地占有资料”，这是学术研究的第一步骤。先生扎实地做好资料搜集工作，将所描的《甲骨文选读》向学界展示他在古文字领域里辛勤耕耘而收获的非常具有“实用价值”的成果，为我们学习甲骨文提供极大的方便，“此选本当为解放以来较为完备之书”。

而这样的著作是在什么样的居住条件下完成的呢？据张春华先生在追思文章中回忆：“70 年代，我们是隔壁邻居，居住在师大一村 181 号二楼上。这座两层楼房的特点是：小型一室户，户数多，人口多，小孩多，比较喧闹，不是个可以静下来做学问的好场所。李老师一家三代四口再加上岳母的小孙女共五口人（两个小孩，两个大人，一位老人）蜗居在 12.3 平方米的斗室里，生活空间狭窄，家具简陋，又要照顾老人和孩子，夫妻二人都很敬业。备课、科研条件受限，不得已李老师在夜间就到几户人家合用、灯光昏暗的厨房里，坐着小板凳，伏在放置油盐酱醋的板箱上读书、写作。对于一个高大魁梧的人来说，可以想象有多艰难，日久天长，没有坚强毅力、执着的事业心是很难坚持下去的。直到 70 年代末，搬出 181 号，居住条件稍有改变，仍继续苦干，终于在 1980 年《甲骨文选读》问世了。”邻居们永远忘不了灶台边克服千辛万苦争分夺秒潜心治学的身影！

1987 年 6 月，李学勤先生在《甲骨文选注》的“序言”中写道：

近些年学习甲骨文的朋友，案头大多离不开《甲骨文选读》，《选读》是李圃同志编著的，一九八一年经华东师范大学出版，风行海内，嘉惠学子，殊非浅鲜。现在李圃同志又撰成《甲骨文选注》一书，内容比《选读》更为丰富，问世后必将对甲骨文知识的普及传播起更大作用。

“序言”还客观阐述学习甲骨文所存在的“五难”（书籍的难读、材料的难得、文辞的难解、论点的难于抉择、进展的难于跟上），而先生正是迎难而上，“能够从大量甲骨材料中择取菁华，精工摹写，使读者易于得到。它以最重要的全辞为主，逐字疏解，使读者渐入佳境。在考释方面，本书择善而从，尽量反映新成果，同时保持矜慎。在若干地方，还表达了作者本人的新见。因此，我觉得《选注》是一部值得推荐的好书”。

先生在《甲骨文选注》表现出勇于挑战困难的学术勇气，同时还表现出认真严谨、审慎求实的学风。“凡例”如是说明：“有些字属注者新解，或说形，或拟音，或释义，均未敢遽言定论，凡此种种，或直陈其事，或加按字，以示负责，以俟大方之家。”《选注》的注释条目中无不表现了先生独立钻研的精神。他用睿智的眼光对待一个个中国文字，自然做到高屋建瓴，见解独到。1995 年 1 月，不断地搜集、思考与打磨，文字学界所期待的断代文字学理论专著——《甲骨文文字学》终于出版了。此书初稿写于 1984 年，此后的十年间，数易其稿，用于历届研究生、进修生和部分国内访问学者的教学实践。1994 年春，先生在“前言”如是说明：

……我们于七十年代后期便着手汉字学理论系统的探索工作。

我们的工作共分三个步骤。第一阶段，对古今汉字的个体进行历时共时的全面调查研究。结合个体汉字的调查，我们编写了《〈说文解字〉分类用例手册》、《〈诗经〉本义用字例》、《古今汉字部首字典》、《汉字异体字典》以及《中华九民族块体文字同义对照字典》等，并以古汉字为凭借，试着探究古代文化积淀，撰成《古汉字与中国文化源》等汉字文化学方面的书稿。第二阶段，循着历时的顺序，有步骤地对某一历史时期的汉字状况进行断代的调查，《甲骨文文字学》就是在殷商甲骨文字全面调查的基础上定成的一部断代汉字学。第三阶段，进行宏观汉字学理论系统的建构，已以《关于汉字学宏观系统的思考》为题发端于前，目下正着手《汉字学引论》和《汉字学名义》的撰写。

为一本著作，先生做了大量的前期工作，将他的理论系统建立在十分扎实的资料基础之上，十年磨一剑，尽可能地推出学术精品。先生创立了“字素分析法”，包括静态的字素本体系统和动态的字素功能系统，总结出中国文字的取象造字法八种和成字表示法六种。这些理论和方法已经成功地运用于殷商甲骨文、西周金文、战国秦文字和秦汉篆书等各类出土古文字的分析以及魏晋以后的楷书分析。先生的《汉字学引论》和《汉字学名义》等计划因为接手《古文字诂林》这一工程，只好暂时搁置，待偌大工程基本完成之后，他想好好继续他的理论建构，不过因为再次肩负起主编《古文字释要》的重担，他又放下了自己的科研计划。

在数十年科研生涯中，先生始终注重文字学理论的创新，他的“字素”理论，文字学三维系统（即取象发生系统、本体结构系统和心理认知系统）理论“在学界产生巨大影响，为中国文字学理论体系的构建，添加了浓墨重彩的一笔”①。他还有一座未完成的文字学理论大厦。《古文字诂林》已经基本完成之后，先生曾规划如下研究项目：（一）中华文字学理论与方法；（二）中国文字发展史系列；（三）二十世纪方域文字谱；（四）《古文字释要》。

除了注重对前贤既有研究成果的系统整理和全面挖掘，同时更加看重的是文字学这个传统学科领域的理论创新。先生一直在心中酝酿着理论建设规划，“从先哲时贤的文章里看到其用了什么理论方法解决了什么问题，同时还要有独立钻研的精神，看到这个领域在理论上、认识上还有哪些误区，发现新的问题。”他用王国维的“三境界”说激励自己，并不断付诸行动。从 2004 年之后所发表的系列论文，我们可以看得出先生在完成“里程碑”文化工程之后，又开始建构他的文字学理论大厦，《汉字学元点理论及其相关问题——兼谈汉字认知的若干误区》（《中国文字研究》（第五辑），广西教育出版社，2004）又是重要见证。此文分为三部分，首先是关于汉字学元点理论的考察，其次分析汉字学元点与汉字学领域诸问题，最后提出把握汉字学元点理论，走出汉字认知误区。先生说：“汉字认知误区多多。笔者从事汉语文字学教学与研究数十年，常有蓦然回首，原来走在误区中之叹。”“择其要者，汉字认知误区有如下数端：汉字起源，多歧亡羊；六书条例，张冠李戴；拘泥字形，曲解字义；任意析形，南辕北辙；主从颠倒，舍本逐末；混淆性质，鸠占鹊巢；两‘脑’不分，以桃代李；不明系统，名实错位。”先生简明阐述了八大误区，并且说指出汉字认知误区之所以为误区，如何走出这些认知误区，并非一篇文章所能承担得了的；仅就个别问题谈几点粗浅的认识，“示例发凡而已”。但是，我们可以看得出，这篇文章是他苦苦思索多年的理论结晶，也是他对字素理论的进一步发展，他在构造理论大厦的设计蓝图。

关于“误区之五：缺乏汉字本体功能的认知研究，误以书写上的笔画多寡为评价汉字的主要理据，颠倒了汉字本体功能与社会用字的主从



① 刘志基《悼念李玲璞先生》，《咬文嚼字》2013 年第 1 期。

关系，破坏了汉字的本体功能及其优化原则”。在《从汉字的正俗消长看汉字的本体功能》（《民俗典籍文字研究》第四辑，商务印书馆，2007）一文中先生说：

……一个拥有复杂的义项群体的单音节语素，竟然只需一个汉字便能解决的问题，这不仅充分体现了汉语汉字的包容性与自足性，也同时闪耀着先民思辨智慧的光芒。

世界上的文字，能做到让认知与视听同步，以认知为桥梁，把诉诸听觉的语言转换成具象的直观语言，唯有中华汉字！只要汉语生生不息，汉字就相伴而行，这已是数千年的历史证明了的不争事实。

至于“误区之四：不明汉语节律性与汉字节律性的特点，脱离汉语对汉字的制约作用，忽视了汉字结构成分的动态功能系统，任意析形，南辕北辙，把立体的汉字平面化，破坏了汉字表示法的理据性。”《节律性、自足性与相似性——兼谈汉语的特点和汉字的特点》（《中国文字研究》第十辑，大象出版社，2008）就汉语汉字的节律性、自足性与自相似性展开深入的讨论，文末先生又再次强调：

要进一步了解汉字与汉语的关系，还应根据汉字学元点理论的导引，沿着汉字学特有的“中介思维”路线，弄清汉字的本体功能。因为，汉字与汉语之间的特殊关系，存在于汉语单音节语素的“物化”（取象成字）与“物化回归”（成字造义表语素核心义，与此同时，语素音转嫁给成字）的全过程之中，也就是把有声汉语转换成听觉与视觉同步的具象直观汉语的全过程之中。所以，可以这样说，只要汉语生生不息，汉字就相伴而行，成为当今世界上独一无二的万岁文字。

在先生的眼里，中华汉字是“世界上独一无二的万岁文字”，字里行间无不透露出他对汉字以及中华文化的无比热爱。因为无奈的病魔而不得不放弃他的事业，先生为汉语汉字的研究而殚精竭虑，为他自己酷爱的汉语言文字学事业而奋斗终生。2010 年 9 月，《古文字释要》由上海教育出版社出版，先生是在病榻上坚持最后一轮的审稿工作，《古文字释要》的问世对病中的先生是极大的慰藉。追思会上，责编夏军记得把书送去医院的时候，先生“十分高兴，叫师母扶他起来，硬撑着坐在病床上，把《释要》放在面前，左端详，右端详，就像在看一件稀世珍宝一样”。先生高兴时候的音容笑貌是那么的可爱，让人为之振奋！他为自己能够圆满完成学术泰斗王元化先生交给他的光荣任务而无比欣慰！他创造出来的作品就是他眼中的“稀世珍宝”，而到最后，“新作躺在床边，他再没能签名”。

而如今，另外三项计划却成为他未了的心愿。探病中，我好几次看到先生那修长的手指虽然被监测氧气含量的夹子夹住了，但他还是高举着，不停地比画着，像是在书写，书写着他钟爱的古文字。他看似睡着，但是他的大脑肯定是积极地思考着，架构着他的文字学理论，探索着他的文字学方法，规划着他的中国文字发展史系列……“一手夹根香烟，一手握支笔，苦苦思索”已经是先生长期的习惯了，而如今再也看不到。

张涌泉先生在唁函中说：“李玲璞先生是先师郭在贻教授挚友，我辈亦曾屡蒙先生教诲。学子痛失良师，哀伤何及。”张先生在《汉语俗字研究·后记》曾引敦煌写本佚名《送师赞》追忆其恩师郭在贻先生，今读到这样的内容，感触良多：

人生三五岁，父母送师边。师今圆寂去，舍我逐清闲。……送师回来无所见，唯见师空房；举手开师户，唯见空绳床。低头礼师座，泪落数千行。……与师永长别，再遇是何时？律论今无主，有疑当问谁？

常人难以想象一位如此资深的国内知名教授是在一间这样简陋的书房里开创古文字研究里程碑，架起中国语言文字长城的：“一个灰白布料罩着的老式沙发，一台经年未用的老电视，两个老书柜，还有一张书桌。桌上铺着块墨绿色的发热台板，好让冬天伏案工作时手不至于太冷。书柜里面、书桌脚下，满满的尽是书”，在地上还有一个简单的能给冰冷的屋子带来丝丝暖意的取暖器，真是“简陋得让人心疼”，虽身处大上海，先生的房子没有取暖空调，没有热水器，如此朴素清苦的生活让人更加感到恩师的巨大人格魅力，他心里装着的是他无比热爱的语言文字事业和学生们，唯独没有他自己，他怎能这样亏待自己呢？如果生活过得好一些，又不是长期的过度“透支”，硬朗的身子骨不至于在病痛面前如此的脆弱呀？

佛心道骨，圆成万众才俊，高山仰止。

龟甲诂林，裒辑千年韦编，国学重光。

在灵堂前，华学诚先生的这幅挽联由书法家殷世法先生所书，字字强劲有力，透出弟子对恩师的无比崇敬和仰慕。我们一起陪着师母，折着一个个“金元宝”，祈盼着先生一路走好，追忆着恩师往日的一点一滴。师今圆寂去，有疑当问谁？我们的好导师，您为着伟大的事业而消得人憔悴，您的离去，真让人心痛呀！您这些未了的心愿，只有您这样的学识和人格魅力才能够圆满地完成。做弟子的很想继承遗愿，但是现实中总遭遇太多的无奈与困惑，我们再也不能向您请教了！聆听恩师的谆谆教诲是多么的幸福！而如今再也听不到了，我们只能在记忆中去追寻……

先生笔名“李圃”，您是语言文字学园圃的园丁，永远是那样的不辞辛劳而埋头默默耕耘着。相信您的学术生命永垂不朽，历史丰碑上永远镌刻着您这伟大的名字，诚如许嘉璐先生所说：“逝者已矣，其精神、其学术已灌注于学生之心，此岂非其生命之延续与？所谓‘不朽’者，是矣”。

# 桃李鹤圃李先生

张玉梅

我常想，自己是个幸运的人。因为常常遇到值得尊敬的师长提点我，使我不断进步，走过精彩人生。

2003 年入学读博，有幸师从在华东师范大学做兼职教授的许嘉璐先生，并因此师从李玲璞先生，经历了一段难忘的读书岁月。

至今记忆犹新：2003 年 9 月开学前，我先两天到达上海，并在电话中问候李师。李师说，他要去复旦参加吴金华老师组织的一个会议。我便请求去观摩学习。到了复旦，见过李师与吴金华师后，李师介绍说我是许嘉璐先生新入学的学生，吴师表示热烈欢迎。这也是我第一次见到吴师。会议结束，该吃午饭了，吴师说他请客去饭馆。我赶紧告辞出来，走出大概十几米，吴师的一个学生追出来，喊我回去同席。席间，李师和吴师，还有其他几位老师，以及吴师的几位硕士博士，大家谈笑风生，气氛很愉快。中间，似乎因为说过什么或者怎样的一两个细节，一位老师打趣地说："你们看她，是不是还真有些像她导师许嘉璐啊！"哈哈哈……大家开心地都笑了。那天第一次跟李师，跟吴师，跟沪上语言学界的师生们，共进午餐。那时，我并没有想到，吴金华师后来做了我毕业答辩时的答辩主席。也全然没有想到，毕业找工作时，就是吴师一个电话提供的招聘信息，使我有机会去上海交大应聘，从而重新就业并落户沪上。而现在当我写下这篇文章时，尊敬的李师已于去年千古，吴师也在今年刚刚辞世。

人生苦短，恩师已故。谨以此文追悼待我如嫡出的恩师李玲璞先生。

## 一、爱生如子

读博期间，虽然有时想家，有时痛彻心骨地想念留在公婆家的儿子，但是也有一个画面是永远定格的、洒满阳光的：晨曦中，从虹口寓所出发，坐上轻轨 3 号线，快乐而投入地去往华东师大，开始一天的学习生活。

作为导师许嘉璐先生的挚友，李师把我们当成他自己的学生。如果要概括李师与我们这些在沪的许氏弟子之间的关系，最恰当的就是这个“视如己出”。“视如己出”亦是导师许嘉璐先生上课时多次对李师所予我们教诲、照拂的赞评。在李师的言传身教中，可以深切感受到他治学的严谨，育徒的严格，为人的慈善、正直与高蹈。李师的严谨，翻一翻他的著作便可知晓：无论是《甲骨文文字学》，还是《甲骨文选读》，几乎找不到哪怕一个标点的错误！李师育徒的严格，写在他清瘦矍铄的面孔和陡立的剑眉上：目标既定，你必到达，绝无商量和退路。我读博时期的眼泪，就混合着想念儿子的心痛、与爱人双双求学的经济艰难以及无论何种境地绝不通融的严师督导下的青灯向学。如今想来，人生是需要几次痛苦的历练的，正因为有了严师督导下的痛苦磨砺，才能经历并珍惜凤凰涅槃后的重生。严格和高蹈在李师这里是统一的，重生后的你会有这样的感受：在这位慈祥、睿智的老师引领下，你一步一步踏实地走过来，浑然不觉中已然跨越了千山万水，走过了急流险滩，最终登上了无限风光的险峰。

李师为人之慈善、正直与高蹈，或许也可以用一件小事做个注脚。读博的学业之一，就是重读《段注》。那日坐在家里做卡片，做着做着，忽然想到该一周小结和上课了。于是就打电话，预约李师：还是老时间不变，第二天上午8点过去。第二天我早早起来，带着卡片和笔记到了在数学馆的办公室，李师已经坐在桌后。于是开始上课：关于《段注》，关于六书，关于汉字字素……时间飞逝，两个小时倏忽而过。授课完毕，我起身告辞。出门走到路口，李师向右拐回家，我走向中山北路的校门。李师不经意地问：

“今天星期几？”

“星期一。”

“哦。快回家吧。”

“好。再见。”

回到家里，吃午饭，我爱人有些纳闷地问我：

“怎么大星期六的你还去学校啊？”

我一愣：“什么星期六，今天不是周一吗？”

翻翻日历，果然这天是周六。这才恍然明白，李师为什么会问我今天星期几。而当时作答的我竟浑然不觉时间的错位，心如明镜的李师就那么淡定地上了课，不惊不怪，一如既往。读博时作为学生能忘却今夕何夕的状态，是我至今想来倍觉珍惜的一段记忆；而李师那种不留痕迹的、无私授业育徒的精神，更是随着岁月的打磨而愈见闪光，对我的影响刻骨铭心。

2007 年博士毕业，我进入上海交通大学执教。导师许嘉璐先生与李师送我四个字“爱生如子”作为入职鞭策。我们传统的师德有“教书育人”之说，“一日为师，终身为父”之训。可在我，这四个看似平常的字却有着无须言说的沉甸甸的分量：因为爱学生如同爱子女本就是两位长者始终所恪守的理念与实践。原本身为教师，身为人母，而今再为弟子，我深深地感恩：自己能在中年时期得到师辈呵护子女般的教诲。这种身体力行的传承，也让我更加坚定自己的教师生涯，不张扬，不做作，不求取回报。因为做老师如同带孩子，一切原本应当应分。

## 二、两样文字

2011 年 7 月上旬去英国爱丁堡开会，我提交的论文是《国际化语境下汉语新词的取象思维》。会上碰到很多同道，尤其是很多移民在英的汉语教师。他们对我的论文题目很感兴趣，我也对自己所谈论的汉语取象问题深为自信，因为我有一个信念：汉语汉字有着独特的取象文化，为西方字母文字所没有。这个观点不是我的创见，是很多前辈，当然也包括李师多年研究的论题和观点。李师的字素理论、汉字元点理论之中都蕴含着汉语取象的问题。会后回国，我去医院看望李师。李师戴着呼吸机，不能讲话。师母说：“玉梅你尽管说话好了，李老师能听得到。”坐在病床前，我说着自己的感想：在国外开会，我的感受尤其强烈，会不由自主地想起您，想起您的字素理论。我也知道您有一个心愿，就是把我们的汉字文化、民族思想，传播到世界。所以，玉梅觉得自己有使命，也希望有一天真的能为此做出，哪怕一丁点的贡献……看着病榻上的李师似乎在微微颔首，我的心既感欣慰，也陡然很悲凉很灰暗，因为虽然知道他会为我所说的话高兴，可也不确知他是否真的听到和听懂了我的话。看样子，李师身体状况不乐观。而就在这一年的 5 月份，我母亲刚刚离世。

后来师母告诉我，李师当时的确很高兴，拿下氧气罩后他们有过交流。所以，这也是至今想来，我对李师说过的比较能够令我自己欣慰的话：我以为，爱他的汉字，爱他的字素理论，是李师除了家人之爱、师生之爱以外的，最最的钟爱。哪怕是生命的最后一息，最能安慰他的，始终都是他的学术、他的汉字理论。

2013年5月在比利时鲁汶大学“上海交通大学学术文化周”上，我演讲的题目是《汉字的取象与结构》。演讲中，我忽然有一种强烈的直觉：台下这些黄头发的外国学生，面对与它们的字母文字如此迥异的另一种语言文字，其实困惑多于认同。同时，我也想起来很多西方人的直白：汉字太难学了。还有，也有中国学者预测：若干年后，汉字将走上拼音化的道路。有很多时刻，我也不禁问自己：字母文字只有26个基本字母，就可以排列组合成所有的词语，表达所有的意思。相比之下，汉字确实要复杂得多。虽然我也曾经这样鼓励留学生：汉字不难学，自甲骨文以来的汉字基本字素，也就只有三百多个。可是，三百多和26个相比，真的不多不难学吗？每遇到这些问题与困惑时，我真想还能去诉说，哪怕是到李师的病床前。在我所假设的情景里，李师还是在小黑板上书写着瘦长的板书，讲着炉火纯青的汉字元点理论，坚持汉字独特而长寿的观点，并会说：汉字和字母文字是两样的……而且，我还想把最新的心得说出来：其实问题不在汉字本身，也不在汉字是否难学。关键其实是这种文字所代表的文化是否强大，是否先进。文化强大了、先进了，自然就会有人去追随它，并去追随以它为媒介的文字。这时的李师一定会微微颔首，笑眯眯的眼神中流露出鼓励和赞许。

有时候我还会想，如果李师还健在，他会怎样思考这类问题：汉字这个独特的文字体系，未来的命运会如何？汉字之为世界语言文字的一种，与世界语言文字究竟会有怎样的一种碰撞或交融？而我完全可以肯定的是，坚持汉字与世界文字并存，欣喜于汉语汉字与拼音文字共繁荣，平和地享受着因汉字文化的存在而更加丰富、美丽的世界文化，那一定是李师的心愿。

李师的字素理论和我们传承了几千年的汉语文字学理论一起，怎样才能，何时才能，融入世界语言文字理论的体系之中，活跃于世界教学与科研的学科阵地上呢？这大概是李师及前辈学者们留给我们后辈的时代命题和历史使命吧？

## 三、李师如诗

李师仙去时，在追思会上我递交了几句小诗：

1. 挽联

横批：桃李鹤圃

上联：字素三百领一代之学清嶙嶙甲骨风格宛在

下联：诂林十二遴八方之训坦荡荡金石气韵常存

2. 临江仙

——感李圃师“字学”一生而作

夹道梧桐经霰雪，斑驳忍对飘零。高楼望断意难平。西风凋处，惟有月无声。

一线晨曦勾暖日，万千曙色清明。严冬不悔字魂倾。为伊憔悴，独步享平生。

【注】

1）上片以华东师大普陀校区梧桐起兴，既状李圃师一生相守校园之貌，亦摹西风凋碧树之愁惨，抒后生小子时有低回之绪，对字学前辈心生叹惋：独上高楼固然高蹈，但亦难逃困顿、病痛、世风以及林林总总等世事蹉跎；尤其后三年缠绵病榻，玉树摧折，令弟子诸生心痛难言。

2）下片写念头复转，再思李师，便如夜去昼来，曙色天光：以字为魂者如李师，系字一生者如李师，实早已视外物为粪土，摒风雨于心外，独享登高楼之超迈与优游，那一种境界才真真羡煞旁人。

3）2003年玉梅入许师嘉璐门下，并受业李圃师。上课时，李师每每提及王国维三境界之说，玉梅愚钝，窃以为此既为李师自评之词，亦以训导诸生。如今想来更加膺服其像。李师境界，堪当独步高楼，亦无悔其志，并寻得阑珊真味矣。

## 四、李师语录及其他

当李师看到你有一丁点马虎的苗头时，他会说：“别忘了你是许嘉璐的学生，含糊不得的啊！”

说到论文时，看着你因他的提点而思路顿开，他喜欢说：“记住要多问几个为什么。一个问题接着一个问题，一路追问下去，答案自然就出来了。”

若偶遇周围有纷争，李师会说：“我们做我们自己的，别管别人。”关于张家长李家短，关于周围人的是是非非，我从未听李师说过一句半句。

偶尔去办公室帮帮忙，搬几垛书，结束后李师一定会给我们叫外卖，一起吃个盒饭。

住院前，每逢开学，李师会把我们都叫过去，一起在饭馆吃个饭。

李师的西服，一直都是同一套。每次带我们去北京见导师，每次有学生答辩，每逢重大场合，他都会穿上它。

李师的家，从我第一次登门看到的样子，直到他仙逝我再去家中灵堂，一桌一椅都没变，简陋、整洁，一如当年。

李师的一生，诠释了一种幸福和一种境界：有一种追求在胸中时，有一种热爱在脑海时，周围的物质与纷争都不具有任何意义。

2013 年 7 月 30 日

（作者为上海交通大学人文学院中文系副教授）

# 师 生 父 子

李义海

教育部人文社会科学重点研究基地华东师范大学中国文字研究与应用中心名誉主任李玲璞先生，不仅再造华东师范大学中文专业语言学科，而且以历史学专业古文字学方向博士生导师身份领衔打造汉语言文字学专业博士点，积二十年之功，率领其学术团队成功组建上海市重点学科、申办教育部人文社会科学重点研究基地，编纂出版《古文字诂林》与《古文字释要》，实现了“通过一个项目、锻造一支队伍、带动一个学科”的预期，使华东师范大学汉语言文字学学科成为文字学研究的国际重镇。

李玲璞先生及其团队的学术成就，引起学界的高度关注与如潮褒扬，《古文字诂林》不仅几乎囊括了国内所有奖项，还受命出版“简编”，也就是后来的《古文字释要》；团队的主力不仅都成为博导，而且都是业内翘楚。

李玲璞先生积劳成疾，抱病治学，染疴指津，驾鹤音在，仙游神驻。

## 父 母 爱 子

李玲璞先生自八十年代初招收汉语史专业硕士生起，对自己指导或点化的每一个研究生与访问学者，都关怀备至。每一拨学生进校，先生都亲自安排自接站之后的所有手续，许多李门弟子都说入学手续就是漫步华师。青海师范大学贾爱媛教授至今都记得她入校的情景。

入校之后，门生弟子们自然融入由先生与师母主持的家庭。

先生与师母非常理解弟子们别家、辞亲、离乡的苦楚。每年的元旦与中秋都宴请来沪的弟子。虽然师母一直说都是些家常便饭，但先生家中飘出的蟹香，经刘堂江研究员的笔端，扑入弟子们的鼻孔，沁入了学生们的心脾。

2006 年，我考取华东师范大学汉语言文字学专业博士研究生，导师是许嘉璐先生。入学的第一天，李先生就交给我一套钥匙，嘱我打理古文字诂林编纂委员会办公室日常事务。自此，我便得以日侍先生左右，侧闻学林遗风与治学为人之道。

2007 年元旦前夕，师母常青老师来诂林办公室，知我日程安排后，说元旦准备在一村和学生亲戚们聚聚。

我想送先生与师母一束鲜花，表达一下学生们的祝福。苦于不知花的寓意，只得委托华师大的一家花店代办。大概是 9 点，我抱束花叩开先生家门，先生愕然，继而莞尔。师母问："义海啊，看没看到李老师今天特别开心？"懵懵然的我笑着拜年。

那天师母所说的"便饭"，预订在一村一家名叫"利兴"的餐馆。开吃前，我突然发现李先生换了一套衣服，不明所以。两杯小酒过后，李先生看着我："你知道了？""知道什么了？"我一头雾水。"看来啊，他是不知道。"师母笑了笑，"义海啊，一大早抱束花到家里拜年。李老师开心得拢不住嘴，高兴得换了套衣服。"都不知我们在打什么哑谜。发现了问题，弟子们照例按先生们的指点行事：打破沙锅璺到底！面对弟子们的嚷嚷，师母只好说："李老师今天过生日。"

"生日快乐！"

每年元旦都要举行的师生聚会，变成了原本就该是庆生的欢呼。

夏军教授悄悄联系了生日蛋糕。"藏了几十年的秘密，被我们义海撞破喽！"开心的哄堂大笑之后，除了自己的一个外甥和姐姐的外孙邵飞之外，李先生逐个问了张玉梅、夏军夫妇、李春晓夫妇的生日。我是最后报出生日的。师母说："你们爷儿俩有缘，生日都一前一后。"

那天，先生真的开心。他一边吃着，一边竟破天荒地聊起了他的书法。添酒回灯重开宴。晚上八点，先生作了总结：

规模虽小，意义重大。两人过生，一人新婚，两人毕业；前景美满：添俩小子。

2008 年元旦，我带着事先订好的生日蛋糕，到一村家里接先生与师母到师母预订的饭店。那次家宴，除先生、师母外，只有我和邵飞二人。虽然规模很小，但却十分温馨。邵飞的工作很顺利。我的语料分析与相关考释也基本完成，并已开始考虑学位论文的纲目，毕业所需在核心期刊发表的两篇论文已经完成，"释要"的编纂已经启动。先生谈的是工作，师母讲的是苏州的小吃和上海的生活。

2009 年的元旦前后，李先生已不能外出，只能呆在家里，每天吸氧 18 小时。吸着氧气支撑工作的先生，他的生日能快乐起来吗？我不敢祝他生日快乐，只好隔三差五地到家里看看，默默地祝他早日康复。

## 父母之爱子，必为之计

我从李先生手中接过诂林办公室钥匙的第二天晚上，大概 10 点，见到一位老先生，姓严，在人口研究所值班。一阵闲聊后，严先生感慨地说："李老师对华师大的贡献太大了。小李老师啊，你能跟着李老师，是掉进福窝里了。"我虽然不明所以，但还是从严先生那里听懂了李先生对学生们的关爱程度。

李先生十分关心学生的成长，是我从造访诂林办公室的王世伟教授那里听到的。2007 年下半年的一个上午，上海图书馆馆长王世伟老师来访李先生。先生未到，王老师便拉起了家常；当然，中心是李先生。王馆长说，他与何崝，是华师大中文系 78 级学生，"古文字兴趣小组"成员，李先生担任"兴趣小组"的指导老师。他与何崝经李先生指导完成的《说文部首汇释》1982 年由华师大作为教材内部印刷。毕业前，他由李先生推荐被顾廷龙先生录取为文献学方向研究生，何崝则由李先生请戴家祥先生联系徐中舒先生，由教育部增加指标进入四川大学历史系任教。至此，我才知道严先生所说的"福窝"是什么意思。

问学，要耐得寂寞，守住寒窗，坐暖冷凳。我懂，自信还行。这种自信，2004 年第一次见到李先生时，便被击得粉碎。先生说："我现在年纪大了，一天只能坐十个小时了。"

李先生把诂林办公室钥匙交给我时，讲起了他在戴家祥先生推荐下到容庚、商承祚两先生门下问学时的情景。

先生讲述的内容，有一点印象最深。商先生把他领进书房说："我的全部图书资料，你随时可以取用。"（李先生在商老书房里拍摄了许多难得一见的图书、拓片与摹本，后来商志𩡝先生出版商老遗著《甲骨文字研究》，竟得益于李先生提供的足本。）

讲完了故事，先生问："懂了没有？"见没有回答，先生又问："知道我和你什么关系吗？""以前不知道。我进华师前，您是师叔。""知道就好。我的意思是：这些资料，你也可以随时取用，就像当年我在商先生那里一样。"

## 父母之爱子，则为之计深远

李先生对学生的关爱，更多地表现在设身处地地替学生考虑，并引领其设计或规划发展道路。

2005 年 3 月，我到华师大考博。报考的导师是许嘉璐先生。考试前一天，李先生在数学馆办公室，用一个上午，向我详细介绍了四川大学历史系、华东师大中文系地理系历史系的兴衰，并语重心长地问我懂了没有；然后电话告诉和我一同考博的他 79 级学生蒋德平教授，中午在一村的“利兴”聊聊天。

2006 年，我被华师大破格录取。从此，便每天聆听先生的点拨，品味先生的善诱。

李先生本想让我帮他做“诂林”简编的。先生说我受过古文字学系统训练、汉语史科班出身，对古文字资料与传世典籍有较深的理解，不仅能轻松搞好“简编”，还可以完成一篇很好的学位论文。面对先生的期许，我诚惶诚恐。这是千载难逢的机会。我想，完整的读书时间，只有这一次了；字素理论，还可以慢慢向李先生请教。

我说出了自己想法：文献的歧释与误读，有时与修辞相关。这已被二王、俞樾和杨树达的学术实践所证明。梳理金文的修辞条例，不仅可以弥补一个学术空白，而且还可用于训诂实践。这种努力，已持续了十三四年。如果现在不做，将来可能就再也没有了机会。当然，这样做，也有取巧的成分：前无古人，学界对稚嫩的论文自然会予以同情与包容。

李先生沉思了一根烟的时间。说：“你发表的论文，大致是这个思路。你对书面文献的修辞格式，应该有了一个系统的了解。你最大的困难，是语料分析与录入。工作量，考虑过吗？”我真的没有。我只是把《商周青铜器铭文选》8 开复印件上所做的札记给先生看。札记与铭文的注释用各种颜色的线条与符号对应着；当然有时还会多出几个大大小小的补丁，那是对“注释”部分的不同看法及其理由。李先生仔细地看着关于“利簋”与“天亡簋”的札记，对修辞条例的指注分析与对释读的不同看法给予高度肯定。

“工作量很大，得有个计划。”

第二天上午，看到我的“计划”后，李先生又提醒考虑修辞格式的发生机制及辞格间的内在联系，说这是后续工作，对汉语思维模式的把握意义重大。“一篇好的博士论文，不仅不可替代，还要居于前沿，并且能够满足作者二十年的研究需要，甚至确立其学科地位。你要朝这个方向努力。”

我听说，李先生对学生们向来都是表扬与鼓励。看来这是真的。

明明知道自己不是那块料，还自觉不自觉地按先生的指引去做；那个目标明明遥不可及，但又是那样让人心痒与兴奋。这种味道，每次想起先生，都会在一段时间内反复出现。

“释要”启动后，由于金文语料分析已经初步完成，每天上午我与李先生话题的侧重点，转到了汉字的心理认知。现在回想起来，李先生这样做，绝不是因为我的论文可以如期完成，而是因为完成了成字字素辨识尤其是成字字素义与其构成的文字所表单音素语素核心义之间关系的考辨之后，我对汉字的理解比入校时上了一个很大的台阶，不仅很多字例的分析得到李先生的肯定，而且在我举出一组汉字生成过程后，李先生大喜过望，给这一条例取名为“字素连读成字”。

这一汉字生成条例，我写进了毕业论文。李先生看到后让我删去，并嘱我作为将来的一个研究方向，专题突破。

2009 年 3 月，李先生的身体慢慢地“恢复”了些，可以在校园里走一走了。尽管说从一村家里到学校干训楼得歇一歇，但比年前在家吸氧毕竟势如天壤。学校领导、老师，特别是先生的亲属与弟子们，更是默默地为先生的康复祝福着。

身体刚有些起色，先生便关注起“释要”，规划着“释要”之后他的文字学元点理论及其应用研究。

令人振奋的是，李先生竟然参加了夏军教授和我的博士论文答辩。按照许先生的要求，每个答辩人答辩的时间不少于一个半小时。李先生能坐下三个多小时而无倦态，看来他的身体有了明显好转。参加答辩的，无论是老师，还是学生，都很开心。

2009 年 10 月 16 号，我回华师参加学位授予典礼。

20 号，师母与先生，在枣阳路的阿莉餐厅，给我祝贺、饯行，并送我入闽。师母千叮咛万嘱咐，从河南到福建，气候、人文差别很大，要带好媳妇孩子，少让她们委屈，要注意身体；李先生则嘱咐我尽快把金文的考释告一段落，全力考虑汉字本体，搞好对外汉语。

我愕然。要转入对外汉语，我是不敢说的，怕先生伤心。没想到先生是那样的明察。



见我不语。先生说：去吧。你搞对外汉语，肯定搞汉字本体。对你来说，可能是个更好的出路。

我不知如何应对，只能默默地点头。我不知道先生猜到我的工作趋向后会怎么想，我只知道他心中的痛：文字学半途而废，对外汉语半路出家。想到李先生三年的教导，多年的期待，我很痛心，心很痛啊我！先生的开导，在我意料之中。这更让我心疼。

## 赤子拳拳

2010 年 2 月 14 日，大年初一。

我电话拜年，家里的电话没人接听。我想，先生和师母可能出门团拜，没细想出门的时间有些早。中午，先生与师母的电话，还是没人接听，自以为外边嘈杂，老人们没有听到。中午之后，我是不打电话拜年的。

晚上，没见到回电，烦躁难耐。安顿好刚从河南迁入福州、身居异乡却是地主的妻儿，第二天便乘最早班的动车去了上海。到华师一村，才知李先生已入住六院。

先生病危，身上有很多管管和夹子，叫人心疼；先生用了呼吸机，让人揪心。闻讯弟子纷纷赶来照拂，排出医院轮值。我从外地赶回，被排在初二。

初二上午，笑虹师姐法国赶回。在我们两个和弟子们的劝说下，师母看到我和笑虹师姐能明白李先生的意思，才敢醒多睡少地在病房打个盹。

在六院与先生同住一室的病友，惊奇地问师母怎么那么多孩子。笑虹师姐说只她一个，别的都是学生。“好人呐！好人！”先生的病友感慨万千。

初三上午，先生的各项指标明显好转，尽管还离不开呼吸机。

初四，清华大学张美兰教授自北京赶回。

初六，看到先生已脱离危险，在师母的一再劝说下，我转回福州。

知道上海的爷爷已转危为安，放下心来的小孩子才粘着我说起在福州的过年。我总结一下，大概是：没有鞭炮放、超市关得早、天老是下雨、没有地方玩，当然最主要的，是老爹不在家。

李先生虽说病情稳定了些，但还是离不开呼吸机。这很让人放心不下。2010 年 12 月中旬，我到北京开会，取道上海。

“老李！又有学生来看你了。”还没进病房，就听到一个老先生冲着李先生的病房喊。“我们义海来了。”刚从门口出来的师母对先生讲。

“这些天，李老师白天可以少戴呼吸机，还能到阳台上站站。”开心的师母，好久没见到了。“我现在能喘口气歇歇了。提心吊胆的日子没觉得累，现在真的有些累了。”

见到先生病情好转，我好开心。看到满脸疲惫的师母，我很难受。

2012 年 11 月 23 日，先生远行。亲朋好友、故旧学生，冒雨沐风，来到龙华；不少受业弟子、再传乃至三传弟子，更是专程从北京、山东、四川、湖北、江西、福建、广东等地赶来。殡仪馆的大厅，已十分狭窄；厅外的走廊，人已塞满；廊下的广场上，许多人立在伞下，站在水中，等待再看先生最后一眼。

先生作为一个普通老师，默默地走了，引得那么多人伤心、感慨与叹息的，不正是先生的品行德操与情怀吗?

先生走了。在师母和师姐之外，还记挂着他钟爱的学生与挚爱的事业。

2012 年 11 月 18 日，我接到噩耗后自榕返沪。当日，与程邦雄教授商定当夜为先生守灵，师母说我们从外地赶回太累，必须早些休息。凌晨 1 点多，我与程老师由一村回华申公寓，途中为华师一道铁门所阻，只得中途返回；欲经先锋路，门已锁定；只好走中山北路大门。至华申，几乎是走了一个圈圈。

程教授问我有何感想，我答非所问地说再向外走一走。两个人默默地走到从华申往一村的那个铁门。刚好是个圈圈。从华申经过这道门到一村家里，原想从家里原路返回华申，道不通。返回，再由一村与华师间的小门，经先锋路回华申，路也不通；经中山北路大门，沿主干道，才回到目的地华申公寓。感想嘛，我没说，他明白。

“语素物化”与“物化回归”，不正是李先生“字素理论”所强调的“从语素中来”“到语素中去”这个圈圈吗?边门已堵，正途可通。这个正途，大概是先生所说的“中介迁移”吧。先生该不会用这种方式向我强调如何考索文字吧。

回榕后，我陆续写出了一组基于“元点理论”、出于外汉教学、关于汉字本体的文稿，想借此缅情先生，感念师恩。

2013 年 7 月 7 日



（作者为闽江学院汉语国际教育研究所所长、中文系教授）

# 小字辈眼中可亲可敬的长者

——忆李玲璞先生

王智群

在我们小字辈眼中，李玲璞先生是一位特别可亲可敬的长者。

第一次知道李先生，是从我的导师华学诚老师口中。十多年前，我来华师大第一次和华老师见面，为华老师请我吃饭而过意不去时，华老师说："我们跟老师一起吃饭时，都是老师请客，这是传统。"华老师口中的老师正是李先生。

第一次见到李先生，是在文科大楼十三楼的诂林编纂室。那个晚上，新加入诂林参与古文字字形校对的研究生要开个碰头会，给我们开会的是李先生和刘志基老师。人到齐后，李先生看着刘老师说："你来吧！"刘老师"呵呵"憨笑着推说："你来你来！"我们开始还没明白过来，等李先生开始说话了，才知道原来他们推让的是谁来给我们说明工作任务和要求。我既感叹于他们简短对话背后所包含的师生的熟稔和默契，又纳闷于学生竟可以对老师"不听话"。所以，这第一面给我的印象就是：李先生是一个多么好脾气的老师。

再后来，接触越来越多，我们开题、答辩都请李先生来指导，甚至和许嘉璐先生的学生一起听李先生的课。其间，面对李先生总介乎两种截然不同的心情中。一方面，我们无比敬仰他，因为他学问那么好，他是我们的祖师爷。如有答辩等活动的机会，见李先生旁边空着，小字辈也一个接一个地上去合影，将之视为无上荣光的事情。有老师开玩笑说："你们这些学生也敢坐在李先生旁边合影！"可是，李先生却乐呵呵地坐在那等每个人都拍到了才罢。另一方面，我们在他面前一点不觉拘束，因为他一点没有所谓的架子。有一段时间，我们因为参与诂林的工作天天去文科大楼十三楼，所以总见到李先生。一到近中午，李先生就打电话叫盒饭，他也陪我们一起吃，吃饭时就会聊聊天。有一次，李先生和我们聊了挺多，谈了他过去的经历，回忆了不少往事，包括他做"小先生"的那一段经历，并谈到他个人的一些人生感悟。这简直让我们受"宠"若惊，绝没有想到李先生会和我们这些"小兵辣子"谈这些。可是，李先生就是这样实实在在的平易近人。

李先生笔名李圃，我没有亲闻或得见此名的含义，但我猜想至少有一层意思，那就是辛勤的园丁，而李先生也确确实实做到了桃李满天下。他对学生的好，对后学的悉心浇灌，我这个再传弟子也沐到了恩泽。硕士论文答辩时，李先生作为主席评价我的论文时称“思维严密，辩证性强”，我欣喜的同时更多的是讶异，从来没有听过这样的评价，我自己也没意识到有这个特点呢。我是后来慢慢了解到，李先生总是不遗余力地肯定和鼓励后辈，他认为：学生的论文代表了学生这个阶段的水平，更高的要求待他日后慢慢达到。

博士论文初稿完成后，我很想请李先生指导一下，又担心增加先生负担，后来想到先生担任答辩委员也是要看的，不如看在先，有指导意见我能赶紧吸收。于是给李先生打电话，先生很爽快地答应了。稿子放在先生当时在数学楼的办公室，两个星期后先生叫我去，面谈了许多。拿回稿子，看到很多地方都作了标记或批语。这是我第二次受宠若惊。所以，我的博士论文出版时，后记里特别感谢了李先生，正是心怀李先生的肯定与支持，才有了我的第一本书。

博士刚毕业，接到先生电话，问是否愿意参加诂林简编（即《古文字释要》）的项目，怎会不愿意？能在李先生亲自带领下做一个项目，这是何等荣幸！我第三次受宠若惊了。我的研究方向不是文字学，不明白先生怎么会相中我！等到在干训楼先生狭小的办公室开第一次碰头会，看到项目参加者以年轻人为主，大家都意识到这是李先生特意在给我们尤其是我这样的小字辈创造机会。先生亲自拟定体例，还做了几个字头的范本，每隔一段时间就碰头询问我们有什么困难并解答疑惑。参与《释要》的编纂，不仅写下了我学术经历中重要的一笔，也是李先生给我上了文字学最坚实的一课。

冬至这天，听到常青老师自语着叮咛李先生：“要善待自己。”是的，众人皆知，李先生宽以待人，唯独没有善待自己。李先生的办公室从文科大楼搬到数学楼、再从数学楼搬到干训楼这两次搬家我都在现场。前一次工作量非常大，不仅要搬到数学楼，还要将大量图书资料等搬到文字中心新址，所以人手多，时间长，到晚饭时间还没结束，于是李先生又张罗着请大家吃饭。当时我在数学楼蹲点，李先生一次次打电话来关照大家先吃饭，最后不放心，还从文科大楼跑过来查看每个人是否都吃了饭。第二次我们学生都是自愿来帮忙，结束时，李先生竟要给我们发劳务费，任凭我们怎么拒绝也没用。当时诂林工作已结束，我们也不再是课题参与者，李先生是自掏腰包吧。后来参加《释要》编纂工作时，任务一明确下来，李先生先给每人发了几支绿色的笔，说是诂林也曾用这样的笔，标记、批注醒目又好用，他连这样的小事也考虑到，不让我们花一分自己的钱。而在总是细致、周到地想着别人的背后，他对自己则是另一幅画面：顾不上吃饭，开会早早地先到，晚上师母电话一次次催了才回家……

李先生的生日在一年之始。2007 年元旦前夕，听在北京的华老师电话中提起先生的生日，于是元旦时我约了韩国同学郑东珍一起去拜望李先生。除了一盒生日蛋糕，我还特意挑选了一盆君子兰。我们在数学楼的办公室碰的面，先生很高兴。隔几日，我再去办公室，没有看到那盆君子兰，我心下欢喜，想象着李先生把它捧回了家，闲时侍弄它、观赏它……这是我特别愿意看到的画面，因为多么希望总是忙碌的先生也有这哪怕是片刻的闲暇！

想着要写下这些时，迟疑了好久才动笔，因为我怕自己拙劣的文笔无法描绘我心目中的先生！此时泪水模糊了双眼……先生宽容的心绝不会苛求于我，所以我写了，我以感恩的心，写下我知道的先生的点点滴滴。

2012 年 11 月 24 日

## 补　　记

前几日整理过去的笔记资料，看到两段关于李先生谈话的记录：

2007 年 1 月 3 日　　数学馆二楼见李先生

先生谈及：

1. 李先生生日为元月一日①，今年算来为元月四日。

2. 历史为胜利者所写，某些程度上不可信；王安石作为失败者，需要了解。所以李先生当时在看王安石《字说》辑。

3. 当下的对外汉语教学采用的是“汉字——词——文化”的贯穿法，但是如果从简体字推衍文化客观上就存在一定难度，值得商榷。

① 从常青老师口中得知，李先生的生日实为元月六日，因考虑到把路远不能回家的学生聚集在一起过元旦，李先生于是把自己的生日提前在元旦，久而久之，李先生的生日就成了元月一日。

4. 汉语的教学应“从大块到小块”，并重应用。如以茅盾《白杨礼赞》为范文来分析从篇到段到句到词到字、音，语法、修辞等都在阅读讲解中涉及。这样分析几篇就可以覆盖所有现代汉语知识。

2007 年 5 月 10 日　　与李先生通电话

先生告知：

教学关键要了解学生，根据学生的水平、程度设置教学，学生觉得你的课有听头、能学到东西就好。①

再看这样的文字，心头百感交集：前者是我在先生生日去看望先生，这样情境下的谈话也让我受益良多，至今读来仍有启发；后者我已在华政任教，一个寻常电话中先生也是设身处地为我着想，与我讨论教学。先生真是诲人不倦啊！

2013 年 6 月 26 日

（作者 2001 年至 2007 年就读于华东师范大学，现为华东政法大学人文学院教师）

① 以上文字是我与先生见面、通电话后记录，如有违先生原意，当属我记忆或理解有误。

# 回忆李玲璞先生

马　莲

李玲璞先生是我的师爷，虽然我和李先生见面很晚，但李先生的大名很早就深深地刻在了我的记忆里。

九十年代我读大学时，姐姐叫我帮她买自考用的《古代汉语》教材，作者是郭锡良、李玲璞，语文出版社出版。郭先生我不陌生，因为我大学用的教材正是郭锡良、唐作藩等先生编著的《古代汉语》。那时的我孤陋寡闻，网络亦未普及，没有“百度”可以搜索，我无从了解李玲璞先生，但我想，能够给全国自考学生编写教材，他一定是和郭锡良先生一样的大家。当时的我无论如何都没有想到，后来李先生成了我的师爷。

2003 年，我到华东师大读博，师从华学诚教授，才知道华老师是李玲璞先生的高足，华老师的博士论文被评为全国百篇优秀博士学位论文。那时我还没有见过李先生，就激动地打电话给姐姐大肆炫耀了一番。

第一次亲眼见到李玲璞先生，是在开学第一课上。华老师给我们介绍了导师组成员：李玲璞先生、詹鄞鑫先生、徐莉莉先生。李先生个子很高，头发很黑，面容清瘦，戴着眼镜，但目光炯炯，精神奕奕，丝毫没有古稀老人常有的龙钟之态。他微笑地看着我们，鼓励我们多读书、多思考、多练习，还为我们讲了第一节专业课——中国文字学研究领域的若干问题。李先生指出中国文字学领域的很多误区；提出中国文字学三维系统理论，即取象发生系统、本体结构系统和心理认知系统；总结了八种造字法、六种表示法；提出中国文字发展的三条线索，即中国正统文字发展史、中国方域文字发展史和中国书体演变史。这些创新理论突破了人们的传统认识，李先生娓娓道来，让我们体会到不管做什么研究，都要有扎实的理论基础，要善于在众说纷纭中寻找原因。自始至终，李先生声音明亮，坐在后排的同学也能听得清清楚楚。同学们都惊诧于李先生偌大年纪，不需讲稿却能一气呵成，讲得条分缕析；不假思索就能信手拈来，写出甲金篆隶文字。我不禁感慨，李先生就像武侠小说中剑术超绝的大侠，达到了“手中无剑，心中有剑”的最高境界。

我后来才知道，历时十四年，汇集甲骨文、金文、古陶文、货币文、简牍文、帛书、玺印文和石刻文等八大类古文字字形和考释资料的集大成之作《古文字诂林》（12 册）的主编李圃，就是李玲璞先生。从李先生的笔名可以看出，李先生淡泊名利，以培养人才为己任，愿做“滋兰九畹，树蕙百亩”的园丁。李先生对学生的关爱细致入微，不仅关心学生的思想、学术，还关心学生的生活、健康。每年中秋，他都请家在外地的学生到自己家里吃月饼，话团圆。“善歌者使人继其声，善教者使人继其志”，在李先生言传身教辛勤培养下，弟子们思想人品、业务能力都迅速成长起来，毕业后都承继了兢兢业业、勤奋努力的作风，有一半以上成了教授、博导。

在读博的日子里，我们经常在校园里遇到李先生。李先生走路很轻捷，听到我们打招呼，他一定会停下来笑着回应我们。李先生的笑是明朗的，发自内心的，充满了慈爱和欢喜。听说李先生体育很好，年轻时是健将级篮球运动员，我突发奇想：李先生文武双全，要是参加儒家礼、乐、射、御、书、数“六艺”考试，肯定能一举夺魁。

论文开题时，华老师邀请李先生为我们的论文开题把关。听完我们的汇报，李先生一一做了指导，指出了我们的优点和不足。看到我们惴惴不安的样子，李先生跟华老师说：“像他们这么大的时候，我们还没有他们做得好呢。”显然，李先生是在安慰我们。我们都知道，李先生小学四年级就被选为“小先生”负责扫盲识字班，大学三年级就为低年级大学生授课，大学毕业就留在华东师大任教……李先生的话如和风般温暖着我们，我们忐忑的心平静了许多。李先生和华老师帮我调整了论文的结构框架、章节名称，甚至细到附表设计。李先生语重心长地说：“论文做出来，是在学术界定位的。”我能体会出这话的分量，但由于个人的原因，我的博士论文只完成了当时设想的三分之一，辜负了李先生和华老师的期望，实在愧疚！

论文答辩时，李先生和吴金华先生、詹鄞鑫先生、汪维辉先生、董志翘先生组成答辩委员会。我学问做得不好，但心态良好，抱着无知者无畏的态度第一个陈述、答辩，有的话还引得各位先生开怀大笑。我能读得出，这笑声里饱含着仁厚和包容，不带半点伪装和嘲讽。李先生对我的论文给予了充分的肯定，使我顺利通过论文答辩，获得博士学位。

毕业后，我到北京中国劳动关系学院工作。2007 年 9 月，我在北京语言大学见到了李先生，他是专程从上海来北语参加“扬雄《方言》

与古代语言学文献国际学术研讨会”的。李先生似乎更瘦了，但依旧精神。和郭锡良先生、王宁先生、董琨先生等老朋友见面，李先生笑容更开朗了，神采更飞扬了。李先生热情地跟我们合影留念，一脸的慈祥。没有想到，这是我最后一次见到李先生。

2012年11月17日夜，李先生告别七十八载人生，永远地离开了我们。噩耗传来，我心里很痛，无法相信、更不愿意相信这是真的。李先生，您知道吗？我姐姐感谢您，您的《古代汉语》让她拿到了自考本科文凭；我爱人感谢您，您的《古代汉语》让他考上了硕士研究生；我要感谢您，您的指点和肯定让我顺利通过论文答辩，获得了博士学位。李先生，再说什么也留不住您的脚步，祈愿您一路走好，在天堂里也桃李芬芳！

“操与霜雪明，量与江海宽”，斯人已逝，风骨永存！

永远怀念李玲璞先生。

（作者任教于中国劳动关系学院文化传播学院）

# 风物长宜放眼量

——怀念李玲璞先生

柏亚东

先生从教六十多年，桃李遍天下。学诚师是先生指导的博士，论辈分，我是先生的再传弟子，按照传统的称呼，先生是我的祖师爷。

初见先生，是在2001年秋天，印象特别深。

那时，《古文字诂林》编委会还设在文科大楼13楼，《诂林》的工作正处在繁忙之中，急需人手参与文本的比对和校勘工作。那些年入校的汉语言文字学方向的研究生正逢好时机，可以参与到大型文献整理项目中去。我们四个硕士是学诚师招收的第一届研究生，那天，我们第一次拜见先生，有着抑制不住的兴奋。学诚师带领我们推门进去，先生正在做资料整理，并在表单上填写着什么，见到我们马上笑呵呵地站起来，“生力军来了！”我们微微鞠躬，向先生问好。他微笑着听我们自我介绍，我没看到先生有哪怕一丝隔膜的架势，只有随和、慈爱。等安排好工作，当告诉我们校稿报酬不高的时候，先生略显局促的神情里甚至包含了歉意和不安，而我感受到的却是先生无限的真诚。学诚师曾嘱咐我们，小辈见先生须执弟子礼。后来，每次只要我们遇到先生都会驻足、行礼并致以问候。

学诚师给我们上课的时候秉承先生的教诲，常以“做学问必先做人”“有一分证据说一分话”这样的话语训诫和勉励我们。不只如此，先生还应学诚师的邀请亲自为我们这些尚未摸着门径的小辈们开设汉语言文字学专题讲座，为我们直接答疑解惑。他看着我们这些小学人慢慢成长，从论文开题到答辩，一路陪着我们，直到我们都走出校园，开始教导自己的学生。

我是本科毕业后工作了多年，才报考华师大研究生的。辞职来到上海后，我再次回到了三点一线的学生生活轨道。那时妻子也在南京读研，妻子体弱，我把本来就不多的积蓄都给了她，并宽慰说自己有办法。说实话，初到上海，两地分居、经济窘迫的日子，真让我有点儿心思不宁。有一次，去文科楼返还校对好的《诂林》资料，正好先生在楼上。可能是因为我有过多年工作经历并且已婚的缘故，先生对我的学习和生活很关心。也许是从眼神里捕捉到了我忧郁的心情，他说：其实读书最怕的是心不定，心不定肯定是有原因的，要么是诱惑太多、心态不好，要么是心事太杂、精力不够；只要不是天大的事，最好能轻轻放下来，风物长宜放眼量，想读进去书，做出来学问，就要练就过硬的定力；要是生活遇到困难，不要怕，老师跟你一起想办法解决。不久以后，学诚师推荐我给一个中文自考补习班讲授古代汉语课程，我靠着在当时已算丰厚的课酬度过了一段最艰难的日子。

与先生的相处没什么大事，我们做得不好、不够的地方，先生总是笑眯眯地跟我们讲解。他的博学、他的敬业精神和那种对晚辈的宽宥，一直滋润着我们的心田，催我们进步。相识那么多年，无论在什么场合，我没见先生发过牢骚，表达过不满。直到多年以后，我才知道，先生一直住在师大一村简陋的两居室中，女儿李笑虹女士旅居国外多年，他和夫人常老师一直没有搬进新居。常老师说，那套新买的房子还是她一再催促，先生才同意买下的。那时，先生何尝不知道上海的房地产寸土寸金、如日中天。正如常老师所说，先生怕烦，不愿意把有限的时间用到对他来说毫无价值的俗务上去。也是后来，我才从常老师那里知道，先生吃饭总是简单，为了《诂林》，除了去食堂或叫份外卖之外，常常在办公室里一呆就是一整天。直到古稀之年，还依然过着年轻人一样缺少睡眠的生活。只不过在这样的生活里，先生醉心的是他钟情的学术事业。

2012 年 11 月，暖冬。对我来说，这注定是一个难忘的冬天。

18 日下午，学诚师从北京给我打来电话。

“李先生走了。”

那一刻，我僵住了，心沉下去。不久前去六院探望的时候，先生病情稳定。

“什么时候?”我问。

“昨天夜里 10 点 39 分，我今晚到上海……”

先生真的走了，享年七十八岁。按照师友们的说法，如果没有答应王元化先生主持《诂林》，又或者放慢工作节奏、从长计议……以先生国家一级运动员的身体素质，不至于这么早离去。病榻前有他惦记着要亲笔签赠的厚厚一摞《古文字释要》；研究计划中有他亟待进一步阐发的字素理论；《诂林》是本着“述而不作”的编纂原则面世的，先生对此有更高的学术眼光，那就是“述而后作”。很多事情，先生说过身体好一点起来就要做的……可是，先生走了，这位鼓励过我、关心过我、令我景仰的前辈学人，带着遗憾离开了我们。

那一天，我们在先生灵前跪拜长泣。遗像中的先生依然是炯炯的目光、真诚的微笑，好像在告诉我们，学海无涯，生活静好，倍当珍爱。

（作者为上海交通大学国际教育学院副研究员）

# 谦谦君子　温其如玉

## ——缅怀文字学家李玲璞先生

王　珏

我和李玲璞先生接触并不多，但正是这些看似微不足道的小事，却让我震撼，让我感动，让我知道在这熙熙攘攘、汲汲名利的浮躁社会中还有真正的纯粹的谦谦君子存在，其品质宛如美玉一般光洁无瑕、温润仁泽，而这正和他的名字和谐相配、恰到好处。

在没有和李先生正式接触之前，通过耳闻目睹我已经被他的人格魅力大大震撼了，并深深感动了。当第一次有人告诉我，这就是李先生，我不禁惊诧了。我很难想象眼前这位穿着蓝色棉布旧大衣的老人就是蜚声中外的文字学家李玲璞先生。李先生享誉中外，身处繁华胜地、时尚之都的上海，在我的想象中李先生应该是一个衣着光鲜、西装革履的形象，没想到竟然如此朴素，朴素得就像邻家老大爷一样，让人不禁对他肃然起敬。孔子说："士志于道，而耻恶衣恶食者，未足与议也。"李先生不就是儒家安贫乐道的践行者吗？但他又比安贫乐道者更胜一筹，因为他不是没有条件去讲究穿着，而是没有时间考虑。当第一次有人告诉我李先生现在还住着几十平方米简陋的房子，我再一次惊诧了，竟然不敢相信。上海高楼大厦鳞次栉比，李先生是学界名流，应该住着宽敞的大房子，没想到竟如此简陋，更没想到这简陋的小屋竟然孕育诞生了皇皇巨著——《古文字诂林》。孔子说："士而怀居，不足以为士矣。"李先生"居无求安"，难道不足为中国传统的"士"吗？但他又比传统的"士"更为出色，因为他不是没有大房子，而是为了工作方便，主动放弃了安逸。当第一次有人告诉我，有问题请教李先生，即使不是他的学生，他也会悉心解答，而且拒绝报酬，我又一次惊诧了。孔子说："自行束脩以上，吾未尝无诲焉。"而李先生拒绝"束脩"而又无私教诲的做法，这在物欲横流、世风日下的今天怎能不令人心生敬佩？

和李先生接触后，我再次被他震撼，被他感动。第一次和李先生正式接触是在 2008 年 6 月，当时我们在上海湖南别墅等待许嘉璐先生。

当我告诉李先生古敬恒老师是我的硕士生导师时，李先生接着就说："我还欠他的人情呢！请你转告他。"当时因为有其他老师打岔，李先生没有告诉我具体什么事欠了古老师的人情。当我见到古老师告诉他这件事时，古老师竟然想了好大一会才想起八十年代曾经帮过李先生收集一些资料。古老师说这也不算什么事，也谈不上欠人情，而这一点小事李先生却一直记在心上，并当作人情。2010 年 4 月，李先生因病住院，我去看望他时，他正戴着呼吸机面罩，当他知道是我后，就用孱弱的手拿掉面罩，用微弱、颤抖的声音对我说："你告诉古老师了吗，我还欠他的人情呢！"尽管声音有些含混，但我依然听清了他说的话。《菜根谭》上说："我有功于人不可念……人有恩于我不可忘。"李先生对中国文字学界、对教育界的丰功伟绩，他却从未提起，而别人几近忘记的小事，李先生却牢记几十年，这是何等的崇高品质啊！《老子》说："不自伐，故有功。"李先生做出的贡献，尽管他不自夸，我们又怎能忘记呢？

李先生病重住进医院时，李先生的女儿在国外，师母也已年老，全面照看李先生实在吃力。我当时毕业论文正在送审，正巧也没什么事，华东师大文字中心臧克和老师请朱岩老师打电话问我能否帮助照看李先生几天。能有亲自聆听大师教诲的机会，我欣然同意。当时，李先生住在双人病房中，脸上戴着呼吸机面罩，身上连着心电监护仪，脸色苍白，形容憔悴，但他看见我依然示意我坐下，让我吃水果。师母告诉我，我的任务是察看李先生吊水，监看心电仪、呼吸机，有事情通知医护人员。那天下午，四点左右，师母让我回校，并告知我明天不要来了。我当时很诧异，朱老师不是说几天吗，怎么一天就不让来了。师母解释说，刚才你出去的空隙，李先生说女生在这里不方便，并埋怨自己忘了告诉朱老师让个男生来了。原来是这样，我恍然大悟。《孟子》说："男女授受不亲，礼也。"李先生长我几十岁，是我的长辈，但他依然恪守儒家"男女授受不亲"的礼仪，虽然看似有些迂腐，但怎能不让人刮目相看，不让人肃然起敬呢？

李先生品格高尚，不愧是中国当代有儒道风范的大家，不愧是中国当代学界的脊梁。如今，这位衣着朴素的住着小房子的恪守儒道做人、育人、治学古训的"邻家老大爷"式的文字学界泰斗永远地离开了我们，但却留下了嘉惠后人、彪炳史册的鸿篇巨制。他是中国当代的真正的纯粹的"谦谦君子"，其品质"温其如玉"。他的逝世不仅是文字学界的不幸，也是整个学界的损失。先生走了，留给我们无尽的悲痛！让我们化悲痛为力量，秉承先生精神，为学界奉献自己的力量！最后，让我们永远记住人如其名、名如其人的文字学家——李玲璞先生！

2012 年 12 月 22 日

（作者为华东师范大学 2007 级博士生，江苏师范大学文学院讲师）

# 感怀　感恩

常利辉

我和李老师、常老师相识于2009年。是年11月去北京上课之前，许嘉璐先生在邮件里嘱咐王珏师姐和我去代为看望一下李老师夫妇。虽然已经跟刘志基老师读了三年的硕士，但由于常住新校区，到中北校区的次数有限，跟老师们接触的机会不多。李老师的大名早就听闻过，也曾在校园里见过李老师和常老师一起散步，却还不曾有过电话联系，更没有正面接触过或正式拜访过。这位师爷爷和大腕级的博导，许嘉璐先生的老朋友，是位怎样的人物呢？如何看望呢？就这样，拨通了李老师家的电话，说明了情况，又问不知是否有话要转告许先生。李老师非常温和，一点架子都没有，笑着告诉我有几句话写下来带给许先生，并约定6号下午两点半左右在中北校区干训楼见面。

到了6号那天，王珏师姐因为从徐州到上海的火车晚点了，赶不过来，我就只身赴约了。早早就到了干训楼4楼等着，唯恐迟到了。离约定的时间还有十分钟左右，我从窗户探头往下望，看见李老师和常老师徐徐走来，李老师着蓝色衬衫、藏青色马甲，常老师着藏青色的上衣，走在一起，一种说不出的默契与温馨。一转眼，他们两位就上了楼，出了电梯，看见站在旁边的我，把我让到办公室里面。

坐定之后李老师问起我的学习情况。就我这点水平，一张口还不得露底了，那可真就丢人丢到家了。可是好不容易有机会向这么大学问的专家请教，种种问题与困惑如鲠在喉，不吐不快。尽管心里有点忐忑，还是鼓起勇气说之前跟着刘志基老师研究甲骨，博士论文暂定的方向是YH127坑和小屯南地甲骨方面的研究，大概包含这么这么几方面，不知道这个选题怎么样，做起来是不是很难。李老师笑着告诉我，不要害怕困难，解决不了的问题就先放放，做能做的。遇到问题，就回到原点，仔细体会观点中概念的逻辑关系，再从材料出发，客观分析。我接着问关于字义和字形比较的问题。李老师又告诉我要进行这方面的工作，需要差不多有一千个字的量来支撑，这一千个字的字义和字形是比较确定的，这样分析出来的结论比较可信可靠。多么和蔼的老师呀，一点架子都没有，第一次见面就鼓励人。我就把种种担心和顾虑一一说给李老师听，他逐一回答我，一点也不嫌我水平低、问题多。一眨眼小半天过去了。常老师担心李老师累着了，身体受不了。我方记起李老师生病了，就问起李老师的病情，才知道李老师有段时间病得背都直不起来，呼吸都困难。常老师为了照顾李老师瘦了十来斤，好在李老师恢复了不少，体重也增加了几斤。李老师在一旁看着常老师，笑而不语。当时只觉得他们伉俪情深。此刻回首，方体味出李老师人格之高尚。初次见面不怪晚辈问候不周，言谈间不妄议人事，建树巍巍不自居，先人后己，扶持后辈，无欲无私，此非君子而何？

临了，我向李老师转达许先生的问候和建议：希望他别那么忙了，早点休息下来，注意身体。他提起和许先生在上海某饭店（名字我记不起来了）的一次谈话，说自己之所以没有停下来，只是想着为中华民族的文化复兴尽一点力。我又问带给许先生的话写了没。李老师笑着说没写，口头转告一下吧。李老师和常老师一同嘱咐我：代问许先生和白老师好，请许先生多保重，别太操劳了。李老师还让我多听许先生说，多学习。该走了，李老师亲自看着我上了电梯，笑着招手再见。李老师和常老师原来这么和蔼可亲，让人觉得暖暖的。

第二次见到李老师夫妇是 2009 年 12 月 12 日。中心（即华东师大中国文字研究与应用中心，下同）开年会，下午会议结束之后，和张玉梅、刘凌两位师姐去李老师家里探望。我们事前并没有打招呼，来了个突然到访。常老师热情地把我们让进门，李老师正在客厅吃面条，电视里正播放新闻。两位师姐就和李老师开玩笑：李老师，看新闻呀。今天这件银灰色上衣真好看，很帅的。李老师像个孩子似的看了看衣服："好看吗？都穿了好多年了。"常老师在一边笑起来。师姐们说我："你是不知道，十年前李老师更帅呢！"所有人都笑起来。客厅里一个导弹似的钢瓶特别显眼。常老师告诉我们这是氧气瓶，供李老师吸氧用的。现在天气冷，李老师要特别注意不能感冒。我们说起上次去北京许先生的建议：除了吸氧外，天气好的时候，请李老师和常老师到校园里走走，在大树下坐坐，呼吸呼吸新鲜空气。我们这些学生没事来陪着聊聊天说说话。刘凌师姐建议李老师还可以学学太极拳。见面在笑声里结束了，原来李老师和常老师这么家常呀。

寒假回来 3 月初听说李老师病重住院了，中心安排人轮流陪护，王珏师姐和沈祖春师兄都去过了。我就请沈师兄毕业前抽空带我过去。6 月 6 号这天，沈师兄打了个车，带我到坐地铁的地方，然后转车。我是个路痴，走哪问哪，有人带路，很是省心。迷迷糊糊地就到了六院，这是我第一次到六院。绕来绕去上了住院部 13 楼，李老师躺在病床上，常老师招呼我们出去说话。到了走廊里，常老师跟我们说前两天医院里下了病危通知，让家属做好思想准备，真叫人难以接受，这头还要装作若无其事瞒着李老师。说着说着，常老师眼泪不住往下流，满眼的无助和伤心。李老师之前几乎不住院，常老师和医院打交道少，有的事情也是慢慢适应的。好不容易李老师熬过来了，前面曙光依稀，却听到这种消息，无疑晴天霹雳。还好沈师兄在，一个劲儿地安慰常老师。

第一次见面，我觉得常老师漂亮。曾当着两位长辈的面脱口而出："我觉得您年轻的时候肯定特别漂亮。"第二次见面我觉得常老师很热情，生怕我和师姐们累着饿着了。这一次我被常老师那份不舍与情深感动了。常老师不仅仅是个长辈，也是个柔弱的女子，需要照顾和关心，鼓励与支持。

李老师挺过了这一关，八月份的时候好了很多，十月份的时候能下地走路了。本来可以回家护理的，医生建议稳定稳定，就再住一段时间。有次和刘凌师姐一块过去，发现常老师的手很干，裂了很多小口子。师姐说是接触酒精、消毒液太多了。常老师每天要给李老师擦身子、整理伤口，保证李老师不受褥疮之苦。在酒精、消毒液里天天泡，手不干裂才怪呢。我们谈论的时候，李老师默默地听着，眼里歉意丝丝。我想常老师的手要是一直这样子下去，李老师会很难受、会自责的。回去就到欧尚超市买了盒资生堂的护手霜，红色的盒，很女人。下次去的时候，我说："师母，给您买了盒护手霜。您擦擦手，别让手太干了。"没想到常老师一下子不好意思起来，跟个小女孩似的。李老师很高兴，眼里都是笑。常老师夸我细心，难得想得到。一起去的同学刘孝霞说："她羡慕你们呢。刚才在楼下还说你们感情这么好，真让人羡慕。"

12 月底要去北师大开会了，照例许先生都会嘱咐去之前代为看望下李老师。冬至前夕到六院探望，不料不仅李老师躺在病床上吊水，旁边还多出了一张常老师的"病床"。原来常老师的腰受伤了，膏药般大小红红的一片。医院破例照顾，不让常老师睡躺椅了，给安排了一个放钢丝床的位置。常老师因为腰伤，只能侧着身子。她一边等人来给换药，一边招呼我坐下。一问才知道原来是腰疼贴了块膏药，又用热水袋焐了焐，就成这样了。常老师自己看不见伤口，问我严重不严重，是不是好些了。我刚想说话，抬起头，发现李老师正看着我。创面看起来一片血色，触目惊心，大概大家都瞒着常老师，李老师也不想让她知道。常老师大概是病痛得难受，压根儿没注意到我的迟疑，又问伤口怎么样了。不回答吧，常老师大约要疑心伤口有变的。回答吧，说得太轻了，常老师什么时候知道了不就“露馅”了。怎么形容才能让常老师宽心、李老师欣慰呢。情急之下，就随口说伤口看起来在长了。没想到答对了。常老师挺高兴，说用了长皮膏，应该会很快长好的。李老师神情放松了些，眼里也有了笑意。就这样，在李老师的注视下，常老师的每一问，我都尽量避重就轻，避免形容伤口的状态。看得出来，常老师特别渴望伤口早点好起来可以下床照顾李老师，李老师特别心疼常老师，不想让她无谓地忧心。对话结束了，没有“露馅”，也没有被“揭发”或“撞破”，李老师露出了会心的微笑。我很为他们之间的感情感动。后来向常老师说起这个细节，才知道我去的时候常老师已经好转了很多。之前更厉害，连着几天小便不出来，肚子鼓胀着，行动困难。每次起身常不能自持，只得扶着床沿和墙壁，可谓寸步难移，步履维艰。李老师着急心疼，却不能下地相扶，只能握着常老师的手以示鼓励。在那段艰难的岁月里，不知道两位老人经历了多少痛楚磨难，却少有向外人提及。明显感觉到的是，常老师入院伊始的忙乱不适渐渐看不到了，神情越发坚定，处理事情也从容了好多。当时我坚信，在常老师的照顾下，再调养几个月，李老师就能出院了，常老师也不用这么辛苦了。

2011 年 4 月上旬，一到六院，常老师就告诉我前几天李老师又出现一次感染，刚抢救过来没几天。

当时李老师小腿肌肉萎缩以致脱屑，静脉堵塞变紫，趾甲整体变黄，行走下床都成了问题，整个人瘦得皮包骨头，看着真让人心酸。五月份，李老师仍然无法翻身，片刻也离不了呼吸机，脆弱得像个刚出生的婴儿。卧床不起的病是最毁人的病，才几个月的光景，李老师竟成了这副模样。有时候我想，李老师出现肌肉萎缩、静脉炎这样的问题，除了病人身体的原因外，是不是还有院方不作为的因素呢。如果一开始他们就提醒病人及家属注意肢体的按摩和康复性运动，并辅助一定的药物治疗，而不是简单地头痛医头，脚痛医脚，李老师的情况是不是会好一点呢。还有医院在检查的时候怎么能两次本该抽动脉血的，错抽成静脉血，导致误诊呢。一名合格的大夫与护士，是不是应该具备起码的责任心、同情心、观察力呢？现实真让人不免心痛。

常老师请六院一位中医金大夫给李老师开了活血化瘀的药。到了九月份，李老师吃饭的时候可以一两个小时不带呼吸机，可以侧身了，气色也好了些。十月份的时候，李老师恢复得挺好，腿上长肉了，也不再脱屑了。李老师身体好些了就开始惦记这个那个了。记不得是12月还是什么时候了，天气很冷，个个宿舍门窗紧闭，我的手机响了，是常老师打来的。信号很不好，我把阳台上的门打开，一阵冷风。常老师让我等一下，李老师有话和我说。李老师在电话里问起我的学习、论文等情况，还给我提建议。当时各方面都进展缓慢，原本计划的字义与字形问题也没能实现，而李老师病中还这么关心我，鼓励我，真叫人羞愧。

2012年4月份论文写完了，就去六院看望久违的李老师和常老师。论文写得很不满意，也不太会讲课，我觉得自己缺点很多。李老师和常老师都安慰我：谁也不是天生会讲课的，慢慢练练，多上上台就好了。常老师又带我到六院下面的新亚大包吃饭，临了还买了青团让我带回去吃。6月12日下午，常老师打电话给我，问我论文、答辩、工作等顺利吗，李老师挂念呢。李老师那时候情况不太好，常老师也挺累的，他们还一直念叨我，真是让他们费心了。我和常老师约了周六上午去六院，向李老师和常老师讲了讲论文答辩的情况和工作的进展。

8月8号，工作去向明确下来。到六院体检完就去看李老师和常老师。常老师一看到我就说："刮这么大风，下这么大雨，你怎么过来了，淋着了没?"我说工作定了，来体检，顺路就来了。常老师听说我工作定了，连连说好。李老师带着呼吸机，躺在病床上，眉眼都是笑意，衷心为我高兴。常老师看出来李老师有话说，就为李老师取下氧气罩，方便他同我讲话。李老师身子虚弱，讲话有些吃力，声音很低，却仍笑着同我说："睡觉前想想自己都干了些什么，把第二天要做的事也都想想清楚。"现在工作忙起来，发现每本书的问题都不一样，事情琐碎，精力时间有限，可不是要像李老师说的那样"睡觉前想想自己都干了些什么，把第二天要做的事也都想想清楚"。方顿悟李老师当时是要在第一时间将自己宝贵的人生经验用最简单的话来告诉我呀。

李老师就是这样，处处为别人考虑，住院的三年中不管谁去看他都待之以礼。之前我只是简单归结为李老师脾气真好。2010年11月份，我的脚感染了，包扎着，没法穿鞋，大约两个星期左右没下过宿舍楼。经过这次生病，我就想：自己才两个星期出不了门，李老师可是成年累月住在医院，几乎连病房的门都没出过呀。李老师经年吃药、脚伤累月不愈、身上时发褥疮、口腔溃烂进食困难、血管堵塞肌肉萎缩、大小便不能自理、坐卧不由己，在这样一种境遇下，他还惦记着他的书，关心着学生，更念念不忘心中的学术蓝图与梦想。这得是多么毅力坚强的人、天性纯良的人、宅心仁厚的人、胸怀博大的人才能做到的呀。我常躬身自问，假如有一天我这般躺在床上，对人对事能做到李老师几分？李老师身上值得学习的东西，太多太多了。

去年9月，我给李老师按摩小腿的时候发现他神经的感知能力没有6月里好，因为两个月前的7月14号左右李老师有过一次重度感染，还在恢复中。考虑到前年4月6号左右感染之后的情形，我很担心身体虚弱的他年后四五月份再度感染。可是常老师每天那么辛苦忙累，期待李老师一年半载后好起来是她最大的愿望，也是信念的来源与动力，我就不忍心讲这些丧气的话。岂料11月噩耗传来。而就在李老师走的前两天，专家还进行了一次会诊。周六（17号）常老师按照医生的要求买了不少的药对李老师说："这次多买点药，给你调理调理。大风大浪咱们都闯过来了，这次一定能过关的。你放宽心。"出去买药之前常老师还特意量了量李老师的体温，一切正常。不虞买药回来发现医院在用药方面出现失误，李老师发烧近39度，呼吸也不是很好。羸弱的病人需要及时退烧和救治，容不得丝毫的耽误和马虎，而值班医生却不以为意、不作为，一直拖延了好几个小时，硬生生把最佳的抢救时机贻误了。之前多次病危都挺过来了，这次突然从一个尚可的状态走向生命的尽头。怎不叫人扼腕叹息！常老师更是悲痛欲绝，不知道流了多少泪，难以接受和割舍，情愿自己再辛苦一些，也希望李老师能多留些日子。要常老师从心理上接受李老师已经不在了，是一件很难的事，恐怕需要很长时间。"沉绵于悲而毁身"，常老师的身体情况恐怕不允许这个时间拖得过长。况生者忧忧之情、憔悴之形，李老师若泉下有知，情何以堪！唯望常老师"善自珍摄，康健益寿"，以慰先行者之意也。

回首李老师住院前后的点点滴滴，个中言传身教、提携爱护，值得一生去体会、怀念、追寻、感恩。

逝者仁爱之心，不思量，自难忘。李老师在天之灵安息吧！

2013年7月26日

（作者为上海交通大学出版社编辑）

# 再道一声“李老师好”

魏　崴

我在念初中的时候，学习遇到严重的困难，这使我有幸结识了李老师。由于学业上遭遇挫折，我父母带着我拜访了多位名师寻求指点，但皆因成绩不达标准而被拒之门外。这让年幼的我过早地体会到了求学之苦。让我惊喜的是，我的语文老师常老师竟主动提出在学业上为我提供无私的帮助。

记得第一次拜访老师的家，我是怀着不安而忧虑的心情去的。为我开门的是一位和蔼的先生。他左手拿着炒菜的勺子亲切地招呼我进门，对我说道：“外边冷，快进屋，你先在厅里等一下，常老师在备课，一会儿就为你补习。”说罢，便回到进门右手边的厨房里烧菜。客厅靠左的桌子上，放着几个馒头和几碟已经冷了的小菜。常老师为了我的学业和准备第二天的教学，把烹饪晚餐的任务交给她的先生了。当时已经是晚上七点，老师要到为我上完课后才能草草吃点饭。我感动的同时，更多的是深深的愧疚。那天我离开老师家的时候，常老师与她的先生一起送我，并叮嘱我路上小心。老师耐心的教导与温暖的话语一扫我来时的不安与忐忑。这便是我第一次见到李老师的情景。这段往事虽已过去多年，但是每次回忆起来依然那么清晰。

时间一长，我得知常老师的先生姓李，一见面我就道“李老师好”。课余时间，只要李老师有空，他就会和我聊一些历史、文化、国际时事方面的问题。我喜欢鲁迅先生的文章，李老师就会与我交流对文章的感受与体会。有的时候我还会与李老师就某一个问题发生一点小争论。现在回想起来，我真是班门弄斧，不懂规矩，有不尊重师长之嫌。直到有一天，华东师范大学校报上刊登了一篇《非宁静无以致远，非淡泊无以明志》的文章，看着报纸上的照片，我才恍然大悟，常老师的先生李老师原来就是博古通今、桃李满天下的李玲璞教授。在李老师身上，我丝毫感觉不到像有些知识分子那样的学究气，他总是那样谦卑地、平和地对待晚辈。



在我的印象里，李老师的话语并不多，但是句句箴言，言语之间充满着智慧与幽默。由于时间关系，我未能步入李老师的课堂，但是他总是润物细无声地在精神方面给我启迪，为我指导前进的方向。

“不服输的个性很重要。”这是李老师在我考入高中时对我的教导。有时候我们无法选择自己的命运，但是我们有与命运抗争的权利。在遇到逆境的时候，李老师教会我如何摆正心态，不畏艰辛，迎难而上，翻越学习路上的一座座险峰。在我的学业陷入低谷，失去战胜挫折的自信与勇气的时候，是常老师与李老师在百忙之中为我提供知识上的指导和精神上的鼓励。在他们的帮助下，我顺利完成了高中的学业，考入了华东师范大学。翻开李老师一生奋斗与工作的漫漫长卷，我们能感受到李老师在学术领域攻坚克难、百折不挠的精神。

“走自己热爱的学术道路，这条路一定是对的。”这是在病榻上的李老师给我的最后忠告。大学毕业以后，我进入社会工作了一年有余。在这之后我决定重返校园继续深造。这一举动令我许多同事、同学不解，因为在他们眼里，放弃眼前的工作，失去了一份稳定的工资是不合常理的事情。我也曾受世俗观念的影响而多次动摇自己的理想。知道我热爱中国古代艺术，李老师在病重期间依然不忘关心我的学业。李老师的一席话，更加坚定了我坚持理想的信念。我希望我能像老师那样，尽全力投入到自己热爱的学术研究中去。

有时候真想和李老师再多说一些话，又唯恐过多的言语会影响老师的健康，老师涌泉之恩，学生却无以回报。让我再道一声“李老师好”吧！李老师虽然走了，但是他的音容笑貌、精深的学术思想、高尚的品德将永远铭刻在我的心里。

（作者为华东师范大学艺术研究所研究生）

# 李玲璞先生二三事

丁皓琛

华师大文科大楼侧墙上赫然竖立着的是华东师范大学的校名与校徽，校徽形似水杉树叶。水杉树在校园内随处可见。春夏时节树上只有常绿的树叶，没有繁花似锦般的绚烂，朴实无华，却高大挺拔；秋冬季节树木被阳光染成一片红色，有些树枝上的叶子已脱落殆尽，尽管略显沧桑，却散发出绚丽的色彩。水杉树寓意“十年树木，百年树人”。这既是对校园里莘莘学子的勉励，也是夜以继日不断探究的学术工作者的象征，李玲璞先生就是诸多学者中的一位。

初三时，我曾受到一位语文老师的照顾，那便成了我与李玲璞先生相识的契机。那位老师未曾在学校里教授过我语文，同学们都称呼她为常老师。之前我曾与常老师有过数面之缘，她是一位相貌和蔼的老师，并且有着与之相符的稳重。我仍记得她因工作繁忙而推迟了辅导时间，曾将一套试卷亲自送到我的家中作摸底之用。记忆中有位先生也陪同而来，那似乎正是李玲璞先生。

辅导地点是一个有些年头的办公室。有时，推开门便能看到一位写字台前正忙于工作的先生。平易近人的脸庞与学者特征的眼镜是我对这位先生的最初印象。由于常老师一直称呼他为李老师，我也就顺理成章地如此称呼。那时，李老师总是以茶招待我这个仅有数面之缘的初中生。

初中毕业后，我很少与李老师联系。在路上相遇时，我们就相互打个招呼，李老师会询问我的学习状况。大学军训前的一段时间，由于身体不适，我在家中休息。常老师和李老师又到我家中慰问，劝我养好身体再去学校。

大学一年级的那个寒假，我到常老师家中探望。屋内简单的摆设和久未粉饰的墙面又使我想起了先前的那个办公室。房间里最突兀的是一只钢瓶，进门时，李老师正带着吸氧罩，这使我不安了许久。见我来了，李老师便立刻要求常老师帮他拿下氧气罩。之后看到李老师又能侃侃而谈，我心中的不安也随之消散。那天我们聊了许久，去时大约是正午，而回到家中却发现已过两点。我本是去探望常老师，但和我聊得最多的却是李老师。

最开始的话题是关于我的发展，“我们首先要考虑的应该是他今后的发展”。他对常老师这么说道，且间断地重复至少三次之多。李老师还补充道：“现在的大学生什么都没经历过，因此大学一毕业就会面临各种问题。”当时，我并不以为然，但现在想想，才觉得应该早作规划。而那时李老师担忧学生的前途或许是他的固有习惯。

这个话题并没有持续多久。那之后的话题围绕着我的奇思怪想展开，此后又是一些有关“仁者乐山，智者乐水”方面的话题。

那天，李老师和我谈论最多的莫过于他与常溪萍副校长的往事。李老师说话时有舒缓平和的特点，但一谈起常溪萍副校长，便肃然起敬起来。我依旧记得他和常溪萍副校长之间的两件事。其中一件发生在球场上。那天李老师作为一名运动员在篮球场上挥洒汗水，周围有许多观众，常溪萍副校长也是其中一位。比赛结束后，常溪萍副校长叫出了李老师的名字，至于这是出于什么原因我已记不清了，但李老师却对此十分感动。李老师说：“我从未向他说起过自己的名字，但他却知道我的名字。”另一件事是，有一次李老师教授书法课，他却惊奇地在学生中发现了常溪萍副校长的身影。那天，常溪萍副校长还称赞他写得一手好字。之后，李老师又兴致勃勃地说起了曾作为常溪萍副校长秘书的我的外公，但具体内容我已记不太清了。现在回想起来，李玲璞先生也拥有与他所描述的常溪萍副校长相同的特点。离开时，李老师又在常老师的帮助下戴上了吸氧罩。

后来，我得知李玲璞先生因病情恶化而住院。几个月前，我曾去医院探望，他的身体十分虚弱。常老师也由于照顾先生的缘故，憔悴了不少。

第二次进入常老师家的大门已是李玲璞先生追悼会的前一天，那天晚上下着大雨。进门后迎接我们的是常老师和李玲璞先生的女儿。客厅中早已不见了先生的踪影，只剩下一张先生面带笑容的肖像照。从照片中可看出先生并不善言笑，却透露着豪迈之气。客厅里坐着的是李玲璞先生的两位学生。一位坐在上次造访时先生曾坐过的沙发上，另一位坐在一旁的椅子上。他们正在用银色的锡箔叠着元宝。上完香后，我便坐在椅子上与他们共同叠元宝略表心意。之后又来了几批客人，有的是亲属，有的是学生。

直到那天夜晚，我才了解到李玲璞先生作为一名文字学家的冰山一角。那天夜里不乏学生间的交流，他们提到最多的就是李玲璞先生在文字学上的卓越贡献以及先生对学生们的帮助。他的女儿却说，这些事他在家中从不提起。只是，一旦知晓学生有了成就，他就会十分高兴，之后便一直谈论着这名学生。他的学生回忆过这样一个场景，有事造访时，却发现李玲璞先生书房的地上堆满了书籍，连路都很难走。为此，他曾向学生道歉。他的女儿说，有时候劝先生休息一下，他竟不知道除了工作，还有什么是可以做的。生病期间，他仍坐在床上工作，半张床又铺满了书。后来，我又听常老师这样描述道："他的睡眠时间很有限，有时到了三更半夜，书桌前的灯还亮着。"北宋词人柳永曾这样写道："衣带渐宽终不悔，为伊消得人憔悴。"而这正是对先生治学态度的最好诠释。

那天晚上造访的学生很多，我离开时已过深夜十一点，却仍有许多学生无意离开。

第二天是李玲璞先生的追悼会。临近尾声时，出席者站成数排，并按前后顺序向先生鞠躬送别。我站在前排，待行礼完毕走出礼堂时，才发现送行的人已然排到了礼堂之外。

李玲璞先生是个朴素而平凡的人，用平凡的方式关心别人，用平凡的方式一心一意地做学问。他所做的事看似人人能做，却不是人人都能做到。高中时，有位颇有建树的数学老师曾这样说道："学习就是在学做人。"李玲璞先生正是用他那平凡的笔触书写着他并不平凡的一生。

（作者现就读于上海第二工业大学）

# 筑起古文字的一座长城[①]

颜维琦

2012年的最后一天，转进华东师范大学一座家属楼，踏上几十级灰旧的台阶，记者敲开了李玲璞老师的家门。

开门的是李老师的女儿李笑虹女士。就在一个多月前的11月17日22时39分，李玲璞离开了他钟爱的语言文字和他的学生们，留下了皇皇十二册巨作《古文字诂林》和一座未完成的文字学理论大厦。这一年，他七十八岁。不可谓不寿，距离众人的期待，却是走得太早，太匆忙了。

"进来吧。"见记者在门前迟疑，李笑虹女士低声招呼。轻轻走进屋，一个灰白布料罩着的老式沙发，一台经年未用的老电视，两个老书柜，还有一张书桌。桌上铺着块墨绿色的发热台板，好让冬天伏案工作时手不至于太冷。书柜里面、书桌脚下，满满的尽是书。

很难想象，就是在这间简陋得让人心疼的书房里，从王元化、顾廷龙等前辈学者手中接过重任的李玲璞，苦思冥想，足足用了三个月时间筹划《古文字诂林》的编纂框架和队伍组建，最终，历时十五年主持完成了这部"集万卷于一册，汇众说于一编"的古文字考释集大成之作。

十五载春秋，李玲璞的名字和《诂林》紧紧联系在了一起，他一生中最宝贵的学术黄金期，也都献给了这项"打基础"的工作。"这是一个不寻常的学术成果。"《诂林》学术顾问李学勤先生赞叹，"编印这样一部大型的专业工具书，实在是太不容易了。中国的古文字学源远流长，变化万端，学者加以隶写考定，又各家不同。这十二册书，有多少需要特殊处理的字形？仅此一点，我们就应该向编者和出版社表示敬意和感谢。"

的确，从确立书稿的编纂系统，到运用现代信息技术排版，到编纂队伍的聚合和建设，《古文字诂林》破除了太多难题。作为主编的李玲

---

① 编者注：本文原刊于2013年1月21日《光明日报》。

璞不仅携来百余名专家，奔赴全国各地穷举搜求、反复论证，还带出了一支年轻的学术队伍。作为第一发明人，李玲璞和电脑排版公司联合开发了《古文字字形库与电脑排版系统》，在中国印刷史上首次突破了甲骨文、金文、陶文、货币文、玺印文、简牍文、帛书和石刻文八大类出土古文字的排版印刷瓶颈。

2006 年，《古文字诂林》连获首届中华优秀出版物图书奖、首届中国出版政府图书奖等诸多大奖。“将千百年来历代学者的古文字研究成果荟萃一起，这在中国学术史上是第一次；将甲骨文、金文等八大类十五种古文字收于一册，这在中国出版史上是第一次。”上海市哲学社会科学优秀成果一等奖的颁奖词兴奋地赞道，这部巨制“筑起了一座中国语言文字学长城”。这一年，李玲璞七十二岁。

华东师范大学教授刘志基回忆说，《诂林》出齐后，李玲璞先生在不同场合如释重负地感慨：现在终于有时间去实现自己原来的科研规划了。刘志基说，作为学生，他深知老师注重既有研究成绩的系统整理，更加看重的还是文字学这个传统学科领域的理论创新。在《诂林》的编纂过程中，李玲璞对于自己早年提出的“字素”理论、文字学三维系统（取象发生系统、本体结构系统和心理认知系统）理论有了更深入的思考，他期望构筑的是一座中国文字学理论体系的大厦。而大厦的蓝图，早已成竹在胸，假以时日，即可呈示于学界。然而，他又一次把自己的科研计划搁在了一边。

《古文字诂林》的责任编辑夏军清楚地记得，就在《诂林》出齐次年，已身患癌症的王元化请李玲璞和《诂林》出版方上海教育出版社总编到家中一见。王元化带着征询的语气问：“《诂林》编好了，可卷数太多，那是专业人士用的，一般人买不起。你们能不能在《诂林》基础上再编一部精要、易懂、实用的简编本呢，那样更有助于普及。”“我们试试吧。”李玲璞轻轻地说，马上投入了简编本《古文字释要》的筹划工作。

“他的好身板都透支给了《诂林》。”学生们都还记得当年这位英俊帅气的篮球、手球健将，国家一级运动员的风采。再次全心投入《古文字释要》的编纂，李玲璞比从前消瘦了许多，一遇天气变化，就咳个不停，有时感冒几个月不好。后来，他只能在家中一边吸氧，一边看稿。最终的书稿校样是在医院的病床上改定的。

如今，在书房一角，先生的照片旁，静静躺着几本先生珍爱的著作和友人学生写下的思念。

“先生古道热肠，其人生价值追求，以教书育才，为内心世界基本寄托；以学术‘立言’，为人生根本皈依。”华东师范大学中国文字研究与应用中心主任臧克和写道。从解放区的“小先生”到小学教师，从夜大学教师到博士研究生导师，他七十八岁的人生，有着六十八载的从教经历。他的学生中，不乏学术骨干和学科带头人，无不感恩他的言传身教。

“孔子曰：古之学者为己，今之学者为人。今知其义且能行之者盖寡，而璞兄有焉！”全国人大常委会原副委员长许嘉璐如是评价老友李玲璞。

该道别了。走到门口，路过空荡荡的厨房，禁不住有些怅然。1985年，《光明日报》曾刊登刘堂江的散文《李玲璞老师家那醉人的蟹香》。往后，那饱含师生情谊的蟹香再不会飘出了，先生治学为人的精神还将继续润溉后人。李玲璞常爱用“李圃”的笔名，在文字学的园圃中，他永远是那不辞辛劳的园丁，埋头耕耘，不求闻达，只为着来年更好的收成。

# 学界追思《古文字诂林》主编李玲璞教授[①]

徐瑞哲

甲骨文、金文、玺印文、货币文、陶文、简牍文……万余个古文字头，上千万字考释资料，汇集为洋洋十二大卷《古文字诂林》，这部我国迄今规模最大的古文字汇释工具书，与主编李玲璞的名字永远连在一起。前天（23 日），沪上文字学界追思这位不久前病逝的华东师大中文系教授。他七十八岁生命的最后三年，与最后一部著作在病榻上度过。

## 构起一座中国语言文字学长城

李玲璞学术生涯的巅峰在他七十三岁时，2006 年《古文字诂林》历经十五个春秋全套出齐，连获首届中华优秀出版物图书奖、首届中国出版政府图书奖等。“将千百年来历代学者的古文字研究成果荟萃一起，这在中国学术史上是第一次；将甲骨文、金文等八大类十五种古文字收于一册，这在中国出版史上是第一次。”上海市哲学社会科学优秀成果一等奖的颁奖词，还形容这部巨制构起了“一座中国语言文字学长城”。

作为主编，李玲璞不仅携来百余名专家“共筑长城”，还以第一作者身份发明“古文字字形库与电脑排版系统”，在中国印刷史上首次突破各类出土古文字的排版印刷瓶颈。有“北钱南王”之称的学界泰斗、原上海市古籍整理出版规划领导小组组长王元化认为，传统国学没有这种工程打基础，等于是空中楼阁。

就在次年，已身患癌症的王元化请李玲璞以及《诂林》出版方上海教育出版社老总等人，到家中一见。“《诂林》编好了，可卷数多，那是专业人士用的，一般人就算买得起，也用得不便。”王元化带着征询的语气问：“你们能不能在《诂林》基础上再编一部精要、易懂、实用的简本呢，那样更有助于普及。”李玲璞答应下来：“我们试试吧。”



① 编者注：本文原刊于 2012 年 12 月 25 日《解放日报》。

## 好身板全部透支给了书稿

在旁的《诂林》责任编辑夏军心里清楚，李老这个当年的篮球、手球健将，最近十余载已经把这副好身板全部透支给《诂林》了。果然，再次全心投入单卷本《古文字释要》编纂后，李玲璞比从前消瘦了许多，一遇天气变化，就咳个不停，有时感冒几个月不好。后来，他只能让夏军把完成的部分书稿送至家中，边吸氧、边看稿。“看着李先生指着书稿的瘦瘦指头，看着他带着鼻息说话时吃力的模样，不禁悲从中来。”2008 年春，王元化在沪病逝，没能亲见《释要》问世。

前年春节，李玲璞也不得不住进医院，经历多次急救，每次又转危为安。医生说，他的肺功能丧失了四分之三以上，随时都可能因缺氧而陷入深度昏迷。当他病情稍稳的一段时间，就向夏军提出要看校样。幸好，赶在 2010 年年底，首批《释要》出版了，夏军在第一时间把书送到病床前。李玲璞靠着夫人硬撑着坐起，对着《释要》左端详、右端详，就像品鉴一件稀世之宝。为报答亲友关爱，他还想亲笔签名将新书相送。可因为实在无力握笔，那几本绝笔之作直到最后仍静静躺在他的床边……

全国人大常委会原副委员长许嘉璐发来唁函：黾勉勤劳一生，所奉献于世者，学林将永铭之。

# 李玲璞：编皇皇巨著　弘学术正气[①]

荀澄敏

他毕生热爱汉语言文字研究，终身追求科研创新，在汉语史、汉语言文字学研究领域里独树一帜……他就是李玲璞，著名语言文字学家、华东师范大学中文系教授、中国文字研究与应用中心名誉主任、上海市古籍整理与规划重大项目《古文字诂林》主编。日前，华东师大举行了李玲璞先生追思会，华东师大校领导、李玲璞的同事、学生等在追思会上缅怀李玲璞先生的杰出贡献。

李玲璞教授主持编纂的《古文字诂林》（12册），是我国迄今为止规模最为宏大的古文字汇释类专业工具书。“集万卷于一册，汇众说于一编”的《古文字诂林》是荟萃迄今为止古文字形体与研究考释成果的大型工具书，所收考释资料涵盖出土古文字和传世古文字，这也是李玲璞学术生涯中具有浓墨重彩的篇章。

“在承担了《古文字诂林》编纂工作之初，作为主编的李玲璞老师，足足用了三个月时间思考问题：项目的容量、项目的自身系统、书稿编成之后如何运用现代信息技术排版。”上海社科院信息研究所所长、研究员王世伟回忆说。在《古文字诂林》进入出版阶段时，摆在李玲璞和全体编撰人员面前的，是数百个装满原稿的纸箱，一万多个资料袋近十万页原稿。“七年间，八个校次的校样在编委、编辑和排版人员间轮转多次，没有发生大的差错，”《古文字诂林》责任编辑夏军回忆说，“这全赖李先生的调度。如果我们碰到问题，事无巨细，我们总找李先生商量，而他以主编之尊，却毫无烦言。”

华东师大历史系教授余志森既是李玲璞的同事，也是他的邻居。“一天晚上，我在老李府上叙旧，两人不约而同地谈到学界的腐败现象，平时非常冷静的他义愤填膺，”余志森说，“老李对学术不正之风深恶痛绝，同时，他对待自己的职称、名誉、地位却总是淡然处之，泰然待之，低调行事。”



① 编者注：本文原刊于2013年1月4日《东方教育时报》。

无论科研工作多么繁重，李玲璞始终坚持把教书育人放在首位。从教半个世纪以来，李玲璞早已桃李满天下，他的学生遍布全国数十家高校和研究单位，其中不乏学科带头人和院系领导。华东师大中文系教授洪本健告诉记者：“今天，李老师虽然已经离开了我们，但看到这部皇皇巨著时，就觉得李老师仍在我们身边。”

# 龟甲诂林的执着守望者①

张惠虹

将千百年来历代学者的古文字研究成果荟萃一起，这在中国学术史上是第一次；将甲骨文、金文等 8 大类 15 种文字收于一册，这在中国出版史上是第一次。

从青丝熬成白发，十四年修编一套书，“构起了一座中国语言文字学长城”；从孩童到垂暮，六十八年坚守杏坛，一辈子教书、一辈子育人；从学术尖兵到学科帅才，带出一支团队、带强一个学科。在喧嚣和浮躁中，他坚守着自己的追求和宁静。这位前辈就是前不久去世的著名语言文字学家、华东师范大学中文系教授李玲璞。全国人大常委会原副委员长许嘉璐先生在唁函中这样评价他：“子曰：古之学者为己。今知其真义且能行之者盖寡，而璞兄有焉！”

## “古之学者为己”，十四载开“说文解字”新篇

2006 年，由李玲璞主编的《古文字诂林》获得上海市第八届哲学社会科学优秀成果一等奖，颁奖词如是说：“将千百年来历代学者的古文字研究成果荟萃一起，这在中国学术史上是第一次；将甲骨文、金文等 8 大类 15 种文字收于一册，这在中国出版史上是第一次。百余名专家，历时 14 年，构起了一座中国语言文字学长城。”

1991 年春，著名学者王元化先生出于对古代文化研究整理式微的焦虑，提出了编写一部《古文字诂林》。经顾廷龙先生举荐，李玲璞明知担子很重、困难很多，还是毅然承担了主编的重任。他用了三个月的时间考虑项目实施可能遇到的各种问题，再用了漫长的十四年，带着他的团队汇集厘定了一万多字头，考释收集了一千多万字的资料，其中历经的艰辛与困难非常人所能承受。中国的古文字学源远流长，变化万端，原始文献的审读和择选工程浩大。要将二十几个书架的原始文献资

① 编者注：本文原刊于 2013 年 1 月 7 日《中国教育报》。

料通读一遍，按编纂体例进行取舍剪裁，然后将选中的资料依据史的线索，按出版时间的先后次序编排，分门别类装入一万多个相关的字头袋。李先生作为主编，身先士卒，承担了与其他编委一样的审读、加工工作。

项目进展到一半，经费基本用完，项目面临下马的风险。那段时间李先生心急如焚，回家后常常一个人枯坐在他那简陋的书桌前，半天不说一句话，只是一支接着一支地抽烟。后来经他多方奔走，事情终于出现转机，项目救活了，李先生的脸上重又浮现出开心的笑容。

书稿的排版也是一大难题。古文字类图书，一向因为古文字字形的难以处理和怪字的繁多而被出版界视为畏途。李先生带着编委会在全国调研，与电脑公司联合攻关，开发了“古文字字形库及排版系统”，最终在印刷出版上取得历史性突破，成功运用计算机技术解决甲骨文等八大类古文字的排版印刷问题。中国古文字书籍印刷从此可以摆脱石印、铅印、蜡刻、手写和“剪刀加糨糊”的时代。

研究考释汇编古文字训诂，生涩烦琐，乏人问津。但编纂《古文字诂林》这种工具书是“一项功德无量的大型文化工程”，正如王元化先生所说，“传统国学没有这种工程打基础，等于是空中楼阁”。没有强烈的学术理想和学术担当，又怎么敢接下这副重担，啃下这块硬骨头？

《古文字诂林》编成，在一次会上，王元化先生起身弯腰，向编纂人员行了三个九十度的礼。王元化先生提议：“《古文字诂林》卷数多，那是专业人士用的，一般人就算买得起也用得不便。能不能在《古文字诂林》基础上再编一部精要、易懂、实用的简本，那样更有助于普及。”李玲璞答应下来，在他生命的最后三年里，他一边与病魔做斗争，一边编纂单卷本《古文字释要》，甚至边吸氧、边看稿。经过不懈努力，《古文字释要》终于在2010年底如期出版。

## 从“小先生”到“大家”，执守杏坛六十八年

还是从就读小学四年级的十岁起，李先生就因成绩优异被家乡（胶东老解放区）的教育主管部门遴选为“小先生”，课余时间任教于妇女扫盲识字班。在1956年考入华东师大前，在家乡历任小学代课教师、初级小学校长、县完全小学教师、专区师范学校语文教师、专署干部文化学校语法修辞课教师。1960年留校任华东师大中文系教职后直至生命终点，他没有一天离开过教书育人的第一线，累积起来，已是整整六

十八年。这六十八年，从“小先生”到小学代课教师，从初级小学教师到高级小学教师，从中等学校教师到职工大学教师，从全日制大学本专科教师到夜大学、函授大学、自学考试本专科教师，从硕士研究生导师到博士研究生导师，几乎遍及各种层次规格的教学工作，这在教育界是十分罕见的。

李玲璞教授先后为本科学生开设了“语言学概论”“古代汉语”等基础课和“甲骨文选读”等选修课，为研究生开设了“甲骨文文字学”“汉字发生学”等专业课。为了上好这些艰深的语言课程，他十分注重教学法的钻研，使自己讲授的课程既有学术深度，又能深入浅出，受到学生的一致欢迎。“甲骨文选读”常常成为选读人数最多的课程之一。

他在研究生培养工作上也倾注了大量心血。他对所带的研究生从思想的成长到学术水平的提高，乃至对学生身体健康、生活困难诸方面都备加关心。每年中秋，他都请家在外地的研究生到自己家中吃月饼话团圆。他的博士生、北京语言大学教授华学诚追忆起当年从扬州到上海参加博士生考试的场景仍然历历在目：李玲璞先生提前订好旅馆，送他去旅馆，帮他付好房费，反复嘱咐。三场考试，每场考试出来华学诚都能看到在春寒料峭中等候的先生。

## 心底无私天地宽，甘为人梯托俊彦

《古文字诂林》是集体项目，参与编纂的人员前后不下三十余人，许多青年科研人员都是兼职参与。为了稳定这支队伍，李玲璞使出了浑身解数。经他多方奔走，反复协调，不仅尽可能减轻了参与人员的教学科研任务，还使《古文字诂林》的阶段性成果也能够成为评定职称的依据，为青年教师解决了后顾之忧。李先生还创造性地作为甲方，与其中的中青年科研人员的乙方分别签订了资料搜集的合同书，用合同的方式把双方的权利义务明确下来，这在当时的科研项目管理中是十分罕见的。

几年的磨炼，参与编纂的学者学术水平都获得了长足进步。当年的硕士生、博士生，如今有一半以上成了教授、博导。李玲璞自豪地说，《古文字诂林》从立项到全书出版，不仅完成了一个项目，还培养了一支队伍。

《古文字诂林》的编纂不仅带出了一支队伍，更带强了一个学科。 1999年，当《古文字诂林》第一册问世之际，华东师大举行了中国文字学国际学术研讨会，华东师大“文字学研究中心”的中青年学术团队集体亮相，得到了全国同行专家的交口称赞，认为上海已成为文字学学术研究的重镇。不久，华东师大汉语言文字学专业博士点成为上海市重点学科，该校设立的“中国文字研究与应用中心”也成为教育部人文社科重点研究基地。

为了这个学科的发展，李玲璞先生可谓殚精竭虑。他捧着一颗求贤若渴的火热之心，想方设法发现人才、引进人才。为了留住人才，他经常多方奔走、极力争取，事成之后，他也从不肯与人细说其间的艰辛，只是莞尔一笑：“事情办完了就行了，过程已经不重要了。”

统领学科的发展，不仅需要伯乐的慧眼，也需要宽广的学术胸襟。华东师范大学中国文字研究与应用中心王元鹿教授忆起走上比较文字学和民族文字研究这条路，对李先生充满了敬佩。当时汉语言文字专业还没有研究民族文字的先例，当王元鹿向李先生报告他的学位论文选题是东巴文字时，心中不免惴惴。虽然李先生对东巴文字也所知不多，却欣然同意，备加鼓励，并同意王元鹿去丽江进行实地调查，还到处为他托人找寻与东巴文字研究相关的专家。在昆明、丽江调查的一个月，李先生还与他通了多封书信。

心底无私天地宽。为己，出于己心，迫于己任，才能心无旁骛地因学科发展而喜而忧，才能甘为人梯托俊彦，但求薪火有传人。正如许嘉璐先生所说，李玲璞先生“黾勉勤劳一生，所奉献于世者，学林将永铭之”，“逝者已矣，其精神、其学术已灌注于学生之心，此岂非其生命之延续与？所谓‘不朽’者，是矣”。

# 璞玉筑丰碑　师德树楷模[1]

## ——记已故汉语言文字学泰斗、名师李玲璞

陈　韬　夏　军

李玲璞是谁？他是我国汉语言文字学泰斗、华东师范大学中文系教授，他是被载入《世界名人录》《英国剑桥名人录》的学界名师。2012年11月17日，他与病魔斗争了四年后离开了我们，离开了他钟爱的教育事业。

诗人臧克家说："有的人死了，他还活着。"李玲璞用他至诚至纯的七十八载人生奏出了这个时代最需要的音符——"真"。寒来暑往，青灯黄卷，年复一年，青丝变白发，唯真心不改。做学问，他坚持"例不十，不为证"；对他人，则坦言"交友以诚"；为师者，他感慨"不要伤了学生的心"；于名利，他却视为敝屣，深夜在煤气灶间默默坚守着那片对国家教育事业的赤诚。

李玲璞身上的闪光之处不仅诠释的是真的本质，更传递的是一种真的力量——垂范。面对当下社会转型、改革深入所呈现的复杂与矛盾，他的这份垂范无疑是划时代的，其价值更弥足珍贵。"潜心治学，殷勤传学，为人师表"，这是几代中国教育人所恪守的良知底线，也是我们前行不辍的道德彼岸。

李玲璞，不单是一个让人感动的名字，他带给我们的也不仅是灵魂的共鸣，而且是对中国教育未来的憧憬。

病床上，一位带着呼吸机、高烧39度的老人，总是把手从被子里伸出来，在空中比画着汉字，那是一年中最冷的季节，老人伸出来的手总是被身边的家人掖了回去，但他异常固执，难以劝阻。像这样的"搏斗"已经难以计数了。这位在生命的最后时光里仍醉心于学术的老人便是著名汉语言文字学家、华东师范大学中文系教授、中国文字研究与应用中心名誉主任李玲璞。这位已经被载入《世界名人录》《英国剑桥名



① 编者注：本文原刊于《上海教育》2013年第1期。

人录》的学界名师，大半个世纪以来一直坚守着他的那只“冷板凳”——汉语言文字学，躬勤一生，直至终点。

2012年11月23日上午，风雨交加，龙华殡仪馆的一间悼念厅里肃静而凝重。由于事先估计不足，已经是最大号的中厅根本容纳不下数百位悼念者，许多人只能驻足门外。“一个老师的悼念仪式竟有如此多的参加者”，连现场工作人员都颇感惊异。在众多的悼念者中，除了亲属、领导、同事和老友之外，更多的是从全国各地专程赶来的学生。

作为一名汉语言文字教师，先生一生为人师表，桃李满天下；而作为一名学者，他将毕生的心血投注于那源远流长、姿态万千的汉文字之中。他一生淡泊名利、潜心治学、殷勤传学、刻苦为人，用先生的挚友、全国人大原副委员长、中国训诂学研究会原会长许嘉璐的话说：“孔子云，古之学者为己。璞兄不以学业炫耀于世而求闻达，视名利如敝屣，此非古风而何?”诚然，一生执着于学术立言，潜心于教学育才的李玲璞，身上透射出的是中国老一代知识分子为学的真切、为师的真挚和为人的真诚。

## 不寻常的学术成就

对他而言，鲜花与掌声的背后，十五年的艰难历程更是难以言表。

上世纪90年代的一个盛夏之夜，华东师大文科大楼1307编纂室里灯火通明，天花板上的两个风扇呼呼作响，跟身旁的几台复印机热量交汇，热浪铺天盖地，包裹人体。李玲璞坐在硬木椅上，汗流浃背，衬衫紧贴在身，同其他几位研究者一道聚精会神地翻阅并记录着堆积如山的古文字典籍。此时的李玲璞已接手了一项规模浩大的学术项目《古文字诂林》，他深知无论从体量还是从难度，要编写成功这套大型的古文字工具书，除了夜以继日地与时间赛跑，别无捷径。

“将千百年来历代学者的古文字研究成果荟萃一起，这在中国学术史上是第一次；将甲骨文、金文、货币文等八大类十五种古文字收于一册，这在中国出版史上是第一次。百余名专家，历时十五年，构起了一座中国语言文字长城。”在2006年底上海市第八届哲学社会科学优秀成果表彰大会上，短短几句颁奖词喊出了作为一等奖的《古文字诂林》这部鸿篇巨制的分量。除此以外，这部被誉为“上海精神文明建设标志性工程”的著作还囊括了首届中国出版政府奖、首届中华优秀出版物奖和上海市新闻出版特等奖等诸多大奖。而作为主编的李玲璞在这其中的功勋则是无人能出其右的。对他而言，鲜花与掌声的背后，十五年的艰难历程更是难以言表。

1991年春，时任上海市古籍整理规划小组组长的学界泰斗王元化先生有感于学界的浮躁而提议集中资金做几个古籍整理的大项目，《古文字诂林》便是其中的一出重头戏，它也是上海古籍整理“八五”重点项目。重担交给了华东师大中文系，而主编的位置则非当时在华东师大古文字研究领域首屈一指的李玲璞莫属。其实早在1982年，李玲璞就曾指导并参与编写了一部《说文部首汇释》，前列各体古文字形，后附诸家释文。字形已不局限于小篆，列入了金文和甲骨文，释文也突破了民国年间丁福保所编的《说文解字诂林》，加入了王国维、罗振玉等近现代名家的新解。然而与此著作不同的是，集万卷于一册、汇众说于一编的《古文字诂林》的规模要大得多，它收集了几千年来甲骨、金、古陶、货币、简牍、帛书、玺印和石刻八大类古文字形和考释资料，编成后规模达十二巨册，一千六百万字。对此，《古文字诂林》学术顾问之一李学勤先生颇有感触地称它是“不寻常的学术成果”。他说：“编印这样一部大型专业工具书，实在是太不容易了。中国的古文字源远流长，变化万端，学者加以隶写考定，又各家不同。这十二册书，有多少需要特殊处理的字形？仅此一点，我们就应该向编者和出版社表示敬意和感谢。”

李玲璞接到重任后的第一件事就是组建编纂队伍。他以极强的组织能力，以华东师大为主体，特邀了中国社科院、上海图书馆、复旦大学、吉林大学、四川大学等单位的学者，组成了二十多位不脱产人员构成的编纂委员会，还力邀朱德熙、李学勤、胡厚宣、马承源、戴家祥、张政烺、裘锡圭、顾廷龙等八位国内顶级专家担任顾问。后来的成功证明了李玲璞是富有战略眼光的，这是一支战斗力极强的学术团队。

花四年半的时间搜集资料，听起来似乎叫人不可想象，但事实上像《古文字诂林》这样一部皇皇巨著的工作量就是庞大得让人不可思议。李玲璞要求从古至今国内外所有用中文发表的考释资料均在搜求之列。李玲璞将编委会分成几个小组，北上南下，奔赴全国各大城市和高校的图书馆，与各省市文博、考古单位广泛联络。在那堆积如山的资料面前，他不仅展现了非凡的组织领导才能，更是身先士卒地冲在第一线。“李老师组织大家一起设计了《古文字诂林》资料袋，袋中的信息包括说文部首、检字部首、电脑号码、四角号码、汉语拼音、资料名称、作者及序号等，总计一万多个资料袋，整整装了二十多个书橱，这样的工作量现在想起来都让人后怕。”李玲璞的学生、《古文字诂林》的责任编辑夏军回忆道。而另一位编委，现任上海社科院信息研究所所长的王世伟，至今还保留着一张当年搜集图书资料的分工名单。据他回忆：“李先生对资料的搜集要求极为严格，明确了《诂林》所收资料为所有古文字资料的考释，要求搜集语言文字类中的校勘与标点及词汇，文物考古类中的商周秦汉部分，地理类中的先秦两汉部分，民族史类中的上古部分以及专史类、神话传说类、民俗类、文学类、艺术类各门类的相关资料；提出图书资料宁滥勿缺、论文资料适当从严的原则；对已经收集的资料要做进一步取舍：有些考释资料其结论虽承继前人，但在论据论证方面有所发现的，酌加收入，凡超出范围或仅重复前人结论的不予收录，若涉及两个以上的字且无法割舍者，则酌情而定，或只归于重点考释的字，或归于出现在前面的字……”

李玲璞的人缘之好、交友之广，在《古文字诂林》的编纂过程中也可见一斑。为了编纂体例的进一步完善，李玲璞带着众编委辗转于北京、上海、广州、南京等地，组织召开了多次专家论证会，参与论证的专家不下百位。其实在李玲璞几十年的学术生涯里，无论是求教还是探讨，都与许多学术大家有过不俗的交往，结下了深厚的友谊。当有学生问起李玲璞的交友之道时，他总是简单地说：“交友以诚，用真心。”朴实一语，道出的却是李玲璞真诚豁达的人格魅力，这一点对于《古文字诂林》这一宏大项目的顺利开展，其积极作用是毋庸置疑的。

十余载披星戴月地干，然而正当书稿付梓之时，印刷排版问题又是摆在李玲璞面前一道难过的坎。古文字类图书，一向因为古文字字形的难以处理和怪字的繁多而被出版界视为畏途。上世纪二十年代的《说文解字诂林》采用的是“剪刀加糨糊”的手工作坊式做法，一书之内，字体千奇百怪，文字大大小小，那是面对技术难题而采取的无奈之举。在人类已进入信息化时代的大背景下，如何将古文字排版与信息技术结合起来呢？李玲璞在这一点上思想却是颇为激进的，他曾感言：“《诂林》的印刷要与时俱进，要体现信息时代的新风貌，我想在这方面来个突破。”于是，编委会在他的带领下在全国范围内展开了调研，北到北京、保定，南到广州、深圳，以及长三角的江浙等地，最终找到了初具技术实力的上海杰申电脑排版有限公司。编委会和排版公司联合攻关，开发了“古文字字形库及排版系统”，利用该系统进行排版，使得《古文字诂林》在古文字的保真度、清晰度及整体排版印刷效果上都远远胜过其原始资料，让这套书带上了鲜明的时代色彩。从上海教育出版社对该书的一段出版宣传语中，我们不难发现这项工作的深远价值：“《古文字诂林》不仅在内容上是功德无量的大型文化工程，也开创了世界上使用电脑技术排印古文字书籍之先河。”

技术难题突破了，但图书出版也考验着李玲璞。一二百个装满原稿的纸箱，一万多个资料袋，近十万页原稿，八个校次的校样，在编委、编辑和排版人员间轮转多次，没有发生大的差错，而这一切的顺利完成，全赖主编李玲璞事无巨细的调度。“实际上，那时的李先生已年近古稀，但却几乎操心于每个工作环节，拿自己当年轻人一样使。”夏军想起来一脸感慨，据他介绍，在出版过程中，李玲璞力排众议，坚持用古隶定字作为字头。他从每个字的取象发生到成字造义，参验众说，考察字形结构与所表语词的关系，将形体规范、理据充分的秦汉篆书分笔书写，使其笔画化。一万多古隶定字头要指导排版公司一一排出，且点画不能有丝毫闪失，还要为索引标注笔画，如此繁重的工作量，李玲璞以古稀之躯一人任之，让人叹服。事实上，如果采用后世通行的繁体字作为字头，不知可省力多少。谈及此，李玲璞回忆道：“这是要在中国字样史上为古今文字的演变架起一座桥梁。”他对学术未来发展的责无旁贷的公义之心，不禁让晚生后辈肃然起敬。

说李玲璞是位学术大家一点也不为过，在编纂《古文字诂林》之前，他在文字学这个传统学科领域的理论创新上便早已是功勋卓著。诸如《甲骨文文字学》《异体字字典》《古汉字与中国文化源》……这些艰深的专著，还有那数不清的学术论文。而他的“字素”理论、文字学三维系统（即取象发生系统、本体结构系统和心理认知系统）理论在学界更是产生了巨大的影响，为中国文字学理论体系的建构，添加了浓墨重彩的一笔。《古文字诂林》出齐以后，他多次在不同场合如释重负地感慨：“现在终于有时间去实现自己原来的科研规划了。”李玲璞为《古文字诂林》付出了十多年学术黄金期的全部心血，各种滋味全都包含在这一声感慨中了。事实上李玲璞的胆识未必有多少人知道，已取得的这些成绩，在他庞大的科研计划里，就像是大厦中的一间屋室而已，而这座大厦的蓝图，他已经成竹在胸，若上天稍假时日，便可构建完。然而事与愿违，他的过早离世无疑对我国语言文字界是一大憾事。

## 了不起的山东好汉

重病缠身的李玲璞心中装的依然是学术，是信心，是希望。

李玲璞在华东师大一村的家是一套六十多平方米的老式三居室，几乎是毛坯状态。墙壁略作粉刷、水泥地板稍作打磨而已的屋子里，摆放着些许陈旧的家具、人造革的沙发和不知是什么牌子的小电视机，卫生间甚至连热水器也没有。房间里，除了一张木板床，就是书橱和写字台，据妻子常青说，这些东西都是上世纪八十年代请木匠打制的，用他的好友余志森教授的话说，我们这代人都不会享受生活，但像他这样的佼佼者却也少见，他对学术、对工作有着超高的要求，但对自己生活质量的要求却低得可怜。

在李玲璞的床头，一只篮球引起了记者的注意："李老师爱打篮球?"不料此时常青却哽咽了，据她介绍，一米八〇个头的李玲璞平时钟爱篮球，年轻时曾是国家一级运动员，专攻的是手球，但也是华东师大校篮球队的主力，曾在市里的比赛中拿过奖。这个篮球是十五年《古文字诂林》编纂工作结束后，李玲璞特地去体育用品商店买给自己的奖励，怎知还没来得及打，便接到了后续编纂《古文字释要》的任务，一直到他生命的尽头。主人走了，这个篮球却崭新如初地靠在床头。

看见窗边的写字台和上面那只旧得泛黄的小塑料台灯，很难想象，这里便是完成《古文字诂林》这部巨作的战场之一。不过对于这样的环境，李玲璞一家却已经相当满足了。"在上世纪七十年代筒子楼的生活，才是我们一家人最艰苦的时光。"常青告诉记者。记者旋即跟随常青来到同样坐落在华东师大一村里的那栋解放初期建造的筒子楼。过去这里也被称为老单身楼，如今这栋建筑大都出租给了外来务工人员。顺着陡峭的楼梯上了二楼，来到了最顶端的一间小屋，从 1968 年到 1979 年，李玲璞一家三代、再加上岳母的小孙女共五口人便蜗居在这 12. 3 平方米的斗室里。屋子的斜对面便是七八户人家共用的公共厨房，不太宽敞的地方横七竖八地躺着各家的煤气灶头。在这里，常青向记者道出了令人揪心的故事，其实这里就曾是李玲璞学习和备课的地方。由于家里太小，怕打搅老人和孩子休息，而同为教师的夫妻俩晚上都要备课；李玲璞便等别人家都烧完晚饭后，独自带着小板凳，来到灯光昏暗的公共厨房里，伏在放置油盐酱醋的板箱上读书写作，十几年来雷打不动。

散落在祖国各地、像李玲璞这样在建国后成长起来的老大学生，绝不在少数。他们除了怀揣着对国家、对本职工作的一份恪尽职守、兢兢业业的责任以外，真不知还图个什么。其实关于改善住房，李玲璞一家在后来有多次不错的选择，但每次都被他主动放弃了，在别人眼里，他是个傻子。就拿 1990 年的团结楼分配来讲，那是师大一村新造的高层教师公寓，房屋质量好、户型大。当时李玲璞一家在近百户新房候选家庭中打分排名第四，但李玲璞却出人意料地放弃了。他对妻子常青说："84 年我们家搬来这个三居室的时候，我在外地搞函授，屋子的装修、家具等这些零碎事情都是你一个人扛下来，我觉得对不住你。我的工作太忙了，不想再搬一次家让你受累了。现在这个家虽说不大，但一家子人足够了。"的确如此，李玲璞在上世纪七八十年代一直在学校的业余教育处工作，跑遍全国各地去搞函授培训，一年中有半年不在家，家里大大小小的事都落在常青一人肩头。房子装修时，常青苦于没有拉黄沙水泥的工具。听到长途电话那头妻子的倾诉，李玲璞心里很不是滋味。但即便这样，当妻子提出是否可以向中文系借辆黄鱼车搬运建材时，却被李玲璞阻拦了下来，一句"不要给组织添麻烦"让常青当时很是不理解，无奈妻子只能托熟人从外系去借。

多年来，由于繁忙的工作，对家人的亏欠始终是李玲璞永远的遗憾，然而在他心里头却始终装着对家人深沉而含蓄的爱。常青打开书橱，取出一本相册，交到记者手中。翻开相册，令人惊奇的是一张张按时间顺序摆放整齐的照片，全部是爱人和女儿的，唯独没有他自己的照片。常青说："这是我当年患胃病住院时李老师在家整理的，当时他没有告诉我。"李玲璞的女儿李笑虹常年旅居法国，但最近几年，由于父亲身体的原因，不得不反复地国内外来回跑。在她的印象中，父亲对母亲是十分关爱的，"母亲住院时，很少下厨的父亲在家中烧了两盘看似一样的青菜，叫我吃其中一盘。颇感费解的我偷偷尝了另一盘，原来菜心更多的另一盘明显是鲜嫩可口，父亲说这盘是送去给母亲吃的。"

关于当初是否接《古文字诂林》这个项目，相濡以沫几十年的老夫妻进行了一次长谈。对于这样一个工作量大得可怕的项目，常青对李玲璞说："你也是个快六十的人了，难道你真的要置身家性命于不顾吗?"沉默不语的李玲璞依然是一根接一根地抽烟，其实在这位拚命三郎心里头，选择早已是斩钉截铁的了。事实证明，夫人的担心不无道理。十五年昼夜颠倒的呕心沥血，换来的除了荣誉，还有那日渐消瘦的身躯。项目告捷后，李玲璞并未得到片刻喘息。2007 年的一天，在上海庆余别墅，已身患癌症的王元化先生把他叫到了身边，用带着询问的口气说道："《诂林》是编好了，可卷数太多，是专业人士用的，一般人买不起。你们能不能在《诂林》的基础上再编一部精要易懂的简编本呢？那样更有助于普及。"此语一出，李玲璞起初略感意外，原本他打算继续开展自己耽搁了十五年的文字学理论研究计划，但面对眼前这位德高望重、身陷沉疴却仍在关心学术普及的老学者，他还能说些什么呢？"我试试吧，王先生。"声音虽然轻，但却掷地有声。

《古文字释要》的编写，是不带任何专项经费的，加上之前《古文字诂林》的一些编纂人员分身乏术，所以不仅编纂人手捉襟见肘，而且亟须加强编纂方面的相关培训。在华东师大干训楼狭小的办公室里，李玲璞组织大家开会，讨论编纂的进程，依然是马不停蹄、日夜兼程地干。据夏军回忆："那时候，我注意到，李老师的身体开始出现问题了，一遇到天气变化，就咳个不停，有时感冒几个月都不好。当年的运动健将，身体的抵抗力竟脆弱到如此地步。这大概与十余年来《诂林》编纂工作的辛劳有关吧。"2007 年下半年，李玲璞走路的步伐已经越来越慢，常常被走在前头的妻子落下一大截。常青深感问题的严重性，硬是拖着不以为然的丈夫去医院做检查，结果各项指标均未见异常。走出医院的李玲璞很是风趣地说："怎么样，我身体没问题吧，小车不倒尽管推。"平日的李玲璞是个对自己身体过于自信的人，不到万不得已是绝不往医院跑的，七十多岁的他，病历卡在师大一帮老同事当中是最薄的。然而人终究不是铁打的，十几年的连轴转，就是机器也有损坏的那一天。身体每况愈下的他不得不在家吸着氧气坚持工作。由于李玲璞的病情日益严重，从普陀区教育学院退休下来的常青老师不得不辞掉返聘在某中学做督导的工作，专心照顾病床上的丈夫。2010 年小年夜，仍在伏案写作的李玲璞突感身体异常，说话口齿不清，行为能力丧失。家人急忙叫来了救护车。这一去就是三年，再也没能回来。

在医院的日子里，李玲璞经历了无数次从昏迷到苏醒再到工作的过程。无论是医生还是家属，没有人能把他与汉字的情缘隔离开。不能彻底放下工作，李玲璞的病情一直起伏不定，光是病危通知书，夫人常青都记不清签了多少回字了。但也许正是靠着"完成未竟事业"这份信念的支撑，他每次都能奇迹般地化险为夷。每回"闯关"，常青老师都会向他竖起大拇指："老李，好样的，硬汉子！"只要病情稍有好转，李玲璞的病房就成了《古文字释要》的编纂室，他会催促有关人员来汇报工作进展，带来稿件让他把关。他通常倚在病床的靠垫上，趴在小餐桌上看通稿，做校对。他的学生、现任职于美国夏威夷州教育部的严耀华回忆说："2010 年夏，我去六院看望李老师，肺功能只剩常人四分之一的他戴着氧气罩，躺在病榻上，白发苍苍，一脸病容。由于怕过分打扰，正当我起身告辞之时，不料李老师却挣脱氧气罩，抓住我的手，吃力地说：'我对现代汉字研究有些想法，等病好了，还要做个现代汉字的项目，届时会联系你。'"重病缠身的李玲璞心中装的依然是学术、是信心、是希望。无奈令人扼腕的是，这良好的夙愿竟成了一句诀别。

## 学生的事比天大

人家总是遇到困难才来找我，当老师的连这点都做不到，会伤了学生的心。

先生的灵堂设置在家中，一波又一波的学生在先生的遗像前失声痛哭，任凭家属搀扶也长跪不起，这其中还有拄着拐杖的老人，他们用嘶哑的嗓音说得最多的就是"李老师对我好啊……"很多学生还自发地陪同家属为老师彻夜守灵，在他们心里头，先生恩重如山，而作为学生对老师的那份爱，也是那样的真，那样的深。

在大半个世纪的教师生涯中，除了享誉海内外的专著、论文，李玲璞始终把教书育人摆在首位。从儿时的"小先生"到小学代课教师，从小学教师到中学教师再到职工大学教师，从全日制大学教师到夜大学、函授大学、自学考试教师，从硕士生导师到博士生导师，李玲璞六十八载的教学生涯几乎遍及各种层次、规格的教学工作，如此特殊的经历在我国教育界堪称一奇。

自幼生活在胶东解放区的李玲璞，在那烽火连天的战争年代很早就与教育结了缘，并投身于革命工作。在上世纪 40 年代中期读高小阶段就被当地遴选为"小先生"，课余时间负责教授妇女扫盲识字，并承担基层政府部门上呈下达文件、报告的缮写和宣传标语的书写等工作。1947 年初他开始担任小学代课教师，5 月党组织调他赴当时昆嵛县人民武装部负责机关报《战报》的编辑、刻写和印刷工作。解放初，他又先后任昆嵛县刘家上口初小校长、县小学教师、文登专区第六速成师范语文教师、文登专署干部文化学校语法修辞课教师，从此走上了中国语言文字学的教学和研究道路。凭着多年的教学实践打下的扎实功底，1956 年秋李玲璞顺利考入华东师范大学中国语言文学系。在短短不到两年时间里，作为大学高年级优秀生的他便提前登上大学讲台为低年级大学生授课。

1960年大学毕业开始留校任教，先后晋升副教授、教授，并担任中国古代史专业和汉语言文字学专业博士生导师。值得一提的是，李玲璞自上世纪六十年代起就开始承担函授面授、夜大学教学管理和授课等工作。粉碎“四人帮”后的日子里，他更是全身心地投入成人教育工作。这是项带有鲜明时代烙印的工作，当时的成人教育对于国家的重要性是如今难以想象的。十年浩劫后社会人才大量匮乏，国家的教育事业百废待兴。为了帮助已被耽误十年青春的广大中小学教师尽快充实知识，提升能力，李玲璞只身承担了上海市内十个区二十个函授点和郊县十个函授点的古代汉语课程的函授任务。凭着一种对国家、对人才的责任，一份对这些求知若渴的青年教师深深的理解，李玲璞不顾酷暑严寒，始终充满激情地在三十个函授点之间来回奔波；每到一处就从早到晚忙个不停，白天是一整天的面授讲课，夜晚则是辅导答疑。期末临考前，他还每天坚持到函授点为学生当面辅导迎考。1982年夏，李玲璞在接连完成上海郊区七个县的复习迎考指导后，因劳累过度，导致支气管破裂而大量吐血。但他躺在病榻上，仍念念不忘崇明地区的考生正在等待他当面去辅导之事。当时，经他亲自面授的学生人数达五千余名。他因忘我的工作态度和杰出的教学成果在广大函授学员中享有盛名。一次，在为某届三千名函授生举行的毕业典礼上，李玲璞作为教师代表上台发言，短短的仅四百字的发言，竟被学员的掌声打断了八次。除了在上海，李玲璞这个拼命三郎还经常到外省市的函授点面授讲课，还曾亲自率领研究生在毕业前夕远赴安徽、山东、河南等地的函授点进行教学实习指导。他所教授的学生遍布全国十几个省市，仅就函授这一项工作便可谓“桃李满天下”。在此期间，为配合社会助学需要，李玲璞撰写了当时风靡全国的《文言文阅读初阶》，主编了《古代汉语精解》等著作。这些著作，对当时的社会助学起到的作用是不言而喻的。

挑战总是一个接着一个。上世纪80年代初，自学考试作为一种新型的教育考试制度诞生以后，李玲璞又为此项工作作出了大量贡献。他参与制订的《中文专业自学考试计划》，是全国首创的第一份自学考试计划，为其他各专业开创性地提供了考试计划的范本。他还主持制订了《中文专业自学考试大纲》以及《古代汉语课程自学考试大纲》等自学考试的纲领性文件，主持和参与了古代汉语课程全国统考题库的制订工作，并主编了古代汉语全国统考使用的统编教材《古代汉语》。全国自学考试中文专业委员会成立后，德高望重的李玲璞出任首届秘书长，在中文专业各课程考试大纲的制订、教材的编纂和命题工作方面，都发挥了不可替代的作用，表现了非凡的组织才能和奉献精神。鉴于李玲璞教授在成人教育工作方面的突出成绩，1986 年他被授予“全国高等教育自学考试工作先进工作者”称号。

此外，李玲璞还先后为本科学生开设“语言学概论”“古代汉语”等基础课和“甲骨文选读”等选修课，为研究生开设了“甲骨文文字学”“汉字发生学”等专业课。为了上好这些艰深的语言课程，他十分注重教学法的钻研，使自己教授的内容既保持学术深度，又能深入浅出地加以表达，因此他的课往往也最受学生欢迎，比如“甲骨文选读”常常成为选读人数最多的课程之一。

李玲璞在培养研究生工作上可谓费尽心血，成绩斐然。每年中秋，他都请家在外地的研究生到自己家中吃月饼、话团圆，星期天则带学生逛公园、吃小吃，让他们减少背井离乡的孤独，尽快融入上海的生活。无论在学习上还是在生活上，李玲璞总是学生遇到困难时第一个要找的人。就连早上 7 点前，或是晚上 10 点后，李玲璞家的门铃都会时常响起。对此，女儿李笑虹曾很不理解：“爸爸，为什么我们家每天都要来学生，有时晚上还来，家里又不是公园，就算公园总还有个关门的时候吧。”李玲璞的回答语重心长：“人家总是遇到困难才来找我，当老师的连这点都做不到，会伤了学生的心。”

“学生的事比天大”，是李玲璞常挂在嘴边的一句话。上世纪七十年代，学校组织工农兵学员献血，那时食品都是定量供应，学生需要补身体。李玲璞一大早就拿着自家的粮票、肉票去菜场买补品，回来炒上菠菜、熬上猪肝汤送到学生宿舍。有位家在外地的研究生，毕业后留校任教，学校分了间 6 平米的小屋，夫妻俩和孩子睡上下铺。李玲璞闻讯后铆足了劲，多次找到学校房管部门反映情况，直到问题解决为止。类似这样的例子不胜枚举。他的一位中文系同事曾费解地问常青老师：“你们家老李自家的事不解决，为何老是管学生的事情?”其实，李玲璞就是这样一个人，在家庭和学生的天平上，他偏向了后者。

正因有了这样一位情真意切的好导师，加之在学业上的悉心指导，他所带的研究生就格外出色。走上工作岗位后，这些学生中的绝大多数人都已成为所在单位的业务骨干，遍布海内外数十家高校和研究单位，其中不乏学科带头人和院系领导、教授、博导以及作家、总编、国家级学会会长和数不清的基层校长。他本人也在多年的教学生涯中屡获殊荣，全国高校优秀教师、全国优秀博士学位论文指导教师、全国职工教育先进教师……

李玲璞的淡泊名利是出了名的。《古文字诂林》编纂完成后，作为主编的他却毅然放弃了主编费，稿酬与其他编委一样。他说：“这部巨著凝结的是编委会每位工作人员的汗水，我不能搞特殊。”1999 年秋冬，教育部在试点的基础上在全国布置申报百所文科科研基地。当时李玲璞领导、筹划并组织申报，为了这个基地，他也是全情投入。对此，李玲璞当年的研究生、基地申报工作人员之一的华学诚记忆犹新：“为了准备申报材料，先生甚至连春节都在加班。为了去外地宣传学科，大年初四我要出发去湖北、湖南，从寂静无声的文科楼搬运材料，包括已经出版的《古文字诂林》第一册，因为下雪，不小心滑倒摔伤了，先生亲自陪我去校医院急诊室处理包扎，并一定要我改签车票推迟出发。到外地宣传学科，先生只让带足带够资料和代表性成果，强调这是学者与学者的交流与对话，决不能搞社会上庸俗的那一套。先生高贵的文人风骨让我深受感染。”而更令人感动的是，从基地申报一开始，李玲璞就明确了自己不站在第一线，很多同辈学者都表示不理解并深感惋惜，但他却坚持把荣誉让给青年教师。讲到这里，华学诚感慨万千：“华东师大的文字学基地是先生的功劳，是先生主持编纂的《古文字诂林》奠定了基础，遗憾的是李先生没有直接领衔啊。不计利，绝大多数学者都能做到；淡泊名，则是知识分子极为难能的。先生于名于利均能淡泊处之，真堪比古之圣人。”

李玲璞先生走了，他所留给我们的有很多。除了众多的著作与芬芳的桃李，更重的恐怕是一种中国知识分子为学为人为师的精神。

# 坚守，是不朽生命的一种境界[①]

陈亦冰

漏夜读完追忆李玲璞教授的长篇通讯，一个雕塑般的特写镜头在脑海里挥之不去，“一只苍老的手，一次又一次固执地举在空中，比画着汉字”——那是弥留的生命中，灵魂作出的最后的坚守。这坚守既是李玲璞一生的生命状态，更是他不朽生命的一种崇高境界。

在大半个世纪的教师生涯中，他坚守着讲台；在十五年的《古文字诂林》编纂中，他坚守着寂寞；在他全部的生命历程中，他坚守着如璞一样的朴实无华；他不愧是一名真正的师者。

处在今天这样一个变化纷纭的时代，各种诱惑让人变得功利，急功近利让人变得浮躁，利欲熏心更会让人丢失了灵魂。在许多时候、许多地方，坚守自己的信仰，坚守自己的职责，坚守学术的诚实，坚守做人的本分，似乎变得越来越难。然而，总有一群人不屈不挠地坚守着他们的阵地，在无怨无悔的坚守中展现着一种不凡的人格。李玲璞教授就是其中的一员。

他为学坚守真实的学术。一部《古文字诂林》，光搜集资料，整个团队四处奔波，就花了四年半的时间；而将1000多万字的原始资料通读一遍，分门别类再装入一万多个相关字头的材料袋，有序放满20多个橱柜，又需要多少耐得寂寞的日日夜夜。第一次将千百年来历代学者的古文字研究成果荟萃一起，第一次将甲骨文、金文、货币文等八大类十五种古文字收于一册，这中国学术史和中国出版史上的两个第一次，更需要做多少去伪存真、去芜存菁的功夫。做学问原本就该是真实的探究，然而，近些年来，学历造假、论文作假、学术作假变得司空见惯，洋洋毕业论文可以在网上找枪手代笔，皇皇“导师”头衔也可以用各种手段来换取，这样的沽名钓誉者的行径与李玲璞教授的求真求实相比，无疑是云泥之别。

---

① 编者注：本文原刊于《上海教育》2013年第1期，作者系《中国教育报》主任记者，编审。

他为师坚守真挚的爱心。整整六十八年的从教经历，无论是当“小先生”还是做“大教授”，无论是指导研究生还是辅导函授生，他都一如既往，敬业爱生，尽心尽力。为了帮助已被耽误十年青春的广大中小学教师尽快充实知识，提升能力，李玲璞凭着一种对国家、对人才的责任，凭着一份对求知若渴的青年教师深深的理解，他不顾酷暑严寒，始终充满激情地在三十个函授点之间来回奔波。每年中秋，他都请家在外地的研究生到自己家中吃月饼、话团圆，同时又在师生团聚的祥和气氛中，对学生悉心指导。无论在学习上还是在生活上，李玲璞总是学生遇到困难时第一个要找的人。这是何等博爱、何等纯情的师道！如今我们的校园、我们的师生之间，实在是太需要这种不事粉饰的亲近和温暖。

他为人坚守真诚的德性。待人以诚，律己以真。多少年来，他在简朴的陋室备课、写作，不以为苦；多少次机会，他面对各种名利诱惑，一笑了之。在李玲璞几十年的学术生涯里，无论是求教还是探讨，与许多知名大家有过不俗的交往，结下了深厚的友谊。当有学生问起李玲璞的交友之道时，他总是简单地说：“交友以诚，用真心。”朴实一语，道出的却是他真诚坦白的人格魅力。这样的德性人品，使他自然成了学生和同事心中的良师益友。难怪在他的追悼会上，会有这么多的师生和朋友来为他送行。面对李玲璞教授，我们是不是都应该扪心自问：在工作上、在生活中、在生命的每一个节点，面对每一次诱惑、每一次磨难，自己是选择了真诚还是虚假，选择了坦荡还是抱怨？

其实，这种坚守还真不是一种简单选择的结果，它恰恰是源自李玲璞教授内心的自然，更透彻地说，它是一种优秀人格的坚守，一种生命境界的坚守。

面对纷杂的世相，有些人常常会困惑：教育的希望在哪里？现在李玲璞教授在告诉我们，中国教育的希望就在我们自己的心里，在许多凭着自己的良知和坚守的真正的师者手里，他们就是中国教育的脊梁和基石。

# 附　录

## 唁电唁函汇编（部分）

昨日会客，且身体不适，晚始见臧老师及玉梅短信。玲璞兄辗转病榻有日，全赖嫂夫人及学校、弟子照拂安慰，此其福也，其平昔恩德所积也！今其远行，当无憾矣。料嫂夫人当有所预料，然于诸友诸生仍为极度意外。璞兄黾勉勤劳一生，所奉献于世者，学林将永铭之，此又可慰璞兄者。途遥，不克亲奠，谨请嫂夫人节哀珍重。

玲璞兄千古！

——老友许嘉璐哀挽

2012 年 11 月 19 日

明日此时，沪上同仁将为璞公送行，璐在此遥拜矣。子曰：古之学者为己。今知其真义且能行之者盖寡，而璞兄有焉！唯望继之者明此大道，则长逝者可含笑矣。

——第九届、第十届全国人大常委会副委员长　许嘉璐

2012 年 11 月 22 日

李玲璞先生治丧委员会并转李先生家属与弟子：

我在台北访学，惊闻李玲璞先生病逝，不胜悲痛。李玲璞先生多年来在华东师范大学古代汉语及文字学科的建设中，付出了大量的心血，做出了重要的贡献。他创造性地主持编写了《古文字诂林》，带动了全国的古文字研究重视形义结合的风气；他竭尽全力推动了全国社科重点研究基地华东师范大学中国文字研究与应用中心的成立，对全国古文字计算机字库的建设，产生了很大的影响。90 年代，他组织编写了第一部全国通用的自学考试古代汉语教材，并带领一班人制定了第一个全国古代汉语自学考试大纲，对自学考试的规范化起到了重要的作用。李玲璞老师培养了一批成就突出的古代汉语与文字学的优秀学者，他们已经成为古代汉语和文字学学科建设的骨干。回想与李玲璞老师共同工作的

种种情景，感触良多，悲从中来。

——北京师范大学民俗典籍文字研究中心　王宁

李玲璞教授治丧委员会：

惊悉李玲璞教授不幸逝世，深感悲痛！李先生在语言文字学界特别是古文字学界成就杰出，贡献巨大。李先生对我们浙江大学汉语言文字学科建设热心关怀、指导，多次来校讲学，多次参加我校博、硕士论文评阅、答辩，李先生与我个人友谊深厚，情感密切。请代向李师母及家属表示亲切慰问！

——浙江大学汉语史研究中心　祝鸿熹

李玲璞先生治丧小组：

惊悉李玲璞先生逝世，不胜痛悼。李先生在古文字、文字学理论研究做出了重大贡献，他的离世，使我们失去一位良师。

在此请转达对李先生家属的慰问。

——南昌大学　陆锡兴

李玲璞先生治丧小组：

刚才惊悉李先生不幸逝世，我与内子（张敏文）不胜哀悼。李先生走了，这是语言文字学学界的重大损失。多年来，李先生对复旦大学古籍所汉语言文字学学科的支持、对我们工作的帮助，使我们永远难忘。李先生永远活在我们心中。请向常老师转达我们的问候，请她节哀、保重。

——复旦大学古籍所　吴金华

李玲璞先生治丧小组：

惊悉著名语言文字学家李玲璞先生逝世，不胜痛悼之至，谨沉痛悼念李玲璞先生辞世！

——上海师范大学　后学徐时仪恭悼

李玲璞先生治丧小组：

惊悉著名语言文字学家李玲璞先生不幸辞世，深感悲痛。李玲璞先生是先师郭在贻教授挚友，我辈亦曾屡蒙先生教诲。学子痛失良师，哀伤何及。谨代表浙江省语言学会并以我个人的名义致以沉痛哀悼。

——浙江师范大学人文学院　张涌泉

徐莉莉先生并转李玲璞先生治丧小组：

收到来信，惊悉李玲璞先生不幸逝世。李先生是古汉语教研室的元老，我也曾有幸与他共事，并在他领导下编辑出版过书籍，承他关爱，还有意让我参加《古文字诂林》的工作，后因我工作性质变化，无暇更多参与，心中一直抱愧。先生待人热情，乐于助人，于我有亦师亦友之谊。先生谢世，我不胜悲痛。

——华东师范大学对外汉语学院　潘文国

徐莉莉学兄：

多谢你给我转发讣告。虽然我知道李老师住院两年多了，听到这个消息还是很难受。我现在是在教室里，有少数学生在，但是想到李老师过早地离世，以及李老师从我70年代末大学入学以来对我的关心爱护，我还是禁不住流下泪来。想麻烦你一下：如果你有李师母的电邮，请将我的电邮转告给她：

李师母：请您节哀顺变，一定要保重身体。我听到李老师的噩耗很悲伤。2010年夏天我在上海市第六人民医院见到李老师，想不到竟是最后一次。我现在是在夏威夷的学校的教室里查看到徐莉莉同学给我转发的电子邮件，有少数学生在，但是想到李老师过早地离世，以及李老师从我70年代末大学入学以来对我的关心爱护，我还是禁不住流下泪来。我会永远记着李老师的敬业精神和对我们后辈的爱护之心。

如果你没有李师母的电邮，请见到她的时候转告我上面的意思。等到你知道李老师会安葬在上海什么墓园，有便请告诉我，我回沪的时候（很可能是暑假期间）一定去祭奠。另一方面，如果82级研究生老同学一起会有什么表示，或者你们中国文字研究与应用中心或者中文系收集对李老师的追思，如果承蒙不弃，我都愿意通过网上的联系参加。你有什么好主意，也请指教。

祝你安好！

——美国夏威夷州教育部　严耀华

李玲璞先生治丧小组：

惊悉李玲璞先生不幸逝世，不胜悲痛。李先生是我国著名的语言文字学家，是满城桃李的语言文字教育家，是我们敬爱的师长，我们永远怀念他！谨致深切的悼念，并请家属节哀。

——华东师大1964届学生、天津师大文学院　夏康达敬挽李玲璞先生治丧小组并华东师大中国文字研究与应用中心：

惊悉李玲璞教授逝世，不胜悲痛！李先生不仅是一位成果丰硕的专家，而且是一位值得尊敬的学人。先生驾鹤西去之际，唯托拙联以表敬惜：

研古文古文字诂林集古文大成仰高山风流

析汉字甲骨文字素发汉字精妙恨流水音逝

——南通大学　后学连登岗敬挽

华东师范大学李玲璞先生治丧小组：

惊悉著名语言文字学家李玲璞先生因病逝世，不胜悲伤。先生的辞世，是语言文字学界的重大损失。先生的道德文章不朽！先生永远活在我们心中！

请代为转达对师母及家人的问候，并请节哀，珍重！

——陕西师范大学文学院　党怀兴　叩首拜

李玲璞先生治丧小组暨中国文字应用和研究中心：

惊悉李先生驾鹤西去，哀痛之至，此向你们并通过你们向李先生的家人致以沉痛的哀悼！李先生为人学问高尚无加，将永存人们心中，我则更屡被先生恩泽，将终身感念。

——杭州师范大学人文学院　叶斌　拜

杭州师范大学汉语言文字学科

华东师范大学李玲璞先生治丧委员会：

惊悉我国著名语言文字学家李玲璞先生于 2012 年 11 月 17 日不幸逝世，中国文字学会特向李先生致以深切的哀悼，向他的家人和亲属致以亲切的慰问。

李玲璞先生长期致力于语言文字学的研究与教学工作，在汉字学特别是古文字学研究方面成就卓著，由其主编的《古文字诂林》，“集万卷于一册，汇众说于一编”，荟萃历代古文字形体与研究考释的成果，材料极其丰富，印制特别精美，是我国迄今为止规模最为宏大的古文字汇释类专业工具书，为学术的传承与发展做出了巨大贡献。

上个世纪九十年代初，李玲璞先生为中国文字学会的筹建和建设工作投入了巨大精力，并担任中国文字学会第一届常务理事和学术委员会委员，为学会的创立和发展做出了重要贡献。

李玲璞先生的逝世是我国语言文字学界的巨大损失。我们深切缅怀李先生为学术和学会的发展所做出的巨大贡献，并将继续努力做好中国文字学会的各项工作。

李玲璞先生千古！

——中国文字学会

李玲璞先生治丧小组、华东师范大学中国文字研究与应用中心：

惊悉李玲璞先生仙逝，在此深表哀悼。先生乃著名语言文字学家，为训诂学、汉语言文字学、古籍整理事业做出过重大贡献，素为学界所敬仰。先生虽逝，其风范与功业永存，我学会同仁永远怀念先生。

——中国训诂学研究会

李玲璞先生治丧委员会及李先生亲属：

惊悉李玲璞先生不幸逝世，我中心全体师生不胜哀痛。

李先生为我国文字研究事业做出了卓越贡献，他所主编的《古文字诂林》是古文字研究领域的重大标志性成果，他的治学精神和学术风范也成为学界的一面旗帜，永远为后学所敬仰。

李先生的逝世是中国学术界的重大损失。在此悲痛之际，我中心特向李先生的逝世表示深切的哀悼，并向李先生的亲属表示诚挚的慰问！

李玲璞先生千古！

——北京师范大学民俗典籍文字研究中心

李玲璞先生治丧小组并李玲璞先生家属：

惊悉李玲璞先生病逝，我院师生不胜悲痛！

李先生从事古文字学研究与教学五十余载，学养深厚，成就斐然；爱生如子，桃李满园。他主编的《古文字诂林》是有文字学历史以来规模最为宏大的一部综合诂林型字典，为文字学传承和发展做出了重大贡献。李先生的逝世是我国语言文字学界的重大损失。

敬致哀悼，并向李先生亲属表达诚挚慰问！

呜呼哀哉，李先生千古！

——上海交通大学人文学院

李玲璞先生治丧委员会并李玲璞先生亲属：

李玲璞教授为学术与教育事业勤勤恳恳工作一生，做出了重要贡献，既留下了主持编纂的《古文字诂林》这样的皇皇巨著，也培养了众多卓有成绩的优秀学生。他的逝世不仅是华东师范大学中文学科的重大损失，也是整个中文学科的重大损失。谨致沉痛哀悼，并祈亲属节哀。

——复旦大学中国语言文学系

李玲璞先生治丧委员会并李玲璞先生亲属：

惊悉李玲璞先生不幸病逝，不胜悲痛。李先生是著名文字学家，他曾主编《古文字诂林》，为古文字学科的发展做出了重大贡献。李先生一生严谨治学，潜心研究，为人师表，桃李芬芳。他的崇高学术风范，永远是我们学习的榜样。

李先生的逝世不仅是中国文字研究与应用中心不可弥补的损失，也是古文字学界和教育界的重大损失。复旦大学出土文献与古文字研究中心向先生的逝世表示深切的哀悼，并向先生家属表示诚挚的慰问。

——复旦大学出土文献与古文字研究中心

华东师范大学中国文字研究与应用中心：

惊悉著名语言文字学家李玲璞教授因病逝世，《语言研究》编辑部不胜哀痛！

李玲璞教授是《语言研究》的编委，为杂志的发展付出了许多心血，为汉字学特别是古文字学的研究和发展做出了巨大的贡献。李玲璞教授的学术成就及其献身学术的崇高精神必将沾溉学林，泽被后学。

李玲璞教授千古！

——华中科技大学《语言研究》编辑部

李玲璞先生治丧委员会及李先生亲属：

惊悉李玲璞先生不幸逝世，我系全体师生不胜哀痛。

李先生为我国文字研究事业做出了卓越贡献，先生主编的《古文字诂林》是古文字研究领域的重大标志性成果，先生的治学精神和学术风范成为学界的一面旗帜，永远为后学所敬仰。

李先生作为我国著名的语言文字学家、中国文字学会的创始人之一，对我系语言学科的发展给予了大力的支持与帮助。

李先生的逝世是中国语言文字学界的重大损失。在此悲痛之际，我系特对李先生的逝世表示深切的哀悼，并向李先生的亲属表示诚挚的慰问！

李玲璞先生千古！

——华中科技大学人文学院中文系

李玲璞先生治丧委员会并李先生亲属：

惊闻李玲璞先生不幸辞世，深感悲痛！

李先生是我国著名的语言文字学家，几十年来为语言学特别是文字学事业发展和人才培养做出了巨大的贡献。他的逝世是我国学术界和教育界的重大损失。

对先生的不幸逝世，我们谨表沉痛哀悼，并恳请先生家人节哀、保重！

李玲璞先生千古！

——江苏师范大学文学院汉语言文字学学科全体同仁

华东师范大学李玲璞先生治丧委员会及李先生亲属：

惊悉李玲璞先生逝世噩耗，不胜悲痛。

李先生是国内著名的语言文字学家，他对我校的汉语言文字学学科的建设和发展给予了大力的支持与热心的帮助。

在中国文字研究领域，李先生著述丰硕，贡献卓越，主编的《古文字诂林》是重要的里程碑成果；在文字学理论方面，他深刻系统的字素理论很具有代表性。李先生治学严谨，他是汉语言文字学界的一面重要旗帜，他勤勤恳恳、奋斗不息的学术品格永远为后学所敬仰。

李先生的逝世是学界的重大损失。在此悲痛之际，我们表示深切的哀悼，并向李先生的家人表示最诚挚的慰问！

李玲璞先生千古！

——福建师范大学语言研究所、汉语言文字学学科

中国文字研究与应用中心：

惊悉李玲璞教授因病逝世，不胜哀痛，李先生为中国文字学的发展做出了卓越贡献，所提出的诸多文字学理论及献身学术的崇高精神将沾溉学林，嘉惠后学。

李先生千古！



——西南大学汉语言文献研究所

华东师范大学李玲璞先生治丧小组：

惊悉著名语言文字学家李玲璞先生不幸辞世，深感悲痛，谨表深切的哀悼！李玲璞先生道德高尚，学问精深，他的逝世是中国语言学界的重大损失。请向李先生家属转达我们的问候，并请节哀顺变，保重身体。

——浙江大学汉语史研究中心

李玲璞先生治丧委员会：

惊悉李玲璞先生不幸逝世，不胜哀悼之至！数十年以来，李先生在汉语言文字学教学与科研领域，辛勤耕耘，做出了杰出贡献，他的逝世是中国语言学界的重大损失！我室全体成员谨向李先生的家属表示深切慰问，并请节哀顺变。远在海南的郭锡良教授托我们转达他的哀思之情，并向李先生家属表示慰问。

——北京大学中文系古代汉语教研室

李玲璞先生治丧委员会：

惊悉李玲璞先生不幸逝世，不胜哀悼之至！

李玲璞先生早在上世纪四十年代就在解放区当“小先生”，为革命队伍培养有文化的干部。调干进入华东师大学习并工作了一生，为国家培养了数以万计的人才。李先生在汉语言文字学各领域均做出杰出成就，尤其是甲骨文字研究的理论总结，和古文字研究成果的集成，更是永远嘉惠学林。李先生为华东师大汉语言文字学学科建设与发展，殚精竭虑，做出了永不磨灭的贡献！

李先生的逝世不仅是华东师大的重大损失，也是中国语言文字学界的重大损失！谨向你们表示深痛哀悼，并转达我院对李先生家属的深切慰问！

——北京语言大学人文学院

华东师范大学：

李玲璞先生治丧小组：

李先生是我国著名语言文字学家，为国家培养了大批学术精英，他领衔主编的《古代汉语》《古文字诂林》在社会上和学术界影响巨大。李先生作为华东师范大学“中国文字研究与应用”学科点的开创者和学术带头人，对我们学科点也多所指导和帮助。李先生的不幸逝世是贵校的损失，是学术界的损失，也是我们学科点的损失。

谨对李先生的仙逝表示沉痛哀悼，愿李先生一路走好。并请转达对李先生家人的诚挚慰问。

——北京师范大学民俗典籍文字研究中心

北京师范大学文学院古代汉语研究所

华东师范大学李玲璞先生治丧委员会及李先生亲属：

惊悉李玲璞先生不幸离世，深感悲痛！李先生是著名的语言文字学家，为我国的语言文字事业的发展和人才培养做出了卓越的贡献。他的逝世，是我国语言文字学界的重大损失！我们深切地悼念李先生，并向李先生的亲属致以诚挚的问候！

李玲璞先生千古！

——南昌大学中文系

华东师范大学李玲璞先生治丧小组：

惊悉著名的语言文字学家李玲璞先生仙逝，我们深为悲痛，并向李先生亲属表示诚挚的慰问。李玲璞先生长期致力于语言文字学的研究和教学工作，为我国语言文字学的传承与发展做出了巨大贡献。李先生的谢世，是中国语言文字学界的巨大损失。

先辈驾鹤去，后学常仰斯！

李先生千古！

——浙江工业大学人文学院中文系、对外汉语系

# 挽联汇编（部分）

一世献身文字诂林松柏苍翠泽后人
九天含笑案积芸香桃李芬芳满天下

——韩国汉字研究所所长河永三率全体研究员敬挽

杏坛泰斗　人师楷模——深切悼念恩师李玲璞先生

——中国教育学会常务副会长、《未来教育家》杂志总编刘堂江
山西省财政厅处长刘春亮
厦门市委副秘书长洪诺传
安徽省池州市人大副主任章来枝
上海市第十印染公司党委书记沈柏康

佛心道骨，圆成万众才俊，高山仰止。
龟甲诂林，哀辑千年韦编，国学重光。

——弟子华学诚泣挽

厚德载物绩学阐文诂林编讫凌扬许
遗泽铭心培贤毓秀绛帐永存同岱嵩

——四川大学历史系教授、
四川省书法理论学会会长、受业何崝敬挽

东南突起异军，凭我公十五年面壁，十五年运筹，终堆成皇皇巨著
西北忽流辰斗，恸函丈一辈子树人，一辈子勤德，已化作片片哀思

——后学山阴虞万里焚香拜撰
壬辰小雪前一日于扬州大学旅次

文山巍巍，申江汤汤。
先生文德，山高水长。

——受业臧克和敬挽

等身创辟推华师文字研究成重镇
桃李芬芳领四海百千受业陟殿堂

——受业刘志基敬挽

深究古远甲金绝学有著作等身又纂得诂林十二卷博收群儒说字精要叹山陵颓一旦
广拓华东学术特长执教鞭多年更育成弟子无数名各领诸校语言风骚期薪火足千秋

——受业王元鹿敬挽

选读甲骨阐述字元编就诂林惠后人
广育桃李奖掖后进自成师表照学林

——受业詹鄞鑫携学生吕志峰、李新城敬挽

传道授业呕心沥血道德文章誉海内
师恩如山学子难报唯将音容长相忆

——南通职业大学教授丰坤武敬挽

# 家属答谢辞

李笑虹

各位领导，各位师长，各位亲朋好友：

首先感谢大家在百忙之中抽出时间前来参加我父亲李玲璞先生的追悼会，感谢大家在我父亲生前对他几十年工作的支持和病中无微不至的关心和帮助，我谨代表全家向大家致以最诚挚的谢意。

父亲在华东师范大学学习工作半个多世纪，毕生兢兢业业，从未有一丝懈怠，严于律己，宽以待人，治学严谨，爱才惜才，淡泊名利。父亲把他的大部分时间都贡献给了教学与科研工作，同时未放松对我人生发展的教导和成长道路的指引，从父亲身上我学习到了做人的准则、做事的态度和坚强的意志品质。

父亲和母亲在工作中相互理解支持，在生活中相濡以沫。父亲患病期间，母亲细心照料，互相鼓励，与病魔进行顽强的抗争，是我人生的楷模。

如今父亲虽然离开了我们，但他的精神永存！正如许嘉璐先生对父亲的评价：子曰：古之学者为己。今知其真义且能行之者盖寡，而璞兄有焉。

父亲您安息吧！我会好好照顾母亲的！

再次感谢各位领导！各位师长！各位亲朋好友！

谢谢大家！

2012 年 11 月 23 日

（作者为李玲璞教授女儿）

# 致 谢 信

李玲璞先生治丧小组

著名语言文字学家，华东师范大学中文系教授李玲璞先生因病医治无效，于2012年11月17日逝世，享年七十八岁。

先生住院期间，深得单位领导、生前友好与历届受业弟子、再传弟子的关爱。华东师范大学的正副校长、正副书记、党办校办主任，方方面面的负责同志，中文系的各位领导，中国文字研究与应用中心的领导班子先后多次探望慰问。国内外的学者、同仁，校内外的同学、同事、邻居，沪上及各地工作的历届受业弟子，文字中心的数位研究生都经常来探望乃至照顾先生。尤其是许嘉璐先生，不顾工作繁忙与身体有恙，多少次来函来电，托人探视，关爱之情，溢于言表。

先生病故，讣告甫发，海内外各界各单位、学者同仁、生前友好等纷纷发来唁电、唁函并敬献花圈表示哀悼。

11月23日上午，华东师范大学与相关单位的各级领导，数百位亲朋好友，冒着风雨前来参加追悼会。其中，不少亲友与历届受业弟子乃至再传弟子专程从山东、四川、北京、武汉、江西、福建、深圳等地赶赴龙华替先生送行，此情此景令人深为感动，足以告慰先生矣！

在此一并表示诚挚的谢意！

谨代表李玲璞先生的家属致以由衷的深挚的谢意！

2012年11月29日

# 编 后 记

2014年1月6日，是已故恩师李玲璞先生八十诞辰。为了缅怀师恩，弘扬师风，李先生的亲友同学同事以及门生，怀着深厚的感情，积极举行各种纪念活动，编辑出版《李玲璞先生八十诞辰纪念文集》就是纪念活动的重要内容之一。

这部纪念文集主体部分分为上下两编。上编“璞玉丰碑”，展现李先生厚重的一生，包括生平与光辉业绩。李先生的学术成果丰硕、学术成就巨大，本书除简介外，重点选择了两个方面，一是李先生所贡献的理论，一是李先生最有影响力的成果。李先生在理论上的杰出贡献集中体现在中国文字本体理论和中国文字发展理论方面，其所创建的理论和方法已成功地运用于殷商甲骨文、西周金文、战国秦文字和秦汉篆书等各类出土古文字的分析以及魏晋以后的楷书分析；关于中国文字发展三条线索的科学论断，则改变了长期以来把中国文字的书体演变史当成中国文字发展史的误解。本书所选6篇论文即为先生在文字学理论方面的代表作。李先生最有影响力的成果无疑是《古文字诂林》和《古文字释要》，但这两部书体制宏大，无法节选，所以本书选编了报刊介绍、报道、评论文章，期望能通过这种方式反映出成果的巨大影响力。下编“馨德永怀”，集录学界同仁、亲属友人、同学同事和门生弟子以及媒体的追思文章，彰显李先生的道德、品格以及大家风范。上编之前的图片，选录了李先生一生各个阶段最有纪念意义的照片，包括手迹等。下编之后的附录，编辑的是李先生往生之后社会各界和亲友、门生悼念的部分资料。

本书主要工作的分工如下：李笑虹负责整理并编选李先生的图片、提供有关李先生生平与活动的资料，李春晓负责编选李先生的学术论文、摘编李先生文字学理论影响的相关材料，丰坤武负责征集师友门生的追念文章，并统审校改，华学诚负责全书体例设计、整体编辑、统稿和落实具体出版事宜，刘堂江负责策划协调、联系出版并为纪念文集作序，巢宗祺老师出任本书编辑出版顾问。

在纪念文集征稿与编辑、出版过程中，编者得到了各方的热忱响应与鼎力相助。由于年代绵延久远，图片收集和处理很不易，在华东师大艺术研究所研究生魏崴的帮助下，图片得到了专业性处理。华东师大中国文字研究与应用中心的潘玉坤老师和研究生刘倩倩、朱颖星两位为收集、选编李先生的学术成果提供了帮助。华学诚老师的博士生魏鹏飞、王雪波按照要求协助整理编辑书稿，几轮核校编排，费时甚多，非常辛苦。追思会上好几位的发言没有文稿，是后志明老师根据录音整理而成，其时他正患有严重眼疾。台湾地区的著名学者李寿林教授，获知先生去世的消息后马上发来唁函表示沉痛哀悼，并寄发材料支持文集出版。旅美学者严耀华老师多次修订他的纪念文章并寄来李先生的手迹扫描文本。韩国学者河永三教授听说文集正在编辑之中，慨然同意刊发他在李先生追思会的发言。华东师大古籍研究所郑明老师尽管身体不好，会务正紧，但还是不辞辛劳赶来参加商讨活动，并提出了许多宝贵建议。四川大学何峭老师在成都地区遭受震灾的情况下，为配合文集的出版工作，系统整理了先生信函手迹等大量宝贵资料，并及时提供给了编者。华东政法学院的王智群老师，孩子幼小，教学繁忙，但积极承担起了繁重的资料工作，还校核了全部书稿。上海交通大学的武时颖老师，上完课已近中午，顾不上休息，就赶来参加筹备讨论，还主动承担起有关联系工作。上海交大出版社常利辉编辑热情关注并积极承担了部分稿件的校对修订。在筹集整理资料的过程中，我们还得到华东师大有关领导和许多老师的热忱帮助，如：校党委林在勇副书记，古籍研究所郑明老师，教务处原处长董蓓兰老师，人事处原副处长张春华老师，数学系陈志杰老师，中文系马鼎三老师、杨达平老师、濮侃老师、高糜娟老师、袁根娣老师、楼昔勇老师，历史系余志森老师，资环学院蒋长瑜老师，徐美娟老师，教育系卞英杰老师，等等。对于他们的贡献，在此一并表示诚挚的谢意！

本书中的不少追思文章与相关资料，源自 2012 年年底缅怀纪念先生的追悼、追思活动，曾在华东师范大学中国文字研究与应用中心编印的《著名语言文字学家李玲璞教授追思集》上刊发过。当时，中心的老师、工作人员与一众学生为筹备追思会通力合作编写的追思文集是极有意义的，也为我们今天纪念文集的筹稿提供了极大的便捷。辛劳者众，限于篇幅，不能逐一致意，谨在此对当时辛劳付出的各位师生致以衷心的感谢。

编者在此谨向郭锡良先生和王宁先生表示诚挚的谢忱。出版纪念文集的事情确定之后，编者向郭锡良先生求赐文章，郭先生已经 84 岁高龄，来不及专门撰文，但欣然答应把正在撰写的一篇关于汉语史分期的论文交给本书首发，由于郭先生修改定稿需要时间，文章最终没有来得及载入此书，我们深怀歉意。王宁先生得知编辑李先生的纪念文集，当即表示一定要写，因邮件传输稿件失败，王先生于7月30日特地致信编者："现在重新传去，希望没有耽搁事。麻烦你转给编辑。万一来不及，真的非常抱歉，你一定要向师母代我致意。李老师是我多年的老友，他的纪念文集是应当给稿子的。如还能补救，回我一信，也便安心了。"平常话语，感人至深！

师母常青老师非常关心、支持本书的编写，随时予以指导，还提供了大量图片和资料。在此，我们表示崇高的敬意！

巢宗祺老师是李先生的同事，对纪念先生的活动特别关心特别支持，他多次与编者商讨本书的编排，提出了许多中肯的意见，对追念文章的排序也有具体指导。对他的顾问工作，我们深表感谢！

关于本书编辑，还需要特别说明三点，敬祈作者、读者谅解：一是由于时间仓促，编校难免疏漏；二是缘于篇幅限制，删去了一些文字，有些资料或图片也未能采用，且均未及事先征求作者的意见；三是截稿日期紧迫，仍有不少老师的纪念文章未及收入本文集。

最后，编者并代表全书作者向语文出版社表示衷心感谢，对语文出版社各级领导的支持与帮助，我们深怀感激。

敬爱的李玲璞先生虽已往生，但是他的成就不朽，他的事业永存，他的精神不灭，这本书的编辑以及编辑出版过程就是证明！

编者

2013年8月